方立天 著

中國佛教文化

責任編輯　　楊帆

書籍設計　　彭若東

書　　名　　**中國佛教文化**

著　　者　　方立天

出　　版　　三聯書店（香港）有限公司

　　　　　　香港鰂魚涌英皇道一〇六五號　一三〇四室

　　　　　　JOINT PUBLISHING (H.K.) CO., LTD.

　　　　　　Rm. 1304, 1065 King's Road, Quarry Bay, Hong Kong

香港發行　　香港聯合書刊物流有限公司

　　　　　　香港新界大埔汀麗路三十六號三字樓

印　　刷　　深圳市美達印刷有限公司

　　　　　　深圳市福田區八卦嶺工業區五四三棟西五樓

版　　次　　二〇〇八年四月香港第一版第一次印刷

規　　格　　十六開（168×230mm）四三六面

國際書號　　ISBN 978‧962‧04‧2749‧7

©2008 Joint Publishing (H.K.) Co., Ltd.

Published in Hong Kong

本書原由中國人民大學出版社以書名《中國佛教文化》
出版，經由原出版者授權本公司在除中國內地以外地區
出版發行本書。

代序：佛教中國化的必然性及其基本內容

一 問題的提出

印度佛教於兩漢之際傳播到中國內地，一直到宋代，前後約歷經十個世紀之久。這是外來文化第一次大規模地、長時間地輸入中國。佛教在流傳過程中，逐漸與中國實際相結合，實現了佛教中國化，同時又刺激了中國文化的創造力，引起了漢以來中國文化結構系統的大變化，對中國文化的整體發展產生了重大的影響。

佛教傳入中國和中國對佛教的吸納，梵典華章，交相輝映，各顯異彩，其間積累了不同文化對話的豐富經驗，這是中印兩大文明古國異質文化的成功交流，是世界文化交流史上可圈可點、甚堪玩味的典範之一。這一文化交流的偉大實踐，展示了中華民族在吸收外來文化方面的蓬勃、自信、博大的開放性與同化力，也體現了佛教適應不同地域、滿足不同民族精神需求和與時俱進的開拓性文化品格。研究佛教中國化具有重要的理論意義和實踐意義。

佛教中國化是一個特定命題，是指印度佛教在中國流傳的過程中，逐漸與中國政治、經濟、文化、社會實

際相適應、相結合，接受中國社會環境的影響和改造，從而在教義思想、儀軌制度和修持生活諸方面都發生了變化，打上了中國社會的深刻烙印，具有鮮明的中國民族性、地域性和時代性，轉變為中國文化的品格和特質，形成了有別於印度佛教的獨特精神和風貌。也就是說，佛教在中國既繼承又改造、發展了印度佛教，在發展印度佛教過程中創造出中國佛教。中國佛教與印度佛教同屬於以解脫人生痛苦為基本宗旨的佛教，兩者的聯繫、一致性是十分顯然的，但兩者在具體內容與形式上又確有顯著的不同特點。研究中國佛教與印度佛教的聯繫和區別、相同和相異，具有重要的歷史意義和現實意義。

有人認為，佛教就是佛教，不存在中國化問題。我認為，這裏關鍵的問題是如何看待佛教在不同地區、國度的流變和演進，如何看待印度佛教與中國佛教的異同，如何看待佛教結合中國實際的新發展，如何看待中國佛教是中國傳統文化的不可分割的有機組成部分。我認為，印度佛教是脫胎於印度社會，活動在印度社會，是印度的宗教，而中國佛教雖來源於印度，但活動在中國，紮根在中國，是經過改造的佛教，是創新性的佛教，中國化的佛教是中國的宗教。

與佛教中國化界說相關，還有一個人們常說的佛教化，即佛教化中國的問題。我們說，佛教在中國化的過程中也滲透到中國文化和生活的許多方面，使中國發生相應的變化。例如，佛教的一些教義融入中國文化之中，帶來中國一部分人價值觀念的新變化，佛教的文學藝術感化、教化中國人，豐富了中國人的精神生活。又如，佛教既體現在某些地區的普遍民間，也體現在民間習俗的佛教化，以及一些人名、地名、姓氏的佛教化，等等。凡此都表明了中國部分文化的佛教化，表現了佛教對中華民族心理與文化意識的廣泛而深刻的影響。同時，從整體來說，中國並沒有佛教化，理由是中國人並沒有普遍地接受和認同佛教信仰，更沒有以佛教為主要信仰，相應地在中國傳統文化結構中，儒家和道家是中國固有文化的主流，儒家更居於主導地位，而佛

教融入中國傳統文化之中，是為傳統文化儒、道、佛三家之一，且居於輔助儒家的地位。也就是說，印度佛教在中國是中國化了，但中國並未整體地佛教化。

二 佛教中國化的必然性：必要與可能

佛教中國化是必然的，這種必然性包含必要性和可能性兩個方面。印度佛教傳入中國，為什麼一定要中國化呢？其必要性何在？原因很多，重要的有三：

【一】中印兩大國情的差別

發源於印度的佛教要在中國流傳，涉及中印兩大國的空間性互動，即由南亞到東亞的地區性溝通。印度位於南亞次大陸，地處熱帶。每逢旱季，氣溫高達攝氏四十多度，熱風過處，草木枯萎，蛇蟲匿跡，人們猶如居於「火宅」之中。因此，印度文化也被人稱為「炎土文化」。佛教的「苦」的理念和出世思想，以及齋戒、沐浴、坐禪等宗教生活的形成，都與氣候炎熱有關。位於東亞大陸的中國，地處溫帶，自然環境與印度有很大的差異。不同的地理條件和自然環境，形成不同的生活價值取向和生活習慣，這就要求佛教作出相應的調整。

中印兩國古代的社會基礎不同。古代印度盛行種族制度，主要是四種姓，即婆羅門等四個社會階級〔註一〕。在中國則是以家族制為中心、按血統遠近區別親疏的宗法社會。古代印度在政治上或實行貴族統治，或實行共和制。長期以來小國林立，統一期間相對較短。中國自秦漢以來是中央高度集權的專制社會，國家統一時間遠遠長久於分裂時期。印度神權高於王權，中國則王權在神權之上，中國佛教與王權有着特殊的複雜關係。印度盛行出家修持，重視來世，中國則注重家庭和家族延續，重視現實。這些差異是佛教在中國傳播遇到的一大社

會問題。

中印兩國國情的又一重大差別是，印度是一個幾乎人人信仰宗教的典型的宗教國家。相對而言，中國則是一個以追求個人人格提升和天人合一境界為人生和社會價值取向的人文國家。如何使宗教信仰相對淡薄的中國人能夠接受和信仰外來的佛教，是佛教在中國傳播遇到的又一重大問題。

佛教在中國面對的國情不同，佛教在中國是否得以流傳決定於它能否滿足中國社會的需要。這樣，佛教為適應中國國情，就需要在理論話語和實踐方式方面都作出相應的變化。

【二】佛教與儒、道文化的歧異

約於釋迦牟尼創立佛教的同時，也就是公元前六世紀，中國形成了儒家和道家學說。儒家思想以「人」為本，重視人的生命意義與價值，宣揚以道德提升為人生的最高理想。道家以「自然」為本位，強調自然是人生的根本，主張順應自然，回歸自然。在道家思想基礎上，後來又形成了以合道成仙為主旨的道教。儒家的人本主義和道家的自然主義，構成為中國固有文化的兩大傳統，奠定了中華古代文化的基礎和走向。

佛教重精神輕肉體、重解脫輕生命、重來世輕現世、重神靈世界輕世俗世界，是以「眾生解脫」為本位，宣揚眾生要通過修持，以求從煩惱、痛苦和生死輪迴中解脫出來，進入大自在的「涅槃」境界。佛教強調現實的存在是痛苦的，涅槃境界是幸福的，它的解脫主義思想，顯然與儒、道兩家的思想主旨相悖，而且由於儒、道思想尤其是儒家作為社會意識形態，一直在主導着中國人的價值取向和思維方式，佛教作為一種外來的新文化，若要在中國文化生態結構中，落地紮根，開花結果，是存在障礙和困難的。

佛教傳入中國後，儒家和道家（含道教）分別從自身本位立場出發來排拒佛教和迎接佛教。如儒家責難沙

門不向國王頂禮是不忠，沙門落髮出家，是斷子絕孫，是大不孝。道家以長生成仙理念指斥佛教的人皆當死的思想，等等。又，佛教傳入早期，儒、道兩家只是以比擬的手法認同佛教，如儒家以「殺身成仁」比擬大乘佛教菩薩行，道家以無為思想比擬佛教「法身」﹝註二﹞，中國人還以神靈、道術定位佛教。可見佛教若要在中國佔有一席之地，就必須與儒、道文化相磨合，而這種磨合也就是佛教中國化的實踐。

【三】印度佛教一般義理與中國僧人具體實踐的矛盾

佛教義理對所有佛教信徒都具有規範意義，而佛教傳播和佛教修持則是信徒的一種具體實踐，佛教義理與佛教傳播、修持二者不是等同的，是有矛盾的，印度佛教在自身的不斷演變中呈現出的前後差異就說明了這一點。至於佛教傳入中國後，不可避免地要受信仰者本人民族傳統文化的影響，帶上民族的特點；僧團內部由於謀求自身的生存和發展，也會產生分歧，並帶上派別的特點；僧人弘法對象（如社會精英與一般平民）的不同，也帶來了教化的內容和方式的差別；僧人受地區差異和時代潮流的不同影響，導致對佛教義理理解差異。凡此種種情況都決定了中國僧人的傳播實踐與修持實踐更是歷經變化而千差萬別。中國僧人尤其是其中的精英人物，根據中國社會實際情況和人們信仰需求，既堅持佛教解脫主義的根本立場和基本義理，又摒棄了不符合中國國情的一些理念與規定，並結合新的實際提出新的學說和修持模式。由於中國佛教傳播者與修持者的實踐活動的多樣性，與佛教一般義理的差別性，決定了佛教必須結合中國的具體實踐，改造和發展印度佛教，推進佛教中國化。

以上是決定印度佛教必須中國化的三個原因、根據。相應地，中國國情、中國固有文化和中國僧人的新實踐，也是影響、制約和決定佛教中國化內涵的三個因素、作用力。

佛教在中國必須中國化，也可能中國化。佛教中國化是否可能在於：一方面佛教作為傳播主體是否具有普遍意義的思想因素，能否和如何適應中國社會的需要，順應中國固有文化而調整、重構自身；一方面中華民族作為接受主體是否具有開放性的思想，能否和如何從中國社會需要出發，按照本民族固有文化形成的主體接受圖式而取捨、重塑佛教。歷史表明，這兩方面的可能性都是存在的。

佛教具有實現中國化的自我調節和自我組織的機制，這種機制重要的有價值理念、思維方式方法和重視文學藝術形式等。

佛教教義的中心關懷和根本宗旨是教人成佛。「諸惡莫作，諸善奉行，自淨其意，是諸佛教。」（《法句經》卷下）佛教以去惡為善為行為規範，以體悟自性清淨而達到理想的精神境界，這一基本特徵與中國固有的儒、道教人得道成聖的文化宗旨不謀而合，與儒家的高度重視道德的價值取向相一致，與儒、道強調完善心性修養也是異中有同。佛教講人的生死是大苦海，「生死事大」，強調只有正視生死大事，從生死困境中解脫出來，生命才有意義。這種對生命、生死的關切，是與人的終極關切相聯繫著的。怎樣看待生死，怎樣安頓死亡，是人類心靈深處的永恆難題，是人生哲學的重大問題。在這個問題上，儒、道所論較少，而佛教則有專門論述。佛教所論彌補了儒、道的理論空缺，滿足了人們的精神需要。

佛教傳法的「如理如法」與「契時契機」說、「方便」法門說和佛教真理的「真俗二諦」說，為佛教自身的中國化提供了方法論基礎。「如理如法」是要求隨佛所說的教理教法而不違背。「契時契機」是說弘法要與時俱進和適應對象的實際需要。佛教講的「方便」，是指諸佛接引眾生的種種權宜便捷的方式。佛教提倡「方便菩提」，以菩提智慧施設種種方便接引眾生。佛教二諦說的真諦指佛教真理，俗諦指世俗真理。佛教宣揚二諦雖有高下真假之分，但又是缺一不可，互不相離的。上述說法使佛教具有開放功能、適應功能、融合功能和

創新功能，有利於自身實現中國化。

文學藝術對於人的心靈、情感有著巨大的衝擊、感染作用。佛教文學藝術是佛教傳播的行之有效的手段和方式之一。豐富多彩的佛教文學，大量的佛寺、佛塔、雕塑、繪畫、音樂等藝術作品，為中國人所喜聞樂見，極大地豐富了中國人的精神文化生活，也為佛教中國化奠定了一塊堅實的基石。

另一方面，中國社會也為佛教的傳播和中國化提供了良好的、開放性的人文環境，這是佛教成功實現中國化的有利的客觀條件。正如上面所述，儒、道的成聖、成仙的文化旨趣，為教人成佛的佛教提供了比較參照，至於中國傳統的天帝崇拜、祖先崇拜、神靈觀念以及方技道術等，也為佛教的世俗世界與神靈世界等多重世界說的流傳鋪平了道路。歷史還為佛教流傳中國提供機遇。魏晉南北朝時期，時局動盪不安，中國固有的價值觀念發生動搖，佛教教義易於流傳滲透。北朝一些少數民族統治者為了牽制、對抗漢族也有意保護佛教。這是佛教之所以能夠在中國流傳，並成為中國傳統文化的一個組成部分的極為重要的歷史原因。

中國傳統的核心理念與思維定式，如「和而不同」、「致中和」等，為不同學說、不同學派、不同宗教的互相爭鳴和共同發展提供了輿論保障。《周易·繫辭下》有云：「天下同歸而殊途，一致而百慮。」殊途同歸的思想，使有別於儒、道之學的佛教也得以與儒、道爭奇鬥豔，進而達到「同歸」的境界。又如魏晉玄學家盛唱「言意之辨」，為中國佛教提供重在「得意」的思辨方法，進而為靈活對待佛教經學、戒學，以及會通儒、道帶來了更大的方便。在一些寺廟裏，佛祖釋迦牟尼和孔子、老子並肩端坐在殿堂之上，生動地象徵着中國古代傳統文化「三教合一」的格局，也是形象地體現佛教中國化的典範之作。

三 佛教中國化的基本內容

中國人是怎樣接受和改造產生於印度的佛教的，即佛教中國化的內容，重要的有以下五個方面。

【一】佛教義理的中國化

佛教傳入中國後，在中國固有文化思想的影響下，其學說日益具有中國思想文化的特色，亦即在義理上日趨中國化。

佛教傳入中國之初，漢代人以當時社會流行的黃老之學和神仙方術來看待佛教。魏晉以來，佛教闡揚「緣起性空」思想的般若學開始流行，之後又形成了闡發般若學的「六家七宗」即六七個般若學派。值得注意的是，這些學派多認為「心」或「物」為實有而非「性空」。這是中國佛教對印度佛教基本理念「性空」的重大衝擊和自發調整。

魏晉時代，社會動盪，戰爭頻仍，「死亡」問題成為社會普遍關注的現實問題，成為人們價值觀念的重大問題。佛教義理為中國人提供新的人生觀、生死觀、價值觀。在東晉南北朝時代，相應地有兩場關於佛教基本理論的論辯：因果報應之辯和神滅神不滅之爭。經過論辯，佛教把中國固有的人生命運由先天「氣數」決定的「分命」說納入到自身的思想體系中，把泰山崇拜與地獄報應合而為一，並與儒家典籍中的報應觀相溝通，形成了中國化的果報思想，宣揚人的死亡並非生命的終結，死後有來生，或沉淪或提升，關鍵在於人的行為，也就是說，人的行為善惡決定未來不同的命運。這成為支配民間社會新的重要價值尺度。又，關於神滅神不滅的問題，印度佛教早期排斥靈魂不滅說，後又多認為，人的靈魂是不斷變化的意識狀態之流。中國佛教則在中國的實體性思想影響下，結合祖宗崇拜、靈魂鬼神觀念以及氣論等思想，高揚靈魂不滅論，以實有的靈魂即不滅

的神為永恆的主體，為中國佛教輪迴轉世和修持成佛提供了理論基石，成為佛教中國化的重要理論。

隋唐時代，中國佛教形成創宗高潮，邁出了佛學中國化的決定性一步。中國佛教宗派的建立，構成在形式和義理上與印度佛教的重大區別。如天台宗吸納道教的丹田、煉氣等說法，與道教信仰相融合，又吸取中國傳統的人性善惡觀念，與儒家的道德、實踐相呼應。又如華嚴宗着重宣揚圓融無礙的思想，以《周易》「乾」的「四德」（元、亨、利、貞）比配佛身的「四德」（常、樂、我、淨），以儒家的「五常」（仁、義、禮、智、信）比配佛教的「五戒」（不殺生、不偷盜、不邪淫、不飲酒、不妄語），以儒、佛兩家的道德規範、理想境界協調起來。唐代著名佛教學者、思想家宗密把華嚴宗和禪宗結合起來，進而以華嚴禪去統一佛教其他宗派，更進而與儒、道相統一，推動了三教一致思潮的發展，對中國文化的影響很大，在推進佛教義理中國化方面有着獨特的意義。更為突出的是禪宗，在儒家心性論和道家自然說的影響下，禪宗創造性地提出「性淨自悟」的佛學理論，把佛教原來主張的外在成佛軌跡轉換為主體自身的本性顯現，即「見性成佛」；還反對佛法瑣義理辨和繁雜修持方式，破除思想和文字的束縛，否定累世修行，提倡自悟體證的頓悟法門，貶斥煩脫離世間的傾向，強調佛法與世間相即不離，在世間求得解脫。可以說，禪宗的義學說不同於印度佛教，尤其是印度早期佛教偏重眾生、偏重出世和偏重累世修行等主張，而是重人的「自性」，張揚人性，高揚人的主體性，重現實，強調修行不離世間，不離現實生活，具有更鮮明的人文精神。禪宗理論的實質是把印度佛教的基本範疇空性與有相、真諦與俗諦、出世與入世加以深度的融通，並轉向側重於有相、俗諦和入世的闡揚，是對印度佛教修行成佛軌道的深刻改革，是典型的中國化的佛教理論。

淨土宗和禪宗被稱為中國佛教的雙璧。淨土宗信仰阿彌陀佛的本願，而稱頌其名號，持唸南無阿彌陀佛，依仗他力，藉以往生極樂世界。這種簡易的解脫法門，是中國佛教又一創造，構成中國佛教的重要特色。

近現代以來中國漢傳佛教的主流是「人間佛教」，這既是一種新的思想潮流，也可看成是一種佛教現代化運動。所謂人間佛教是以現實人生為基點，以人的清淨心為基礎，通過大乘菩薩道的修持，達到完善人格進而建立人間淨土的佛教。人間佛教重人生，不重人死；重人間，不重天界鬼域；重入世，不重出世，更加突出中國人重視現實的精神品格。人間佛教的學說與中國儒家的人本主義思想相一致，而與印度早期佛教的出世精神、佛教的泛眾生論思想相悖，這是中國佛教繼禪宗之後的又一理論創新，是佛教義理中國化的又一重大表現。

【二】佛教神靈信仰結構的中國化

印度佛教神靈信仰在大乘佛教和密教時期達到了頂峰，佛、菩薩和羅漢成為廣大信徒頂禮膜拜的神聖對象。這套信仰崇拜傳入中國後，經過了不斷的詮釋、磨合、調適的過程。佛教傳入前期，中國人以儒、道兩家學說加以比附，如東晉喜佛的著名文學家孫綽就認為「體道」者是佛，還說：「周孔即佛，佛即周孔。」（《喻道論》）後來禪宗對「如何是佛」作為參悟的重要話題進行了持久的追尋，有「心即佛」、「無心是佛」等說，把佛與心溝通乃至統一起來。由此還一度演成呵佛罵祖、否定偶像崇拜的思潮。禪宗經過省思，後來又轉而提倡禪教一致、禪淨一致，修持唸佛禪，為中國佛教的神靈信仰奠定思想基礎。

印度佛教神靈信仰系統是由從低到高的羅漢、菩薩和佛三個不同層次構成的。其中釋迦牟尼佛是佛教的教主，享有至高無上的至尊地位，但在中國民間其知名度遠不如觀音菩薩。「西方三聖」主尊阿彌陀佛，雖被佛教徒時刻口誦，但其影響也遠不如左脅侍觀音菩薩。觀音獨自擁有普陀山道場，享有旺盛香火。「華嚴三聖」主尊毗盧遮那佛雖端坐在洛陽龍門奉先寺供人朝拜，但也不如其左右脅侍文殊、普賢二位菩薩深入民心，他們分別被五台山、峨眉山寺院奉為「本尊」，名聲顯赫。唐中葉以來，在民間逐漸重組朝拜中心和崇拜對象，構

成以文殊、普賢、觀音和地藏四大菩薩為主體的神靈信仰架構，這構成為以崇拜菩薩為中心和以祈福求運為特徵的中國民俗佛教的基本風貌。

四大菩薩之所以受到中國人的特殊青睞，是因他們的角色和職能接近平民百姓，適應平民百姓的心理需求。中國佛教徒當然追求成佛，但對絕大多數人來說，這被認為是遙不可及的事。中國佛教徒也渴望來世有好報，但更為關注的是戰亂、貧困、疾病、水旱災害、饑荒乃至傳宗接代等現實苦難、困惑的解除或解決。人們敬仰高高在上的諸佛，但心理上更為親近的是能為之解決現實困難、滿足現實需要、提升現實生活質量的菩薩。如觀音菩薩因其大慈大悲、救苦救難的神聖功能而深受民眾歡迎。後來觀音菩薩更與道教的「娘娘神」信仰結合，被塑造為「觀音娘娘」、「送子觀音」，由佛、道兩教共同建「娘娘廟」供奉。在長篇小說《封神演義》中，觀音連同文殊、普賢「三大士」的生平身世也被中國化了。《西遊記》描寫的「海島觀音」群像的雛形，進一步推動了觀音形象的中國化。地藏菩薩也因其保護農業和防治百病的大願而深受民眾特別是農民的崇敬。在民間更說地藏菩薩化身為閻羅王，奉之為地獄的最高主宰。中國人視菩薩為慈悲救世、護祐眾生的神靈，在菩薩身上寄託着祈求現實利益的厚望。

在明代，中國佛教形成了地域分佈比較均衡的「四大名山」說，確立了四大菩薩教化眾生的道場。五台山文殊菩薩代表大智，峨眉山普賢菩薩代表大行，普陀山觀音菩薩代表大悲，九華山地藏菩薩代表大願。智、行、悲、願代表中國佛教的精神特質，四大菩薩成為中國佛教信仰的神聖象徵。

已故中國佛教協會會長趙樸初居士《在無錫靈山大佛開光大典上的致詞》中，提出四大名山四大菩薩是因行上的信仰，在果德上則應奉五方五佛。他說，神州大地上東、南、西、北、中五個方位分別有五尊大佛：東方靈山大佛（無錫）、南方天壇大佛（香港）、西方樂山大佛、北方雲岡大佛和中央龍門大佛。可以說，四

大名山四大菩薩和五方五佛構成了中國佛教神靈信仰的基本格局。這是中國人尤其是下層平民的心理願望、精神需求和價值取向的信仰表現。

【三】佛教倫理道德的中國化

佛教是追求出世解脫的宗教，主張嚴格區分王道和佛道。在世俗禮制方面，出家人見到在家的任何人都不跪拜，既不拜父母，只合掌致敬。更為重要的是，在傳統核心價值觀念方面，僧人出家就不再過問世事，也不能娶妻生子。佛教把人的煩惱解脫、精神超越置於血緣親情與社會責任之上，瓦解現實社會秩序，這都與中國專制宗法社會的結構秩序和忠孝道德直接相扞格，被認為不忠不孝，遺禮廢敬，背理傷情，莫此之甚。這是佛教與中國儒家社會共同體及其綱常名教最為尖銳的矛盾，也是佛教與中國固有文化衝撞最為突出的焦點。

東晉時王朝曾詔令「沙門應盡敬王者」，但因朝廷內部大臣意見不一，未能貫徹執行。南方廬山慧遠著《沙門不敬王者論》五篇，有分別地提出家沙門不必敬王者，而在家奉佛的信徒則要盡敬王者。北方北魏沙門統法果與慧遠不同，帶頭禮拜皇帝，稱「太祖明叡好道，即是當今如來，沙門宜應盡禮」（《魏書·釋老志》）。認為跪拜皇帝就是拜如來佛。南朝宋孝武帝強令沙門必須對皇帝跪拜，否則就「鞭顏皴面而斬之」（《廣弘明集》卷六《敘列代王臣滯惑解》）。此後，尤其是宋代以來，雖有僧人仍堅持不敬王者的立場，但總體說來佛教是屈服了。僧人上書皇帝以「臣」自稱，以示忠君，盡君臣之禮了。

面對中國普遍重孝的巨大壓力，中國佛教調動多種輿論手段和工具，盡其所能地編造重孝的「偽經」，撰寫論孝的專文，並在每年七月十五日舉行盂蘭盆會，超度祖先亡靈，以及由和尚主持世人父母、先輩死後的追

念法事，為宣揚傳統孝道增加新形式。中國僧人高唱孝是天地宇宙的根本，宗密說：「始於混沌，塞乎天地，

通人神，貫貴賤，儒、釋皆宗之，其唯孝道矣。」（《盂蘭盆經疏》卷上）《虛堂和尚語錄》卷十云：「天地

之大，以孝為本。」智旭宣揚孝是世俗社會和佛教的共同宗旨，「世出世法，皆以孝順為宗」（《靈峰蕅益大

師宗論》卷四《孝聞說》）。又說：「儒以孝為百行之本，佛以孝為至道之宗。」（《靈峰蕅益大師宗論》卷

七《題至孝回春傳》）中國僧人還認為孝是佛教戒行的宗旨，「經詮理智，律詮戒行。戒雖萬行，以孝為宗」

（《盂蘭盆經疏》卷上）。把戒與孝統一起來，以孝為戒，孝即是戒。後來中國僧人在父母去世後，提倡「三

年必心喪，靜居修我法，贊父母之冥」（契嵩：《輔教篇》下《孝論·終孝章第十二》）。由此，還張揚說：

「夫孝，諸教皆尊之，而佛教殊尊也。」（契嵩：《輔教篇》下《孝論·敘》）甚至說佛教比儒家更尊孝。經

過這樣一番融通、闡發，中國佛教形成了以孝道為核心，以孝為戒，孝即是戒的獨特倫理規範，充分地體現了

中國佛教倫理的民族特色。中國佛教倫理既豐富了古代專制社會的道德內容，又起到了幫助維護儒家道德和鞏

固專制社會秩序的作用。

【四】佛教文學藝術的中國化

為了使佛法廣泛深入民間，維繫佛教的生存與發展，中國僧人積極與世俗相適應，採用平易通俗的文學形

式為傳教手段，日積月累，逐漸產生了佛教通俗文學。禪宗創立後，為了「繞路說禪」，也採用中國文人學士

喜愛的偈頌、詩歌形式，創作大量禪詩。通俗文學和禪詩是佛教文學中國化的突出典型。

中國佛教通俗文學的基本類型有俗講、變文、寶卷等。俗講是以在俗者為對象的通俗的講經法會，盛行於

唐朝、五代。俗講有一定的程式，有說有唱，所講內容屬於故事之類，既有佛教故事，也有世俗故事。俗講底

本「講經文」，又演變為純粹以「說唱」故事為主的更加通俗化的「講經變文」。能說的散文和能唱的韻文結合是變文的標準文體。變文雖為民眾所喜愛，但不能登大雅之堂，在北宋初俗講被禁，佛教寺院講唱變文之風熄滅。宋代，民間變文又演變為以唱為主的「寶卷」，並盛行於明清兩代。寶卷多以七字句、十字句的韻文為主，間以散文。題材以佛教故事居多，着重宣揚勸善懲惡和因果報應思想。通俗文學是中國佛教文學的一大創造。佛教文學的「俗」化，也就是佛教文學的中國化，與印度佛教及其文學是有區別的。

隨着唐代禪宗的創立和流傳，也形成了禪詩創作的熱潮。禪詩是抒發禪理、禪趣、禪味、禪悅、禪境的詩作。如被稱為「詩佛」的王維作《鹿柴》云：「空山不見人，但聞人語響。返景入深林，復照青苔上。」（《輞川集》）遠山的人語襯托着深山的空寂，黃昏時分落日餘暉返照在深林的青苔上。這是依據禪宗的「返照」、「空寂」的禪理，通過描繪鹿柴深林中傍晚的景色，表現空寂的禪境。又如白居易的《讀禪經》：「須知諸相皆非相，若住無餘卻有餘；言下忘言一時了，夢中說夢兩重虛。空花豈得兼求果，陽炎如何更覓魚？攝動是禪禪是動，不禪不動即如如。」（《白居易集》卷三一）詩文通俗直露，飽含寂靜空靈的禪味。禪詩「以禪入詩」，「以禪喻詩」，發展了參禪的新形式，推進了詩歌的新意境，禪與詩交相呼應，相得益彰。禪詩在中國古代詩壇上獨樹一幟，是中國佛教文學的一束奇葩。

印度佛教藝術傳入中國後，受到中國固有審美情趣和藝術風格的影響，逐漸發生變化。大約到了隋唐時代，中國佛教藝術實現了由模仿到創新的轉折，也就是把外來佛教藝術融入到本土的傳統藝術之中，逐漸形成具有中國民族特色的佛教藝術。

例如，在佛教寺院建築方面，始建於前秦或北魏的敦煌、雲岡、龍門等石窟寺，多仿照印度佛教的石窟塔廟，在洞窟中建塔，後壁雕刻大佛，石窟前空地建寺院。隋唐時代，佛寺建築逐漸改變過去以塔為主的佈局，

而以佛殿為中心了。許多寺院不建塔，若建塔則置於寺的前後或兩側。實塔的建造雖然來自印度，但也受中國建築文化傳統的影響，而有中國的藝術創造，如塔下地宮是受中國深葬制度影響而產生的。高大的塔基則與中國古建築傳統重視台基作用密切相關。此外，塔的建造還結合了實際應用的需要。例如，西安大雁塔是為藏書防火而建的；開封鐵塔也是軍事上的瞭望台，以保衛北宋王朝的首都安全；杭州六和塔上掛有燈籠，則是為進出錢塘江的船隻起導航作用；等等。

雕塑和繪畫是佛教視覺藝術的重要內容。如體現在造像方面，敦煌早期洞窟中塑造的東王公、西王母，就是早期佛教融合道教的藝術中國化的特殊形式。更為重要的是，佛教神靈的形象也逐漸還原為人的形象，唐代的造像就多富有人情味和親切感。菩薩的形象和裝束大致是面作女相，體態健美；少着僧衣，衣飾華麗，實是印度貴族裝飾與唐代貴族婦女時裝的混合。可以說是以唐代貴族婦女為模特兒，實現了菩薩外在形象的中國化。正如史載「宣（道宣）律師云：『造像梵相，宋齊間皆唇厚鼻隆，目長頤豐，挺然丈夫之相。自唐來，筆工皆端嚴柔弱，似妓女之貌，故今人誇宮娃如菩薩也。』」（《釋氏要覽》卷中）。

【五】佛教制度、教儀和生活的中國化

佛教在印度一度享有崇高的地位。佛教僧侶或依寺院或遊化托鉢，遵守戒律，規範修持和弘法傳教。佛教傳入中國後，中國僧尼雖然基本上遵守印度佛教的戒律和教儀，但為了適應中國的國情，在若干方面也相繼發生了重要變化。

僧官制度的設立是佛教制度中國化的一項極為重要的內容。早在漢代，西來僧人就由政府機構大鴻臚（寺）接待，姚秦時更正式設立了僧官制度，由朝廷任命僧人管理全國佛教僧尼事務，此後歷代因之。中央專

制王朝牢固地掌握着僧尼名籍簿冊、寺院僧尼數目以及僧尼行為模式和活動內容。隨着佛教的發展，中央專制王朝的「沙汰沙門」事件時有發生，更有甚者還發生了「三武一宗」滅佛事件。滅佛的原因相當複雜，滅佛的影響也是多重的。

在佛教制度、教儀和生活中國化的過程中，東晉道安法師和唐代道宣律師、懷海禪師等人，都作出了重要的貢獻。

東晉時代傑出佛教學者道安，長年從事佛教的研究、著述和弘揚，四方之士聞風前來，法席極盛，形成了一個數百人的僧團，因此着手定制僧規。〔註三〕道安規範僧尼內部生活和齋懺儀軌，這對佛教僧團的制度建設、獨立僧侶階層的形成，以及佛教的持續發展，具有歷史性的意義。

戒律是佛教徒修持生活的制度性規定。唐代律宗創始人道宣律師以《四分律》開宗弘化，為中國僧尼提供了行持的規範。《四分律》係上座部系法藏部所傳戒律，其中規定比丘戒二百五十條，比丘尼戒三百四十八條，從行為、言論、思想三個方面對出家僧尼的修行和衣食坐臥作出詳盡的規定，同時對違犯者也作出相應的懲罰規定。道宣強調《四分律》通於大乘，圓融戒、定、慧三學，並以大乘三聚淨戒〔註四〕為律學的歸宿。道宣的律學思想合乎中土學人對大乘佛教的精神需求，因而得以盛行流傳。後來，隨着傳戒的流行，更設立戒壇、戒場，開設律宗道場，並形成中國特有的授戒儀式「三壇大戒」〔註五〕，由此只有受足三壇大戒者，才被公認為合格的大乘出家人。

唐代禪宗僧眾多半住在律寺，由於參學的人數不斷增多，住在律寺有諸多不便，一些禪師便率眾開闢荒山，另建叢林。叢林也需要規章制度，百丈懷海禪師乃折中大小乘的戒律，更結合中國的文化、民情，制定禪院清規。〔註六〕禪院清規的最重要特色，一是不循印度佛教禁止「掘地墾土」的戒律，確立「一日不作，一日不

食」的規制，實行「普請」（集眾作務）法，上下協力勞動；二是不立佛殿，只設法堂，表示遵循佛祖囑咐，以現前的人法為重。此外，還規定以具道眼的禪師，號為「長老」，住在方丈；參學大眾則住在僧堂；等等。《百丈清規》使禪宗叢林有了規範，這是唐代佛教制度建設的最大成果。清規戒律，可謂是禪宗規章制度的雙軌制，這一定意義上也可以說是標誌着佛教制度、教儀和生活的中國化的完成。

還應當論及的是，與印度僧人托缽為生不同，中國僧人雖遊化可以托缽，也可以到其他寺廟掛單，但定居後，必須依中國的習俗，不得沿門托缽。這樣就有了自行舉炊之制，進而就有自籌資糧，集資蓄財，乃至經營田地山林，治理產業，形成了發達的寺院經濟。〔註七〕這是與禁止「手捉金銀」的印度佛教截然不同的。這種寺院經濟又不同於中國世俗家庭經濟，其土地一般既不准買賣，也不至分散（如無分家事），也不太受改朝換代的影響，因而得以長期存在。佛教寺院經濟既維護宗法經濟，延緩社會發展，也推動了中國佛教宗派的發展，帶來了佛教生活的世俗化。此外，中國僧尼的服飾、食法（使用筷子）、素食、坐姿、禮拜以及懺法等，也都作出了適應中國國情的調整，這些也是佛教中國化的具體表現。

中國佛教在繼承印度佛教的基本精神的同時，通過佛教的學術化、神靈信仰化、倫理化、文學藝術化和社會化五個方面的努力，從整體結構上實現了佛教中國化，逐步與中國文化相結合，並融入了中國傳統文化，完成了世界佛教史上的一項文化創舉。

附言：欣聞香港三聯書店擬出版拙著《中國佛教文化》繁體字版，特以近作《佛教中國化的必然性及其基本內容》代序，意在為讀者提供瞭解中國佛教文化的又一視角和視野。

二〇〇七年十一月二十八日於北京西郊時雨園

註释：

〔註一〕　四種姓為婆羅門（婆羅門教僧侶和學者，掌管祭祀），剎帝利（王族和士族，掌管政治），吠舍（從事農、工、商的平民）和首陀羅（奴隸）。不同種姓血統不同、習俗不同、社會職業和地位不同。

〔註二〕　法身：成就佛法的的永恆常駐的精神象徵。

〔註三〕　詳見《高僧傳》卷五本傳。

〔註四〕　三聚淨戒：指攝律儀戒、攝善法戒和攝眾生戒，為大乘僧、俗的通行戒。

〔註五〕　三壇大戒：指初壇授沙彌、沙彌尼戒，二壇授比丘、比丘尼戒，三壇授出家菩薩戒。

〔註六〕　詳見《景德傳燈錄》卷六《洪州百丈山懷海禪師傳》附《禪門規式》，《大正藏》第五十一卷，二五○頁下—二五一頁中。

〔註七〕　如上世紀五十年代前，北京郊區譚柘寺不僅在北京周圍有很多田地，在河北、山西兩省也擁有許多土地。

目錄

前言

一

佛教是人類歷史上的重大社會現象，它是包括教主、教義、教徒組織、清規戒律、儀軌制度和情感體驗等複雜內容的綜合體，也就是由佛教徒及其組織、佛教思想文化和佛教儀式制度三種基本要素構成的系統結構。

佛教既是一種信仰實踐，又是一種社會力量，同時也是一種文化現象。

佛教作為一種歷史積澱的宗教文化現象，包攝着相互聯繫、交滲互涵、極其廣泛的內容。

它包攝着信仰觀念。佛教的一整套神話、教義信條，體現了對超自然的神秘力量、超現實的實在性的虛幻信仰。「一切宗教都不過是支配着人們日常生活的外部力量在人們頭腦中的幻想的反映，在這種反映中，人間的力量採取了超人間的力量的形式。」〔註一〕佛教信仰觀念是對客觀現實的歪曲的、幻想的、神奇的反映，是顛倒了的世界觀。這是佛教文化的最深層結構。

它包攝着社會意識。佛教信仰觀念的許多內容也是社會存在的反映，而且在不同階級社會裏，往往是特定階級利益和需要的反映。在佛教社會意識裏，既有着歷史和時代現實生活的投影，也包含了階級矛盾和階級鬥

爭的折射。

它包攝着道德規範。佛教社會意識中的重要內容就是宗教倫理道德規範。佛教對人生的價值、意義作出了特定的判斷，提出了一整套約束人們思想行為的準則和規範，在歷史上曾產生過正負兩方面的巨大影響。

它包攝着文學藝術。佛教十分重視通過文學藝術手段來表現自己的教義和思想。佛教文學藝術對於吸引廣大信徒，形成信徒的宗教意識、心境、激情、道德感、美感，以及影響世俗文化的發展等方面，都發揮了十分重要的作用。

它包攝着心理習俗。周恩來曾非常精闢地說過這樣的話：「只要人們還有一些不能從思想上解釋和解決的問題，就難以避免會有宗教信仰現象。」〔註二〕宗教是有宗教需要的人的一種真誠而又虛幻的心理需要。從宗教的信仰和儀式中激發出來的特殊的情感體驗，使教徒們獲得內心的寧靜和解脫，並且經過長期的歷史積累，逐漸滲透到民族的情感內核、心理結構和風俗習慣之中。在中國，佛教信仰就飽含着藏族、蒙族和傣族等的民族情感和心理結構的凝聚。

把佛教作為一種文化現象來考察、研究，是十分必要的。宗教的產生是人類歷史發展的必然產物，是人類獲得自我意識時，對自己力量的虛妄認識，對自己軟弱的可憐補充，是一種必然的異化現象。同時，宗教也是人類文化發展過程的必然階段。宗教現象是和人類的文化現象緊密聯繫着的。從一定意義上說，迄今為止的人類文化可以分為宗教文化和世俗文化兩大類。神話，一般地說，也是包含宗教的和世俗的兩個方面。在中國，自漢魏兩晉南北朝以來，儒家、道家（和道教）、佛教三家的思想文化匯合而成了中國傳統文化，也就是形成了中國文化的多種成分的複合結構。有的學者說：「不懂佛學，就不懂漢魏以來的中國文化。」「撇開佛教文化，連話也說不周全。」這是深切瞭解佛教與中國文化的密切關係的有識之見。我們對佛教的分析研究，必將

有助於對中國傳統文化的全面透徹的瞭解。

佛教在中國流傳、發展了兩千多年，經過試探、依附、衝突、改變、適應、融合，深深地滲透到傳統的中國文化之中。人類文化是一個連續不斷的過程，現代文化與傳統文化不能也不可能完全割斷。我們要批判繼承和發揚中國優良文化，就必須反思過去，探尋佛教文化在人們傳統觀念中生存的種種因素，分析佛教文化在人們心靈中積澱的種種影響。只有這樣，才能真正吸取中國佛教文化中一切有價值、有活力的精華，來充實和發展民族新文化。

理性與信仰、科學與宗教、無神論與有神論是對立的。要克服、超越宗教的價值體系和種種偏見，我們應當借助哲學、社會科學和自然科學的理性根據；要克服、消除宗教心理，我們還必須運用人文科學、文學藝術的力量，應當通過大力頌揚人的尊嚴、價值、才能、個性的文藝作品，去和高揚神的威嚴、恩德、靈異、神性的宗教形象表現相抗衡。只有恢復人的真正尊嚴，才能推倒神的虛構威嚴。

二

筆者寫作本書的目的，是為讀者瞭解「中國佛教文化與傳統文化」提供一點基礎知識。為此，本書的內容圍繞着兩個方面展開，一方面簡要地闡明佛教的諸要素，另一方面揭示佛教與中國文化的內在關聯。

在闡明佛教諸要素方面，本書設七章，從佛教的歷史、經典、教理、儀軌制度和寺院五個側面加以論述。首先敍述印度佛教諸要素方面的創立、意義和歷史演變、對外傳播，並以較多篇幅系統地闡述印度佛教在中國的流傳、變化及其中國化、民族化的過程，以便於讀者對於佛教獲得一種歷史感。接着是從多種角度簡述卷帙浩繁的各類佛典，尤其是印度和中國的佛教學者的作品的形成、類別和結構，並有重點地論述佛教的基本理論，剖析佛教

信仰和觀念的特質。隨後是介紹佛教宗教實踐活動的主要儀式，確定教徒宗教生活和維護僧團組織秩序的重要制度。最後是介紹佛教僧侶活動的基地和佛國世界的縮影——寺院，並對中國歷史上的著名寺院，從歷史沿革和人文景觀兩方面加以簡要說明。總之，本書意在通過歷史、理論、制度和實際的多方面說明，使讀者能對佛教有一種立體的、全方位的瞭解。

在揭示佛教與中國文化的橫向聯繫方面，本書設六章，分別從政治意識、倫理、哲學、文學、藝術和民俗六個方面加以論述。在闡述佛教與政治、哲學、倫理三者的關係時，着重跟蹤歷史的發展進程，從不同時代的歷史實際出發，力求客觀地揭示彼此之間的真實關係。文中強調佛教與中國政治關係的複雜性，認為佛教和封建統治階級的利益一致是基本的，這表現為佛教往往被封建統治階級利用來對付社會危機、干預社會危機和逃避社會危機。但是佛教和封建統治階級的利益也有矛盾的一面，「三武一宗」的四次滅佛事件就是這種矛盾的突出表現。文中還指出，佛教在長期為封建統治階級作為麻痺人民革命鬥志的工具的同時，也曾在特定的歷史時期為進步的人們所利用，表現出佛教社會功能的多重性質。在闡述佛教與中國倫理的關係時指出，雖然佛教也力圖保持自己宗教倫理的個性和特徵，但是在長期專制社會中始終採取迎合、附會、調和、融合儒家倫理的基本立場，成為儒家倫理的附庸和補充，表現了中國儒家倫理本位的鞏固和強大，也表明了佛教的適應能力和妥協性格。至於佛教與中國哲學的論戰，情況又有所不同。初期中國佛教哲學依附於魏晉玄學而流行，隨後不久引發出佛教哲學與世俗哲學的論戰（如神滅和神不滅之爭、因果報應和反因果報應之爭等），此後中國佛教學者轉而注重佛教理論的改造和創新，形成了天台宗、華嚴宗、禪宗等中國化的佛教宗派，提出了許多與印度佛教哲學不同的命題和思想，豐富和發展了中國古代哲學，後來又為宋明理學所吸收，與中國固有哲學合流，成為古代傳統哲學的一部分。本書在闡述佛教與文學、藝術、民俗三者的關係時，着重從中歸結出幾個主要問

題，來展示佛教在這些領域對中國傳統文化的作用和影響。文中通過對佛教翻譯文學，以及佛教對詩歌、說唱文學、古典小說、文學理論批評和詞彙的關係的簡要論述，認為佛教在中國文學史上的貢獻是重要的、顯著的。文中在簡要介紹佛教的建築、雕塑、繪畫和音樂之後，認為佛教在中國藝術史上的貢獻更是主要的、巨大的。本書認為，佛教在文學、藝術上所起的作用和在倫理、哲學上所起的作用有所不同，它的積極作用超過了消極作用。本書還就寺院的節日、僧侶的生活習慣對於民間節日和風俗習慣的影響，作了簡要敍述，藉以進一步窺見佛教文化影響之深廣。佛教與中國文化的關係當然不止於這些方面，但上述這些方面卻是基本的，也是最重要的。

本書第十四章，闡述中國佛教的基本特點，是一篇帶有總結性質的文字，意圖在於揭示中國佛教與印度佛教的異同，以便從宏觀上更好地認識、把握中國佛教的基本風貌，尤其是中國佛教在思想文化方面的特殊性格。至於最末一章，簡要論述了中國佛教的對外影響，與開頭一章論述中國佛教淵源於印度佛教，是首尾呼應的。

本書絕大多數章節的題目和內容，都有浩繁的佛教文獻，其中包含着許許多多互相矛盾的史料和觀點，可作素材。限於本書的篇幅和筆者的能力，撰寫時僅限於引證最必要、最典型的資料，對於在同一問題上的不同見解，也不予論列。筆者只是根據自己認為是正確的觀點徑直從正面論述有關問題的基本史實和基本思想。本書採取縱橫交錯的敍述方法，由此必然在內容上出現某些交叉重複的現象，這一方面當然要盡量避免和減少，另一方面為了保持不同主題內容的完整性和系統性，仍保留了某些必要的重複。

三

大概在二十世紀八十年代初，出版社的朋友就約我寫一本能夠雅俗共賞的佛教小書，我自己也有撰寫這樣

知識性讀物的設想，所以就滿口答應下來，並開始收集資料，看書，思索，寫作。但因中間忙於其他更為迫切的教學和科研工作，致使這項計劃停頓了很長時間。後來，我以只爭朝夕的精神，加緊寫作，終於在一九八六年秋基本完成初稿。隨後又撥冗抽暇，經過四個月的集中整理、補充、修改，共成十五章。敝帚自珍，頓生喜悅。然也自知這只是闡述中國佛教與傳統文化的大要而已，離雅俗共賞的要求尚為遠矣。

本書如果能夠對於宗教學工作者、人文社會科學工作者、外交統戰工作者，以及導遊和旅遊者，提供各自需要的某些佛教知識，這對於我來說，就是最大的欣慰了。自然，我希望本書對於我們偉大國家的建設，也能有所裨益，因為運用自己的專業來推進國家的建設，是我們人文社會科學工作者義不容辭的崇高職責。

北京中華書局時任副總編輯陳金生先生和時任副總經理熊國禎先生，對於本書的寫作給予了真誠的推動；在寫作過程中，已故中國人民大學哲學系石峻教授幫助我確定全書的架構，並看了初稿的某些章節；著名畫家范曾熱情為我題字。這些都是我衷心感激的，在此謹向他們表示謝意。

筆者於一九六二年在中國佛學院進修期間，曾問學於知名佛教學者周叔迦先生。先生親自為我開列閱書目錄，精心指導，熱心教誨。本書的佛教儀軌制度和寺院殿堂兩章，均係參照先生的論述而成，除隨文標明外，再藉此表達我對恩師的緬懷之情。

筆者本人並不信仰宗教，但尊重他人的宗教信仰；不贊成復興宗教，但也不鼓吹消滅宗教。這是經過長期的觀察、思索之後，作出的理性判斷。我把自己的任務限定為從學術的角度研究宗教，力圖以實事求是的態度敍述和評價宗教的複雜現象，肯定在我看來應當肯定的東西，否定在我看來應當否定的東西。由此又應當說，本書是闡述中國佛教與傳統文化的初步嘗試，許多論點是個人的管窺之見，偏失疏漏在所難免，敬希讀者批評、指正。

註釋：

〔註一〕《馬克思恩格斯選集》，二版，第三卷，六六六—六六七頁，北京，人民出版社，一九九五。

〔註二〕《周恩來選集》，下卷，二六七頁，北京，人民出版社，一九八四。

第一章 印度佛教的創立、演變和外傳

佛教與基督教、伊斯蘭教並稱為世界三大宗教，也是產生最早的世界宗教。它長期以來主要在亞洲地區流傳，十九世紀末，開始傳入歐洲、美洲、非洲和大洋洲。據有關統計，它現在約擁有三億三千萬信徒。

第一節 釋迦牟尼的創教活動和早期佛教

一 釋迦牟尼創立佛教的歷史背景

相傳約在公元前六世紀到前五世紀，古北印度迦毗羅衛國（今尼泊爾南部）淨飯王的兒子釋迦牟尼創立了佛教。釋迦牟尼生活和創立佛教的年代，是一個民族矛盾和階級矛盾十分尖銳、社會動盪不安、新舊思想交替和宗教生活盛行的時代。

公元前兩千年到前一千年間，原居中亞地區的雅利安人，向東進入印度恆河流域定居，對原來的土著居民實行壓迫和剝削，土著居民絕大多數淪為種族奴隸。到公元前六世紀至前五世紀，印度奴隸制經濟急劇發展，

手工業已從農業中分化出來，也發展了商品經濟，出現了比較大的城市，如王舍城、舍衛城、波羅奈城等。據佛典記載，當時從恆河流域的上游到下游（即中印度一帶）還建立了以城市為中心的十六個大國，其中最強大的是恆河南岸的摩揭陀國和西北邊的憍薩羅國。迦毗羅衛國是居於東北方的一個小貴族政治共和國。由於國與國之間經常發生攻伐與兼併，在釋迦牟尼晚年時，該國為憍薩羅國琉璃王所併吞。

當時印度各國通行種姓制度。「種姓」是梵文Varna（瓦爾納）的意譯，也譯作「族姓」。「瓦爾納」原是顏色、膚色的意思。雅利安人膚色白，土著居民膚色黑。雅利安人從種族上把自己和被征服的土著居民區別為「雅利阿」和「達薩」兩個瓦爾納（種姓）。在社會和政治生活中，雅利阿種姓佔統治地位，而達薩種姓則居於被統治的地位。這兩個瓦爾納是職業世襲、內部通婚、不准外人參與的社會等級集團，是兩個對立的階級。

後來隨着階級分化和社會分工的發展，雅利阿內部又派生出婆羅門、剎帝利和吠舍三個種姓，加上達薩，即第四級種姓「首陀羅」，共為四個「種姓」，也就是社會的四個等級。第一級婆羅門，即僧侶。自認為是創造宇宙的主宰「梵天」（天神）的代表，地位最高貴、最顯要。當時的印度，凡決定國家大事乃至家庭生活，都要舉行一定的宗教儀式，這些儀式必須由婆羅門來主持，否則就不合法。婆羅門掌握神權，主持祭祀，是人民精神生活的統治者。第二級剎帝利，即武士。擔任國王和文武官職，掌握政治和軍事實權，是古印度國家的世俗統治者。僧侶是祭司貴族，武士是軍事貴族。這兩級都是不事生產的貴族奴隸主階級。第三級吠舍，是農民、牧人、手工業者和商人，負有繳納租稅和服徭役的義務，多數是被剝削階級。第四級首陀羅，是奴隸、雜工和僕役，他們要替主人耕牧、從事家務勞動，沒有任何權利，備受壓迫和剝削，社會地位極低。以上四個種姓的界限分明，壁壘森嚴，他們的社會地位、權利義務、職責、生活方式和風俗習慣都不相同，而且是世代相承的。

釋迦牟尼的時代，隨着國家機器的加強，剎帝利在政治和軍事上的地位越來越高，他們對婆羅門的特權，日益表示不滿，要求擴大自己的權利，支持各種非婆羅門思潮。工商業主隨着手工業的發達，商業的繁榮，財富積累的增加，希望提高自己的社會地位，對政治權利也產生了強烈的要求。當時奴隸們也通過逃亡、破壞水利工程和謀殺奴隸主等種種方式，與奴隸主進行鬥爭。這些社會力量的形成、發展，削弱了婆羅門勢力在政治、文化、宗教、思想各方面的控制。當時對於社會和人生問題，出現了數以百計的不同見解。據佛典記載，當時佛教以外的思想體系或宗教派別，即所謂「外道」，就有九十六種。歸結起來，主要是兩大對抗思潮，即婆羅門的守舊思潮和沙門（修道人）的革新思潮。

婆羅門教是當時居於統治地位的宗教。它以《吠陀》為天書，奉之為神聖的經典。尊奉梵天、毗濕奴和濕婆為三大主神，是所謂分別代表宇宙的「創造」、「護持」和「毀滅」的。它提出吠陀天啟、祭祀萬能和婆羅門至上的三大綱領，宣揚整個宇宙是一個統一體，主觀與客觀、自我與世界、個人的靈魂與宇宙的靈魂，都綜合在這個統一體中。人們所認識的世界並沒有內在的實體，內在的實體屬於「神我」——大梵，這是永恆不變的無始無終的真實存在，人的靈魂是這個並存在的一部分。婆羅門教宣稱社會上四大種姓都是「梵」生出來的：「梵」從口裏生出婆羅門，從肩上生出剎帝利，從臍處生出吠舍，從腳下生出首陀羅。因此社會上的人也就理所當然的有高低貴賤的等級差別。它還宣揚因果報應、生死輪迴的迷信觀念，認為人的靈魂不滅，而轉世的形態又取決於此生是否按婆羅門教教義行事。如果虔誠奉行婆羅門教，死後可投生天界；相反，就會變為畜生，甚至下地獄。並強調只有屬於前三個種姓的人才有信仰宗教、祭祀鬼神和死後靈魂升天的資格，而首陀羅則根本沒有舉行宗教儀式的權利，自然死後也更談不上靈魂升天了。這就是說，首陀羅不論是在社會生活上，還是

在宗教生活上都是沒有出路的。

當時反對婆羅門教的教派，著名的如耆那教，信奉業報輪迴、靈魂解脫、苦行主義和清淨與染污的倫理學說。此教認為，人的現世命運是由前世的「業」（思想、言論、行為）決定的，為此就要通過宗教的修持，使靈魂獲得解脫。靈魂是無所不在的，是半物質性的實體，和其所依附的形體相當，並隨體積的增長而增長。靈魂的解脫，也就是道德的清淨。道德上的染污，是由不潔淨的微細物質從皮膚毛孔中進入靈魂內部所引起的，而要獲得道德上的清淨，就必須堵塞進入不淨物質的孔道，以使靈魂最後證得「涅槃」，獲得解脫。為此，耆那教又反對祭祀，而主張嚴守戒律，並提出了五條戒律：不殺生、不欺誑、不偷盜、不姦淫、不私財。此外還提倡諸如絕食、身臥釘床、日曬、火烤、投岩、拔髮、熏鼻等苦行，以為這也是解脫的道路。再如順世論，是古代印度著名的唯物論學派，它反對梵天的存在，認為構成世界萬物的獨立長存的元素是地、水、火、風（「四大」），人和世界都由四大合成。人死後復歸於四大，否定靈魂的存在。它認為人生的幸福不在天堂，也不在下世，而在今生。強調人生的目的在於滿足肉體的各種慾望，即以求得快樂為滿足。它主張種姓平等，反對輪迴、業報、祭祀、苦行。這種學說是對婆羅門教最激烈的批判和反對。還有一種直觀主義學派，此派對一切問題都持相對主義立場，都不作決定說。例如，對於有無來世，有無果報，他們認為，說有就有，說無就無，也可說亦有亦無，還可說非有非無，由此人們稱之為難以捉摸的如泥鰍的學說。此派主張踏實的修定，以獲得真正的智慧。此外，還有學說相近似的三家，一是「七元素」說，認為人身由地、水、火、風、苦、樂和靈魂（命）七種元素所構成，七種元素一離散，人也就死亡。元素並不由其他東西所創生，也不創生別的東西。二是「命定論」說，認為人生的一切都受命運的支配，個人的意志是無能為力的，倫理道德是毫無意義的，修行是無用的，業報是根本不存在的。三是「偶然論」說，認為世界上一切事物的產生和發

展都是偶然的、無因無緣的，因此主張縱慾。這是一種倫理的懷疑論、宗教的否定論。以上這些學說的具體觀點雖然各不相同，但是反對婆羅門教的政治、思想統治則是一致的。

這就是釋迦牟尼創立佛教的社會、政治、思想、宗教的背景和環境。

二　釋迦牟尼的創教活動和早期佛教

佛教創始人釋迦牟尼，姓喬答摩，名悉達多。因是古印度釋迦族人，故又稱為釋迦牟尼。「牟尼」，是明珠的意思，喻為聖人。釋迦牟尼是一種尊稱，意思是釋迦族的聖人。他成道後，稱為佛陀，略稱為佛。佛陀是梵文Buddha的音譯，意譯為覺悟者。按照佛教的說法，佛是一個「正覺、等覺、無上覺」三覺圓滿的人。也就是說，佛不但自己大徹大悟，也幫助眾生獲得覺悟，而且這種自覺覺他的行持，已達到無可比擬的程度。

釋迦牟尼的生卒年月已不可考，在不同的佛教典籍中有着不同的記載。一般認為是公元前五六五年至前四八六年，與中國春秋時代的孔子是同時代的人。前面提到，他是古印度迦毗羅衛國淨飯王的兒子。相傳，他出生七日後，生母摩耶夫人就去世了，姨母摩訶波闍提為淨飯王繼后。幼年時的釋迦牟尼就是由姨母撫育的。

釋迦牟尼相貌端莊，天資穎悟，父親淨飯王對他寄予極大的期望。特別是當時迦毗羅衛國處於憍薩羅和摩揭陀兩大強國之間，受到憍薩羅國的嚴重威脅，處境險惡艱難。淨飯王希望兒子能繼續統治，擺脫強鄰的侵犯，於是從各個方面對他進行嚴格的教育和精心的培養，期待他施展才華，建功立業，成為一個赫赫有名的「轉輪王」，即統治天下的大皇帝。在淨飯王的悉心關懷下，釋迦牟尼不僅向婆羅門學者學習文學與算學，還跟武士學習兵法與武藝，成為學識廣博、思想淵默、能文能武、智勇兼備的人，被立為「太子」。但是，釋迦牟尼本人後來並不想成為父親所期望的轉輪王，不願做政治上的統治者，而是爭取在學術思想上有所建樹，於是他出

家跟人學習，最後形成了獨特的學說體系，創立了佛教。

佛教典籍還對釋迦牟尼出家的原因作了具體的說明。據說，在他十四歲時，一次外出郊遊，看見農夫在炎炎烈日下，大汗淋漓，氣喘吁吁，低頭耕田，十分可憐；牛的頸上勒着粗繩，不斷受鞭打，以至皮破血流；田裏翻出的小蟲，被飛來的小鳥爭着啄食，而耕田的人全然沒有顧及生命之可貴。他猛然感悟到，原來世間是何等殘酷，生命又是何等悲慘啊！後來他又不斷見到步履艱難、老態龍鍾的老人，輾轉呻吟、痛苦萬狀的病人，以及失去生命、屍體僵硬的死人，更是感到不快、厭惡和可怕，感到人身的痛苦和悲慘，人生的短暫和無常。

這就促使他苦苦地思索這樣的問題：造成人生痛苦的原因何在？解脫人生痛苦的方法和出路又是什麼？但是從前學過的各種道理都不能解決這樣的問題，於是他深深地陷入了無限的惶惑、感傷、煩惱、痛苦之中。後來他又遇見一個出家修道的沙門，從沙門那裏聽到了出家修道可以解脫生老病死的道理，便由此萌生了出家修道的念頭。淨飯王堅決反對釋迦牟尼出家，為了斷絕他的出家念頭，在他十六歲時就替他娶了鄰國公主、表妹耶輸陀羅，後來生了一子即羅睺羅。淨飯王還為釋迦牟尼建造了豪華壯麗的「寒、暑、溫」三時宮殿，為他提供盡情享樂的物質條件。父王還經常苦心勸阻，要兒子放棄出家修道的打算。但是，所有這些努力都沒能動搖釋迦牟尼出家修道的決心。就在二十九歲時，他毅然拋棄王子的高貴地位，離別妻兒，剃除鬚髮，到深山曠野參訪明師，修持學道，以求解脫人生的痛苦。

相傳，釋迦牟尼出家後，在摩揭陀一帶尋師訪道。他曾拜當時的宗教導師阿羅邏·迦羅摩和優陀伽·羅摩子為師，他接受了導師們關於信仰和行為的一般觀念，如修習禪定和按宗教紀律（「毗奈耶」）生活，但是認為他們的教義內容並不適當，後來就辭別而去，到處漫遊。他決定專心實行最嚴格的苦行，也就是通過採取自我克制的方法，謀求獲得覺悟和解脫。他開始實行一系列可怕的修持方法，如逐漸減少食物，直至每日食一穀

一麥，或七天吃一頓飯。他吃種子和草，有時甚至是食用糞便度日。他穿粗毛織成的布衣，或用鹿皮、樹皮等做成的刺激皮膚的衣服。他拔除鬚髮，連續站立，臥於荊棘、鹿糞、牛糞上面。他不洗除污穢，形同枯木一般。他還常到墓地，和腐爛屍體睡在一起。如此自找苦吃，折磨自己，前後六年，堅持不懈，結果身形消瘦、瀕臨死亡，仍然徒勞無獲，不僅沒有產生覺悟，也沒有解開世界之謎。釋迦牟尼領悟到苦行無益：自己已達到了自我克制的極限，仍無所得。於是他重新思索另一條獲得知識、求得解脫的道路。他回憶起青年時代，有一次坐在樹下，進入了所謂禪定境界，獲得身心的愉悅，覺得這是一種覺悟之道。靜坐沉思，要有強壯的體力；要有體力，就必須進食。他的想法和觀念改變了以後，就到尼連禪河去沐浴，洗淨了六年的積垢，並接受了牧女奉獻鹿奶的供養。日後經過調養身體，恢復了元氣和精力，就到附近的華鉢羅樹（後稱菩提樹）下向東結跏趺坐（即雙足交盤而坐），端身正念，發大誓願，寧願血液乾涸，身體腐爛，如不成佛，決不起座。據說經過七天七夜（有說四十九天）的冥思苦想，終於在內心出現了一個越升越高的精神境界：超越自身的視力和聽力的限制，超越時間和空間的障礙，心如平鏡，一切煩惱全部消除，各種疑惑全都澄清，豁然覺悟到宇宙、人生的真實本質——一個業報和轉生的體系，把握了真理，成就了正覺，獲得了解脫。這是他三十五歲那年的事。

從此以後，人們就稱釋迦牟尼為佛陀，或稱為佛，以表彰他是一個真正大徹大悟的覺者、智者。後來皈依他的信徒，又尊稱他為「世尊」，意思是具足眾多功德，能利益世間，於世獨尊。

釋迦牟尼悟道成佛以後，就開始宣揚自己的學說，他發誓要在黑暗的世間捶響不朽之鼓，濟度眾生。此後四十五年中他席不暇暖地到處奔走，足跡踏遍了恆河兩岸，以摩揭陀、憍薩羅、拔沙三國為中心，有二十五年在憍薩羅首都舍衛城的祇園精舍，也經常住在摩揭陀首都王舍城的竹林精舍。他東到瞻波，西到摩偷羅，宣道的範圍相當廣泛。所到之處，很少參加政治和世間生活，一心講道，教導弟子。他善於從農牧勞動生產和日常

生活中選取譬喻，來闡明教義。他也十分重視組織僧團，建立寺院。到了八十歲高齡，在末羅國的拘尸那加城外的娑羅雙樹林逝世，亦即涅槃。相傳，釋迦牟尼屍體火化後的遺骨（「舍利」），為八個國家的國王所搶分，被視為聖物，受到崇拜。

釋迦牟尼創立佛教的活動，主要是兩個方面：一是構建、宣傳自己的教法，二是建立僧伽生活制度。

釋迦牟尼教法的主旨，在於闡發人生的痛苦、痛苦的原因、痛苦的消滅，以及消滅痛苦的方法，其要點是：

【二】痛苦説

釋迦牟尼學說的基本出發點是：斷定人生是「苦」。生老病死是苦，不得不跟所憎惡者在一起是苦，不得不與所喜愛者分離是苦，物質上和精神上得不到滿足也是苦，等等。它認為人生的本質就是「苦」，人生所處的世界也是「苦」。為什麼會有「苦」呢？因為有「生」。生是苦的開端，生命是受苦的實體。為什麼會有「生」呢？這是由「業」決定的。人有身、口、意三業，這些行為、言論、思想決定了未來的果報。眾生根據所造業的善惡不同的性質，而在「六道」（天、人、阿修羅、畜生、餓鬼、地獄）中輪迴。眾生為什麼會「造業」呢？因為「無明」，即無知，對佛教所講的一套學說無知。眾生又為什麼會「無明」呢？因為有貪心和追求享樂的慾望。因此，要消滅「苦」，就要「不生」（「無生」）；而要「不生」，就要不「造業」；而要不「造業」，就要斷除「無明」，相信佛的教說；而要斷除「無明」，就要根除「貪」、「愛」。只有根除「貪」、「愛」等慾望，才能相信佛教，消除「無明」，進而不「造業」、「不生」，最後消滅「苦」，獲得「解脫」。

釋迦牟尼的這種學說，涉及人和世界的起源問題。它反對婆羅門教的神創造人和世界的說法，繼承了剎帝利卜拉瓦罕王創立的「輪迴」說和婆羅門教的「業力」說，進一步提出「緣起」說。「緣」，指條件、因果關係。它宣揚「此有故彼有，此生故彼生」。世界上的一切事物和現象都是互為條件、互為因果的。人生現象就是由「無明」、「行」（意志活動），乃至「生」、「老死」等一系列不同環節組成的互為因果的循環過程。

因此，要消除後果，必須根除前因。要消除人生的痛苦，不能靠祭祀拜神，也不能一味折磨自身，而只能採用淨心和恪守道德規範的方法，消除「貪」、「愛」和「無明」這些產生痛苦的原因，才能達到目的。

〔二〕解脫説

消滅人生的痛苦，是為了達到解脫的目標。婆羅門教認為解脫的最終目的是，使個體靈魂的「我」和宇宙主宰的「梵」達到統一、同一，也就是所謂親證「梵我一如」的境界。釋迦牟尼反對這種主張，他認為人是由物質的與精神的因素和合而成的，沒有精神的主宰，沒有靈魂，人是「無我」的。他吸取耆那教的清淨與染污的學說，又拋棄耆那教對於染污的原因和清淨的證得的理論，主張以「涅槃」為解脫的目標。涅槃是梵文Nirvāna的音譯，原意是指「火的熄滅」。釋迦牟尼所講的涅槃是指通過修持，熄滅生死輪迴而達到的解脫目標，是佛教的最高理想。具體說，涅槃就是貪慾、無明、煩惱永遠滅盡的精神境界，就是超越生死的解脫境界。相傳，釋迦牟尼在成道時，曾宣稱他獲得了真正的知識：生死已斷，已得較高生活；無明已破，知識已生；黑暗已破，光明已生。他的心靈超越世間，得到了解脫。

〔三〕中道説

關於達到涅槃的方法，釋迦牟尼在首次說法中，就根據他的實踐經驗明確指出，「享樂」和「苦行」是兩種過分的行為，都不可取，不能學，只能「捨此二邊，有取中道」。就是說，只有遵行不偏不倚的「中道」才是合理的正確的修行方法。他強調自我放縱和自我虐待是兩種極端：一味追求滿足肉體的慾望，是卑鄙的；自我禁慾、毀形殘身，是瘋狂的，二者都是無益之舉，都不是正常的宗教生活。正常的宗教生活應當是正確的沉思、學習、行動。釋迦牟尼的中道說，既和主張享受的順世論不同，也和提倡苦行的耆那教不同，實質上是在取捨這兩派主張的基礎上，結合自己切身體驗建立的，這就必然帶有濃厚的調和色彩、中間色彩。歷史的辯證法表明，正因為釋迦牟尼的中道說不持極端，適應性強，所以很快獲得了廣泛的流傳。

釋迦牟尼也以極大的熱情和精力，從事創建僧伽制度的活動。僧伽即僧團，是出家佛教徒的組織形式。當時婆羅門教並沒有組織起來過宗教生活，耆那教是有組織的，佛教也實行有組織的修行生活。除了僧伽，佛教還有在家修持的信徒，稱為「居士」。起初釋迦牟尼只准男人出家，後來又允許婦女出家，甚至接受妓女出家。跟隨釋迦牟尼出家的人，以婆羅門出身的居多，也有商人、獵人、理髮師、強盜、殺人犯等，奴隸是被禁止入教的，在釋迦牟尼的傳記中沒有提到首陀羅加入佛教僧團的事，事實上他們也難以掙脫奴隸主的統治，出家修道。相傳釋迦牟尼有弟子五百人，也有說一千二百五十人，其中有名的「大弟子」十人，如婆羅門出身的舍利弗和目犍連，協助釋迦牟尼領導徒眾，出力很大。又如釋迦族人阿難（阿難陀），是釋迦牟尼心愛的隨從侍者，釋迦牟尼臨終時就將最後的教導付託給他。釋迦族人的理髮師優婆離（優波離）、釋迦牟尼的親生兒子羅睺羅也是大弟子，此外須菩提、富樓那、迦旃延（摩訶迦旃延）、阿那律（阿尼律陀）也都是釋迦牟尼的主要門徒。

起初，釋迦牟尼並沒有為僧團制定任何體制，僧團的戒律是根據所發生的事例逐漸形成的。遇到發生事件和疑難時，僧人請釋迦牟尼裁決，於是他的決定被認為是關於此事的「法律」，也就是戒律。釋迦牟尼制定的戒律，涉及個人品德行為，包括衣、食、住等生活方式的各個方面的一系列禁忌，構成了信徒們的宗教實踐，也成為維護僧團組織和秩序的有力槓桿。這些戒律中，最重要的為在家和出家信徒共同遵守的五戒：戒殺生、戒偷盜、戒邪淫（出家的戒淫）、戒妄語和戒飲酒。至於為出家的僧、尼制定的戒律，更是條目繁多，非常嚴苛。重要戒律一經制定，就不更改。但是，釋迦牟尼並不強迫他人遵守，也不要人發誓服從或作出理智上的犧牲。

釋迦牟尼還為僧伽規定了雲遊乞食、雨季安居和犯過懺悔等制度。據傳，起初釋迦牟尼的弟子是一年之中不分季節的在外雲遊。每天步行到有人煙的地方募化午餐，手持飯缽，眼睛向下，默不作聲，接受別人放進缽中的任何食物，包括肉食。有時也接受某一虔誠人士的邀請到其家中吃午飯，等主人將其預備好的食品放進僧人的缽中再吃。午後專心坐禪，不再進食。但是不久，釋迦牟尼就吩咐弟子們遵守行腳僧人的既定慣例，一年之中大部分時間在外徒步旅行，雨季則休息三個月。印度雨季約在五月至八月之間，在此期間禁止外出，以免傷害草木小蟲，而要在寺內坐禪修學，接受供養。這段時期稱為「安居期」。在安居期即將結束、眾徒擬分赴全國各地雲遊乞食以前，要召開為期兩天的懺悔集會，稱為「自恣」。請別人盡情（恣）揭發自己的過失、錯誤，自己進行反省懺悔；同時也隨別人的意願，盡情檢舉其過失、錯誤，以有利於改過歸正。

隨着出家僧人增多，集會需要一定的場所，每年坐雨安居，更需要有專門的居處，於是就有寺院的建立。釋迦牟尼在世時，隨着威望的日益提高，信徒們也逐漸形成風俗，專門為他修建房舍，供他休息、居住、坐禪、講道。這些建築已經具有寺院的規模。相傳憍薩羅國舍衛城的一個大富商，叫做給孤獨長者（須達多），

他在皈依釋迦牟尼後，想請釋迦到舍衛城度過安居期。他選定波斯匿王太子祇陀（逝多）的花園，經過多次商談，他以足夠鋪滿全園的金錢購得此園。祇陀太子出賣了花園地面，而將園中樹木奉獻給釋迦。因以兩人名字命名，稱為祇樹給孤獨園。給孤獨長者在花園中修建了住室、休息室、儲藏室、庫房、廳堂、浴室、水池等，供釋迦使用。祇樹給孤獨園也稱為祇園精舍，與王舍城的竹林精舍，並稱為佛教最早的兩大精舍。釋迦牟尼在此居住說法長達二十五年。

釋迦牟尼創立佛教教義，並經過四十五年雲遊各地，廣泛傳播，吸收信徒，組織僧團，佛教逐漸為印度人所接受。釋迦牟尼被弟子們奉為教主，他逝世後的遺骨被奉為聖物，成為信徒們頂禮膜拜的對象。他一生行事的重要地點也成為信徒們敬仰的聖地，如降生地迦毗羅衛、成道地菩提伽耶、初轉法輪（首次說法）地鹿野苑和涅槃地拘尸那加等，都成為朝拜的聖地。釋迦牟尼在世時，把教義口授給弟子，相傳在他逝世的當年，由大弟子迦葉召集眾多比丘在王舍城共同憶誦確定佛教經典，即所謂第一次結集，由大弟子阿難和優婆離分別誦出經、律二藏。此後又再輾轉相傳，後世發展為《阿含經》。此經就是早期佛教基本經典的彙集。在釋迦牟尼創立佛教和他逝世後一百年間，佛教主要在古印度恆河中游一帶流傳，佛教教團比較統一，都奉行釋迦的教法，比丘持戒嚴謹，基本上以乞食為生。歷史上通稱這一期間的佛教為「早期佛教」，也稱「初期佛教」。

釋迦牟尼創立佛教是東方文明史上的重大事件。它不僅影響了印度宗教和思想的各種部門，影響了爾後印度歷史的發展，而且由於它的向外傳播，也影響了亞洲許多國家的宗教、倫理、哲學、文學、藝術、民俗的變化和發展。

應當肯定，佛教絕不是拯救人類苦難、克服社會危機的靈丹妙藥。它為人們所指引的解脫之道，只能導致人們去一味專心於個人的修持，以求達到個人的心靈平衡、精神愉悅，從而脫離社會的現實生活和火熱鬥爭，

無視社會的改造。歷史表明，佛教在發源地印度流傳到十三世紀就趨於消亡了，在中國到唐代以後也走下坡路了。但是佛教的產生，畢竟是曲折地反映了人民的願望和要求，因而也是有一定的歷史進步意義的。至於佛教所帶來的文化的發展，其中有些內容也是應當予以充分肯定的。

釋迦牟尼創立佛教，企圖按照佛教教義去改造世界，使人民擺脫痛苦，獲得精神的解脫。但是勞動人民的痛苦和剝削階級的痛苦是根本不同的，廣大人民的痛苦主要是由於剝削階級的壓迫和剝削，是由於科學技術的不發達造成的。擺脫痛苦的正確途徑，應當是剷除產生壓迫和剝削的階級根源，提高科學技術水平，發展經濟，不斷改善人民的生活。釋迦牟尼強調解除痛苦、達到理想境界的途徑是：出家修道，斷除慾念，並且把希望寄予來世。這只能把人們引向消極的服從和忍辱的道路，使人們安於現狀，聽任現實命運的安排，逆來順受，自我安慰，自我麻痹。這不僅不能減輕和解除人民的痛苦，相反，還有利於剝削階級，成為他們維護統治的工具，從而更加深了人民的苦難。

從釋迦牟尼創教活動得到的社會支持力量來看，佛教代表的是剎帝利、大富豪商的利益。佛教產生時，得到了摩揭陀國的頻毗娑羅（影堅）王及其嗣子阿闍世王、憍薩羅國的波斯匿（勝軍）王及其妻子末利夫人、釋迦部落國的羅閱摩訶那摩、阿槃底國的羅閱摩度羅等統治者的大力扶植。如頻毗娑羅王就給釋迦供養，還給了一處宣傳場所——竹林精舍。此外，上面提到過的大富豪商如須達多，就是釋迦的最有力的施主。據佛典記載，釋迦牟尼剛成佛時，從菩提樹下站起來，最先向他奉獻食品的是兩個商人。在釋迦招收的弟子中，起先是五比丘，其次就是商人耶舍，耶舍一次就帶來了六十個人，皈依釋迦。佛教「五戒」中的「戒偷盜」，具有保護私有財產的作用，這在當時對促進商業發展是十分有利的。商人也最害怕戰爭，「五戒」中的「戒殺生」也備受商人的擁護。佛教徒和商人的主張都屬於主張變革的沙門思想體系，是非正統的異端，同受婆羅門的歧

視。經濟利益、學說主張和社會心理的共同點，把早期佛教和商人結合在一起了。由此可見，佛教是代表剎帝利種姓和吠舍種姓中富商階層的利益，而不是代表勞動者利益的宗教。雖然佛教並不直接代表勞動者的利益，但是它和剎帝利、商人互相依靠、互相支持，是適應當時社會生產力發展的要求的，間接地對勞動者也是有利的。

釋迦牟尼創立佛教的進步意義，主要表現在反對婆羅門教。婆羅門教主張梵神創造世界說，提倡殺牲祭祀，推行四種姓的不平等制度。佛教反對神創造世界說，不承認婆羅門的神權，不崇拜偶像。釋迦牟尼也反對殺牲祭祀。婆羅門以祭祀為職業，祭祀規模大，時間長，要殺大批耕牛。婆羅門為國王舉行一次「灌頂大禮」，要收取十萬頭甚至二十萬頭牛的酬金。佛教不僅譴責殺牲祭祀，還規定了「戒殺生」的戒條，這對保護耕牛和發展農牧業，起着有益的作用，也是符合農民利益的。佛教還對種姓制度表示強烈的不滿，反對婆羅門的「四個種姓不可改變」和「婆羅門至上」的觀點。釋迦牟尼主張「四姓平等」，首先是業報輪迴方面的平等，也就是無論種姓、出身、職業的高低，都根據自身的業報決定生死輪迴。婆羅門教主張，只有高級種姓的人才含有梵的分子，才能最終與梵結合、統一，獲得高級的「再生」。佛教把人的宗教尊嚴置於從屬於人的個性和品行的基礎上，而不是從屬於某一種姓的特殊地位上，強調每一個信仰者都可通過努力修持而期望獲得超於富貴人家，修惡業、有罪過的高級種姓的人也可能在下世生於低賤人家。其次是在出家修行和僧伽內部實行平等。佛教宣傳所有的人都有權出家學道加入僧團，而不問其出身如何，屬於哪個種姓。在釋迦的僧團中，理髮匠優婆離就是出身於低級種姓的。在宗教領域裏眾生平等的觀念，體現了一定的民主傾向，具有歷史的進步意義。但是，釋迦牟尼的這種「四姓平等」的觀念，在宗教領域裏眾生平等的觀念，不管原來種姓高低，都是彼此平等的。釋迦牟尼的這種「四姓平等」的觀念，在宗教領域裏眾生平等的觀念，具有歷史的進步意義。但是，釋迦牟尼的「四姓平等」主張是不徹底的，他不是從根本上反對整個社會的種姓制度，而是反對婆羅門，其目的在

第二節　部派佛教、大乘佛教和密教

一　部派佛教

釋迦牟尼去世一百年後的四百年間，即約公元前四世紀到前一世紀，是印度佛教的部派佛教時期。這一時段，到十三世紀初便在印度本土衰落了。

釋迦牟尼創立的佛教，在印度經歷了早期佛教階段之後，又依次經歷了部派佛教、大乘佛教和密教三個階

此外，佛教的緣起說中，闡述了因果聯繫的理論，發揮了一切事物都是由多種原因、條件所構成，並處在永恆的不斷變化的過程之中的觀點，這都是合理的辯證法思想。釋迦牟尼反對祭祀，不拜偶像，重視個體道德的自我修養，強調主體人格的自我完善，這也有其合理和積極的一面，雖然他所設計的宗教生活、修持途徑、解脫目標，從總體上、本質上來看，是錯誤的、不可取的。釋迦牟尼還反對神權，不承認神創造世界，但是又承認天神的存在；不承認靈魂不滅，但是又主張輪迴轉世，從而陷入了深刻的理論矛盾之中，不得解決。

於提高剎帝利和富商的社會地位，尤其是提高剎帝利的政治地位。對於種姓的產生，佛教不同意婆羅門教宣傳的神造成的觀點，而提出是由社會分工造成的新說法，並且在種姓排列的次序上，總是把剎帝利放在第一位。可見它並不主張從根本上廢除種姓制度，只是想貶低和否定婆羅門種姓，甚至還遷就種姓制度，承認社會的不平等。同時，還應指出，釋迦牟尼的「四姓平等」說，客觀上還掩蓋了階級的對立和鬥爭，這又是有利於剝削階級的。

表一

表二

部派佛教

（二）上座部

（一）大眾部

（三）雞胤部（牛家部）
（四）一說部
（五）制多山部
（六）多聞部
（七）說假部

（九）犢子部

（八）化地部

（十五）法藏部

（十四）說一切有部——

（十六）飲光部
（十七）說轉部
（十八）說經部
　　　　（經量部）

（十）法上部
（十一）賢胄部
（十二）密林山部（六城部）
（十三）正量部

期，在經濟上，奴隸制鼎盛並開始轉向衰頹。在政治、軍事上，公元前三二七年希臘亞歷山大部隊入侵次大陸的西北部，佔據了印度河流域附近一帶。難陀王朝部將旃陀羅笈多（月護王）起兵推翻王朝，趕走希臘的入侵軍，合併印度中、西、北部地區，建立了孔雀王朝。旃陀羅笈多的孫子阿育王（約前二七三—前二三二），進一步把版圖擴展到印度東南地區，建立了印度歷史上空前的統一大帝國。據佛教記載，阿育王本人皈依佛教，並宣佈佛教為國教，佛教從印度恆河流域擴展到次大陸。公元前一八〇年左右，孔雀王朝被滅，代之而起的巽伽王朝，擁護婆羅門教，佛教遭到沉重的打擊。此時，西北地方先後被希臘人、塞族人和安息人所入侵，建立新的國家。東南地區也分裂成為許多小國。印度又重新陷入了孔雀王朝以前的四分五裂的狀態。隨着佛教流傳地區日益擴大，它必須適應這些不同地區、國家、民族的生活、宗教和思想傳統，相應地也就必然要發生重大的變化。

早期佛教教義抽象，神話不夠發達，宗教儀式也比較單調貧乏，這就限制了它在群眾中的傳播和影響。佛教為了爭取自己的生存和擴大自己的勢力，必須適應群眾對豐富多彩的神話形象和激情洋溢的宗教儀式的心理需要，而這樣做又會引起自身的變化。早期佛教的教義和戒律，按照當時的習慣是口頭傳說，憑着記憶互相授受，難免記憶有誤，以訛傳訛。這樣，後來的僧人對於原來的教義和戒律的理解，也就會產生分歧。由於這種種原因，早期佛教也就逐漸發生分化，形成了部派佛教。

部派佛教是從早期佛教分化出來的各個教團派別的總稱。起初，佛教分化為上座部和大眾部兩大派，史稱佛教的「根本分裂」。「部」，原意是「說」。上座部是一些長老的主張，屬於正統派。大眾部是眾多僧侶的主張，是比較強調發展的流派。這兩大派後來又繼續分化，形成了更多的流派。據世友著、唐玄奘譯北傳佛教《異部宗輪論》的記載，先是大眾部分化出八部，後上座部又分化出十部，共為十八部。大眾部先後分出一說

部、出世部、雞胤部、多聞部、說假部、制多山部、西山部和北山部。上座部分化為說一切有部和雪山部（原上座部），說一切有部先分化出犢子部，犢子部又分化出法上部、賢胄部、正量部、密林山部。說一切有部又分化出化地部，由化地部又演化出法藏部。說一切有部還分化出飲光部和說經部。以上連同上座部和大眾部，共為二十部，可列簡表如表一。另據南傳佛教史書《大史》、《島史》的記載，部派佛教共為十八部，即沒有北傳佛教所說的西山部和北山部，此外，部派各稱和傳承關係也有些差異，也可列簡表如表二。

部派佛教與早期佛教的區別以及佛教內部的分歧，表現在宗教實踐、宗教理想和哲學理論等各個方面。

在宗教實踐方面，由於有些教徒滋生出一種對於部分戒律的違抗，佛教曾為此而多次舉行結集，專門討論是否放寬正統的戒律的問題。例如，隨着布施範圍的擴大，人們向寺院奉獻的物品越來越多，原來規定比丘不准接受金銀財物的施捨，大眾部認為可以受蓄，上座部反對改變，大眾部又拒絕服從，從而分別形成為相對獨立的流派。

在宗教理想方面，上座部認為釋迦牟尼是歷史人物，其所以偉大，主要是理想的崇高、思想的正確、智慧的精湛和精神的純潔。一般人修道學佛的最高成果不是成佛，而只能是趨向佛果的阿羅漢，即能達到所謂斷盡一切煩惱，不再生死輪迴的果位。大眾部不同，他們傾向於抬高釋迦牟尼的形象和人格，提出了「超人間佛陀」或「超自然佛陀」的觀點，把釋迦牟尼看作為超凡的、超自然的存在，是一位離情絕欲、神通廣大的真正的「神」。他們吸收和加強神話創作，來烘托釋迦牟尼的超凡神聖，並創造新的儀式，對釋迦牟尼頂禮膜拜。他們還貶低阿羅漢果位，強調阿羅漢還有許多不足。大眾部的這些主張，後來為大乘佛教所繼承，並獲得了進一步的發展。

在哲學理論方面，部派佛教已由早期佛教側重於人生哲學擴展到宇宙觀領域。由於早期佛教對於緣起說和

靈魂說闡述不明確、不徹底，而導致部派佛教內部對輪迴流轉、業果相續的主體問題和宇宙萬物實有、假有問題的嚴重對立。

一般地說，上座部各派偏重於說「有」，也就是認為精神現象和物質現象都是實在的。例如，說一切有部，所謂「說一切有」，就是承認精神和物質的存在，承認一切存在。從時間觀念來說，就是承認過去、現在和將來的一切都是普遍存在着的。說一切有部毗婆沙論師堅持認為，人們既然都具有事物在過去、現在和將來都存在的觀念，那就證明事物是實際存在的，因為事物不存在，人們就沒有思想的對象了。再者，按照緣起說，過去的思想行為產生結果，由因而有果，果不能產生於空無。既然因能生果，那就表明因是實在的，過去的因是永遠存在的。說一切有部這種承認一切永遠存在的理論（三世實有），是和早期佛教的「無常」觀念相違背的，是一種新的哲學理論。

從說一切有部分化出來的犢子部把世界一切事物和現象分為「過去」、「現在」、「未來」、「無為」、「不可說」五類，認為都是實有的。它還特別強調「補特伽羅」[註一]（即「我」）是「不可說」的，是實有的。「補特伽羅」與人身是「不即不離」的關係。這實質上是一種朦朧的、半真實的人，是一種實體性的靈魂，是輪迴轉世的承負者。犢子部承認「不即不離」，也是和早期佛教的「無我」論相對立的一種新說。

從說一切有部分出的說經部又轉而肯定釋迦牟尼的無常學說，否定說一切有部主張的一切事物永遠存在的論點，強調一切事物僅僅是在目前存在。也就是反對三世實有說，主張剎那說。說經部認為，所謂事物的實有或存在，是就事物發揮某種作用而言，事物只有發揮作用才是真實的。事物也只能佔有特定的時空位置，發揮其特定的作用。而所謂發揮作用，就意味着產生結果。也就是說，事物的實有只有在它產生特定的結果時才是真實的。而所謂事物產生特有的結果，就是轉化成為下一種的存在方式。也就是說，任何事物只有在它轉化為

它的下一種存在方式時，才是實有的。說經部由此得出結論：事物的實有或存在是剎那間的，事物是剎那存在，而不是三世存在。說經部由此還否認涅槃是永恆的幸福境界的觀點，認為一切都是無常的，涅槃也僅僅是停止受苦、停止輪迴的境界。這都是傾向於事物是空的說法。說經部的論說遭到毗婆沙論師的反對，被指斥為是一種帶有虛無主義色彩的理論。

大眾部各派偏於講「法空」，或是只承認現在實有，認為過去和未來都是沒有實體的。與此相聯繫，在心性及其解脫問題上，大眾部和上座部雖然都主張「心性本淨」，但是兩派所講的「心性本淨」的含義卻大相逕庭。上座部是指心本來就是淨的，大眾部則是指心在未來可能是淨的，心淨是未來可能達到的境界。實際上是認為原來的心並不淨，是染心，是強調染心可以得到解脫。可見兩派的觀點是對立的。

從宗教實踐和宗教理想的角度來看，大眾部對後來大乘佛教的影響比較深刻。從哲學思想的角度來看，大眾部的理論與大乘空宗具有較多的淵源關係，而從上座部演化出來的說經部，後來又在深受大乘空宗影響的基礎上進一步發展為大乘有宗。

二 大乘佛教

大乘佛教的興起大約在公元一世紀，此時正是次大陸歷史上的所謂「南北朝時期」，即貴霜王朝和案達羅王朝分立的時代。貴霜王朝傳至迦膩色迦（約一二九—一五二年在位）時，統一了北印度，並不斷對外擴張，大力推崇和傳播佛教。案達羅王朝是南印度諸國中勢力最強大的國家，它提倡婆羅門教與佛教相對抗。貴霜王國在公元三世紀後開始分裂，公元五世紀滅亡。案達羅王朝到公元二二五年滅亡，隨之印度又恢復了地方割據的局面。約公元三二〇年，旃陀羅笈多一世（月護王）建立笈多王朝。三傳至旃陀羅笈多二世（超日王，

三八〇—四一五）時，更領有印度大部分版圖。此時一度經濟繁榮，文化發達，史家稱之為印度中世的黃金時代。隨着印度的奴隸制度趨於解體，在貴霜王朝時開始形成的封建制，到笈多王朝時就完成了。相應地種姓制度也發展為姓階制度，即在原來的種姓中，依據職業的不同，又分出數以千計的姓階，並且是世襲的。不同姓階之間，不得互通婚媾。這種姓階制度和中國歷史上的門閥制度相近似。笈多王朝崇奉婆羅門教，但也不排斥佛教。後來隨着國勢的衰頹，又對佛教重視起來。大乘佛教就是在印度奴隸制向封建制過渡、階級關係重新組合、新的階級矛盾出現並逐漸尖銳化的背景下產生的。

大乘佛教興起以後，為了爭奪佛教的正統地位，把早期佛教和部派佛教貶低為小乘。乘是梵文yāna的意譯，音譯為「衍那」，意思是乘載（如車、船），也有道路的意思。大乘是梵文Mahāyāna的意譯，音譯為「摩訶衍那」，「摩訶」是大的意思。小乘是梵文Hinayāna的意譯，音譯為「希那衍那」，「希那」是小的意思。在大乘佛教看來，小乘是「小道」，是釋迦牟尼為小根器的人所說的教法。大乘佛教宣稱自己能運載無量眾生從生死大河的此岸達到菩提涅槃的彼岸，成就佛果。大乘在形成和演化過程中，主要有中觀學派（空宗）和瑜伽行派（有宗）兩大派別。

【二】中觀學派

中觀學派主張觀察問題不落一邊（如空與有、常與無常各為一邊），即綜合二邊，合乎中道，因而得名。龍樹是南印度人，屬婆羅門種姓。自幼通曉婆羅門教典籍，青年時即為著名的婆羅門教學者，而且天文地理、圖緯秘藏、各種道術，無不悉練。龍樹後皈依佛教，精通三藏，並到北印度雪山地方，住在塔廟裏，遇一老比丘授以大乘經典，隨後周遊由龍樹（約一五〇—二五〇）及其學生提婆（聖天，約一七〇—二七〇）所創立。龍樹

各國，傳播大乘教義。後又回到南印度教化，使大乘中觀學派風靡全印度。龍樹的著作很多，有「千部論主」之稱。他的弟子提婆也是南印度人，也屬婆羅門種姓，後從龍樹出家為僧，發揮龍樹的中觀派學說。龍樹後來自殺而死，提婆被一婆羅門殺害，說明當時的思想鬥爭是十分激烈的。提婆的後繼者是羅睺羅跋陀羅，羅睺羅系傳至清辨及佛護，隨後又分裂為不同的派系。清辨一派的重要傳人，相繼有寂護、蓮花戒和獅子賢；佛護一派的重要傳人有月稱，月稱傳護法和伽耶提婆，伽耶提婆傳寂天，寂天傳薩婆那密多羅。

中觀學派奉《大品般若經》為主要經典。龍樹著的《中論》、《十二門論》以及提婆著的《百論》為此派的基本理論著作。中觀學派反對部派佛教某些流派主張的萬物實有的觀點，認為人生的痛苦在於，人們對世間一切事物沒有真正的瞭解，產生了顛倒分別的無益戲論。要解除痛苦，最根本的是要體會一切事物的「實際」，認清一切事物並無實體，也就是無「自性」，就是「空」，就是「畢竟空」。這就是空觀，因此這一派也稱為「空宗」。中觀學派的「空論」的根據是緣起說，此派認為萬物既然是因緣和合而生，即依靠其他原因、條件而生，不是從它自身中產生，這就說明它不是真實存在的。因緣所生就證明事物的內在的不真實。任何事物只要是依靠先行的事物而得以存在，它就必定失去聲稱自己有內在真實性的權利。依賴的存在不是真正的存在。佛教的原來的緣起說，是講任何事物都是有原因的，否則就不是實有的事物，也就是由於事物是有原因的，因此是實有的。中觀學派則認為，一切有原因的事物都是不真實的，也就是說，正因為是有原因的，所以是不真實的。這是在原來的緣起說的基礎上，進一步發展為「緣起性空」、「一切皆空」的宇宙觀。

【二】瑜伽行派

約在公元四世紀至五世紀，瑜伽行派繼中觀學派成為印度大乘佛教的主流。「瑜伽」是相應的意思，指一種觀悟「真理」的修行方法。在釋迦牟尼創立佛教以前，古代印度哲學中有瑜伽派，主張有一個「自在」（大神），並着重研究調息、靜坐等修行方法。這些方法也為佛教所吸取。佛教瑜伽行派相傳是由無著、世親兩兄弟。他們大約是五世紀的北印犍陀羅人，都從《瑜伽師地論》為教義的根據，故名。此派尊彌勒為始祖。無著先是修習小乘空觀，但並不滿意，據傳後經彌勒的指點而改信大乘。世親對說一切有部的阿毗達摩[註二]很有研究，著《俱舍論》，對小乘學說十分自信，反對大乘學說，但後經無著的幫助改宗大乘。兄弟兩人共同弘揚彌勒學說，創立瑜伽行派。

瑜伽行派以《解深密經》和《瑜伽師地論》等為主要經典。無著的《攝大乘論》，世親的《二十唯識論》、《三十唯識論》和《大乘百法明門論》等在創宗方面的作用最大。繼世親的有親勝和火辨兩家，相繼發揮親勝學說的有德慧、安慧和真諦，以上稱為前期瑜伽行派。另外，繼承世親、火辨一系的陳那，特別重視因明，即重視邏輯論證和認識論探討。發揮陳那思想的有無性、護法、戒賢（玄奘的師父）和法稱等，稱為後期瑜伽行派。

瑜伽行派繼承了中觀學派的空觀思想，但又認為，「一切皆空」的說法，會導致否定三寶（佛、法、僧）、成佛的主體以及理想境界的存在，形成理論危機，危及佛教自身的存在。於是此派提出萬物唯識所變，識有境無的學說。眾生的識是變現萬物的根源，由於萬物由識所變，因此，萬物（境）是無（空）。由於識能變現萬物，因此，識是有。瑜伽行派主張識有，所以又名「大乘有宗」。識能變現萬物，識也是眾生輪迴轉生變現萬物的主體。由此瑜伽行派進一步提出「轉依」的宗旨，把它作為「解脫」的代替語。所謂「轉依」，「轉」，轉

變，轉化：「依」，「所依」，指與生俱有而相續不斷的意識狀態（「藏識」）。轉依就是要在意識方面解決認識問題，也就是從人們與生俱來的相續不斷的意識狀態着眼，認為人們意識、認識的轉變，會影響到行為，可以改變客觀環境，主客觀不斷地交互影響，就會使整個的認識行為和環境都發生轉化。眾生也隨着這種轉化而成為佛。雖然瑜伽行派重視主體與客體相互關係的研究是有意義的，但是，由於把客觀事物歸結為主觀意識所產生的，因而是一種典型的主觀唯心主義哲學。

【三】大乘佛教與小乘佛教的差異

大乘佛教思潮的出現，是繼部派佛教之後佛教內部的第二次大分化，也是對早期佛教和部派佛教的最大衝擊。從整個印度佛教史來看，這是歷史上最大的一次分裂。大乘佛教指斥前期佛教是「小乘」。前期佛教學者則不承認自己是什麼小乘，認為自己是佛教的正統。他們指責大乘佛教教義是杜撰的，強調「大乘非佛說」，大乘並不是佛教的正傳。大小乘佛教在精神和實質上確有很大的差異，它們的區別主要表現在以下四個方面：

① 在對佛的看法上，小乘一般認為釋迦牟尼是一位覺者、教主、教祖、傳教師，而大乘則因強調依靠佛的神恩和他力得救，把佛視為超人的存在。大乘在釋迦牟尼身上罩上一團團神話迷霧，奉其為全智全能的最高人格神，是彼岸世界的統治者。和小乘厭惡人體、不塑造神像的傳統主張不同，大乘使佛教的神具有有形的特徵，雕塑華麗的佛像，建築宏偉的殿堂，供奉佛像，令人頂禮膜拜。小乘一般認為佛只有一個，就是釋迦牟尼，大乘則日益把各地的地方神靈都宣佈為釋迦牟尼的各種各樣的化身，並提倡三世十方有無量無數的諸佛，如阿閦佛、阿彌陀佛、彌勒佛、藥師佛等。這是進一步宣揚佛是整個宇宙力量的體現，佛是各方世界和極樂國土的主宰者。

②在追求的理想上，小乘以個人的「灰身滅智」，證得阿羅漢為最終目的。大乘則宣揚大慈大悲、普度眾生，把成佛度世、建立佛國淨土作為最高目標。小乘偏重於個人解脫，大乘則致力於一切眾生的解救。小乘所追求的解脫，偏重於斷除煩惱，滅絕生死，而大乘如空宗則認為應以菩提（覺悟、智慧）為目標，菩提是佛體。大乘認為，眾生只要去掉無明（無知），就可進入究竟的境界——涅槃。普度眾生的理想不在於寂滅，而在於永生。大乘還開始把從事傳教活動以拯救他人的比丘當做菩薩，它正式提出菩薩的名稱，把它作為成就正覺（佛）的準備，也就是所謂的候補佛。而小乘則完全不承認菩薩。

③在修持的方法上，小乘認為人生痛苦的原因在於種種行為（「業」）和種種煩惱（「惑」）而產生苦果，應當重「教」尊「聞」，追求斷「業」滅「惑」，不使再生，所以主張個人遠離社會，隱遁禁慾。也就是說，要實現自己的理想，非出家過禁慾生活不可。大乘則認為，人生之所以需要解脫，不是因生命就是苦，而是因生命就是空。同時，人生的問題也不應孤立解決，應當全面解決，不僅自己要解除痛苦，也要使他人解除痛苦。他們重行為，強調不應逃避現實世界，而要面對現實世界，理解現實世界，努力使自己的宗教實踐不脫離世間的實際，在現實中求得解脫。因此，大乘，特別是在初期很重視在家，不提倡出家。事實上按照大乘的某些主張，出家是難以做到的。例如，布施中的財施，只有在家且有錢財的人才能做到。同時，出家僧徒的生活方式也發生了變化，尤其是上層僧侶，接受大量的布施，食用精美食品，身着高貴華麗的袈裟。昔日山洞和叢林中的居處代之以莊嚴宏偉的寺院建築，他們在這些寺院中，舉行宗教儀式，研習經典，撰寫經書，過着具有鮮明的享受色彩的宗教生活。

④在理論學說上，小乘的主要經典是《阿含經》等，大乘的主要經典有《般若經》、《法華經》、《華嚴經》、《維摩詰所說經》、《解深密經》等。小乘的學風是拘泥於佛說，認為佛說的都是實在的，佛說有某類

概念，就有某類存在。他們一般只承認「人無我」，即人並沒有獨立的永恆的實體，人是空的，至於宇宙萬有則不是空的，而是實有的（「法有」），這就是所謂人空法有說。大乘對於佛說帶有自由解釋、發揮的色彩，他們認為不僅人空，法[註三]（事物）也有空，即宇宙萬有也都沒有獨立的永恆的實體，也是空的，「一切皆空」，主體和客體都是空的，一切存在都如泡如影，如幻如夢。

三 密教

密教開始於公元七世紀，到公元八世紀以後日益與婆羅門教——印度教接近，並在佛教中取得了主導的地位，直至十三世紀初被消滅。早在公元六世紀，笈多王朝已經崩潰，曷利沙帝國（羯若鞠闍國）國王戒日王（五九〇—六四八）征服了中印、東印、北印以及西印一部分地區，一時的統一局面可與笈多王朝相比。當時玄奘正在印度留學，所睹印度統一盛況，一如法顯所遇的笈多王朝的統一局勢。戒日王信奉印度教，但也重視佛教，如支持規模宏偉的那爛陀寺的佛教活動，就是顯著的事例。此時，大乘佛教一度有重振之勢，但是戒日王死後，印度又陷入長達五百年的割據局面，大約在公元八世紀末，印度又出現了三個較大的國家，即中印一帶的波羅提訶羅王朝，南印的羅悉陀羅俱陀王朝，東印一帶的波羅王朝。波羅王朝一度成為南北印諸侯國的霸主，統治者推崇佛教，達摩波羅王（約七七〇—八一〇）嫌宏偉的那爛陀寺的規模還不夠大，又在恆河南岸小山上建立規模更大的毗俱羅摩尸羅寺（超行寺）。據史載，壽院中心大菩提佛殿周圍，有一百零八個小寺院，其中大部分屬於密教，小部分屬於顯教。超行寺是密教的中心。大約自十世紀末起至十一世紀前半葉，建於阿富汗一帶的伊斯蘭教國家對印度給予了沉重的打擊，印度佛教中心隨之逐漸轉移到東方波羅王朝地區。王朝竭力利用宗教，以期共同抵禦外患。在這一背景下，密教也更需要和印度教加強聯合，

共同對敵，這樣也就愈來愈同化於印度教了。十二世紀末，阿富汗廓爾一帶的穆哈馬德君主，富有政治擴張野心，他在統一阿富汗後，又大舉入侵印度，一直深入到恆河流域，佔領了奔伽爾，消滅了取代波羅王朝的斯那野王朝。十三世紀初，把印度僅存的佛教超行寺也焚燬了。這是一個歷史性的標誌，宣告了佛教在印度本土的絕跡。

密教的特徵是，主張身、語、意三密相應行，以求得出世的果報。也就是手結契印（手式，「身密」）、口誦真言咒語（「語密」）、心作觀想佛尊（「意密」），三者相應，即身成佛。由此，其他各種以語言文字明顯表示佛教教義的教派，就統稱為「顯教」。密教奉行咒術，教理通俗，儀禮簡單易行。後來更主張立地成佛，所謂成佛也就是常人的「快樂」的境地。提倡低級趣味，以適應社會上一部分落後愚昧群眾的需要。密教並不排斥大乘佛教，它把大乘佛教看作初步的階段，認為自身是高級的階段。它認為大乘中也有高低之分，中觀學派高於瑜伽行派。由於密教對大乘佛教隨意割裂剪裁，使大乘佛教各派都難以獨立發展了。密教還主張「六大」緣起說，宣揚宇宙的本體與現象二而為一，兩者都由「六大」（地、水、火、風、空、識）所構成，宇宙萬有都是「六大法身」的顯現，而「六大法身」就是佛的真身，也就是說，宇宙萬有都是佛的化身、產物。這是一種極度神秘主義的說教。

四 印度佛教的「復興運動」

佛教在印度沉寂了六百年之後，於十九世紀末掀起了「復興運動」。一八九一年斯里蘭卡貴族達摩波羅居士在科倫坡創辦摩訶（大）菩提會，次年總部遷至印度加爾各答，上座部佛教又從斯里蘭卡北傳印度。該會在印度積極開展傳教活動，影響頗大。一九五六年國大黨政府前司法部長安培克等人在那格浦爾發動五十萬「賤

民」改信佛教運動。一九五七年，新入教的佛教徒組織了一個佛教政黨——共和黨。佛教上層人士還加強在邊境地區和少數民族中的佛教活動，積極發展教徒。

第三節 印度佛教的向外傳播

印度佛教從南亞次大陸向其他國家傳播，始於公元前三世紀印度孔雀王朝的阿育王統治時期。阿育王在他熱衷於窮兵黷武、向外擴張的同時，還大力扶植佛教，鼓勵和派遣佛教徒到各地傳播佛教。佛教向外傳播大致有北傳和南傳兩條路線。其中北傳又可分為兩條路線，一條是經中亞細亞地區傳入中國內地，再經中國傳入朝鮮、日本、越南等地；另一條是傳入中國西藏地區，形成了藏傳佛教，再北傳蒙古、前蘇聯，南傳尼泊爾、印度北部地方。佛教向南傳入斯里蘭卡，再由斯里蘭卡等地傳入緬甸、泰國、柬埔寨、老撾、馬來西亞、印尼等國，以及中國雲南的傣族、崩龍族、布朗族等少數民族地區。北傳佛教以大乘為主，其經典大多是從中亞諸民族的文字和印度的梵文陸續翻譯為漢文和藏文的。南傳佛教主要是小乘上座部佛教，其經典是用巴利文編纂的。

一 印度佛教的北傳概況

佛教向北傳入大夏、安息以及大月氏，並越過蔥嶺（帕米爾）傳入中國西北地區，隨着漢對西域交通的開闢，又傳入中國內地。佛教在中國經過流傳、演變，到隋唐時形成了八大宗派，使佛教獲得空前的發展。

佛教於公元四世紀傳入朝鮮，公元七世紀中葉和八世紀後，形成了「五教九山」。「五教」即公元七世紀

形成的戒律宗、法相宗、法性宗、涅槃宗和華嚴宗五個教派。「九山」是公元八世紀後形成的禪宗九派：迦智山、實相山、桐里山、闍崛山、聖椎山、獅子山、曦陽山、風林山、須彌山。十四世紀後，朝鮮李朝強調崇儒抑佛，佛教有所削弱。目前，佛教為韓國最大的宗教，信徒約佔全部宗教信徒的一半。

佛教在公元六世紀從中國經過朝鮮傳入日本以後，相繼成立許多宗派，成為日本的主要宗教。十九世紀明治維新以後，天皇為了加強專制統治，提高皇室的權威，一度推行「廢佛毀釋」運動，但不久佛教又被扶植起來，重新獲得發展。現在日本佛教派別眾多，擁有近十萬座寺廟或傳教場所，八千萬信徒。在傳統的佛教宗派中，現在比較重要的有淨土真宗、禪宗、日蓮宗、真言宗等。日蓮宗創價學會及其公明黨、立正佼成會，在日本都具有很大的社會影響。佛教約在公元二世紀末傳入越南，十一世紀至十三世紀，佛教徒多至全國百姓的一大半，勢力極大。主要流傳的是中國佛教的禪宗和淨土宗，尤其是禪宗臨濟宗的影響最大。

佛教約在公元七世紀傳入中國西藏地區以後，與當地的土著宗教本教相綜合，形成了一種新型的佛教——藏傳佛教。十三世紀末，元世祖忽必烈定藏傳佛教為元朝國教。後來藏傳佛教在蒙古下層人民中流傳，成為蒙古的主要宗教，男子的將近一半是喇嘛。蒙古人民共和國成立後，喇嘛已大大減少，藏傳佛教在社會上也不起多大作用了。藏傳佛教也傳入前蘇聯西伯利亞一帶，在民間有一定的影響。

二 印度佛教南傳概況

公元前三世紀，印度孔雀王朝阿育王派兒子摩哂陀到斯里蘭卡宣傳佛教上座部，自此佛教在全島逐漸流傳。十二世紀上座部大寺派被定為國教。十六世紀以後，斯里蘭卡淪為殖民地，僧團受到破壞。獨立後，佛教迅速發展，並且對世界的影響也日益增強。現有教徒約一千萬人，佔總人口的百

分之六十七。

佛教約在公元五世紀前已從斯里蘭卡傳入緬甸，並獲得很大的發展。現有信徒兩千五百萬，佔總人口的五分之四。全國有寺院兩萬多座，佛塔十多萬座，素有「佛塔之國」之稱。

公元三世紀，佛教傳入泰國，在泰國北部、中部流傳大乘佛教。公元七世紀以來，大乘密教在泰國南部流傳。十一世紀，緬甸和斯里蘭卡的上座部佛教傳入泰國。十三世紀，素可泰王朝第三代國王蘭摩甘亨宣佈以上座部佛教為國教，一直延續至今。泰國是目前世界上唯一以佛教為國教的國家。泰王國三色國旗上的白色就是代表佛教。全國百分之九十五的居民信奉佛教。上自國王，下至百姓，幾乎人人都參加佛教儀式。每個男子一生中必須剃度出家一次，才能取得成人的資格，就連國王也不能例外。現在全國有二十六萬身披黃袍的僧侶，寺廟遍佈全國城鄉，一年到頭佛教節日不斷。僧侶不僅參與國家的政治活動和行政管理，而且掌管國民的基礎教育。他們備受社會尊敬，是受人愛戴的「黃袍教師」和「光頭醫生」。他們不從事生產，以化緣為生。由於佛教特別興盛，泰國也有「佛教之國」、「黃袍佛國」之稱。

遠在公元前三世紀至前二世紀，印度佛教上座部和婆羅門教就同時傳入柬埔寨。公元三世紀，又傳入了大乘佛教。公元六世紀，柬埔寨已成為東南亞佛教中心。九世紀至十三世紀，是佛教和印度教（其前身是婆羅門教）同時興盛的時期，修建於十二世紀至十三世紀的聞名世界的吳哥寺建築，就是這兩個宗教混合的藝術結晶。十四世紀以來，泰國入侵，推行上座部佛教，此後並成為柬埔寨的國教，至一九七六年才被取消國教的地位。柬埔寨全國百分之九十的居民信奉佛教，現有僧侶六萬多人。

佛教也很早就傳入了老撾，十四世紀從柬埔寨傳入上座部佛教，被國王奉為國教。十六世紀中葉，老撾成為東南亞佛教中心之一。十九世紀，因外來侵略，佛教削弱。二十世紀三十年代以來，又開始復興。全國約一為

半居民信奉佛教。

公元五世紀，佛教說一切有部傳入印尼，並取代了婆羅門教的地位。公元七世紀，印尼成為東南亞的重要佛教中心。公元八世紀，大乘密教傳入印尼，曾被奉為國教。十六世紀，印尼伊斯蘭教化的過程完成，佛教趨於衰落。

佛教大乘密宗和小乘上座部也傳入馬來西亞，後在公元八世紀時盛極一時。十五世紀因伊斯蘭教被定為國教，佛教急劇衰落。十九世紀，隨着華人佛教徒來到馬來西亞，佛教又有所恢復。

註釋：

〔註一〕補特伽羅：梵文Pudgala的音譯。印度耆那教用來指物質。佛教則有兩種用法：一是「我」的另稱，指生死輪迴的主體；二是與「人」同義。此處指「我」。

〔註二〕阿毗達摩：梵文Abhidharma的音譯。或譯「阿毗曇」，略作「毗曇」。意譯為「對法」，是對佛經的解釋。佛經是規範性的「法」，解釋「法」的叫做「對法」。

〔註三〕法：梵文Dharma（達摩）的意譯。通指一切事物、存在，不論是物質的、精神的、本體的、現象的，都叫做「法」。佛教的教義等也是事物之一，因而也叫做「法」。此處泛指一切事物。

第二章　佛教傳入中國及其變化和發展

佛教自印度傳入中國後，經過逐漸的適應，緩慢的流傳，到東晉十六國時趨於繁榮，南北朝時出現了眾多的學派，隋唐時更是形成了八大宗派，至此佛教進入了鼎盛階段。盛極必衰，爾後，佛教在漢地逐漸衰落下去，但在西藏地區又出現了藏傳佛教——中國佛教的重要一支，流傳不絕。

在佛教的長期流傳、演變和發展過程中，中國的佛教學者和廣大僧人在封建國家政權的支持和制約下，從事譯經、註經、解經和創造學說體系等種種宗教理論活動，以及建寺造像、坐禪修持等種種宗教實踐活動，從而使佛教日益適應漢民族和其他有關少數民族的特點，逐漸變成中國式的佛教。兩千多年來，佛教不僅擴大了中國思想界認識的廣度和深度，而且還豐富了中國人民的文化生活和信仰生活，並帶來了複雜的社會影響和多重的社會後果。

第一節　佛教初傳中國

印度佛教傳入中國內地的路線有兩條：一條是陸路，經由中亞細亞傳入中國新疆地區，再深入內地；另一條是海路，經由斯里蘭卡、爪哇、馬來半島、越南到達廣州，即通過南海路線傳入中國內地。自從漢武帝經營西域以來，陸路便成為東西交通的要道，商業貿易、使節往來十分頻繁。這條陸路包括南北兩道。南道是指由敦煌越過沙漠，經鄯善進入塔克拉瑪干沙漠南部、昆侖山北麓，到達于闐（今新疆和田），再向西北前進到達莎車。北道是指由敦煌北上到伊吾（今新疆哈密），經由吐魯番到龜茲（今新疆庫車），然後再到達疏勒（今新疆喀什一帶）。東漢時，來中國內地的安世高和支婁迦讖就是以這南北兩道為通道的。印度來華的僧人大多通過這南北兩道到達內地，走海路的較少，可能是由於海路開闢比陸路晚一些的緣故。史載，在南北朝時才有著名的譯經大師從海路來中國傳播佛教。

佛教最早傳入中國內地的準確年代，歷史上說法不一，且多屬想像臆斷，今已很難稽考。其中最主要的有兩種說法：一是東漢明帝永平十年（六四）傳入說。謂明帝在位時，曾派人赴西域訪求佛道，在大月氏國遇着沙門迦葉摩騰、竺法蘭，邀請他們來漢，並用白馬馱着佛像經卷共還洛陽。明帝又建白馬寺供兩位僧人居住。這是在古代佛教徒中流傳最廣的佛教初傳的史話。二是西漢安帝時傳入說。這種說法的主要根據是《三國志·魏書》卷三○《東夷傳》裴松之註引曹魏魚豢撰的《魏略·西戎傳》。傳中有「昔漢哀帝元壽元年（前二），博士弟子景盧受大月氏王使伊存口授《浮屠經》」的記載。以上兩說，年代相差約七十年，間隔尚近。若果綜合這兩種說法，則佛教的初傳當在兩漢之際，約公元一世紀時。

佛教作為外來的宗教傳入中國，首先需要得到統治階級的支持並在民間流行才能立足。東漢時，皇室信奉

黃老之學和神仙方術，佛教的教理也被視為「清虛無為」而和黃老之學相提並論。釋迦牟尼佛則被認為是大神，佛教的齋懺等儀式也被視作和祠祀相類似，因而佛教為帝王所崇尚。如《後漢書·楚王英傳》載：「楚王（劉英）誦黃老之微言，尚浮屠之仁祠。」桓帝也奉佛，在宮禁中鑄黃金佛像，與老子像並列供奉，以祈求長壽多福。

在中國，佛教的傳播是與佛教的經典譯介同步進行的。佛典只有譯成漢文才能被漢人閱讀和接受。此時來華的僧人都十分重視譯經工作，為佛教的傳播創造條件，打下基礎。據史載，東漢末年的佛典翻譯事業開始於安世高。安世高是從安息（今伊朗高原東北部）來的精通阿毗曇學和禪學的學者，他譯出《安般守意經》、《陰持入經》、《大十二門經》和《小十二門經》等大量經典，其中最主要的是禪經。另外，從大月氏來的支婁迦讖（簡稱支讖）譯出了《般若道行經》、《般舟三昧經》和《首楞嚴三昧經》等，主要的是《大乘般若經》和禪經。安世高和支婁迦讖並稱漢代兩大譯師。此外來華的還有竺佛朔、安玄、支曜和康孟祥等，他們也各有傳譯。

印度佛教傳入中國的時代正是印度大乘佛教昌盛的時候，因此，印度佛教傳入中國的過程並不是和印度佛教的發展階段同步的。先前的印度小乘佛教是和大乘佛教同時傳入中國的，但最早傳入中國的主要是大乘佛教，尤其是般若學經典。後來隨着大小乘佛教譯著的增多，中國佛教也就面臨着一個如何對待大小乘佛教異同的問題，後來又終於開拓了使大小乘佛教融為一體的道路。

第二節　三國西晉佛教的初步流傳

在封建統治者的支持下，三國西晉時代佛教開始流傳開來。史載，魏明帝曹叡曾興建佛寺，陳思王曹植也喜歡讀佛經。吳國孫權曾建寺塔，號建初寺。在宮廷奉佛的影響下，佛教信仰也漸漸地流佈到民間。據《釋氏稽古略》卷一載，西晉時以洛陽和長安兩京為中心，修建佛寺一百八十所，有僧尼三千七百餘人。這說明佛教在政治中心城市已經立足，並具有一定勢力了。

三國時佛典翻譯事業也有了進一步的發展。此時譯師頗多，其中最著名的是支謙。支謙是支讖的再傳弟子，畢生從事譯經事業，譯出的重要典籍有《維摩詰經》、《大明度無極經》和《太子瑞應本起經》等。他還為自己譯的《了本生死經》作註，是為經註的最早之作。其次，康僧會也譯出不少佛典，並註經作序。三國時譯經有一個特點，就是慣於用道家術語來表述佛教思想，表現了佛教與中國固有文化相結合的趨勢。

西晉時，譯經仍然是佛教的主要活動。此時從事譯經的國內外沙門和居士十多人，其中最主要的人物是竺法護。據史載，竺法護是世居敦煌的月支僑民，曾隨師西遊，通曉西域各國三十六種語言文字。他搜集了大量佛經，譯出了《光讚般若經》、《法華經》和《維摩詰經》等約一百五十部三百卷經典。他也是繼承東漢三國的傳統，着重翻譯大乘般若學的經典，闡發般若性空的學說。

三國魏廢帝嘉平二年（二五〇），中印度律學沙門曇柯迦羅遊化洛陽，譯出了戒律《僧祇戒心》，並舉行受戒。這是中國有戒律受戒的開始，自此之後改變了以往僧人只剪掉頭髮，沒有稟受歸戒的不守佛制的狀態。與此同時的安息沙門曇諦（法實）也譯出了《曇無德（法藏）羯磨》一卷。這是屬於小乘上座部系統曇無德部的《四分律》，對於中國律宗獨尊《四分》的影響頗大。正因為這樣，曇柯迦羅也被爾後的律宗奉為初祖。

時人朱士行依《曇無德羯磨》登壇受戒，是為中國正式出家和尚的開始。朱士行還赴于闐（今新疆南部）尋求經典，他是漢地和尚西遊的先導。

第三節 東晉十六國佛教的隆盛

東晉十六國時代，南北分立，北方更是四分五裂，有匈奴、羯、鮮卑、氐、羌等「五胡」建立的二趙、三秦、四燕、五涼、夏、成（成漢）十六國，南方則為東晉王朝所統轄。南北兩地的多數統治者，尤其是北方少數民族的統治者，為了維護自身的統治，都大力提倡佛教；而長年的戰亂，致使民不聊生，生命難保的境遇也使勞動者希圖從求神拜佛中解除苦難。上層統治者的支持、提倡，下層群眾的需要、嚮往，為佛教的發展提供了肥沃的土壤，使佛教獲得了蓬勃的生機。佛典的大量翻譯，中國佛教僧侶學術論文的紛紛問世，般若學不同學派的競相成立，民間信佛者的劇增，這一切就匯合成中國佛教發展的第一個高潮。

一 十六國佛教

北方十六國中提倡佛教最積極的是後趙、前後秦和北涼，其中又以二秦為最。二秦的佛教是中國佛教發展史上極為重要的一頁。其重要的代表人物是道安和鳩摩羅什。他們兩人的活動對後來佛教的發展有極為深遠的影響。

前秦的首都長安，處於與西域往還的交通要衝，是中國北方的佛教中心。前秦的最高統治者符堅篤信佛教，為此還曾發兵攻陷襄陽以迎請道安去長安主持佛事。道安（三一二─三八五，一作三一四─三八五）早

年師事後趙名僧佛圖澄。史載佛圖澄曾用道術感化過後趙統治者石勒，阻止了他的殘殺，並吸引眾多信徒，推動了佛教的發展。道安跟隨佛圖澄十多年，在佛教理論方面打下了比較堅實的基礎。佛圖澄死後，道安就逐漸成為北方的佛教領袖，影響很大。道安一生的主要佛教活動有兩個方面：一是組織翻譯、整理和闡述經典，創立以「本無」為宗旨的學派；二是弘化南北，建立僧團，宣法傳教和培養弟子。關於第一方面，道安在長安主持譯事，共譯出眾經十部一百八十七卷，並纂集佛經目錄。史載其著作約有六十種，現存各種經論序十六篇和《人本慾生經註》一卷等。關於第二方面，道安非常重視親自講經說法，積極培養弟子和擴大影響。他在河北和襄陽時都有弟子僧眾數百人，是當時中國南北方最龐大的僧團。在長安時，更領僧眾達數千人之多。道安有高足弟子十多人，其中慧遠是繼他之後的東晉佛教領袖。道安曾兩次分散徒眾四出傳教，使黃河及長江流域的佛教進一步流傳起來。此外道安還決定出家和尚無姓、沙門同姓釋子；勒定僧律，制定僧尼赴請、禮懺等儀式軌範，為佛教僧侶所共同遵循，為後來的叢林制度奠定了初步的基礎。道安自許為「彌天釋道安」，表現了雅人深致。事實上從主譯、弘化、育才、整律各個方面來說，他真不愧為最早建設中國佛教的一位大師。

後秦佛教比前秦更為興盛。尤其是後秦主姚興，因得一代譯經大師鳩摩羅什而使譯經、教化事業都遠遠超越前代，在佛教史上具有劃時代意義。鳩摩羅什（三四四—四一三），龜茲（今新疆庫車南）人。其父棄相位出家，為龜茲王國師。鳩摩羅什十七歲時隨母出家，同遊北印度，學習佛法，廣究大乘，尤其精通大乘中觀學說，深得般若性空義理的三昧。後在西域說法傳教，聲譽煊赫。由於道安一再勸說苻堅迎鳩摩羅什來華，苻堅果真派遣將軍呂光率軍攻龜茲，去迎請鳩摩羅什。但不巧的是呂光回涼州時，苻堅已經亡國。後來後秦主姚興又出兵涼州，迎鳩摩羅什到長安，對鳩摩羅什備極恭敬，奉為國師，並請他主持佛經的翻譯。他曾譯出《阿彌陀佛經》、《大品般若經》、《小品般若經》、《法華經》、《維摩詰經》、《金剛經》、《大智度論》、

《百論》、《中論》、《十二門論》、《成實論》等經論，約三十五部，二百九十四卷。在此之前，佛經只有零星翻譯，到鳩摩羅什才開始大量翻譯。大乘各部經典也都初步具有，不僅數量多，而且質量也高。在文體上一改過去樸拙的古風，而務求達意，譯文臻於成熟。鳩摩羅什所譯的經論，第一次有系統地介紹了般若空宗學說，對於大乘佛教理論在中國的移植和弘傳具有極為重要的作用。鳩摩羅什重視傳譯「論藏」。如《中論》等佛典的譯出，對於佛教宗派的創立意義很大。鳩摩羅什除了在譯經方面的成就以外，另一個佛教業績就是結合佛典的翻譯講說眾經，培養出一大批佛門弟子。當時從四方前來長安的義學沙門達三千人，多趨於鳩摩羅什門下，其中如僧肇、道生、道融、慧觀、僧叡、道恆、慧嚴、曇影等都十分著名。僧肇、道生都是中國佛教思想史、哲學史的重要人物，僧肇以擅長中觀性空緣起學說而著稱，其著作後人編為《肇論》，道生則在般若學的基礎上深究涅槃佛性學說，開創了一代新風。

二　東晉佛教

南方東晉的佛教有兩個中心：一是慧遠主持的廬山東林寺，二是建康道場寺。慧遠（三三四—四一六）曾跟從道安約二十五年，是道安最得意的高足和得力的助手。慧遠住廬山東林寺三十多年，在廬山開展了大量的多方面的活動：聚眾講學，撰寫文章，闡發因果報應說和神不滅論，調和儒家名教和佛教教義的矛盾，宣揚「儒佛合明」論等。這一切對後來佛教的發展都產生了深遠的影響。慧遠深感江東一帶佛經不全、禪法缺乏，律藏殘缺，於是派遣弟子法淨、法領赴西域取經。當他得知鳩摩羅什來長安時，便立即致書通好，交流學術，就經義往復問答，於是推動了佛教禪法、般若學、毗曇學等在南方的廣泛流傳。此外，慧遠還請佛馱跋陀羅（覺賢）和僧伽提婆譯經，從而推動了佛教禪法、般若學、毗曇學等在南方的廣泛流傳。此外，慧遠還培養了一大批弟子，為江南佛教流傳奠定了雄厚的基礎。他還率領弟子劉遺民、周

續之等一百二十三人，在精舍無量壽佛像前設齋立誓，共期往生西方佛國的極樂世界。慧遠的活動對東晉以來佛教在南方的發展起了十分重要的作用。

東晉首都建康佛教也很興盛。當時著名僧人佛馱跋陀羅、法顯等都以道場寺為據點，翻譯佛經，傳播佛教。佛馱跋陀羅精於小乘禪法、律藏，自印度來華後，先住長安，因與鳩摩羅什的見解相違，遭到鳩摩羅什門人的排擠，最後和弟子慧觀等四十餘人南下。先在廬山譯出《達磨多羅禪經》，後又在道場寺譯出《華嚴經》五十卷（後世作六十卷），還與法顯合作譯《摩訶僧祇律》等。佛馱跋陀羅傳授禪法，尤其是譯出的《華嚴經》對佛教的貢獻是巨大的。

三　東晉十六國佛教活動的特點

東晉十六國在政治上雖然南北分立，然而兩地的佛教活動往來卻很頻繁，表現出同一時代佛教流傳的基本趨勢和共同特點。這主要是：

【一】佛典翻譯的重大成就

由於苻秦通西域，除鳩摩羅什和佛馱跋陀羅以外，經西域來中國內地的僧人絡繹不絕，而且大小乘各系的僧人都有，為各類的佛典翻譯提供了極為有利的條件。綜觀東晉十六國一百多年的譯事活動，譯出的佛典主要有：

① 大乘經論。大翻譯家鳩摩羅什譯出的大乘空宗的經論為隋唐佛教三論宗、天台宗的創立提供了最重要的經典論據和思想基礎。佛馱跋陀羅譯出的《華嚴經》成為唐代華嚴宗的根本典據。

② 小乘經論：在道安主持下，曇摩難提譯出了早期佛教最重要的經典《中阿含經》、《增一阿含經》，佛念傳譯了《四阿含暮抄》和《長阿含經》。至於僧伽跋澄譯出的《毗婆沙論》，慧遠請僧伽提婆譯出的《阿毗曇心論》和《三法度論》，都是重要的小乘論藏。鳩摩羅什譯出的《成實論》，是由小乘向大乘空宗過渡的著作，在此基礎上，後來又發展出成實論學系。

③ 大小乘禪經：如佛馱跋陀羅譯出的小乘《達磨多羅禪經》、鳩摩羅什編譯的大乘《坐禪三昧經》，對於後來的禪學的流行作用很大。

④ 密教經典：帛尸梨蜜多羅譯出《大孔雀王神咒經》、《大灌頂經》等。

⑤ 律典：在印度流傳小乘佛教五部廣律，中國此時先後譯出六十一卷《十誦律》、六十卷《四分律》和四十卷《摩訶僧祇律》三部，成為中國佛教律學的基本依據。

〔二〕西行求法運動的興起

印度、西域僧人的紛紛來華，激起了中國僧人西行求法的興趣和志願，出現了一些僧人長途跋涉，遠遊異國，廣求佛典的熱潮。此時西遊僧人中以法顯（約三三七—約四二二）的成就最大。法顯出家後深感當時佛典雖已次第譯出，但藏律殘缺、戒律未備，於是在後秦姚興弘始元年（三九九）約慧景等五人從長安出發，渡流沙河，翻越蔥嶺，赴印度尋求戒律。前後經過十五年，遊歷所經將近三十國，後經獅子國（今斯里蘭卡）和印尼的爪哇島，泛海歸國。法顯子然一身，歷經千難萬險，百折不回，帶回了當時所缺的大小乘三藏中的基本要籍。各部派「律藏」和《阿含經》的傳入，全仗他的功勞。他後來在建康道場寺與佛馱跋陀羅共同譯出《大般泥洹經》六卷，首唱佛性和「一闡提」[註二]不能成佛說，對當時佛教思潮產生了巨大的衝擊作用。又撰《佛國

記》，也稱《法顯傳》，介紹印度和斯里蘭卡等國的情況，不僅對日後西行求法起了很大的指導作用，也為研究南亞次大陸各國古代的歷史、地理提供了極為寶貴的資料，這是法顯對亞洲文化的永久性貢獻。和法顯等人同時赴印度求法的還有另一批僧人，即寶雲、智嚴等五人，他們也都學有所成。在法顯西行四年後，又有智猛等十五人去印度求法，對中印佛教的學術交流也起了一定的促進作用。

【三】祈求往生彌勒淨土和彌陀淨土思潮的出現

東晉時名僧們在信仰和行持方面都熱衷於死後往生「淨土」。道安曾帶領弟子在彌勒像前立過誓，發願往生彌勒淨土。彌勒淨土即「兜率天」。佛經謂此天有內外兩院，外院是慾界天（有食慾和淫慾的眾生所住的世界）的一部分，內院是彌勒寄居於慾界的淨土。佛經宣揚，如果皈依彌勒並稱唸其名號，死後就可往生此天。隨後竺法曠又開創彌陀淨土（西方極樂世界）法門。支道林對所謂阿彌陀佛所在的西方極樂世界也是心馳神往的，他曾請畫家繪製了一幅阿彌陀佛像，虔誠地瞻仰禮拜，並自作《阿彌陀佛像讚》。他認為只要一心一意地唸誦《阿彌陀經》，死後就能進入彌陀淨土。前文提過，慧遠更是熱衷彌陀淨土法門，曾率弟子立誓，共期往生西方極樂世界。慧遠的彌陀信仰對後世影響極大，以至被唐代淨土宗人推崇為初祖。道安所求的是往生與世俗世界相聯繫的淨土，而慧遠等人則是祈求往生至善至美的極樂世界。他們都發自內心真誠地相信天國、佛國的存在，而且可以往生。這種要求超脫現實苦難往生淨土的願望，是印度佛教傳入中國後征服了在野的知識分子思想的一種表現。

【四】般若學「六家七宗」的形成和僧肇「不真空論」的建立

自東漢末年支讖傳譯《道行般若經》等以來，逐漸形成兩晉佛教理論的主潮般若性空學說。由於《道行》、《放光》、《光讚》諸本《般若經》的文義不甚暢達，而魏晉又盛行注重有無（空）之辨的玄學，以至佛教學者往往用玄學的觀點去理解和闡釋《般若經》的思想，對所謂「空」的理解產生了種種異義，從而形成了「六家七宗」。「六家」是：（一）本無家——道安主無在萬象之前，空為眾形之始；竺法深、法汰說從無生有，萬物出於無；（二）即色家——支道林說即色是本性空；（三）心無家——支愍度主對外物不起有無之心；（四）識含家——于法開謂世界萬物都是妄惑的心識所變現；（五）幻化家——道壹講「世諦之法皆如幻化」；（六）緣會家——于道邃認為世界萬物都由因緣和合而成，都無實體。本無家因分化出竺法深的本無家，合稱「七家」，也稱「七宗」。就其基本觀點來區分，以本無、即色和心無三家最具代表性。般若學「六家七宗」的形成，反映了中國佛學獨立前進的足跡，它並不完全符合印度般若學空宗的本意，由於鳩摩羅什譯出《中論》、《百論》等典籍，系統地介紹了般若學，僧肇在充分理解、把握般若學經論含義的基礎上，撰寫了《不真空論》等文，明確地闡述了不真即空的空宗要義，批判了「六家七宗」的學說，從而把中國佛教般若學理論推向高峰。

第四節　南北朝佛教學派的湧現

南北朝繼東晉十六國的分立狀態，又持續分裂了一百六七十年。這是佛教進一步流傳發展的時代。其主要特點是以研究某一部分佛典為中心的各種學派紛紛湧現，各立門戶，獨尊一經一論，彼此爭鳴，呈現出空前繁榮的景象。

一　統治者的佞佛和滅佛

南朝歷代皇帝大都重視提倡佛教，其中以梁武帝最為突出，他始終高踞皇帝寶座，貪戀世間的權勢和尊榮，又一味執著地追求出世間的解脫和「幸福」。他原來崇信道教，即位的第三年即發願捨道歸佛，又充乎抬高到國教的地位，並且多次捨身同泰寺為寺奴，然後由群臣花巨金再把他奉贖回宮，以此自立功德，又充實寺院經濟。他還嚴格戒律，制斷酒肉，重視譯經，並親自講經說法，著書立說，圍剿神滅論。佛教依恃梁武帝專制主義皇權的支持和倡導，聲勢達到前所未有的煊赫程度。只是在梁武帝晚年因發生「侯景之亂」，佛教才一度受到打擊。陳代諸帝也效法梁武帝的成規，陳武帝、文帝也都以捨身佛寺的行動來提倡和利用佛教。據史載，南朝梁代佛教最興盛時，佛寺多達二千八百四十六所，僧尼多至八萬二千七百餘人。

北朝統治者的大多數也都重視利用佛教，但也有少數人採取滅佛的政策。北魏道武帝信奉佛教，後來太武帝則多次限制、打擊佛教，甚至下令盡殺沙門，為中國佛教史上「三武一宗」滅法之始。至文成帝嗣位後，又明令重興佛教，並開鑿雲岡石窟，鐫建佛像。孝文帝也廣作佛事，大力提倡佛教。他還規立僧祇戶要奉穀物給僧曹，供作佛事之用。還令一些犯了重罪的人和官奴為佛圖戶，以充作寺院的雜役和從事耕作。此後北魏的宣武帝、孝明帝也都積極奉佛。由於統治者的大力提倡，朝野風從，至魏末僧尼已多達二百餘萬人，寺廟三萬有餘。而且各寺院都擁有大量的土地財富，通過出租土地或役使依附農民，經營商業，發放高利貸等聚斂財富，逐漸形成了相對獨立的寺院經濟。此時佛教可謂盛極一時。北魏分裂後，東西二魏的統治者也都大興佛法，佛教仍繼續向前發展。取代西魏而興起的北周王朝，明帝也頗崇佛，但繼位的武帝則重儒術，他多次集眾討論儒、道、佛三教的優劣、深淺、異同，並令二百餘萬僧、道還俗，還毀滅齊境的佛教。北魏武帝和北周武帝滅佛，都和儒、道、佛三教的鬥爭有關，和大量的僧徒影響了兵源有關，也和最高統治者個人的信仰有關。

這些矛盾暫時緩和，佛教也就得以恢復。北周武帝一死，繼位的宣帝和後來的靜帝又都將佛教重新恢復起來。

二 各類佛典翻譯的進一步展開

南北朝時期的佛典翻譯從未間斷過。在南朝，以劉宋前期和梁末陳代譯事最盛，特別是大翻譯家真諦帶着經論梵本二百四十夾從扶南（今柬埔寨一帶）來華，正當梁末陳初，戰亂相繼之際，他以堅強的毅力，在顛沛流離的生活中譯出了大量佛典，把南朝的翻譯事業向前推進了一步。此外，從中印度來華的求那跋陀羅也譯出了若干重要的典籍，對於傳播瑜伽行一系學說作出了重要貢獻。在北朝，被稱為譯經元匠的菩提流支，攜帶大量梵本從北印度經西域來到洛陽，較系統地譯出了大乘瑜伽行一系的典籍。此外還有一些其他譯師也譯出了大量典籍。南北朝時期總計共譯出佛典近七百部，一千四百五十卷。這些佛典與東晉時偏於大乘般若學典籍不同，而是廣泛地涉及印度佛教各個流派，特別是當時正在印度興起的大乘瑜伽行派的著作。此時重要而且影響大的譯著有：

（一）《攝大乘論》和《俱舍釋論》，無著和世親作。真諦在陳代譯出。這兩論對佛學理論產生了重大影響，從此南北攝論師輩出，進而開創了攝論學派。

（二）《十地經論》，世親撰。北魏時菩提流支和勒那摩提在洛陽譯出。後來一些僧人因沿襲和弘傳《十地經論》而成為地論師。

（三）《大般涅槃經》，北涼時曇無讖譯，四十卷。後劉宋初慧觀和謝靈運又以曇無讖的譯本為主，對照法顯譯的《大般泥洹經》，增加品目，修飾潤文，改為三十六卷。

（四）《楞伽經》，求那跋陀羅在劉宋時譯出。相傳此經曾得到達摩、慧可等人的推崇，對於禪宗北宗的

形成影響頗大。北魏時，菩提流支嫌求那跋陀羅譯本晦澀難懂，又為重譯，以求暢達，名《入楞伽經》。這兩個譯本的不同，成為了北方部分禪師異說的來源。

（五）《五分律》，三十卷，劉宋時佛陀什來到建康，應道生、慧嚴之請譯出，從而完成了漢地流行的四部廣律（《十誦》、《四分》、《僧祇》、《五分》）的傳譯。

三　各類經師、律師、論師蜂起

南北朝時的佛教學者都較重視講誦佛典，從而形成專攻某一經論之風，湧現出了若干知名的經師、律師、論師。他們「提章比句」，毫無創新之意；重師承關係，又無傳宗定祖的世系。這是基於對不同經論的講解而形成的不同觀點的學派。在南朝，開始是涅槃師代般若學者而出，到梁代涅槃學說盛極一時，同時三論師出並和成實師各立門戶。到陳代「三論」更受推重，形成奪「成實」之席並與「涅槃」合流之勢。在北朝，由於傳入了南朝的佛教學說，各種經師、律師、論師更多，其中以毗曇師、成實師、涅槃師、地論師、攝論師為最重要。

〔一〕南北朝共有的經師、論師

① 成實師：研習和弘傳《成實論》的佛教學者。《成實論》，印度訶梨跋摩著。「實」指佛教「四諦」，即苦、集、滅、道四個真理。「成實」，即成立四諦的道理。其中心內容主要是講「我空」，如瓶中無水，人無自性。兼講「法空」，如瓶體無實，客觀世界無自性。並以此批判各部派，尤其是批判說一切有部的毗曇學，被認為是由小乘向大乘空宗過渡的著作。鳩摩羅什為了初學者的方便而譯出此論後，其門徒劉宋僧導和

北魏僧嵩對此深加研究並作註疏，形成了南北兩大系統──壽春（今安徽壽縣）系和彭城（今江蘇徐州）系，此後一直講習很盛，弘傳甚廣。成實師起初兼弘鳩摩羅什譯的「三論」，齊末轉為偏弘《成實論》，並與《法華經》、《涅槃經》的思想合流，弘佈於長江流域，盛極一時，對於「三論」、《涅槃》、《攝論》、禪學各系的學者產生了廣泛的影響。到隋代吉藏創立三論宗，判《成實論》為小乘後，成實論派趨於衰退，至唐初也就消失了。

②涅槃師：研習和弘傳《涅槃經》的佛教學者。東晉時法顯和佛馱跋陀羅譯出《大般泥洹經》六卷，為《大般涅槃經》初分異譯。北涼時，曇無讖譯出大本《涅槃經》初、中、後三分，共四十卷，稱《北本涅槃經》。劉宋初慧觀和謝靈運等又改為三十六卷，稱為《南本涅槃經》。此經主要宣揚「泥洹不滅，佛有真我；一切眾生，皆有佛性」，肯定人人都能成佛。但《大般泥洹經》又說「一闡提」無佛性。時竺道生剖析經旨，孤明獨發，指出「闡提是含生之類，何得獨無佛性？蓋此經度未盡耳！」（日本沙門宗撰《一乘佛性慧日鈔》引《名僧傳》）倡「闡提皆得成佛」說，被視為離經叛道而擯出僧眾。後《大般涅槃經》南傳，經中果稱闡提皆有佛性，和竺道生先前所說的相吻合。道生後在廬山講說，為南朝最初的涅槃師。道生又立「頓悟成佛」義，反對當時流行的「積學漸悟成佛」說。當時和道生同出羅什門下的慧觀則持漸悟說，由此形成了南方涅槃師的兩大系。在北方，慧嵩、道朗曾列席過曇無讖的譯場，道朗作《涅槃義疏》等，提出以「非真非俗中道」為佛性說，成為北方最早的涅槃師。此後南北兩地涅槃師圍繞《涅槃經》關於一闡提有無佛性，佛性是什麼，成佛的覺悟是頓還是漸等問題，展開了長期的爭論。對「涅槃佛性」的解釋，是南北朝時中國佛教學說的中心問題，形成了十二家的異說。此種爭論直至隋代仍相當激烈，入唐後，由於天台、三論諸宗勢力的興起，涅槃師才遂爾衰落。

③毗曇師和俱舍師：毗曇師指研習和弘傳小乘說一切有部論書《阿毗曇》的佛教學者。東晉以來相繼譯出說一切有部《阿毗曇》多種，主要是前秦僧伽提婆譯的《阿毗曇八犍度論》、《阿毗曇心論》和劉宋僧伽跋摩譯的《雜阿毗曇心論》等。這些論書的基本思想是，通過分析佛教概念，以論證人我是空，三世是實有，萬物由於因緣和合生成而有永恆不變的實體。提倡《毗曇》始於東晉的道安、慧遠，而自《雜阿毗曇心論》譯出後，毗曇學才開始興盛，並有「毗曇師」的稱號。其中的佼佼者，南方的慧集，梁時在建康招提寺講《毗曇》，聽眾常達千人。北方的慧嵩，常在彭城講學，有「毗曇孔子」之稱。自梁末南方「成實」之學漸盛，而在陳真諦譯出《俱舍釋論》後，有的毗曇學者又轉入俱舍學，成為俱舍師。南方毗曇學從此而衰落下去。但北方的毗曇學直至隋初仍盛行不竭。至唐代玄奘重譯《俱舍論》後，學人掀起了研究的高潮，而舊譯毗曇學轉趨衰歇，有些著述也因無人問津而漸至湮沒失傳。

④攝論師：研究和弘揚真諦譯《攝大乘論》的佛教學者。《攝大乘論》係印度大乘瑜伽行派的重要著作，無著撰。北魏佛陀扇多譯出，但流傳不廣。後真諦在陳時又重譯，並譯出世親的《攝大乘論釋》，真諦門下的慧愷、道尼、法泰等均大力弘傳。靖嵩從法泰學《攝論》後，北歸彭城開講，門徒甚眾。隋初曇遷還應詔從彭城到長安大弘《攝論》。攝論諸師的學說並不完全一致，然其主要理論是：第八「阿梨耶識」[註二]是妄識，為一切現象的根據，但此妄識中有一份純淨的識。這樣，在八識之外，又將「阿梨耶識」中純淨的識立為第九「阿摩羅識」（無垢識，亦即真如佛性），認為眾生只要努力發展「阿梨耶識」中純淨的識，以對治妄識，就可以證入阿摩羅識而成為佛。由此也就肯定一切眾生皆有佛性，皆能成佛。玄奘從印度回國後，重譯《攝大乘論》，並作為瑜伽行派的眾多典據之一，這樣攝論師的舊義也就失去其重要意義，而專弘《攝論》的攝論師自然也趨於衰歇了。

【二】南朝特有的論師、律師

① 三論師：研究和弘揚「三論」的佛教學者。「三論」指《中論》、《百論》、《十二門論》，是大乘空宗的重要論典，闡發非有非無、亦有亦無的中觀學說。自姚秦時鳩摩羅什譯出此「三論」以後，門下僧肇等人都深有研究。然三論學的興起，是始於梁代的僧朗，後經僧詮、法朗的弘傳，至隋代的吉藏更形成了宗派。

② 十誦律師：研究和弘揚《十誦律》的佛教學者。《十誦律》係小乘說一切有部的根本戒律書，由卑摩羅叉補充校改後，在江陵開講，由此興起了「十誦」之學。南朝時弘傳此學的有僧業、智稱、僧祐等。齊梁時曾盛極一時。

【三】北朝特有的經師、論師、律師

① 地論師：研究弘揚《十地經論》的佛教學者。這是北朝時對佛教影響最大的學派，它以萬法唯心學說區別於長期流傳的般若性空論。《十地經論》，世親所著。此書對《華嚴經‧十地品》作了論解，對菩薩修行的十個階位（地）和教義進行了新的發揮。北魏時的勒那摩提和菩提流支譯出此論，因兩人所習並不盡相同，從他們傳承《地論》的門下發生了異解，形成了南北兩道，稱相州（今河南安陽北）南派和相州北派。南道以勒那提摩的弟子慧光為代表，其後的重要學者有法上和淨影寺慧遠等。北道以菩提流支的弟子道寵為代表，其後學者有志念等。南北兩道爭論的焦點是「當常」與「現常」的問題。「常」，即佛性或涅槃的異名。也就是佛性是先天本有的（「現常」），還是起後有的（「當常」）。南道認為「阿梨耶識」就是「自性清淨心」、「如來藏」、「真如」。如來藏具足一切功德，是一切現象產生的根據，由此主張眾生的佛性是本有，即先天而有的。但由於此識「隨妄流轉」，生出世俗世界，眾生應當努力修持，離染顯淨，方可成佛。這是南道的

「現常」說。北道不同，它認為「阿梨耶識」是無明識，是產生一切現象的根據，一切功德都是後生的，佛性也是後有的，成佛要累世修行，即主「當常」。北道系統的主張因和攝論師的阿賴耶識通真妄的說法相近，但不如攝論師條理縝密，也不如攝論學說盛行，所以被統一於攝論師。這樣南北兩道的對峙又演變為地論師和攝論師之爭。迄至唐初，佛教界還為之議論紛然。玄奘就是因這些疑難問題得不到解決而決心赴印度求法的。南道系學說後來也有所變化，其基本觀點後來為華嚴宗學者所資取，對華嚴宗的形成有較大的影響，但一旦為華嚴學者所資取，也就沒有獨立宣揚的餘地了，於是南道一系也就此銷聲匿跡。

②四論師：研究和弘揚《大智度論》、《中論》、《百論》、《十二門論》的佛教學者。此派將《大智度論》和「三論」並重。著名學者有北齊的道場（長）和東魏曇鸞等。道場和曇鸞後又都歸宗淨土。

③四分律師：研究、奉行和弘揚《四分律》的佛教學者。北魏時法聰、道復專弘此律。後慧光作《四分律疏》，使此學大盛，弟子多人。

④楞伽師：以《楞伽經》為印證的禪師。《楞伽經》，全稱《楞伽阿跋多羅寶經》。現有三種漢文譯本，通行的是南朝宋的求那跋陀羅譯本，四卷。「楞伽」，山名；「阿跋多羅」的意思是「入」，謂佛入此山說的寶經。經文宣揚世界萬物唯是「自心所現」，在修持上以「忘言忘念，無礙正觀」為宗，即重視慧念，而不在語言。相傳禪師菩提達摩以四卷《楞伽》授慧可，慧可後有弟子僧那禪師、僧璨禪師等多人，後來直接發展為禪宗北宗。

四　南北兩地佛教的不同特點

魏晉南北朝時期，南北兩地，尤其是北方地區，由於長期戰爭，兵禍頻繁，政權更迭，一些學士名僧先後

在漢魏之間、兩晉之際和劉宋立國前後三次南渡，導致佛教人才南流，學術重心轉徙到南方。南北朝時南北政權的對立、地域阻礙，更促使兩地不同佛教學風的形成。這種不同的顯著表現就是南文北質：南朝偏尚理論，以玄思拔俗為高；北朝崇尚實行，禪風特盛。

南朝佛教繼承東晉佛教的傳統，偏尚玄談義理。史謂「江東佛法，弘重義門」（《續高僧傳》卷一七《慧思傳》）、「佛化雖隆，多遊辯慧」（同上書，卷二〇《習禪篇五》），正是反映了這個特點。在南朝，「涅槃」、「成實」和「三論」等學說都十分流行，關於涅槃佛性、頓悟漸悟等問題，辯論非常激烈。此時，般若學的主流地位雖為涅槃學所取代，但般若學仍在流行，到陳代，武帝、文帝和宣帝都推重極富於思辨的「三論」，後來導致隋代吉藏創立三論宗。同時，佛教界和無神論者在因果報應和神滅神不滅等理論問題上也展開了爭論，就其規模之大和論戰之激烈來說，在中國古代思想史上是罕見的。

北朝統治者多粗獷少文，佛教名僧也不崇尚空談義理，與南朝佛教相比，禪學、律學和淨土信仰較為發達，尤以禪觀最為興盛。《洛陽伽藍記》卷二《崇真寺》載，自崇真寺比丘慧嶷入白鹿山隱居修道以後，「京邑比丘皆事禪誦，不復以講經為意」。除了楞伽師以外，著名禪師相繼而出。如北魏玄高通禪法，從學者達百餘人。此外，來華的曇無毗、勒那摩提、佛陀扇多也都弘傳禪法。北齊僧稠曾在多處講學，傳授禪法，聲譽甚隆。後來道宣把他極為和達摩並稱。又如天台宗的先驅者慧文、慧思也提倡定慧，為南北禪家所重。北周僧實禪師，周太祖對他極為尊崇，並從受歸戒。至於一般的弘修禪法的僧人就更多了。北方佛教律學勢力也超過南方，北齊慧光被奉為四分律學之祖。宣傳淨土信仰的曇鸞也活動於北魏。北朝名僧的學風對於佛教一般僧人和民間信徒影響很大，以至於大家都偏重行業。這種風氣的一個突出表現是重視鑿窟雕像。如北魏開鑿的雲岡、龍門等石窟，規模宏偉，技巧精工。由於鑿窟雕像需要投入大量的人力、財力和物力，北方僧人和在家信徒還

建立一族一村的佛教組織「義邑」，一些達官貴人和僧人也建立叫做「法社」的佛教組織，聯合從事佛教活動。佛教在組織方面，北方也超過了南方。

應當指出，南北朝佛教的差異是相對的，它們也有共同點。南朝佛教也主張修持，但是只以劉宋初一度盛傳禪法，迄至劉宋末就趨衰落了，而禪法在北方則持久不衰。北朝佛教也有重視義理的，但是只以小乘的毗曇學和成實學為盛，而南方則盛行大乘學說，還由於般若性空思想的根深蒂固，和涅槃佛性學說的空前盛行，以至宣揚唯心緣起思想的《楞伽經》和《解深密經》都不得流行。

第五節　隋唐宗派佛教的創造和繁榮

中國佛教經過四五個世紀的流傳後，進入了宗派的形成和發展的大成時期。隋唐時代南北政治統一，國家經濟繁榮，國際文化交流活躍，佛教也順着組織異說求同求通的趨勢，綜合南北思想體系，由學派進而演變成若干新的宗派。宗派和學派不同，它有各自獨特的教義、不同的教規，並和財產的繼承權相關而更加強調傳法世系。具有本地風光的隋唐佛教宗派的先後創建，形成了中國佛教史上劃一時期的顯著特色。

一　統治者對於佛教的利用、提倡和限制

隋文帝統一南北對立的局面之後，立即改變北周武帝滅佛的政策，轉而採取大力恢復和扶持佛教的方針。史載他曾鼓勵度僧，一時新度的僧人多達五十餘萬（見《續高僧》卷一〇《釋靖嵩傳》）。他還設置各級僧官以管理僧尼的事務。隋煬帝也篤好佛教。他為晉王時曾請智顗為授菩薩戒，尊稱智顗為智者，並為智顗創建天

台宗提供有利條件。他繼位後還自稱是菩薩戒弟子，度僧、建寺、造像、組織譯經，竭力護持和宣傳佛教。但是，隋煬帝也曾下令沙門敬王者，並明令無德的僧尼還俗，拆毀多餘的佛寺，限制佛教的發展。

唐代統治者也十分重視對於佛教的整頓和利用。唐高祖因太史令傅奕的一再疏請，曾下令沙汰佛教，後因發生宮廷爭位的變故而未及實行。唐太宗重視佛教的譯經事業，為從印度求法歸來的玄奘組織了大規模的譯場。他還下詔在全國「交兵之處」建立佛寺，悼念陣亡戰士，以安撫人心。後來，武則天利用佛教《大雲經》，把自己篡奪政權神化為是符合彌勒授記的。她諭令「釋教宜在道法之上，緇服（僧人）處黃冠（道士）之前」（《唐大詔令集》卷一一三），還直接支持法藏創立華嚴宗。稍後，唐玄宗曾一度沙汰僧尼，但又信仰新傳入的密教，促使密宗的形成。不久發生安史之亂，慧能的弟子神會北上洛陽，幫助政府徵收度僧稅錢，補助軍費，而獲得傳播佛教的便利。他乘機宣揚師父慧能的學說，使慧能創立的禪宗南宗在北方取得穩定的地位。但是，唐代中葉以來，徭役日重，「富戶強丁多削髮以避徭役，所在充滿」（《資治通鑑》卷二一一《唐紀·玄宗開元二年》）。人們紛紛以寺院為逃避之所。寺院又乘均田制破壞之機，侵佔民田，擴充莊園；寺院還設法逃避賦稅，並且利用經營工商業、開當舖、放高利貸等，多方牟利。辛替否描繪唐睿宗時佛寺佔有社會財產的嚴重狀況說：「十分天下之財而佛有七八。」（《舊唐書》卷一〇一《辛替否傳》）一時佛寺幾乎壟斷了社會財富。這樣，雖然佛教具有使人們安分守己的作用，但是，寺院經濟和國家利益的矛盾日益加深和尖銳化，導致唐敬宗、文宗以來，王朝就有毀滅佛教的意圖。繼文宗的武宗終於付諸實現，命令各地拆毀寺廟，勒令僧尼還俗。從會昌二年到五年（八四二—八四五），總共拆毀寺廟約四千六百所，僧尼還俗二十六萬多人，解放奴婢十五萬人，沒收大量的寺院土地。這是一次對佛教的空前沉重的打擊，和以後佛教的命運關係極大，絕大多數佛教宗派從此一蹶不振。就中國佛教史來說，唐代安史之亂和會昌滅佛，是使佛教發生變化的兩大轉

機。安史之亂以後，慧能禪宗將神秀一系禪宗擠垮了。自安史之亂起，李唐政權漸趨沒落，也導致和佛教的經濟矛盾的激化，由此而來的會昌滅佛事件，宣告了佛教鼎盛階段的基本終結。

二　佛典翻譯的重大成就

隋唐時代的譯經基本上由國家主持。國家設譯經館或指定寺宇，或組織譯場，延請譯人翻譯。隋代闍那崛多和達摩笈多等譯師同中國沙門彥琮等人，共譯出經論五十九部，二百六十二卷。唐代的譯經成績最為可觀。如中國僧人玄奘以深厚的學養，作出了大量的精確的譯傳，所譯有七十五部，一千三百三十五卷，涉及唯識、般若、毗曇各方面，成就輝煌。又如義淨譯出六十一部，二百六十卷。不空譯出一百零四部，一百三十四卷。

唐代在譯籍的數量和質量兩個方面都超過前人，總計譯出佛典三百七十二部，二千一百五十九卷。至此，印度大乘佛教的要典基本上都已翻譯了過來。

隨着譯籍的增多，需要統一整理編目，以便誦讀、繕寫和寺院藏書。隋代由彥琮等人把《法經錄》重新編為《仁壽眾經目錄》。唐代在此基礎上又加工增訂編成好幾種目錄，其中開元十八年（七三〇）僧智編成的《開元釋教錄》二十卷，入藏目錄共收一千零七十六部，五千零四十八卷，後成為一切寫經、刻經的權威性的準據。

三　智顗和天台宗

天台宗是在隋代形成的、中國創立最早的一個佛教宗派。因創始人智顗住在天台山（今浙江天台），故後世稱之為天台宗。又因此宗教義以《法華經》為依據，所以也稱法華宗。據該宗學說系譜，初祖上推至印度龍

樹，二祖北齊禪僧慧文，三祖慧思，四祖智顗，以後是灌頂、智威、慧威、玄朗、湛然，九祖相承。而實際上創始人是四祖智顗。

智顗（五三八—五九七），俗姓陳，潁川（今河南許昌）人，係梁元帝時散騎常侍孟陽公陳起祖的次子，世家出身，門第甚高。他因目睹南北朝時王朝頻繁更迭，親屬離散，顛沛流離，哀歎人生無常而遁入空門。十八歲出家，二十三歲從業。慧思既重禪法（定），又重佛教義理（慧）。智顗從學禪法，修行法華三昧。約三十歲時學成。後去金陵講《法華》等經，並傳播禪法，博得朝臣的敬服。八年後去天台山建草庵，一住十年。陳宣帝將天台縣賦稅割給他，為其所在寺院提供經濟來源。後智顗應陳後主之請，又重返金陵（今江蘇南京）。此時他對佛教的教義和觀行已構成了一套自己的教法，樹立了新的宗義。陳亡後，他遊化荊、湘二州，留居廬山。後應晉王楊廣之請到揚州為其授菩薩戒，從上受「智者」之號，故又稱「智者大師」。隋文帝、隋煬帝都十分關注和尊重智顗。他在隋煬帝的同意下獲得大量水田，同時智顗也一再表示「擁護大隋國土」。智顗平生造寺三十六所，親自度僧多人。卒後，楊廣按其遺願在天台山造寺，並賜「國清寺」之額。

智顗以《法華經》為釋迦牟尼佛的最後的說法，也就是最高權威的經典，敬奉為宗要。他以《大智度論》為指針，吸收南北朝三論師和涅槃師的思想，並繼承和發展慧文、慧思的「一心三觀」（一心中觀緣起法空、假、中三諦）的觀行方法，來組織自己的學說體系。智顗的思想主要體現在陳隋之際他所開講、後由弟子筆錄成書的《法華玄義》、《法華文句》和《摩訶止觀》，即所謂「天台三大部」中。此外，所謂「天台五小部」，即《觀音玄義》、《觀音義疏》、《金光明經玄義》、《金光明經文句》和《觀無量壽佛經疏》，也體現了他的思想。其學說特點是確立定（止）、慧（觀）雙修原則，並強調教觀雙運，解行並重，由「一心三觀」進而發展為空、假、中三諦相即相通，互融互攝的「三諦圓融」說，以及在短暫的心念活動中即具有世間

和出世間的一切現象的「一念三千」說。智顗的門人灌頂著有大量的經疏，廣弘該宗思想。後來因唯識宗、華嚴宗聲勢很大，天台宗就相形失勢，黯然不彰。至九祖湛然，他以中興本宗自任，進一步提出「無情有性」的理論，以為草木磚石也有佛性。湛然傳弟子道邃、行滿，道邃後有廣修。廣修晚年遭逢武宗會昌滅法，天台宗聲勢驟衰。

四　三階教

三階教，因主張佛教分為三階，故名。又因主張普遍信奉一切佛法，也稱「普法宗」，為隋代信行所創立。信行（五四○—五九四），俗姓王，魏郡（治所在今河南安陽）人。少年出家，博涉經論，重視行持。隋開皇初（約五八一）被召入京，建立三階道場，宣揚三階教。他以所著《三階佛法》為主要依據，把全部佛教按「時」、「處」（所依世界）、「機」（根機，指人）分為三類，每類又各分為三階：第一階是正法時期，「處」是淨土佛國，只有佛、菩薩修持大乘一乘佛法；第二階是像法時期，「處」也是穢土，人是凡聖混雜，流行大小乘（三乘）佛法；第三階是釋迦牟尼死後一千年的末法時期，「處」是穢土，人是「邪解邪行」。信行認為當時已進入末法時期，眾生不應滿足於只唸一佛、誦一經，而應普歸一切佛（「普佛」），普信一切佛法（「普法」）。宣傳皈依普佛、普法，為末法眾生唯一得救的法門。

三階教在行持方面，提倡以苦行忍辱為宗旨，乞食，一日一餐。反對崇拜偶像，不主張唸阿彌陀佛。認為一切眾生都是真佛，所以路見男女一概禮拜，稱為「普敬」。死後實行「林葬」，即將屍體置於森林，供鳥獸食用，稱之為以食布施。還經營「無盡藏」（儲蓄信施之款），勸信徒施捨錢糧由寺院庫藏，然後布施或借貸給貧苦信徒，也供修繕寺塔之用。這樣也就建立了本派的獨立的經濟基礎。

信行的弟子有本濟、淨名等多人，在長安建有化度、慧日、光明、慈門、弘善五寺，盛行一時。但三階教創立後，屢遭朝廷的禁止和佛教其他宗派尤其是淨土宗人的攻擊。隋開皇二十年（六○○）朝廷明令禁止。唐武后證聖元年（六九五）還明令判為異端。唐玄宗開元元年（七一三）廢止無盡藏院，斷絕其經濟來源。但是三階教的潛在勢力依然存在，在民間又流行了三百餘年，至唐末湮沒無聞。

五　吉藏和三論宗

三論宗是隋代形成的宗派。因以印度中觀學派的《中論》、《百論》、《十二門論》為主要典據而得名。又因主張「諸法性空」，也稱「法性宗」。因天台宗、華嚴宗也自稱「法性宗」，故又稱此宗為「空宗」。三論宗實際上是印度中觀系統的流派，龍樹、提婆學說的直接繼承者。

「三論」自鳩摩羅什譯出後，師徒相傳，研究者群起。僧肇「在羅什門下為解空第一」（吉藏《百論疏序》），所以後被三論宗創始人吉藏尊為「玄宗之始」，並常以什肇並稱。什肇的學說原流傳於北方，劉宋時曾入關研習「三論」的僧朗於梁時來到江南，住建康城郊攝山等地宣揚「三論」大義。後又有僧詮、法朗依次相傳，遂有「攝嶺相承」的三論學派。此後發揚攝嶺相承的學說而建立宗派的是吉藏。

吉藏（五四九—六二三），俗姓安，祖先為西域安息人，故有「胡吉藏」之稱。先世因避仇而遷居南海（今廣東廣州），後又遷金陵。吉藏生於金陵，年少時即隨法朗出家學「三論」，十九歲學有成就。陳末隋初，江南大亂，吉藏在各廢寺廣搜文疏，瀏覽涉獵，學識大增。隋朝取得百越（今浙江、福建一帶）後，他到會稽（今浙江紹興）嘉祥寺講法，受學者多至千餘人，被稱為「嘉祥大師」。後應隋煬帝之請，赴長安住日嚴寺，完成「三論」的註疏，並撰代表作《三論玄義》，樹立自己的宗要，創立了三論宗。此宗中心理論是以真

俗二諦為綱，從真空的理體方面揭破一切現象的虛妄不實，是無自性的，也就是畢竟空無所得，但為引導眾生而用假名來說有，這就是「中道」，就是一切無所得的中道觀。吉藏門下有慧遠、智顗、碩法師等。碩法師門下的元康在唐太宗時曾奉詔入長安講「三論」，著述頗多，今僅存《肇論疏》三卷。此時天台宗、唯識宗盛行，三論宗流行不久便趨衰頹。

六　玄奘和法相唯識宗

法相唯識宗是唐代玄奘及其弟子窺基創立的宗派。因用許多佛教範疇對世界一切現象進行概念的分析、解釋，宣揚「萬法唯識」的唯心論，故名。又因他們二人常住慈恩寺，窺基還世稱慈恩大師，故也稱慈恩宗。還因以《瑜伽師地論》為根本教典，又名瑜伽宗。《解深密經》、《成唯識論》和《瑜伽師地論》，即一經二論是此宗的最基本的典籍。

玄奘（約六〇〇─六六四）對於經、律、論三藏無所不通，被稱為「三藏法師」，這在當時的中國是前無一人的。俗稱的唐三藏、唐僧，是對他的最高讚譽，最大尊稱。玄奘俗姓陳，本名禕，河南洛州緱氏縣（今河南偃師南境）人。幼年因家境貧寒，隨二兄住洛陽淨土寺。十三歲時，洛陽度僧，破格入選。後因隋末農民軍紛起，遂與兄同赴長安、成都、荊州、趙州、揚州，後再折返長安。因他遍訪各地名師，窮盡各家學說，被推選為莊嚴寺十大德之一，玄奘深感當時各地佛理異說不一，他尤其對唐初流行的攝論師和地論師兩家關於佛性之說不能統一，亟想求得解決。此時恰逢印度波頗蜜多羅來華，宣揚當時那爛陀寺的宏大的講學規模，介紹當時一代宗師戒賢所授的《瑜伽師地論》是總賅三乘學說的最高體系。於是玄奘便立下西遊取經的壯志，正式表請赴印，未准。貞觀三年（六二九），因北方災荒嚴重，朝廷准許道俗自行四出謀食。玄奘便乘機西行，出玉

門，涉流沙，度蔥嶺，越雪山，歷盡艱難險阻，輾轉進入北印度境內。玄奘自長安出發，沿途且行且學，約經四年抵中印度摩揭陀國王舍城的那爛陀寺——當時印度佛教的最高學府。全寺僧眾四千餘人歡迎他的到來，他被推為通三藏的十德之一，極受優遇。玄奘在那爛陀寺從戒賢學《瑜伽師地論》等佛典，非常勤奮。為了更廣泛地參學，五年後，玄奘離開那爛陀寺，遍遊印度各地，四年後回那爛陀寺，後應戒賢法師之囑為寺眾講《唯識抉擇論》，並溝通大乘中觀學派和瑜伽行派小乘兩大派系的爭論，用梵文撰《會宗論》三千頌，博得印度僧人的高度讚許。又應戒日王之請，為折服南印小乘正量部論師般若毱多《破大乘論》的學說，用梵文著《制惡見論》一千六百頌。後來戒日王還在曲女城為玄奘設立大會，命五印度沙門、婆羅門以及其他各種學派的學者都來參加。到會的有十八個國王，各國僧人三千多人，那爛陀寺僧一千餘人，婆羅門教及其他學派兩千餘人。大會以《會宗論》、《制惡見論》的論點標宗，任人出難破駁，經十八天會終，結果竟無一人能提出改動一字，從此，玄奘更受到大小乘佛教徒的一致推崇，尊他為「大乘天」和「解脫天」。聲譽之隆，千古一人。此時玄奘所學已經大成。實際上他知識之廣博已大大超過他的老師戒賢三藏，成為當時印度大乘學系的最高權威。他對印度大乘佛教及其前進不墜起了重要作用。

玄奘身在異域，心在故國。雖然印度國王和學人一再懇留，但他還是毅然東歸，於貞觀十九年（六四五）正月返回長安。史載，玄奘西遊取經往返十七年，途經一百一十個國家、地區，行程五萬里，帶回大小乘佛典五百二十夾、六百五十七部。玄奘回國會見唐太宗時，力辭太宗要他還俗從政的建議，然卻應太宗的要求撰《大唐西域記》[註三]，玄奘回國後的主要興趣和精力全部放在翻譯佛教經典方面。在朝廷的大力支持下，玄奘有計劃、有系統地主持翻譯，經過十九年的艱苦努力，譯出瑜伽學、阿毗達磨學和般若學的大量經論。如小乘要典《大毗婆沙》二百卷，瑜伽學集大成的《瑜伽師地論》一百卷，中觀學派根本經典《大般若經》六百

卷等。由於玄奘所譯的是那爛陀寺最盛時期所傳承的佛學理論，並且譯筆嚴謹、質量很高，因此被後人通稱為「新譯」，實際上是在中國譯經史上開闢了一個新紀元。

玄奘門下人才濟濟，最著名的是神昉、嘉尚、普光和窺基，有「玄門四神足」之稱。而真正繼承法象，直紹玄奘所傳並能加以闡揚的只有才氣橫溢的窺基。窺基係唐開國將軍鄂國公尉遲敬德之侄，十七歲奉敕為玄奘弟子。他著述宏富，有「百部疏主」之稱。窺基的《成唯識論述記》為後世唯識學者奉為圭臬。由於窺基撰寫了大量的闡發有關經論的疏、記，有力地推動了法相唯識宗的建立，也可以說，事實上法相唯識宗的規模是由他一手建立並壯大起來的。

法相唯識宗繼承印度大乘有宗，即從無著、世親相承而下直到護法、戒賢、親光的瑜伽行系的學說。其基本理論是用邏輯的方法論證外境非有，內識非無，即「唯識無境」說；十分重視「轉依」即轉變思想的認識，視認識上的由迷轉悟為修持目的；主張五種姓說，認為有一種無性有情者永遠不能成佛，改變了過去「眾生皆有佛性」的看法。此宗是印度無著、世親學說的直接繼承者。但因此宗的理論過於煩瑣及不合潮流等原因，窺基以後慧沼、智周又傳承兩代，僅三傳就由極盛轉向衰微了。

七　律宗

律宗是依據小乘法藏部（曇無德部）《四分律》並加以大乘教義的闡釋而形成的宗派。因專事宣揚佛教戒律中的「四分律」又稱「四分律宗」。還因創宗者道宣居陝西終南山創立戒壇，制定中國佛教的儀制，而名為「南山宗」、「南山律宗」。

東晉以來，印度小乘部派佛教的四部廣律在中國流傳。南北朝時，由於國家對佛教僧侶的管理日趨嚴格，

佛教中也就相應地出現了講求律學的律師。南朝有十誦律師，北朝有四分律師。到唐代國家統一，佛教內部也需要實行統一的戒律以加強自己的組織，在這種情況下道宣創立了律宗。

道宣（五九六—六六七），世稱「南山律師」。本姓錢，吳興（今浙江湖州）人，一說丹徒（今屬江蘇）人。十歲出家，二十歲從智顗首受具足戒。道宣泛參廣學，重點鑽研律學。他承接北朝慧光到智首的系統，專事《四分律》的弘揚。同時因參加玄奘的譯場，深受唯識宗的影響，所以又用大乘教義解釋《四分律》，作戒體論。所謂戒體是指弟子從師受戒時所發生而領受在自心的法體，也即由授受的做法在心理上構成的一種防非止惡的功能。道宣說《四分律》通於大乘，以「阿賴耶識」所藏種子為戒體。他把戒分為止持、作持兩門：「止持」是「諸惡莫做」的意思，規定比丘二百五十戒、比丘尼三百八十四戒；「作持」是「諸善奉行」的意思，包括受戒、說戒和衣食坐臥的種種規定。他說《四分律》從形式上看屬於小乘，從內容上看當屬大乘。道宣門下有受法傳教弟子千人，其再傳弟子道岸又請得唐中宗墨敕，使最後奉持《十誦律》的江淮地區改奉南山的《四分律》。這樣全國佛教的戒律就基本上趨於統一了。

但是，由於對《四分律》的理解和運用不同，與道宣同時，還有揚州日光寺法礪（五六九—六三五）的相部宗、長安西太原寺東塔懷素（六二五—六八九）的東塔宗。它們各成一派，長期爭論，不得統一。唐大曆十三年（七七八）代宗敕令三系學者代表集會，討論僉定統一流行的戒律。雖由國家出面調和異義，也未見成效。不過由於南山宗的暢行，其他兩宗也就無法振作了。中國佛教由於道宣律宗的流行，僧人在修習大乘三學時，仍重視遵行上座部戒律的止作二持。

八　法藏和華嚴宗

華嚴宗，因推尊《華嚴經》為佛說的最高佛典，用它來統攝一切教義，即依《華嚴經》立宗，故名。又因武則天賜號其創始人法藏為「賢首」，後人稱法藏為「賢首大師」，故又稱「賢首宗」。還因此宗發揮「法界緣起」的旨趣，也稱為「法界宗」。

華嚴宗學說的傳承系統，一般作杜順（法順）——智儼—法藏—澄觀—宗密。智儼（六〇二—六六八）撰《華嚴經搜玄記》、《華嚴一乘十玄門》、《華嚴孔目章》等，綱要性地闡發了「華嚴」經文。法藏（六四三—七一二）原籍西域康居，本人生於長安。他先從智儼學《華嚴經》，深得智儼的賞識。後參加八十卷《華嚴經》的新譯，對經文的理解更為透徹。接着為武后講解新《華嚴經》，據說講至「華藏世界品」時，「地皆震動」，武后特下敕褒獎。又被請到長生殿講經，指殿前金獅子為喻，武后豁然領解，後整理為《華嚴金師子章》。又為教誨不懂得「無盡法界帝網重重」，圓融無礙義理的人，取鏡十面，上下八方安排，相去一丈餘，面面相對，中間置一佛像，燃燈照耀，互影交光。法藏還為唐睿宗授菩薩戒，成為皇帝的門師。中宗曾給他三品大官的獎賞，又給他造五所大華嚴寺。著作約百餘卷，其中主要是關於「華嚴」的著述，如《華嚴經探玄記》、《華嚴一乘教義分齊章》等，都有自己的新解。

法藏以《華嚴經》為依據，又吸收玄奘新譯的一些理論，完成了判教，充實了觀法，建立了宗派。他宣揚「法界緣起」理論，認為本體是現象的根據、本原，一切現象均由本體而起。由此說明一切現象和現象之間都是圓融無礙的，佛教各宗派的教義也是圓融無礙的，「圓融無礙」是觀察宇宙、人生的法門，也是認識的最高境界。

法藏的理論後一度曾為上首弟子慧苑所修改，以至未能廣泛傳播。但不久澄觀（七三七—八三八，一說

七三八—八三八）以恢復華嚴的正統為己任，批評了慧苑的判教理論和緣起學說，重新發揮法藏的教義。其後，宗密（七八〇—八四一）融會禪宗和華嚴宗兩系的思想，宣傳禪教一致論，確立了華嚴宗新的發展軌道。宗密死後，隨即發生武宗會昌滅佛事件，華嚴宗受到了沉重的打擊，寺院被毀，經論失散，轉趨衰落。

九　密宗

密宗也稱「密教」、「秘密教」、「真言乘」、「金剛乘」等。因自稱受法身佛大日如來深奧秘密教旨的傳授，為真實言教，而真言奧秘，不經灌頂，不經傳授，不得任意傳習及顯示別人，故名。密教原是印度七世紀以來大乘佛教部分派別與婆羅門教——印度教相結合的產物，因當時中印交通發達，很快便傳入中國。唐玄宗開元四年（七一六），善無畏帶來傳承印度密教胎藏界密法的《大日經》，與弟子一行譯出；開元八年（七二〇），金剛智及其弟子不空傳入《金剛頂經》，由不空譯出，開始傳習印度密教金剛界密法。後來，傳習這兩種密法的善無畏、金剛智經過彼此互相傳授，融合充實，在中國創立了密宗。

密宗認為世界萬物、佛和眾生都由地、水、火、風、空（空際）、識（意識）「六大」所造。前「五大」為「色法」，屬「胎藏界」，是大日如來的顯現，表現「理性」方面，即本來具有的覺悟，但隱藏在煩惱中而不顯，故名「胎藏」。識為「心法」，屬金剛界，與胎藏界不同，表現「理德」方面，任何法不能破壞它，而它卻能摧毀一切煩惱，故名。色心不二，金胎為一。二者攝宇宙萬有，而又都具眾生心中，所以佛與眾生也都沒有根本差異。眾生修持密法如能達到身、口、意「三密相應」，就能使自己身、口、意「三業」清淨，而與佛的身、口、意相應，這樣就可以「即身成佛」。由於密宗修習三密相應（瑜伽），還名「瑜伽密教」。此宗

的儀軌極為複雜，需經導師（「阿闍梨」）秘密傳授。因具最濃厚的神秘色彩，而為當時唐王朝統治者所特別愛好，一時形成了王公貴族紛紛信奉密宗的風尚。然在不空後，經數傳也就衰落了下去。

十　淨土宗

淨土宗，因專修往生阿彌陀佛淨土法門，故名。唐代善導創立。宋代以來的佛教學者據不可靠的資料──傳說東晉廬山慧遠曾邀集十八人，成立「白蓮社」，發願往生西方淨土，而奉慧遠為淨土宗的初祖。因此，此宗又名「蓮宗」。淨土宗的成立是彌陀信仰思潮發展的結果，其立宗的端緒應上溯到北魏時代的曇鸞（四七六──五四三）。曇鸞在山西玄中寺提倡淨土法門。他撰有《往生論註》等，依照龍樹的《十住毗婆沙論·易行品》創立「難行」、「易行」二道之說。宣揚世風混濁，沒有佛的幫助，靠「自力」解脫很困難。靠「自力」解脫的教義是「難行道」，而憑藉佛的願力（「他力」）往生淨土是「易行道」。曇鸞認為一心專唸「南無阿彌陀佛」名號，臨命終時就可往生淨土。唐初道綽（五六二──六四五）在玄中寺見記載曇鸞事蹟的碑文而受到啟發後，專心修習淨土法門，每日口誦「南無阿彌陀佛」，大力提倡憑藉阿彌陀佛往生西方極樂世界的淨土法門是唯一的出離之路。他的弟子善導（六一三──六八一），後到長安光明寺傳教，撰《觀無量壽經疏》和《往生讚》等，闡述立宗的理論根據，組成了完備的淨土宗的宗儀和行儀，正式成立了淨土宗。史載，當時從善導教化的人不可勝數，有的竟誦《阿彌陀經》十萬遍至五十萬遍，唸佛日課一萬聲至十萬聲，淨土信仰得到了極大的發展。

淨土宗的典據是三經一論，即《無量壽經》、《觀無量壽佛經》、《阿彌陀經》和世親《往生論》。此宗的理論是以修持者唸佛行業為內因，以彌陀的願力為外緣，內外相應，往生西方極樂世界。此宗強調不一定要通達佛經，廣研教乘，也不一定要靜坐專修，只要信願具足，一心稱號唸佛，即口稱佛名，就可進入佛土。唸

佛法門原有三種：一是稱名唸佛；二是觀想唸佛，即觀佛三十二種相，八十種好；三是實相唸佛，即觀法身非有非無中道實相之理。廬山慧遠法師是提倡後兩種唸佛法門的，到了曇鸞便兼弘三種唸佛法門，後經道綽到善導，更轉為只側重稱名一門了。

淨土宗創立前，隋唐佛教各宗派，或由於唯心主義理論比較深奧，或由於儀軌極端繁雜，故比較多地流行於宮廷和上層知識分子之間，而淨土宗理論簡單，法門簡易，更適合於在民眾中傳播，所以在統治階級的支持下普遍地流行了起來。

十一　慧能和禪宗

禪宗，因主張以禪定概括佛教的全部修習而得名。還因自稱「傳佛心印」，以覺悟所謂眾生心性的本原佛性為主旨，又名「佛心宗」。因唐代北方的神秀主漸悟和南方的慧能主頓悟，形成了不同派別，而有「南北宗」、「南北禪宗」之稱。後來慧能創立的南宗取代神秀的北宗，成為中國禪宗的主流。南宗所傳習的不是自古以來所修習的次第禪，而是直指心性的頓修頓悟的祖師禪。後來南宗禪先分為南嶽懷讓、青原行思兩系。後在唐末五代年間，南嶽一系分出為仰、臨濟兩宗，青原一系分出曹洞、雲門、法眼三宗，合稱禪宗五家，也號稱五宗。

相傳南朝梁武帝時，南印度的菩提達摩到金陵見武帝，因兩人見解不同答問不契，又渡江北上，在北魏傳授禪法，以《楞伽經》宣揚的世界一切事物由心所造的思想為印證。達摩傳法（還有袈裟）給慧可，慧可又傳僧璨。這三個人後來分別被禪宗奉為初祖、二祖、三祖，稱為「楞伽師」一派。唐初道信繼僧璨的衣法，但在楞伽禪法外又參用了般若法門，世稱四祖。道信門下有法融，因住金陵牛頭山而成為牛頭禪一系，傳承數代而終結。道信的直傳弟子是五祖弘忍（六〇一—六七四）。他在黃梅雙峰山東的馮茂山傳法四十多年，常勸僧俗

奉持《金剛經》，宣揚世界一切事物都虛幻不實，人對現實世界不應執著。他的這種說法被尊稱為「東山法門」。弘忍門下多至七百人，其中著名的是神秀和慧能，後分別開創「北漸」、「南頓」兩派。神秀（約六○六—七○六），原是弘忍門下的上座，有兩京法主、三帝國師之稱。弟子普寂、義福等在長安傳授禪法。北宗強調「拂塵看淨」，力主漸修，要求打坐「息想」，起坐拘束其心。

慧能（六三八—七一三）世稱禪宗六祖大師。本姓盧，先世河北范陽（今北京南）人，父親因謫官至嶺南新州（今廣東新興）。慧能在新州出生後數年父親去世，家境貧寒，後靠賣柴贍養老母。據傳，一天他在市井中聽客店有人誦《金剛經》，有所領悟，於是往馮茂山見弘忍。弘忍命他在碓房舂米。八個月後，弘忍召集弟子，要每人作一偈呈上，以便根據每人對禪理解的深淺傳衣付法。上座神秀作偈云：「身是菩提樹，心如明鏡台。時時勤拂拭，莫使惹塵埃。」被奉為佳作，一時傳誦全寺。慧能聽到後，也請人寫一偈：「菩提本無樹，明鏡亦非台。佛性本清淨〔註四〕，何處惹塵埃！」弘忍認為見地透徹，就在夜間秘密地把法衣傳給他，並叮囑他急速南下隱居，待時機成熟再出來行化。於是慧能到廣東曹溪（今曲江東南），在懷集一帶隱遁十五年才南下到廣州法性寺（今光孝寺）。據傳，當時有兩個僧人辯論風幡，一說是風動，一說是幡動，爭論不休，相持不下。慧能便插嘴說：不是風動，也不是幡動，而是心動。僧人聽了十分詫異。寺院主持宗印法師便請他至上席，相問佛法，慧能對答如流，並乘機出示黃梅衣缽，隨之應請，為僧人開示禪法。不久，慧能回曹溪寶林寺（今南華寺）。又應請在韶州大梵寺講堂為眾說法，後來門人法海將其錄為《壇經》。此經的中心思想是注重性淨，強調自悟。認為人人本來是有心性（佛性）的，徹見此心性就能成佛。也就是提倡單刀直入，求得開悟，頓見心性，自成佛道。慧能提倡頓悟法門，又結合世俗信仰而推崇《金剛經》，以擺脫煩瑣名相的思想束縛，又不專主坐禪，認為一切時中行住坐臥，都可體會禪的境界。這就和神秀一系信奉的《楞伽經》所主張的

漸悟相反，從而形成了南北宗的對立。慧能一派的禪宗主張，不立文字，教外別傳，不重禪定，強調頓悟，不僅和包括神秀在內的以往禪學不同，而且更和印度佛教以及中國其他各個學派不同，是世界佛教史上尤其是中國佛教史上的一次空前的大變革。

慧能的門人很多，嗣法弟子中最著名的有懷讓、行思、神會。神會後來北上河南宣傳慧能禪法，在滑台（今河南滑縣）大雲寺舉行大會，論定達摩一宗的法統，評定南北是非，力爭正統，指責神秀及其弟子普寂都沒有得弘忍的傳衣，不是正系，批評北系禪為「師承是旁，法門是漸」，造成了慧能是達摩以來的直接繼承者的印象，致使南宗禪的勢力大增，北宗禪的勢力漸弱。但神會的一系（後來形成荷澤宗）並不太盛，在唐末繁衍流傳廣遠的是南嶽懷讓和青原行思兩系。

懷讓（六七七—七四四），少年出家後隨慧能學習十五年，後往南嶽傳法。弟子中最著名者是道一（七〇九—七八八）。道一本姓馬，後世稱為馬祖。年幼出家，後到南嶽結庵而居，常日坐禪。《景德傳燈錄》卷五載：懷讓見問道：「大德〔註五〕坐禪圖什麼？」道一答：「圖作佛。」懷讓就拿一塊磚來在道一庵前的石頭上磨。道一問：「師磨磚作什麼？」懷讓答：「磨作鏡。」道一：「磨磚豈得成鏡耶？」懷讓反問：「磨磚既不能成鏡，坐禪豈得成佛耶！」道一更為驚異，就向懷讓請教，日後深得堂奧。後往福建、江西一帶建立叢林，聚徒說法，弟子眾多，禪宗至此大盛。馬祖的著名弟子懷海（七二〇—八一四）後在洪州百丈山（今江西奉新西）創立禪院，並制定「禪門規式」，規定禪宗寺院的僧職、制度和儀式，成為後代「叢林清規」的模式。馬祖弟子甚多，其中靈祐（七七一—八五一）嗣法後，長期住潭州潙山（在今湖南寧鄉境內）弘道多年。靈祐的弟子慧寂（八一四—八九〇）後在袁州（故治在今江西宜春）仰山接化，師資相承，別開一派。他們主張眾生和萬物都有佛性，人若明心見性即可成佛。「實際理地不受一塵，萬行門中不捨一法。若也

單刀趣入，則凡聖情盡，體露真常，理事不二，即如如佛」（《景德傳燈錄》卷九），世稱「溈仰宗」。懷海又一弟子希運（？—八五五）住高安（今江西宜豐）黃檗山，其弟子義玄（？—八六七）後在鎮州（今河北正定）滹沱河畔建臨濟院，別成一大宗派，稱「臨濟宗」。此宗重視當面問答，針對不同對象進行說教，特別是採用棒喝，對所問不作正面回答，以大棒或大喝來暗示和啟發問者，以迅速的手段或警句使學人「省悟」，機鋒[註六]十分峻烈。其「宗風」的特點是「大機大用，脫羅籠，出窠臼，虎驟龍奔，星馳電激」（《人天眼目》卷二）。中唐以來此宗最為盛行。

行思（？—七四〇），吉州廬陵（今江西吉安）人。從慧能得法，後回吉安，住青原山靜居寺弘法。同門希遷（七〇〇—七九〇）在慧能去世後，來青原從行思，得法後往南嶽的南寺，結庵於寺東的大石上，時人稱為「石頭和尚」。當時希遷和道一分別為江西和湖南兩地禪學的中心人物，稱「並世二大士」。希遷傳惟儼，惟儼傳曇晟，曇晟傳良價（八〇七—八六九），良價住筠州洞山（今江西宜豐縣）傳法。弟子本寂（八四〇—九〇一）得法後住曹山（今江西宜黃）傳法。良價和本寂別倡新說，宣傳理事不二、體用無礙的思想，「家風細密，言行相應，隨機利物，就語接人」（《人天眼目》卷三），稱「曹洞宗」。希遷還傳道悟，再經崇信、宣鑑、義存。義存弟子文偃（？—九四九）住韶州雲門山（今廣東乳源北）光泰禪寺弘法，奉行佛性普現萬有，真理不可名說，應隨機教化學人的說教方式。宗風「孤危聳峻，人難湊泊」（《人天眼目》卷二），世稱「雲門宗」。義存的別系經師備傳桂琛，桂琛傳文益。文益（八八五—九五八）在金陵清涼寺行化、闡揚「對病施藥，相身裁縫，隨其器景，掃除情解」（《人天眼目》卷四）的禪風，學者雲集。文益去世後，南唐中主李璟給以「大法眼禪師」的稱號，禪宗的傳法世系，由此世稱其開創的宗派為「法眼宗」。

結合傳統說法，禪宗的傳法世系，可列簡表如下[註七]：

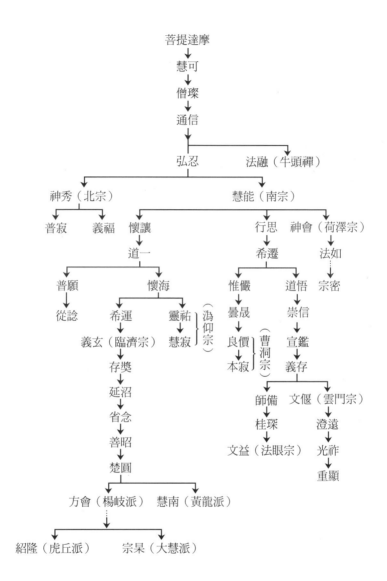

唐代禪宗帶有鼎新的精神，主張不疑不悟，小疑小悟，大疑大悟。禪宗還導化於山區地帶，宣揚砍柴挑水，即境開發。山區民情樸實，因此禪宗容易征服人心，在民間得以廣泛流傳，逐漸成為中唐以來佛教的主流。

第六節　五代以來佛教在衰微中延續

五代以來，佛教總的情況是大勢已去，開始由高峰向下跌落。同時，由於各個朝代的佛教政策不相一致，因此，佛教在各個地區的興衰情況並不相同，各個宗派的變化也不平衡，這樣又表現出佛教不同宗派在不同時代的不同特點。

一　五代以來佛教發展的基本趨勢

五代的五十餘年間，南北分裂。北方屢興兵革，社會動盪不安。總的說來，國家對佛教採取嚴格限制的政策。後周世宗顯德二年（九五五）還對佛教嚴加整頓，實行淘汰。佛寺半數以上被廢棄，銅製佛像全部被沒收，用來鑄錢以充國庫。這樣北方佛教更見衰弱。南方情況卻不同，各國相安無事，社會穩定，王朝熱心護佛，以南方為根據地的禪宗、淨土宗和天台宗分別獲得程度不同的發展。

宋代，包括北宋、南宋兩代共三百二十年。宋太祖趙匡胤即位後，一反前代後周的政策，採取保護佛教的措施。他曾派遣沙門行勤等一百五十七人去印度求法，放寬度僧名額，寺院得以舉辦長生庫和碾磑、商店等謀利事業，寺院經濟又有所發展。同時又與政府財政收入形成越來越大的矛盾，導致北宋後期徽宗強令佛教與道

教合流，改寺院為道觀，並使佛號、僧尼名都道教化，給佛教以沉重的打擊。但不久佛教又恢復了元氣。宋代南遷以後，王朝對佛教採取了利用和限制的政策，使佛教得以維持，尤其是禪宗和淨土宗較為流行。天台宗也有一定的發展，華嚴宗也曾一度中興。

與北宋、南宋大體上相應的遼和金兩代，統治中國北部地方約三百三十年。遼代的帝王採取保護佛教的政策，在聖宗、興宗、道宗三朝佛教臻於鼎盛。刻經（如北京房山雲居寺續刻的石經）、建塔、開鑿石窟，風行一時。遼代以五台山為中心的華嚴宗最為發達。金代的王室也崇奉和支持佛教，所以佛教也相當發達，最為流行的是禪宗。但章宗以後，朝廷為了籌措軍費，濫發空名度牒〔註八〕，促使佛教濫雜腐化，日趨衰退。

元代百餘年間，自元世祖忽必烈始就崇奉喇嘛教，奉西藏地區的名僧為帝師，規定每個帝王必須先就帝師受戒，然後才能登基。由於王朝對佛教的大力支持，寺院經濟畸形發展，既擁有大量土地，又經營工商業，當時各地的當舖、酒店、碾磑、漁場、貨倉、旅館及商店，相當一部分是由寺院經營的。元代除喇嘛教外，禪宗也在流傳。此外，除傳統的宗派外，在江南還有白雲宗、白蓮宗。白雲宗因北宋末創立者清覺（一○四三─一一二一）居杭州白雲庵而名。此宗奉《華嚴經》為最高教義，排斥禪宗，主張儒釋道三教一致，重視忠孝慈善。信徒持素食，被稱為「吃菜」的道民，俗稱為「白雲菜」。「白蓮宗」是南宋初沙門茅子元所創，他在上海青浦縣西建「蓮宗懺台」，自稱「白蓮導師」，勸人奉信淨土教義，提倡唸佛，勵行菜食，信徒號為「白蓮菜人」。這兩宗的創始人都被認為是「傳習魔法」、「妖妄惑眾」而發配到邊遠地區，後又被赦。元代白蓮宗又滲入其他宗教觀念，與彌勒信仰相混合，演化為白蓮教，成為民間的秘密宗教。元末農民起義曾加以利用。

到明清時代，兩宗均遭嚴禁。

明代共二百七十七年。開國皇帝明太祖原來出身於僧侶，鑑於農民利用秘密宗教起義的歷史事實，他特地

對佛教進行了整頓，限制了佛教的發展。這時出現了在家居士研究佛教的風氣，宋濂、李贄、袁宏道、瞿汝稷、焦竑、屠隆等，都撰有佛學著作，對佛教的復興產生了一定的影響。

清代二百九十六年。清王朝繼承了明代的佛教政策，不同的是又重視喇嘛教。明末遺民出家為僧的頗多，如方以智、八大山人（朱耷）等。清代官私刻經事業頗盛。如楊文會居士（一八三七─一九一一）在南京創立金陵刻經處，對清末佛教文化的復興起了重要作用。光緒三十三年（一九○七）他還創辦了佛教學堂──祇洹精舍，歐陽漸、太虛等均是其入室弟子。楊文會信奉淨土、華嚴，暮年深探法相學，後為弟子歐陽漸居士所闡揚，對於民國時代的佛學產生了一定的影響。

二　五代以來佛教諸宗的歷史演變

五代以來，佛教各宗派中主要是禪宗在流行，其次是淨土宗，再就是天台、華嚴、律諸宗的宗緒未絕。在此後的長期間裏，出現了各宗派互相融合的趨勢，尤其是禪宗和淨土宗結合在一起，禪宗和淨土宗又分別和其他宗派合為一體，如「天台禪」、「華嚴禪」、「唸佛禪」等。

〔二〕禪宗

前面已經提到慧能禪宗的根據地在南方山區，地理條件優越，因此五代時仍有較大的發展。青原一系又分化出雲門宗和法眼宗，流行於江、浙、閩、粵一帶。連同溈仰宗、臨濟宗、曹洞宗，禪宗五家從此完全建立起來。在宋代，禪宗仍然是佛教諸宗中最為流行的宗派。但宋初禪宗五家內的溈仰宗已不傳，曹洞宗和法眼宗也都委靡不振，盛行於各地的是臨濟宗和雲門宗。北宋時臨濟宗人楚圓門下慧南（一○○二─一○六九）和方會

（九九二—一〇四九）分別開創了黃龍、楊岐兩派，與臨濟宗等五家合稱七宗。黃龍派因慧南住隆興府（府治在今江西南昌）黃龍山，故名。楊岐派因方會住袁州（州治在今江西宜春）楊岐山普明禪院，故名。兩派同時盛行於南方。至南宋黃龍派趨向衰落，楊岐派成了臨濟宗的正統。楊岐派的大慧宗杲提倡看話禪，即把用以判斷是非的前輩祖師的言論（「公案」）中的某些語句當做「話頭」（即題目）來參究，影響十分深遠。雲門宗人雪竇重顯著《頌古百則》，大振宗風。又雲門宗人靈隱契嵩一反當時禪教一致的常見，重新強調禪為教外別傳，同時他又作《輔教篇》，竭力調和儒佛的矛盾。雲門宗至南宋時代即趨衰弱。此外曹洞宗人正覺雖與宗杲交誼頗深，但提倡靜坐看心的默照禪，反對看話禪，從而引起與宗杲的相互非難。此後雖然臨濟宗比較盛行，曹洞宗也在流行，但總的說來，禪宗在學說思想方面是日趨停滯了。

【二】淨土宗

宋以來天台宗等各個佛教宗派都聯繫淨土信仰而提倡唸佛的修行，各宗都有淨土之說，純粹的淨土信仰很少了。這樣，一方面推動了淨土信仰的流行，另一方面典型的淨土宗也就由於和其他各宗相涉而失去其獨立的面貌了。這也是宋代以後淨土宗的基本特徵。

【三】天台宗

唐代會昌滅佛以後，天台宗典籍散失一空。五代時，吳越王錢弘俶派遣使者向高麗訪求天台宗教典，得到智顗的大部分著述和其他若干論疏，由此一宗典籍大備，而在江浙一帶呈中興的氣象。宋代知禮和慶昭、智圓爭論智顗《金光明玄義》廣本的真偽問題，分為山家、山外兩派。知禮以《玄義》廣本為真，在觀心法門方面

持「妄心說」，即以妄心為觀境的對象。慶昭、智圓以《玄義》略本為真，並受法華、唯識學說的影響，主張「真心觀」，即以心性真如為觀察對象。兩方爭論持續七年未能統一。知禮的弟子梵臻、尚賢、本如稱為「四明三家」，弘揚知禮的學說，自號為「山家」，而把慶昭、智圓等人貶為「山外」。後來山家派影響超過山外派，代表天台一宗盛行於南宋。明代智旭為天台最後的一大家。

【四】華嚴宗

唐後期會昌滅佛後，華嚴宗一直比較沉寂。至宋初，長水子璿繼承了唐代宗密一系的教禪一致的思想，重興華嚴宗。弟子有淨源等。後來高麗王子義天到中國來師事淨源，帶來了唐代華嚴宗人有關《華嚴經》的大量章疏，極大地幫助了華嚴宗的復興。南宋時華嚴宗也比較活躍。宋以後，華嚴宗的一些典籍仍為一些佛教學者所重視，不過此宗流傳的勢頭是愈來愈弱了。

【五】律宗

自五代起南山律宗盛行於江浙一帶，中心移至杭州。北宋時允堪曾作闡釋道宣《行事鈔》的《會正記》，後來繼承這一系的稱為「會正宗」。允堪的再傳弟子元照取天台學說來講律，也作《行事鈔》的註釋，稱《資持記》，但對一些行儀和《會正記》的解釋不同，於是另立「資持宗」。此宗後來獨盛，傳承久遠。

第七節 藏傳佛教的形成和發展

藏傳佛教是中國佛教的重要一支。因主要在藏族地區形成、流傳和發展，是西藏語系佛教，故名。喇嘛教是藏傳佛教的俗稱。「喇嘛」，是藏語音譯，意為「上師」，是對僧侶的尊稱。喇嘛教是佛教與西藏原有的本教長期相互影響、相互鬥爭的產物。由印度傳入西藏並廣為傳播的是包括顯宗和密宗的大乘佛教，其中密宗尤為興盛。喇嘛教是在佛教教義的基礎上，吸收了本教的一些神祇和儀式，形成了顯密共修、先顯後密的獨具特色的喇嘛教。主要教派有寧瑪派（紅教）、薩迦派（花教）、噶舉派（白教）、格魯派（黃教）等。

一 藏傳佛教的「前弘期」和「後弘期」

西藏喇嘛教的歷史發展，通常分為兩個時期，自公元七世紀佛教在西藏興起至達瑪（八三六—八四一年在位）大肆滅佛為「前弘期」。此後佛教中斷一百多年，九七八年，佛教又開始在西藏復興，為「後弘期」的開端。

「前弘期」始於松贊干布時代，中經赤松德贊的弘揚，到赤熱巴中時達到高峰，前後約兩百年。公元六世紀，西藏地區已進入奴隸社會。公元七世紀時，山南的雅南部落領袖松贊干布統一了青藏高原各部族，建立了以拉薩為中心的統一的吐蕃王朝。松贊干布的奴隸制政權在政治、經濟、文化等方面執行對外開放的政策，從而為佛教的輸入創造了有利的條件。松贊干布先後娶的尼泊爾墀尊公主和唐文成公主，首次把佛教聖像和經典帶入吐蕃。松贊干布為兩位公主分別建造了惹摩伽寺和大昭寺，供奉佛像。他還組織力量，用藏文翻譯佛經。由於王室的興佛，佛教的偶像崇拜和神權觀念在吐蕃獲得初步的流傳。

佛教的流傳，受到信奉本教的權臣貴族的強烈抵制和反對。本教是古代藏族人民最初信奉的一種原始宗教，是一種萬物有靈的信仰，崇拜天、地、日、月、星辰、土石、水澤、草木、禽獸等、重祭祀、跳神、占卜的儀式，在吐蕃王朝前期一直居於統治地位。松贊干布去世（六五〇）後，佛教發展緩慢，後來在赤德祖贊（七〇四—七五五年在位）時，信仰本教的王公大臣以自然災害為藉口，製造了驅僧事件，佛教的勢力又乘機演出大規模的滅佛事件。赤德祖贊死後，其子赤松德贊（七五五—七九七年在位）幼年繼位，一批崇本反佛的勢力受到較大的破壞。赤松德贊成年後，翦除了反佛勢力的代表人物，大力弘揚佛教。他下令：本教書籍除少數祈禳法外，一律廢毀；所有臣民都奉行佛法。他派人前往尼泊爾，邀請當時佛教中觀派的代表人物靜命大師（寂護）入藏宣傳教理。還派人請印度密宗金剛乘發源地鄔仗那國蓮花生大師，利用密宗同本教巫師進行鬥爭。蓮花生每戰勝一些本教巫師，就宣佈本教某某神祇已被降服，封之為佛教的護法神，並吸取本教的巫術、祭祀等基本儀式，以本教的形式宣揚佛教的內容。赤松德贊還於七六六年建立西藏第一座正規寺院——桑耶寺，並開始剃度藏族僧人，建立僧伽制度；同時廣譯佛教典籍，顯密經論，大體具備。至此，佛教在西藏已初具規模，壓倒本教，而居於統治地位。

赤松德贊去世後，牟尼贊普和赤德松贊先後繼位，佛教持續發展。至赤祖德贊（八一五—八三六年在位）時，王室興佛達到頂點。僧人參加吐蕃政治，大小朝政由佛教上層人物決定。行政制度也以佛教經律為準則。還規定了七戶百姓供養一個僧人的政策，對於侮慢佛、法、僧「三寶」的人，處以重刑。赤祖德贊極度崇佛引起了本教勢力的不滿，八三六年本教貴族乘赤祖德贊酒醉而縊殺之，並擁立達瑪上台執政。達瑪在位五年，大事滅佛，佛教尤其是顯宗受到極其沉重的打擊，只是密宗因採取秘密單傳，還一直流傳下來。達瑪滅佛標誌着「前弘期」的終結。

達瑪執政期間，連年風霜成災，水旱交作，瘟疫蔓延，在奴隸起義的衝擊下，吐蕃王朝土崩瓦解了。隨後達瑪子孫各據一方，各自為政，建立封建農奴制統治。後來各地封建領主又逐漸重新扶植佛教來為自身的統治服務，這樣，在公元十世紀末葉，佛教又分別從上路（阿里）和下路（多康）傳回衛藏地區，西藏佛教再度復興，進入了「後弘期」。此後，在不同封建領主掌握下的佛教勢力逐漸形成了不同的教派，各派的修行方式、傳承世系不同，彼此各樹一幟。最早形成的是寧瑪派，其次是噶當派、薩迦派、噶舉派、希解派、覺宇派、覺囊派，以及影響最為深遠的格魯派等。下面簡要介紹其中一些最重要的教派。

二 寧瑪派、薩迦派和噶舉派

〔一〕寧瑪派（紅教）

「前弘期」印度僧人蓮花生應邀來西藏傳授密咒，後形成密教一派。當時並沒有派名。「後弘期」佛教其他派別形成後，稱之為「寧瑪派」。「寧瑪」有「古」和「舊」兩個意思。所謂「古」是指這一派的教法是從公元八世紀蓮花生大師傳下來的，比其他教派要早三百年左右；所謂「舊」是指此派以宣傳吐蕃時期所譯的舊密咒為主。寧瑪派就是奉蓮花生為祖師，宗信舊密咒，與當時奉行「新法」的其他教派不同的教派。因此派僧人戴紅帽子，故俗稱為「紅教」。寧瑪派的特點是：不重戒律，專持密咒，以弘傳無上瑜伽部密法為「解脫」、「成佛」之道。此派發展比較分散，與地方實力集團關係不太密切。但後來在清初五世達賴喇嘛的支持下，一度達到極盛。

【二】薩迦派（花教）

「薩迦」是地名，即今後藏日喀則薩迦縣，同時也是喇嘛教寺名。「薩迦」，藏語意為「白土」，因是在白色土地上建立的寺廟，故名薩迦寺。創始人宮曲贊普（一○三四─一一○二）從卓彌譯師習新密咒，於一○七三年在後藏薩迦地方建寺傳教，稱「薩迦教」。又因此派寺廟圍牆塗有象徵文殊、觀音和金剛持菩薩的紅、白、黑三色條紋，俗稱為「花教」。薩迦寺主一直由宮曲贊普一家世代相傳。此派在元朝時勢力極盛，第五代祖師八思巴（一二三五─一二八○）曾為元世祖忽必烈灌頂，被尊為「帝師」。他還創製蒙古文字，被封為「大寶法王」，後又被任命為西藏法王兼藏王，統轄西藏政教大權，由此正式開創了西藏「政教合一」的制度。元末，薩迦派的地位為噶舉派所取代，僅保留了薩迦地方的政教權力。

【三】噶舉派（白教）

「噶」，藏語是口授，即師長的言教的意思。「舉」，藏語意為密法的傳承。因最重視師長的親語教授和傳承，故稱「噶舉派」。又因該派僧人身着白色裙子和襯衣，故俗稱「白教」。十一世紀時，由瑪爾巴（一○一二─一○九七）創立。他曾三次親赴印度學習密法，自謂證得「萬有一味」的境界。後由弟子米拉日巴繼承，再傳達薄拉結，融合噶當派〔註九〕教義，成為很有勢力的重要教派。此派教義主要是繼承印度佛教大乘中觀月稱派的學說，重在以經教證性空，也就是修持時把「心」專注於一境，然後觀察安於一境的「心」是在身內還是身外，若能發現無處可尋，就能明白「心」並非實有，而是空的，也就是達到所謂「空智解脫合一」的境

界。此派支系眾多，其中帕木竹巴、噶瑪巴等支系的上層曾先後受元明兩代王朝的敕封，繼薩迦派執掌西藏地區的政權。由於派系眾多，釀成長期的互相爭奪，造成西藏地方的混亂局勢。明崇禎十三年（一六四〇），固始汗進藏，盡取前後藏政權，噶舉派失去政治勢力。清代格魯派得勢，噶舉派中僅止貢、主巴、噶瑪、達隴四支系尚保有一定的宗教勢力。

三 格魯派（黃教）

「格魯」，是藏語善規的意思，因表示該派教義最為完善，故名格魯派。也因該派在噶當派教義的基礎上建立，故稱「新噶當派」。又因該派創始人宗喀巴創建和常住嘎登寺弘法傳教，還稱「嘎登派」。還因該派以甘丹寺為主寺，也稱「甘丹派」。該派喇嘛戴黃帽，又俗稱「黃教」。格魯派是西藏喇嘛教中最大、最有實權和影響最為深遠的一個教派。

十五世紀初，宗喀巴（一三五七—一四一九）在噶當派教義的基礎上，對其他教派進行改革後而創立了格魯派。宗喀巴原名「羅桑扎巴」，生於青海湟中。藏語稱湟中一帶為「宗喀」，「巴」是藏語的語尾之一。宗喀巴原意是宗喀地方的人。宗喀巴的父親元末官「達魯花赤」，信奉佛教。宗喀巴七歲時從著名喇嘛敦珠仁欽出家，學習各種教法十年。十六歲前往西藏進一步深造，在前後藏各地投師求法，研習各派顯密經論，造詣頗深。他針對當時喇嘛教戒行廢弛、僧侶生活放蕩等腐敗情況，進行了改革。他囊括佛典，網羅眾家，並確定以佛教大乘中觀月稱一派為正宗，主張以「中觀見」為中心，宣揚：由於自性空，才能緣起有；因好是緣起有，所以自性空。由此生死涅槃乃至一切萬有都是假「名」而立，都是非有非無的。他撰《菩提道次第廣論》和《密宗道次第廣論》等著作，闡明顯教密法兩宗修行次第，提倡學行並舉，顯密並重，僧眾嚴格恪守戒律，僧人不娶妻，禁飲

酒，戒殺生。他規定了一套嚴密的寺院組織系統，僧人學經程序和考試、升遷制度〔註十〕，形成喇嘛的不同等級。

他自己和徒眾着着割截衣，擎缽持杖，清淨少慾。因以往持律僧侶都戴黃帽子，宗喀巴也改戴黃帽，形成了一代宗風。管轄衛藏大部地區的帕木竹巴統治集團的代表人物扎巴堅參等人，於明永樂七年（一四〇九）資助宗喀巴於拉薩創辦和主持大祈願會（即傳召大會），並為他興建甘丹寺，推動了格魯派的形成。

宗喀巴弟子很多；他去世後，格魯派勢力繼續擴大，修建了哲蚌、色拉、扎什倫布等寺院。由於禁止喇嘛娶妻，為了解決宗教首領的繼承問題，格魯派採用以靈魂轉世說和寺廟經濟利益相結合為基礎的活佛轉世相承的辦法。一五四六年格魯派大本營哲蚌寺首席主持人根登嘉措去世，上層當權喇嘛從前藏堆龍地區找來出身於吐蕃老貴族瑪氏家族、年僅三歲的鎖南嘉措，迎至哲蚌寺坐床，作為根登嘉措的轉世靈童，繼承寺主職位，為格魯派寺廟集團的繼承首領。為了對抗敵對教派的排斥，該派還聯絡移牧到青南地區的蒙古族軍事力量，並向青海、蒙古地區傳法。一五七八年，鎖南嘉措和著名的蒙古族土默特部的首領俺答汗在青海會見，後者尊稱他為「聖識一切瓦齊爾達喇達賴喇嘛」。「聖識一切」，漢語，謂學識淵博，無所不知；「瓦齊爾達喇」，梵文，意為金剛菩薩，表示堅強不朽；「達賴」，蒙語，意為大海；「喇嘛」，藏語，意為上師。意思是無所不知的堅強的像大海一樣偉大的高僧。後來，格魯派寺廟集團便按此稱號追認宗喀巴的最末一個弟子根敦朱巴為第一世達賴喇嘛，根登嘉措為第二世達賴喇嘛，鎖南嘉措為第三世達賴喇嘛。一六四二年，達賴五世阿旺·羅桑嘉措，在戒師、扎什倫布寺主羅桑卻吉堅贊的襄助下，憑藉青海蒙古固始汗的兵力，一舉消滅了噶舉派的藏巴汗，建立格魯派「政教合一」的地方封建政權。清順治九年（一六五二），達賴喇嘛親赴北京朝觀，次年受清廷冊封為「西天大善自在佛所領天下釋教普通瓦赤喇怛喇達賴喇嘛」，取得藏蒙佛教各派總首領的稱號，並確立了達賴喇嘛系統在西藏的政教地位。此後歷世達賴喇嘛轉世，必經中央冊封，成為定制。一六四五年，固

始汗為分散五世達賴喇嘛的政教權力，贈給五世達賴的戒師羅桑卻吉堅贊以「班禪博克多」的尊號。「班」，梵語，意為「精通五明的學者」；「禪」，藏語，意為「大」；「博克多」，蒙語，意為智勇兼備的人物。意思是學識淵博的智勇兼備的偉人。永駐扎什倫布寺。羅桑卻吉堅贊去世後，五世達賴為他也選定「轉世靈童」羅桑意希，建立了格魯教的另一個轉世系統。羅桑卻吉堅贊被稱為班禪四世，前三世是追認的，羅桑意希為班禪五世。康熙五十二年（一七一三），清朝中央政府冊封班禪五世羅桑意希為班禪額爾德尼，正式確定了班禪額爾德尼的地位。「額爾德尼」，滿語，意為珍寶。「班禪額爾德尼」，意是智勇雙全的珍貴的大學者。從此，達賴和班禪成為格魯派兩大活佛轉世系統，代代相傳，同為格魯派教主。在清王朝的大力支持下，格魯教成為喇嘛教的正統派和西藏地方執政的教派，並在蒙藏地區廣泛流行。

清乾隆十六年（一七五一），清朝改革西藏政治制度，廢原封郡王，設置駐藏大臣，並授予七世達賴政治權力，建立噶廈〔註十一〕，由噶倫〔註十二〕四人（一僧三俗）主持，秉承駐藏大臣與達賴喇嘛的意旨，共同管理西藏地方行政事務，遂成定制。由此格魯派寺廟僧侶統治集團和世俗貴族聯合統治西藏的典型的「政教合一」制度，更臻於完備，一直延續到一九五九年解散。

註釋：

〔註一〕 一闡提：梵文Icchantika的音譯，也譯「一闡提迦」等，指貪欲很盛、作惡多端、滅絕善性的人。

〔註二〕 阿梨耶識：梵文Ālayavijñana的音譯，亦譯為「阿賴耶識」。意譯為「藏識」，指含藏、派生一切現象的內在根據、潛在功能。

〔註三〕《大唐西域記》：又名《西域傳》、《西域行傳》、《玄奘行傳》、《別傳》。全書記述作者本人所經歷和傳聞得知的一百三十八個國家、地區城邦的情況，保留了有關西域、阿富汗、巴基斯坦和印度諸故國的史跡、風土、名勝以及民間傳說等極為豐富多彩的寶貴資料，其有很高的學術價值。

〔註四〕此據敦煌本《壇經》，通常此句為「本來無一物」。

〔註五〕大德：對和尚的尊稱。

〔註六〕機鋒：指問答迅捷、不落跡象、含蓄有深意的語句。

〔註七〕此表所列世系自唐代一直延至五代、宋代。表中「↓」，表示直接的繼承關係，「……↓」表示中間有所省略。

〔註八〕度牒：封建政府發給出家者的證明書，出家者需交納錢財，而持此牒可免賦稅、徭役。

〔註九〕噶當派：「噶」，藏語意為佛語。「當」，藏語意為教授、教誡。認為一切佛語都是指導信徒修行的成命，故名。西藏「後弘期」佛教初期，學密法的輕顯教，重戒律的反密法，教法修持次第十分混亂，顯教、密法、律學分歧很大。阿里王為此迎請印度僧人阿底峽入藏弘法。阿底峽作《菩提道燈論》，闡明顯密教義的一致和修行應遵循的次第，並到西藏各地傳法。阿底峽弟子仲敦巴（一〇〇五—一〇六四）建熱振寺為根本道場，宣揚阿底峽所傳教義，後形成一個派別。在十二三世紀時傳播甚廣。後併入格魯派。

〔註十〕格魯派提倡顯密兼修，先顯後密。作為一個學僧要完成顯密二宗的全過程，必須先入顯宗「扎倉」（經學院），編入預備班，稱為「貝恰

瓦〕，意為讀書人。貝恰瓦先在導師指導下學習一些最基本的佛學知識，然後由導師推薦升入正班。學僧按年資逐年升級。哲蚌寺有十五級，色拉寺、甘丹寺有十三級。升到最高一班時，經導師推薦和本人申請獲准後，有資格參加格西學位的考試。考取格西學位後即完成顯宗方面的修習，然後升入上下密院，進修密宗道，主要內容是密集、勝樂、大威德三金剛以及其他一些次要的金剛和護法神修法。這也是一個漫長和艱難的過程。

〔註十一〕 噶廈：藏語，意為「發佈命令的機關」，即原西藏地方政府。

〔註十二〕 噶倫：藏語，原西藏地方政府主要官員。依清官制為三品，職權甚重。

第三章 佛教的各類典籍

佛教典籍，通常稱為佛經、藏經。「藏」的梵文原意是盛放各種東西的竹篋，佛教學者藉以概括佛教的全部經典，有近乎「全書」的意思。「經」是縱線的意思，取其能貫穿攝持各種佛教義理的意義。也是仿照儒家用「五經」、「六經」名其著作，以示尊崇。藏經，廣義地說，又稱「三藏經」。三藏包括：「經藏」，即以佛祖釋迦牟尼口氣敍述的典籍；「律藏」，即戒律，約束言行的規定；「論藏」，即從理論上解釋、發揮經的著作。佛教典籍分經、律、論三部，故稱「三藏經」。狹義地說，藏經專指三藏之一的「經藏」部分，其中包括相傳為釋迦牟尼所說而由後世門徒結集的經典，和歷代以「如是我聞」[註一]形式創製的經典。佛經亦稱「契經」，以示契合道理和眾生的要求。三藏經卷帙浩繁，為形容其量多、量全，也稱「眾經」、「群經」、「一切經」、「大藏經」。中國隋唐時代以來，多稱佛典為大藏經，簡稱「大藏」。佛教還稱自己的典籍為「內典」，稱佛教以外的，即所謂世俗的、「外道」的典籍為「外典」。

大藏經原指漢文佛教典籍，現泛指一切文種的佛教叢書。除漢文大藏經外，有巴利文的南傳大藏經，以及藏文、蒙文、滿文、西夏文和日文的大藏經。其中最重要的是漢文、藏文和巴利文的大藏經，尤其是漢文大藏

第一節　佛典的結集

釋迦牟尼在世宣傳佛法時，只是口授身傳，並沒有文字記錄的經典，弟子奉持佛法也是各稟師說。釋迦牟尼去世後，他的弟子為了避免佛教教義日久散失，也為了防止其他「外道」異說滲入佛法，使後世佛門弟子永遠有所遵循，於是有結集佛典之舉。所謂結集，按照中國通常的解釋，含有編輯的意義。但梵文結集的原意是僧眾大會，是集體會誦經典。其儀式是，先召集眾比丘依戒律法組織大會，會上選出最有威望的比丘一人為上座，他登上高座述佛所說，眾比丘無異議，即算是全體通過，公認為與釋迦牟尼在世所說相符。印度民族慣於記憶和口頭秘傳。佛經最早的結集，只是通過答問的形式，把釋迦牟尼所說的教法編成簡短的語句，以便佛門弟子們能夠共同背誦。後來流傳書寫的做法，將共同認可的佛法書之於貝葉（貝多羅樹葉）上面，並用來傳之後世。可見，佛經並不是釋迦牟尼的著述，而是集體的創作。相傳在釋迦牟尼去世後的四百年間，共進行了四

釋迦牟尼生於古印度，但佛教典籍在全世界只有漢譯本保存得最多，漢譯本是現存各種譯文中的巨擘，在各種大藏經中居於重要地位。

佛教典籍中最主要的是印度佛教學者的著作，其次是中國佛教學者的撰述，此外，還有朝鮮、日本等國佛教學者的論著。大藏經經過印度多次經典結集，中國等地僧人的撰述，不斷增補編修，從貝葉綴縷，到翻譯、抄寫、石刻，進而雕印成書，浩浩兩萬多卷，洋洋數千萬言，成為人類歷史上最博大浩繁的一部大叢書。佛教經典內容非常豐富，它廣泛地包含了佛教以及有關文化——政治思想、倫理、哲學、文學、藝術、習俗的論述。因此，它不僅是研究佛教的重要典籍，也是研究古代東方文化的重要資料。

經最豐富、最完備。佛教發源於古印度，漢譯本是現存各種譯文

次結集，形成了小乘佛教經典。

第一次結集：在佛滅即釋迦牟尼去世後三四個月，由他的大弟子摩訶迦葉主持，選出五百比丘（也稱羅漢），在王舍城附近的畢波羅窟中結集經典。由多聞第一即最有學問的阿難比丘背誦釋迦牟尼在世時所說的法（經藏），又由持戒第一即以嚴守戒律著稱的優婆離誦出釋迦牟尼制定的僧團戒律（律藏）。他一共誦了八十次，所以名為《八十誦律》。這次結集，佛教史上稱為第一次結集。又因其結集有五百比丘參加，也稱「五百結集」。這次結集只是口誦，並沒有寫本，但後來的經典寫本，又以此為始基。

第二次結集：約在佛滅百年後，由長老耶舍（陀）比丘主持，在毗舍離城波利迦園召集七百比丘解決戒律的疑問。因為對戒律的理解各有不同，結果分為兩派：一派多系長老，名「上座部」；一派人數眾多，名「大眾部」。此後百年內大眾部又分為八部。

第三次結集：約在佛滅兩百多年以後，孔雀王朝的阿育王定佛教為國教，佛教因而日益興盛，但同時也有外道之徒混入佛教徒中歪曲佛教的教義。這時以目犍連子帝須為上座集合一千比丘，在華氏城結集。目的是為了清除摻雜進來的非佛教教義。帝須在會上闡發佛理，抨擊異說，自此以後有了經、律、論三藏。這次結集後始有巴利語和梵語的記條。約過一百年上座部又分出十部。

第四次結集：在佛滅後四百年，於迦濕彌羅城（罽賓城）舉行。對此次集結的說法有兩種：一是北傳佛教記載，在貴霜王朝迦膩色迦王時，脅尊者召集五百羅漢，以世友菩薩為上首，結集佛語，編集和註釋三藏。二是集五百羅漢和五百菩薩，以迦旃延羅漢為上首，馬鳴菩薩為筆者，造論發揮佛說。

以上是佛教小乘經典形成的簡況，至於佛教大乘經典的形成，雖有結集和秘密結集的傳說，但都沒有史料的確鑿說明。大乘經典是經時久遠漸次而成的，這其中雖有釋迦牟尼的教義，但更多的是後人敷衍而成。許多

第二節　佛典的翻譯

中國翻譯印度的佛教典籍大體上有漢譯、藏譯、傣譯三個系統。

一　漢文譯經

中國漢譯佛典的翻譯方法，大體經歷了從「口授」即口頭誦出到經本的翻譯的過程。初期譯經基本上是根據譯人口頭誦出的經本內容翻譯，如東漢時的安世高、支婁迦讖就如此。甚至東晉時的僧伽跋澄、僧伽提婆、曇摩耶舍、弗若多羅、曇摩流支等也還是憑記憶口誦經本，然後再書寫成漢文。佛經原本是後來尤其是南北朝以來才廣泛傳到中國的。佛經原文是由各種文字寫成的：印度佛經以梵文經典佔主要部分；再是曾在印度西北部和中亞細亞通行的佉留文，這種文字後來因梵文的復興而被淘汰，佉留文的經本自然也就失傳了；第三種是由印度南部地方口語幾經演變而成的巴利文。由於印度佛教是經過西域傳入中國內地的，因此當地的安息文、康居文、于闐文、龜茲文的佛典文本，也成為漢譯佛典的原本。西域各地語言的佛典又稱為「胡本」。六朝以來，對佛典原文已有胡、梵的區別，重梵本而輕胡本。漢譯佛經翻譯，大約可分為五個時期：

第一個時期，自東漢至西晉。這個時期翻譯佛經並沒有計劃性，遇到什麼翻譯什麼。譯經者大多為西域僧

人，他們大多不懂漢文，只得請漢人作譯經的助手，而助譯的漢人又不懂外文，這就給翻譯帶來很大的困難。

此時譯出的經不少，但多是零品斷簡，不成系統，而且翻譯的文體也沒有確立，譯本詞不達意，質量不高。這個時期算是探索階段。

第二個時期，東晉二秦。這一時期的譯經工作有一定進展。開始由一兩人的對譯趨向於多人的合譯，即集體翻譯，分工也較細緻、具體。譯經者主要是印度和西域的僧人，大多數並不懂漢文，但個別的人，如譯經大師鳩摩羅什，中文雖不精通，然可通曉文義，有助於提高譯文的質量。鳩摩羅什主譯佛典標誌着譯經事業已開始進入成熟期。此時又由於興起西行求法之風，一些中國僧人如法顯、智猛、智嚴也都通梵文、各自都有譯本，標誌了漢人獨立翻譯的開始。這個時期翻譯的佛教各類經典較為全面，成績可觀，並為佛教門戶壁壘的確立奠定了基礎。此時的佛教學者還都重視總結翻譯的經驗教訓，如道安指出了翻譯中存在的「五失本」「三不易」問題，即五種偏向和三個不易翻譯的問題。「五失本」指：（一）句法倒裝；（二）刪去了段落中解釋的文句；（三）好用文言；（三）刪去了反復詠歎的文句；（四）佛智懸隔，契會實難；（五）刪後段段牒前段的文句。「三不易」指：（一）既須求真，又須喻俗；（二）去古久遠，無從博證。（詳見《出三藏記集》卷八《摩訶般若波羅蜜經抄序》）強調翻譯要不失本，力求符合原文本意。道安主張直譯，稍後的鳩摩羅什主張意譯。《高僧傳》卷二《鳩摩羅什傳》說：「什每為（僧）叡論西方辭體，商略同異，云：『天竺國俗，甚重文制，其宮商體韻，以入弦為善。凡觀國王，必有讚德；見佛之儀，以歌歎為貴。經中偈頌，皆其式也。但改梵為秦，失其藻蔚，雖得大意，殊隔文體，有似嚼飯與人，非徒失味，乃令嘔噦也！』」意思是說，印度很注重辭體華美，佛經中偈頌是四句一組的詩歌，可以配合音樂唱誦。譯梵為漢，雖存大意，但辭體不相類，偈頌的音律也不同了。這好比嚼飯餵給人吃，不僅失去味道，而且使人噁心嘔吐。說翻譯猶如「嚼飯與人」，這是絕

妙的比喻，也是鳩摩羅什從翻譯過程中遇到的困難和艱辛中得到的體會。

第三個時期，南北朝。佛典要籍至東晉時代已初步譯出，此後佛教學者的興趣和精力轉向研究、會通、創立學派。對佛典的翻譯相對地說不及東晉二秦時重視了。而翻譯的重點也由經典轉向論典，如真諦的所譯就體現了這種特色。

第四個時期，隋唐。佛典翻譯到了隋唐時才真正成熟，其突出特點和基本標誌是由精通教義、通曉梵漢語言的中國僧人擔任主譯。同時翻譯制度也日臻完善，譯經的目的性明確，系統性增強。唐代貞觀年間由唐玄奘主持譯事，這是中國佛教譯經史上的鼎盛時期。玄奘既具有極高的佛理造詣，又兼通梵漢語言文字，譯出了大量很有水平的佛典，他的譯經被稱為「新譯」。史載，玄奘譯經「意思獨斷，出語成章。詞人隨寫，即可披玩」（《唐高僧傳》卷五）。

苻秦時道安在關中曾組織過譯場，以後姚秦王朝更設立了國立譯場，請鳩摩羅什主持譯事。此後譯場日益增多，至唐代玄奘更設立龐大的譯場，由朝廷派欽命大臣在譯場作監護大使。唐代佛經譯場譯經的程式和分工大約是：（一）譯主。即譯場的主持人，翻譯的負責人。也稱譯家，負責解決翻譯過程中出現的疑難問題。（二）證義。又稱「證梵義」。地位僅次於譯主。與譯主評量梵文，以正確理解梵文經卷的原意，並評判譯文的意義與梵文有何不同，以便修正。（三）證文。也稱「證梵本」。聽譯主高聲誦讀梵文，以驗明誦讀是否有誤。（四）書字。也稱「度語」，還稱「譯語」、「傳語」。根據梵文原本，用中文譯出相應的梵音，即音譯。（五）筆受。又稱「執筆」，將梵音譯成中國的語言文字。如書字寫梵音「素怛覽」，筆受即譯成中國經卷的「經」字。（六）綴文。又稱「次文」。因梵漢的語言習慣與句子結構不同，需要有人根據情況調整文句的結構，順理文詞。（七）參譯。又稱「證譯」。將譯出的漢文再翻回梵文，兩相對照以明正誤。（八）刊

定。又稱「校勘」、「銓定」、「總勘」。刊削冗長和重複的句子，使文句更為簡練、準確。（九）潤文。又稱「潤色」。負責潤色文辭。（十）梵唄。唱經人按照新譯出的經文的音韻高聲誦唱，以檢驗其是否順口悅耳。從以上譯經的過程可見，當時的漢文經本是經過十分嚴謹認真的工序的產物，是集體智慧和眾人勞動的結晶。玄奘對翻譯工作還規定了「五不翻」的原則：「（一）秘密故，如陀羅尼；（二）含多義故，如薄伽梵具六義；（三）此無故，如閻浮樹，中夏實無此術；（四）順古故，如阿耨菩提，非不可翻，而是摩騰以來，常存梵音；（五）生善故，如般若尊重，智慧輕淺。」（周敦頤：《翻譯名義集原序》，見《翻譯名義集新編》）玄奘的此項規定強調忠實審慎，不勉強譯意，飽含了譯者的苦衷和經驗。

第五個時期，宋代。這是漢譯佛經的尾聲。唐宋五代戰亂頻仍，譯經事業瀕於廢絕。趙宋一代又有所興起，太宗設立了譯經院，組織譯經，譯出的典籍以密宗的居多。宋初統治者鑑於密宗典籍中有的內容過於淫蕩，也對譯經加以限制，所以盛況遠不如隋唐。而自此以後漢譯佛典的事業也就告終結了。

從中國漢譯佛典的歷史來看，絕大部分漢譯佛典完成於魏晉南北朝和隋唐時期。其間鳩摩羅什、真諦、玄奘和不空被稱為「四大翻譯家」。有姓名記載的佛典翻譯家有兩百多名，共譯佛典二千一百餘種，六千餘卷。

印度佛教典籍被系統地介紹到中國，從而極大地推動了佛教在中國的傳播和發展。

二　藏文譯經

西藏地區自七世紀傳入佛教後到十二世紀，這期間翻譯了大量的佛教典籍。藏文譯經主要是根據梵文原本，梵文所缺則據漢文、于闐文本轉譯以補不足。十四世紀後半葉，蔡巴噶舉的袞噶多吉編訂了「甘珠爾」，日喀則夏魯寺的布頓·仁欽朱編訂了「丹珠爾」，從而構成了藏文大藏經的兩大組成部分。其中的「正藏」稱

「甘珠爾」，意思是佛語部、佛的言教部分，收入了經、律和密咒三方面的著述，相當於漢文藏經的經、律兩部分內容，共一百零七筬，一千零五十五部。「副藏」稱「丹珠爾」，意思是論部，包括經、律的闡明和註疏、密教儀軌，即讚頌、經釋和咒釋三部分，共二百二十四筬，三千五百二十二部。此外還有「松繡」，是為藏族僧侶的著述。藏文大藏經的內容約五分之四是漢文大藏經中所沒有的，尤其是密宗部分。清代時藏文佛典還被譯為蒙文、滿文，刻成蒙文大藏經和滿文大藏經。

三　傣文譯經

印度巴利語系佛教約在十三世紀初葉經緬甸傳入中國，流傳於雲南省西雙版納和德宏的傣族地區。由於方言的不同，用來譯經的文字有三種：西雙版納傣文（傣仂文）、德宏傣文（傣哪文）和傣繃文。佛經內容分經、律、論三藏和藏外典籍四大部分。其中經藏最多，有五千三百七十二部，論藏只有七部，屬於小乘佛教的上座部思想體系。

佛典的翻譯是中國文化思想史上的重大事件。佛教典籍以宗教信仰的思想體系，素質完全不同的語言、文化系統，從遠隔千山萬水的異域印度傳來，給中國文化輸入了新因素，帶來了新刺激。佛典卷帙浩繁，它的發展如洶湧波濤，全面地衝擊着中國傳統文化，使中國文化發生了空前劇烈的變動。佛教典籍以其特有的作用烙印在中國漢以來的漫長歷史之中，留待人們去總結、評說。

第三節　中國僧人的撰述

隨着佛典翻譯和介紹的增多，中國僧人對佛教義理領會逐漸加深，自兩晉南北朝以來，中國佛教學者更是勤於創作，以自己的著述不斷地豐富和發展了「三藏」的內容。中國僧人的撰述成為佛教典籍中極為重要的組成部分，其中包含了區別於印度佛教、反映中國佛教特點的著作，這些著作在佛典整體中居於十分顯著的地位。

中國僧人的漢文佛典撰述，據當代著名佛教研究專家呂澂先生所作的編目有五百八十二部，四千一百七十二卷〔註二〕，其中包括現存的唐代以前的大部分撰述和唐代以後的重要撰述，也包括流行於中國的少量的高麗新羅（今朝鮮）學人的著作。從撰述的體裁來分，有章疏、論著、語錄、史傳、音義、目錄、雜撰、纂集等。從撰述的數量來看，章疏部分居首位，數量最多，反映了佛教徒的崇信經典、熱衷解註經典的性格。其次是論著部分，反映了隋唐佛教宗派學者的創作熱情和獨特見解，體現了佛教中國化的風格。史傳部分的數量也相當可觀，反映了中國僧人重視歷史記載的長處。在所有的撰述中，唯一稱為「經」並流傳後世的是唐代禪宗實際創始者慧能的《壇經》。這是禪宗學人對抗印度佛教，突出中國祖師學說的一種表現。中國佛教學者所撰的佛教典籍，是研究中國佛教史、歷史、哲學史、文學史、藝術史等的非常重要不可或缺的史料。要瞭解中國佛教當然首先應當瞭解印度佛教，但關鍵還在於研究中國僧人的著作，才能真正把握中國佛教的思想脈搏和思想本色。因此，中國僧人的論著、語錄和部分章疏應當引起我們的高度重視。例如，慧遠的《沙門不敬王者論》、《三報論》和《明報應論》，僧肇的《肇論》，吉藏的《三論玄義》，智顗的《法華玄義》、《摩訶止觀》，窺基的《成唯識論述記》、《因明入正理論疏》和《大乘法苑義林章》，智儼的

《華嚴經搜玄記》，法藏的《華嚴經探玄記》、《華嚴一乘教義分齊章》、《華嚴金師子章》，湛然的《金剛錍》，慧能的《壇經》，宗密的《原人論》、《禪源諸詮集都序》，普濟編的《五燈會元》，贖藏主編的《古尊宿語錄》，延壽的《宗鏡錄》，契嵩的《輔教篇》，宗杲的《正法眼藏》，等等，都是重要的佛典名著，需要我們深入研究、分析、批判、總結。

此外，梁僧祐編著的《出三藏記集》、編纂的《弘明集》和唐道宣纂集的《廣弘明集》和《法苑珠林》，也是極為重要的佛教思想資料。還有三朝的《高僧傳》，即梁慧皎的《高僧傳》、唐道宣的《續高僧傳》和宋贊寧的《宋高僧傳》，這些不僅是研究中國佛教史必不可缺的重要資料，也是研究中國歷史的重要史料。

第四節　寫經、刻經和排印本藏經

佛典的流傳伴隨着寫刻印刷歷史前進的腳步，大致經過了由寫經到刻經，再到排印經本的演變過程。

一　寫經

在新版印刷術發明以前，佛經的弘佈流通，只得靠紙墨抄繕，卷帙寫傳，即以抄寫本的形式流傳於各大寺院和民間。由於抄寫並非易事，所以六朝以來，大的寺院盛行一種建造經藏以珍藏寫本經卷的風氣。據現存記載的粗略統計，僅從陳武帝令寫一切經十二藏起，至唐高宗顯慶時西明寺寫一切經為止的一百年間，皇室和民間的寫經就達八百藏之多，數量十分驚人。寫經事業大約一直延續到南唐保大年間（九四三─九五七）才終止，其數量當更為可觀。但可惜的是，這批古人辛辛苦苦抄寫成的藏經絕大部分沒有流傳下來。現在於敦煌石

窟中發現的六朝隋唐寫經雖然已是殘編零卷，也堪稱舉世的瑰寶了。這些寫經對於研究宗教、哲學、語言、文物以及考古等都具有極高的史料價值。

二　刻經

中原古代刻經有兩種形式，經過了兩個階段。一是石刻，二是木刻。石刻就是將佛教典籍鐫刻在石上，刻在石上的佛經也稱石經。石刻最早出現於公元六世紀中葉的北齊高氏王朝統治時期，其代表作有山東泰山經石峪的《金剛經》、山西太原風峪的《華嚴經》、河北武安北響堂山的《維摩詰經》等。到了隋代石刻佛經仍然在繼續發展。最為著名的是幽州大房山，即今北京房山區雲居寺的石刻佛經。自隋煬帝大業年間始一直持續到清康熙三十天啟年，前後千餘年共刻經石一萬五千餘塊，刻佛經一千一百二十二部，三千五百七十二卷。雲居寺石刻佛經的創始人靜琬在唐貞觀八年（六三四）的題刻中說：「此經為未來佛口難時，擬充底本，世若有經，願勿輒開。」刻經的碑版封在石洞和地穴之中。這是佛教徒鑑於北魏和北周兩個王朝均曾利用政權力量焚燬經像、消滅佛教的歷史教訓，巧妙地利用北方的自然條件，以使佛經流傳久遠，佛法永存。雲居寺的石刻佛經以其稀世珍本，獨特的形式，豐碩的內容，成為中國珍貴的文化遺產。

隨着木刻印刷術的發明和進步，唐代已有少量的木刻本佛經問世。現存的唯一實物是刻於唐懿宗李漼咸通九年間（八六〇—八七四）的《金剛經》。扉頁有「祇樹給孤園」本刻版畫，卷末有「咸通九年四月十五日王玠為二親敬造普施」十八個字的題記。可惜這一極其寶貴的文物早已流失到國外去了。根據現有資料，全部大藏經木刻本的雕造，是始於宋太祖趙匡胤開寶五年（九七二），此後直至清代約一千年間，先後共有十餘次官私木刻版本大藏經的雕造，這些版本的大致情況是：

（一）《開寶藏》：因在宋太祖開寶年間雕刻，故名。又因在益州（今四川成都）刻成，也稱「蜀版」。它的印本已成為中國後來一切官私刻藏以及高麗（朝鮮）、日本刻藏的共同準據。現僅存數卷殘本。

（二）《契丹藏》：始刻於遼興宗耶律宗真景福元年（一○三一），歷三十餘年完成。近年在山西應縣的木塔中發現了十二卷，另有《開寶藏》的殘卷，它們同是中國的稀世珍寶。

（三）《崇寧藏》（福州東禪院本）：刻於北宋末葉，其版式為後來許多版本仿取。現僅殘存二十多卷。

（四）《毗盧藏》（福州開元寺本）：刻於兩宋之際，現國內僅在山西殘存一冊。

（五）《圓覺藏》：南宋初年雕刻完畢，因在湖州思溪（今浙江吳興）圓覺寺院雕刻，故名。現國內僅存有零散版本。

（六）《資福藏》（思溪本）：南宋中葉在思溪資福禪寺刻造竣工。入經一千四百五十九部，五千九百四十卷。現北京圖書館藏五千三百餘卷。

（七）《趙城藏》：金代刻造，元初又補刻過。以前未見傳世記錄，一九三三年於山西趙城縣廣勝寺發現。入藏（編入藏經流通）六千九百餘卷，現存五千六百餘卷。此藏不僅保存了宋刻官版藏經的本來面目，還補充了許多重要的著作，因而價值極高。

（八）《磧砂藏》：始刻於南宋末年，完成於元代，歷時近百年。刻版地點在平江府陳湖（今江蘇吳縣陳湖）磧砂延聖院（後改名磧砂禪寺），故名。陝西和山西均有保存，但略有殘缺。一九三一年至一九三三年曾根據陝西藏本影印過五百部，缺佚者以《資福藏》本等補入。

（九）《普寧藏》：元初刻造，雲南、山西、陝西等省均有保存。

（十）《弘法藏》：相傳為元代官版藏經，然迄今尚未發現有流傳下來的印本。

（十一）《洪武南藏》（初刻南藏）：明太祖朱元璋敕令刻造。現存的孤本藏在四川省圖書館，稍有殘缺。

（十二）《永樂南藏》：一般稱之為《南藏》，為明成祖朱棣永樂年間在南京重刻的洪武本藏經，但略有改動。現全國各圖書館多有保存。

（十三）《永樂北藏》：明成祖繼永樂十七年（一四一九）刻成《永樂南藏》後，又於永樂十九年（一四二一）在北京刻經，至明英宗正統五年（一四四〇）竣工。永樂南北兩個藏經的版本因多次地大量刷印分賜全國各大寺廟，所以是保存下來的全藏中最多的版本。

（十四）《嘉興藏》：明末清初刻造。初在山西五台山開雕，因氣候寒冷，刊刻不便，後遷至浙江餘杭縣徑山等地繼續刊刻，最後由嘉興的楞嚴寺集中經版刷印流通。所以本藏既名《嘉興藏》，又名《徑山藏》。此藏特點是摒棄了以往沿用的折疊式版本，而改為輕便的線裝書本式；再是全藏分為《正藏》、《續藏》、《又續藏》三部分。《正藏》為《永樂北藏》的複刻本，《續藏》和《又續藏》係收藏外典籍而成。《嘉興藏》版本格式的改進和吸收藏外佛教典籍的特點，對後來的刻經和佛藏的編纂都發生了較大的影響。

（十五）《清藏》：又名《龍藏》，係清代初年的官版藏經。在木刻藏經中，它是中國藏經版片至今基本上保存下來的唯一的一種。

在國外，漢文大藏經雕版本有朝鮮的《高麗藏》和日本的《弘安藏》、《天海藏》和《黃檗藏》（鐵眼本）。其中的《高麗藏》多用「蜀版」、「契丹版」和《高麗藏》初刻本（《高麗藏》因被焚燬，曾刻造過三次）對校勘正，雕印而成，史料價值頗高。

三　排印經本

隨着印刷術的不斷進步，近代漢文大藏經的流通多採用排印版本，現共有六種：（一）《頻伽藏》。一九〇九年至一九一三年排印，是由上海頻伽精舍以日本弘教書院編印的《弘教藏》為底本，並略加變動而編成的。（二）《普慧藏》。一九四三年編印的藏經（未完），內中有一部分是其他各藏未曾收入的佛教典籍和日譯本轉譯的南傳大藏經中的部分典籍。以上兩種是國內排印的。以下四種是日本排印的：（三）《弘教藏》。（四）《卍字藏》。（五）《卍續藏》。此係廣泛收羅中國和日本所存而歷代又未曾入藏的佛教典籍彙編而成。（六）《大正藏》，全稱為《大正新修大藏經》。一九二四年至一九三四年編印。全藏一百卷，其中正篇五十五卷，續篇三十卷，別卷十五卷（圖十二卷，總目錄三卷）。正藏入經二千二百三十六部，九千零六卷。續藏第五十六至八十四卷，係日本佛教學者有關經疏、論疏及闡發各宗派的著述，第八十五卷收入南北朝和唐代古逸與疑偽經及疏釋等一百八十九種。它是目前比較完備的藏經，雖然錯字病句頗多，然而共收入佛典三千零五十三部，一萬一千九百七十卷，為國際上有關學者所常用。

二十世紀八十年代末，中國在國務院古籍整理出版規劃小組的領導下，由任繼愈教授主持編纂的《中華大藏經（漢文部分）》，搜集宏富，它將中外各版漢文藏經中所收錄的佛教典籍，按內容體系全部收入，總數達四千二百餘種，兩萬三千餘卷。分正、續兩編，分裝二百二十冊。它以世界上僅存的善本中的孤本——《趙城藏》為底本，採用《房山石經》、《資福藏》、《磧砂藏》、《普寧藏》、《永樂南藏》、《嘉興藏》、《高麗藏》八種有代表性的版本進行校勘，影印出版，為佛教界、學術界提供了完整、豐富的佛教研究資料，具有重要的史料價值。

第五節　佛典的目錄和結構

佛典目錄記錄佛典的書名、著者和內容等情況，是指導閱讀、檢索佛典的重要工具。佛典目錄的編排有一定的次序，反映了佛典的內容結構。

一　佛典目錄

佛典的目錄也稱「經錄」。因為在東晉以前的佛教學者也稱律和論為經，故名。後來由於對經、律、論三藏的區別有了進一步明確的認識，唐代以後就不再稱「經錄」而改為「聖典目錄」、「法寶目錄」、「釋教錄」、「內典錄」了。

隨着漢譯佛教典籍的日益增多，一些佛教學者便開始編纂佛典目錄。這一方面是為了尋檢的方便，另一方面也是為了避免散失錯亂，便於統一組織編訂佛典。在譯本的抄寫流傳的漫長過程中，有失譯（沒有譯人、譯時可考的）、有譯（有譯人、譯時記載的）、單譯、重譯（同一佛典譯兩次或多次）、異譯（一種佛典幾次翻譯，其譯本互有不同）、全譯、抄譯、大經和別生經（從大部中提出單行）的種種區別，還有疑經、偽經的出現，這一切都需要經過一番去偽存真、編訂考證的工作。所以，自東晉以來，歷代幾乎都有漢文佛典的目錄之作。據不完全估計，直至清代末年就有五十多種，目前流傳下來的有三十餘種。

從較為可靠的材料來看，最早製作佛典名目的是東晉名僧道安。他編的目錄被後人稱為《綜理眾經目錄》，簡稱《安錄》。原本已佚，然而從《出三藏記集》中還可窺其一斑。《出三藏記集》為梁僧祐所作，簡稱《祐錄》。「出」即翻譯，「記集」即記載東漢至梁所譯經、律、論三藏的目錄、序記和譯者傳記等。這是

中國現存的第一部經目，共十五卷，分集記、名錄、經序和列傳四個部分，具有很重要的史料價值。

與僧祐編訂《出三藏記集》的同時，佛教信徒梁武帝敕譯經學者修撰佛典目錄，經審定後流通。這樣，偽經傳播和私本濫製都受到了限制。從此編訂佛典的權力歸屬於帝王，並有欽定目錄。從梁武帝到清乾隆年間欽定編錄共有十七次，其中以下三次最為重要：

（一）隋文帝開皇十四年（五九四）編訂的《眾經目錄》，因由法經等人編纂，又稱《法經錄》。此經錄共分九類，體裁大備。

（二）唐玄宗開元十八年（七三〇）編訂的《開元釋教錄》，略稱《開元錄》。智升編纂，共二十卷，分總錄和別錄兩大類，各十卷。以編次嚴謹，記載翔實，校核精細著稱。記載由漢至唐所譯目錄和譯人傳記，共編入藏經一千零七十六部，五千零四十八卷，四百八十帙。後來智升還創造了一種將入藏目錄以千字文編號的方法，編訂了《開元釋教錄略出》四卷，便於檢索。《開元錄》不僅成為爾後諸家目錄的藍本，而且也為後來雕印藏經提供了依據，對後來佛典的流傳影響極大，是古代最為重要的一部佛典目錄。

（三）元世祖至元二十四年（一二八七）編訂的《至元法寶勘同總錄》，由慶吉祥等和西藏僧人八思巴對勘蕃本（西藏本）和漢文藏經，註明二者的異同、有無、多寡，並用漢字標註佛典題目的梵文音譯，具有一定的學術價值。

中國古代佛典目錄不斷改進，不斷完善，有其重要的歷史價值，但同時也存在若干缺點。後來日本的《大正新修大藏經》就突破了漢文大藏經原來編次的格式，向前邁進了一步，但也仍有不足之處。鑑於以往漢文大藏經編次的缺陷，如部類的區分不很恰當，弄錯了經本的失譯與有譯，以及譯撰混淆而誤收了疑書、偽書等，呂澂先生在二十世紀六十年代編纂的《新編漢文大藏經目錄》（濟南，齊魯書社，一九八〇），將目錄分為五

科學地編纂大藏經新目錄的一個重要進展。

大類：經藏、律藏、論藏、密藏、撰述。此錄分類簡明，全部編號，核定譯名、異譯、譯人，註明根據。這是

二　佛典結構

漢文佛典目錄將眾多的佛教文獻分門別類地加以編排，反映了佛典的體系及其內容的構成。經錄通常從形

式上把佛典分為五類：經、律、論三藏和密藏。

經藏：這裏指一切佛典，而是特指「三藏」之一的「經藏」部分。經藏分為大小乘諸經兩

個子目，子目中又分為若干部，如大乘經中通常分為般若部、寶積部、大集部、華嚴部、涅槃部五大部，以及

五大部以外的重譯經和單譯經；小乘經通常分為阿含部和單譯經。這些經分別闡明了大小乘佛教信仰的根據、

途徑、方法、境界，表示了大小乘佛學各方面的特質。

律藏：分大乘律和小乘律，就戒規和受戒儀式等作出詳盡規定。

論藏：從派別方面分大乘論和小乘論，也有從內容方面分為釋經和宗經兩個部分。釋經論是解釋佛經的論

典，宗經論是闡發各宗各派學說的論著。

密藏：一般分為金剛頂、胎藏、蘇悉地和雜咒四部分。

雜藏：分為印度撰述、中國撰述及其他子目。

以上是佛教界從信仰觀念出發所作的關於佛典結構的形式分類。按照一般文化知識的觀點，浩如煙海的佛

典可以分為六個方面：

（一）關於釋迦牟尼的生平和傳教的故事，以及菩薩和高僧的傳記等，這類佛典是為了樹立榜樣，供廣大

信徒效法，並擴大宣傳和影響。

（二）關於僧團組織和戒律的規定，以此作為指導僧眾生活和約束僧眾行為的規範，藉以維持僧團的秩序。

（三）關於教派歷史的敍述，即闡述派別分化的歷史和各派演變的歷史。

（四）關於學習佛教基本知識的工具書和入門書，即介紹佛典音義、解釋名詞概念和佛典目錄一類的著作。

（五）關於佛教理論的著作，其中闡發佛教對於人生和宇宙的根本看法，對反佛教思潮的批判，以及佛教內部的相互批判等內容。

（六）關於僧人的修行實踐、修持形式和修養方法，包括秘密儀軌方面的著作。

從撰寫的目的來分，以上六類佛典又可歸結為兩大類：一是為了對外宣傳和推廣的，二是供僧人內部閱讀的。例如，「三藏」中的「經」，大多是為了宣傳和推廣所用，著名的《阿彌陀經》、《妙法蓮華經》、《大集經》、《寶積經》、《華嚴經》、《般若經》等就是如此。佛祖傳記和「譬喻」故事，包括《百喻經》等也是如此。至於「律」則是供佛教信徒學習和實行的，經咒也是對內的，但應用起來卻往往對外，以擴大宣傳效果。還有「論」，多數也是對外宣傳的，有一部分則是內部辯論的專著，也有只供僧人內部參考的。

註釋：

〔註一〕　如是我聞：「如是」，經中的佛語：「我聞」，說經者自言，即「我所聽到的」。「如是我聞」，即「我聞如是」。

〔註二〕　詳見呂澂：《新編漢文大藏經目錄》，一二四—一五四頁，濟南，齊魯書社，一九八〇。

第四章　佛教的基本教義

佛教的基本教義，是指佛教龐大蕪雜的宗教思想中，最重要、最核心的思想、理論、學說和信仰。它大體上包含了相互密切關聯着的兩個方面：一是關於人生方面，闡述人生現象的本質，指出解脫人生苦難的途徑和人生應當追求的理想境界，這是關於倫理宗教理想的學說，是整個佛教教義的基礎，最為重要；二是從探索人生問題出發，繼之探索人與宇宙交涉的問題，由此而開展尋求宇宙的「真實」，形成了「緣起」、「無常」、「無我」（「空」）的世界觀，這是最富哲學色彩的宗教理論，也是倫理宗教理想的哲學基礎。

第一節　佛教的倫理宗教理想

佛教的倫理宗教理想，是以釋迦牟尼提出、後人加以發揮的「四諦」說為基礎的。「四諦」即苦諦、集諦、滅諦、道諦。「諦」是真理的意思；「苦」，是痛苦；「集」，是原因；「滅」，是寂滅，佛教追求的理想境界；「道」，是途徑、方法。「四諦」就是闡述四種真理：人生的痛苦現象、造成人生痛苦的原因、解脫

人生痛苦的理想境界和解脫痛苦、實現理想境界的途徑。這也就是佛教人生哲學的基本觀點。

一　人生的本質和價值

【二】人在宇宙中的地位

佛教提出了宇宙的有情識的和證悟得道的生命體共分十類的說法，十類名為「四聖六凡」。「四聖」是聲聞、緣覺、菩薩和佛。聲聞是指聽聞釋迦牟尼言教的覺悟者，緣覺是指獨自觀悟佛說因緣道理而得道者，菩薩是後補佛，佛是修持取得最高成就的大徹大悟者。這四者雖然修持成就的大小、覺悟程度的高低有所不同，但都屬於覺悟者，都已超脫生死輪迴，是為「聖」者。和「四聖」不同的是「六凡」。「六凡」，也稱「六道」、「六趣」、「眾生」、「有情」，是沒有超脫生死輪迴、沒有獲得解脫的凡庸者。具體說，「六凡」是指：

① 天：因天然自然，清淨光明，非人類世間所能比擬，故名。指一般的神，也稱「天神」。天又分若干層次，四天王是最接近人世的，三十三天即忉利天是較高層次的天，這些天神都是護持佛法的護法神。天是六凡中最優勝高妙的，但還有升進與墮落，沒有超脫生死輪迴。

② 人：人類。

③ 阿修羅：梵文音譯，略稱「修羅」。意譯為「非天」，是魔神。佛教說阿修羅的能力像天，但因多怒、好鬥，失去了天的德性，被攆出了天界。

④ 畜生：也稱「傍生」，謂傍行的生類。指飛禽走獸，以及蜎飛蠕動、水游地藏的一切動物。

⑤鬼：因恐怯多畏，名為鬼。依賴子孫的祭祀，或拾取人間遺棄的實物而生活。鬼的種類很多，如大財鬼、小財鬼、多財鬼、少財鬼等。鬼中的藥叉（夜叉）羅剎是有大威德者，而餓鬼是鬼中處境最糟的鬼，常受飢渴，千年萬載也不得一食，即使得到了也立即為猛火燒成灰燼。鬼類中餓鬼最多，所以通常講的鬼也就是指餓鬼而言。

⑥地獄：這是六凡中地位最低、最為痛苦的受罪處。作惡多端、罪行纍纍的就在這裏受罪。佛教通常描繪地獄裏面烈火熊熊，佈滿熾熱的銅床鐵柱，墮落在地獄裏的要受火焚燒。地獄有三類，第一類是根本地獄，其中又分八熱地獄和八寒地獄。如八熱地獄中的第八阿鼻地獄，也稱無間地獄，罪人受苦永無間斷，最為痛苦。第二類是近邊地獄，第三類是孤獨地獄，在山間曠野、樹下空中等處。

佛教宣揚人類是六凡中的一凡，在宇宙中的地位很低，表現了蔑視人生的基本立場。但人在六凡中又居於較高的第二個層次，比較接近天神，若果相信佛教，努力修持，就能經過「天」再上升進入「四聖」圈，獲得解脫。這是佛教許諾人比畜生等有較大的成佛的可能性，表現出對人的重視和期待。總的說來，蔑視人生是佛教的重要特徵。

【二】人的本質

人是什麼？佛教認為，人身是五蘊和合而成的集合體。「蘊」，也作「陰」，聚積的意思。五蘊是指構成人的五種要素、成分：色、受、想、行、識。「色」，物質，此指肉體。具體說，包括地、水、火、風「四大」。皮肉筋骨屬於地大，精血口沫屬於水大，體溫暖氣屬於火大，呼吸運動屬於風大。四大和合，組成人的身體。「受」，指感官生起的苦、樂、喜、憂等感情、感覺（名曰「情」）。「想」，是理性活動、概念作用

（名曰「智」）。「行」，專指意志活動（名曰「意」）。「識」，統一前幾種活動的意識。色是物質現象，受、想、行、識是精神現象，人有肉體，也有精神活動，人是物質現象和精神現象的綜合體。佛教宣揚，人是五蘊和合而生，五蘊是分散而滅，成壞無常，虛幻不實的。人猶如流動不息的水流和自生自滅的火焰，並沒有固定的實體存在：五蘊最終要分離而消散，人根本就沒有一個真實的本體存在。因此，人的本質是「空」的。這裏所講的「空」，不僅是指人死亡後五蘊散滅是空，而且在未死亡時，也只是五蘊和合，也是空的。後者也是佛教最為強調的空的真正意義所在。應當承認，佛教所講的人是物質現象和精神現象的統一體，是有道理的，但由此推論出人的本質是「空」的觀點，是不正確的。

【三】人生的價值

佛教理論的基本出發點，是斷定人生為「苦」，人的生命、生存就是「苦」。所謂「苦」，主要不是專指感情上的痛苦，而是泛指精神的逼迫性，即逼迫惱憂的意思。佛教認為，一切都是變遷不息的、變化無常的，廣宇悠宙，不外苦集之場。由於人不能自我主宰，為無常患累所逼，不能自主，因此，也就沒有安樂性，只有痛苦性。佛教通常講的苦，有二苦、三苦、四苦、五苦、八苦，乃至一百一十種苦等無量諸苦。所謂二苦，是指內苦和外苦。內苦又包括兩個方面，即身體生理病痛和感情、意志、思想等自相矛盾的心理活動。外苦是指來自外界的各種災難禍殃。所謂三苦，一是苦苦，謂遭到苦事而感覺痛苦，如受飢渴寒熱等逼迫而產生的苦；二是壞苦，遇到樂事變遷，如由富貴變為貧賤而產生的痛苦；三是行苦，「行」是遷流的意思，人由於事物遷流不息不能久留而引起的痛苦。四苦是指生、老、病、死。五苦是將生、老、病、死合為一苦，再增列怨憎會苦、愛別離苦、求不得苦和五取蘊苦而成。八苦則是將五苦中的生、老、病、死重新分為四苦，再加後四苦而

成。八苦是最常見的說法，其具體內容是：

①　生苦：人未出生，十月住胎，儼如關在黑暗的地獄裏，母親喝熱湯，就要備受煮燒。出生時，冷風觸身，猶如刀刮。住胎出胎，都受逼迫。形成人身即出生之後也是苦，老、病、死等眾苦又接踵而至。

②　老苦：人至老耄，髮白齒落，肌肉鬆弛，五官失靈，神智昏迷，生命日促，漸趨死亡。

③　病苦：一是身病，從頭到腳，從裏到外，「四大」不調，眾病交攻，十分痛苦；一是心病，內心憂愁悲切，十分苦惱。

④　死苦：一是生命無常，命終壽盡而死；一是因意外事故或遭遇災難而死。

⑤　怨憎會苦：人們對主觀和客觀兩方面都有所不愛，對於怨仇憎惡的人或事，本求遠離，但是，冤家路窄，仇人相遇，互相敵對的人往往會聚集在一起，憎惡的事偏偏要紛至沓來。

⑥　愛別離苦：人們對主觀和客觀兩方面都有所喜愛，但是偏要分離，難以相愛。如父子、兄弟、夫婦、朋友，情愛融洽，歡樂相處，然而終不免父子東西，兄弟南北，夫婦分居，骨肉分離，甚至禍起非常，造成生離死別的莫大痛苦。

⑦　求不得苦：人們的要求、慾望、喜愛，往往得不到滿足，求之而不能得，甚至所求愈奢，愈不能得到，痛苦愈大。

⑧　五取蘊苦：也稱「五蘊盛苦」、「五盛蘊苦」。這是一切痛苦的匯合點，即所有痛苦都歸結到五蘊的苦。五蘊與「取」（指一種固執的慾望、執著貪愛）聯結在一起就產生種種貪慾，稱為「五取蘊」。這裏，「取」即執著是關鍵。有了五取蘊就會產生苦、生、老、病、死、怨愛別離、憎會、求不得七苦，天天向着五蘊襲來，人的身心盛貯眾苦，稱為「五蘊盛苦」。佛教宣揚求不得苦是前六種痛苦的總原因，而求不得之所以

成為苦，又是由於五取蘊的原因。在八苦中，五取蘊苦既是其他苦的根源，又是一切苦的聚集。中國和尚更是附會說，人的面容就是「苦」字形：眼眉是草字頭，兩眼和鼻子合成十字，嘴就是口字。

八苦分為兩大類，前四苦是自然生理現象，也就是說，人生的過程就是連續產生不同痛苦的過程。第五苦至第七苦，即和所憎恨的事物聯結在一起的厭煩、和所喜愛的事物離別的悲傷、不能滿足所求的痛苦，是着重就社會現象、社會生活、人與人的關係講的。佛教把前面七種苦最後歸結為五取蘊苦，是為了說明：五蘊就是苦，執著、貪慾就是苦，也就是人的生命就是苦，生存就是苦。

佛教還在時間和空間兩方面把人生的苦加以擴大化、絕對化，宣傳人生的過去、現在和未來三世皆苦。人生所面對的世界也是苦，「三界無安，猶如火宅」，人間世界是火宅，是無邊苦海。芸芸眾生，囚陷於熊熊火宅之中，備受煎熬．；沉淪在茫茫苦海之中，盡受苦難。

人生是苦的命題，是佛教人生觀的理論基石。人生、人的感受有苦也有樂，有不苦也有不樂。佛教認為人生就是苦，一切感受都是苦，樂也是苦的一種特殊表現。正是由於佛教創立者把人生塗抹為苦難的歷程而視大千世界，紅塵滾滾，從而奠定了超脫世俗的基本立場。

佛教把人生看為痛苦的過程，宣揚一切皆苦、苦海無邊的觀點，首先是反映了當時古印度東北地區的奴隸社會乃是一座人間地獄的殘酷現實，奴隸主的庸俗貪慾、粗暴情慾、卑下物慾，種姓制度所造成的嚴重不平等，給廣大人民帶來了無限的苦難。其次，也反映了當時古印度生活水平和醫學水平低下，熱帶地區死亡率高，人們的健康沒有保障。佛教的人生是苦的觀點，實質上是奴隸制所造成的痛苦的一種曲折反映，是人民在社會和自然的雙重壓迫下悲痛呻吟的表現。同時，也應當強調指出，佛教對人生價值所作的判斷是消極的、片面的。它不僅抹殺了人生歡樂的一面，而且把生理的痛苦和社會的苦難相提並論，並且把生理的痛苦置於首

位，這就片面誇大了生理的痛苦，掩蓋了社會苦難和階級壓迫的嚴重性。它把勞動者和剝削者說成是有同等的痛苦，也就模糊了奴隸社會階級對立的嚴峻事實。它歪曲了社會苦難的實質內容，抹殺了階級壓迫和剝削是造成人民苦難的基本原因這一重要事實。

二　人生痛苦的根源

〔一〕十二因緣說

人的痛苦從何產生？人的生命由何而來？人的命運由何而定？關於這些問題，釋迦牟尼不同意當時印度思想界所說的，即人生的一切都由神的意旨所主宰的觀點；也不同意那種一切由前世決定，後天不能改變的觀點；他也反對那種人生的一切都無因無緣的觀點。釋迦牟尼認為，這些都是對自己的行為不負責任的論點。他主張一切事物都是由因緣和合而成，都決定於因果關係，同樣，人的痛苦、人的生命和人的命運，也都是自己造因，自己受苦。

前面剛提到過，佛教把人生痛苦的根源歸結為「五取蘊」，也就是說，人生痛苦的直接原因是有「生」，生是苦的開端，生命是受苦的實體。由此，佛教又從人生過程的角度，把人生劃分為許多部分，這些部分互相結合為無止境的痛苦鎖鏈，並由此進一步闡明人生的痛苦現象及其根源。關於這方面，佛經中記載的有五分、九分、十分和十二分等說法。「分」也稱為「緣」，如五分即是五緣。其中論述得較多的是北方所傳的十二分，也稱「十二因緣」或「十二有支」，是為後來大乘佛教所肯定的。十二因緣即無明、行、識、名色、六處（六入）、觸、受、愛、取、有、生、老死。十二因緣的具體內容和相互關係是：

無明緣行：「無明」，即無知，對佛理無知。例如，人生是無常的、終歸要死滅的，而人往往企求它「常」。人生是由「五蘊」和合而成，沒有自體的，而人往往相信有「我」——永恆的不變的自體（實體）是實有的。這都是無明的表現。「行」指意志活動。「無明緣行」，是說由於無知而有種種世俗的意志活動生起。

行緣識：「識」指托胎時的心識、精神活動。由意志活動作牽引力，使識向與意志活動相應的處所投生。「識緣名色」，是說在母胎中身心得到發育。

識緣名色：「名」指心，精神；「色」指色質，肉體。「名色」就是指胎中的精神和形體。「識緣名色」，是說在母胎中身心得到發育。

名色緣六處：「六處」也作「六入」，指眼、耳、鼻、舌、身、意〔註二〕，即五種感官和心（合稱「六根」）。這裏指胎兒由身心混沌狀態發育出不同的認識器官，也就是胎兒即將誕生的階段。

六處緣觸：「觸」指觸覺。這裏指胎兒出生後，六種認識器官與外界事物相接觸而產生觸覺，相當於幼兒的階段。

觸緣受：「受」指感受。由於年齡增長，心識漸次發達，認識器官與外境相接觸時，能夠領受外界的反作用，而產生苦、樂、不苦不樂三種感受，相當於童子階段。

受緣愛：「愛」指渴望、貪愛、貪慾。人進入青年階段，對於外界可享受進而產生貪愛。

愛緣取：「取」指追求執取。成年以後，貪慾轉盛，對外界可享受的一切，周遍馳求，執著不放。

取緣有：「有」指「業」，即思想行為。由於追求執著而有種種思想行為。這些思想行為是能產生未來果的善惡業，故名為「有」。

有緣生：「生」指來世之生。由於前面的愛、取、有所生起的迷惑和所造的善惡業，必然產生果報，從而

導致來世的再生。

生緣老死：由生必有老死。

上述十二個環節，輾轉感果，所以稱為因，互為條件，所以稱為緣，合稱十二因緣。十二因緣是說明眾生生死流轉的因果聯繫的，它強調十二個環節按順序組成因果循環鏈條，任何一個有情識的生命體，在沒有獲得解脫前，都依此因果律，「生生於老死，輪迴周無窮」。十二因緣是生命現象的總結，也是生命痛苦的原因。

小乘佛教認為，在十二因緣中，前兩個因緣即無明和行是作為現在生存的原因，是屬於過去（前世）造「業」所招的果；中間八個因緣即從「識」至「有」是就現在的存在說的，其中識、名色、六處、觸和受是由過去的無明和行所招的現在五果，愛、取、有是現在的三因，即招未來果的原因；而最後兩個因緣即生和老死則是屬於未來，表示由於此生貪著生存即愛、取、有所招的下一生的果。這樣，十二因緣包含了過去、現在、未來三世，有兩重因果，稱為三世兩重因果。後來，大乘佛教又發展為兩世一重因果說，也就是以十二因緣的前十個因緣為過去的因，後兩個因緣為現在的果；或者以前十個因緣為現在的因，後兩個因緣為未來的果，合為兩世一重因果說。

據佛教史記載，釋迦牟尼在快得道成佛時，從逆觀十二因緣，即從後往前推，從老死逐漸逆觀到無明，得出了這樣的結論：人生現象的真正原動力和人生痛苦的最後總根源是「無明」，即對人生實相的盲目無知。如果能正確認識人生的實相，認識十二因緣的實相，就能滅盡無明，沒有無明也就沒有行，直到沒有生和老死，一切痛苦也就都沒有了。這也就達到了超脫生死的涅槃境界。

應當肯定，十二因緣所揭示的眾生生死流轉的因果關係是不符合客觀實際的。雖然，十二因緣說的某些部分，如自「六入」起相繼引起觸、受、愛、取，也一般性地反映了人的感覺、感情、慾望、行為的產生過程，

由生到老死也反映了生命體的變化過程，但是，從總體來說它是一種唯心主義的虛構。為什麼這樣說呢？首先，在十二因緣的因果關係的分析上，如以無明為人的生命不斷循環的起點，以識和有為來世轉生的原因，必然會導致靈魂不滅論。早期佛教主觀上並不認為識是靈魂，識確實和靈魂也有區別，但是識作為一種精神活動，和名色結合而形成人的生命，識作為名色的依賴者、原因，識能向相應處投生，這就很難和靈魂劃清界限了。識和有具有相互彰明的意義。有是指思想行為，即業，其作用是能引起來世的果報，轉生為另一種生命形態，這裏把有作為來世轉生的原因和條件，邏輯地包含了轉生的實體內容，因而和靈魂說也是相通的。其次，在十二因緣說中，除強調認識上的無明是始因以外，還片面強調愛慾的惡的性質和作用。早期佛教反對人們求生和繁殖生命的天性和樂趣，反對貪求財富、權勢和名望，這種主張在當時古印度雖然具有十分複雜的社會意義，但是它把剝削者的貪得無厭和勞動者的正常生活要求混為一談，統稱為貪慾，而且視為人們的一種心理活動狀態，並以此作為眾生輪迴流轉的原因，是錯誤的。最後，生和死雖是互相依存的，生也必然轉化為死，但不能籠統地說生是死的直接原因，互相依存的關係不等於因果關係，死的直接原因是疾病和衰老等。

【二】業報輪迴說

釋迦牟尼還把十二因緣和業力、輪迴的思想聯繫、統一起來，用業報輪迴說，來說明眾生的不同命運。

釋迦牟尼時代，在印度的思想界中有輪迴說與反輪迴說兩種尖銳對立的學說。所謂輪迴，「輪」是車的輪盤，「迴」指車的轉動。輪迴是比喻眾生的生死流轉，永無終期，猶如車輪旋轉不停一般。當時主張輪迴說的主要有三種觀點：第一，婆羅門教宣傳梵神是創世主，人的靈魂是梵賦予的，梵是「大我」，人的靈魂是「小我」。靈魂屬於心臟。人若能在森林中修習禪定，淨化靈魂，以苦行排除各種物質慾望，並以祭祀向梵贖罪，

那麼死後靈魂就能和梵同住，否則下世就會落到比現世更為低下的境界。第二，瑜伽派反對靈魂從梵神轉變而來的說法，認為人的靈魂是獨立的、不依附於神的，稱為「神我」。如果一個人在現世縱任慾樂，下世神我就會墮到更加痛苦的去處，相反，如果靜修瑜伽行的禪定，身如枯木，心如死灰，制止神我所起的愛慾，死後就可超出輪迴，獲得解脫。第三，機械命定論者認為，不僅今生的苦樂禍福、吉凶壽夭是由過去的業所規定的，而且今生舉手投足等一切行動也是由過去的業所規定的。人應當聽任命運的安排，等到過去的宿業消滅了，靈魂也就隨之得到解脫了。反輪迴說是古代唯物主義順世派的主張，此派認為，人體是由地、水、火、風「四大」元素構成，人體產生感覺思想。死時形體復歸於「四大」，同時也停止了感覺思想。死後沒有靈魂，更沒有輪迴。釋迦牟尼的觀點與上述各種觀點不同，他把靈魂不滅、輪迴不斷的主張，稱為「常見」，認為是一種將靈魂和輪迴視為恆常實有的錯誤理論；又把否定靈魂和輪迴的主張，稱為「斷見」外道，說它是一種斷滅心身的錯誤理論。他從主體的行為和道德責任的角度出發，吸取和改造了其他流派的思想，把業力說和輪迴說結合起來，闡發了業報輪迴的主張。

　釋迦牟尼宣揚業力是眾生所受果報的前因，是眾生生死流轉的動力。眾生的行為和支配行為的意志，從本質上說就是業力。「業」是行動或作為的意思。做一件事先有心理活動，是意業；後發之於口，是口業；表現於身體上的行動，為身業。釋迦牟尼認為，眾生的身、口、意三業往往是由無明即無知決定的。眾生是無我、無常的，沒有自體，終歸要消滅的，眾生卻要求它有我，要求它恒常不變。眾生的行為往往就是這種無知的表現。眾生由於這種無知而發生的行為，就是痛苦的總根源。業，體現着力量和作用，功德和過失。釋迦牟尼認為業力的影響是不會消除的，眾生所作的善業和惡業都會引起相應的果報。比如，當人的生命終結時，其一生動作或行為的總和（這一總和在許多方面等於是個人的性格）會作為一個整體產生結果，並且決定轉生的生存

者的性格。由於業的性質不同，所得的報應也就不同，來世就會在不同的境界中輪迴。佛教宣傳，眾生在善惡因果的嚴密關係中，修善的隨福業而上升，作惡的隨罪業而下墮。如此上升下墮，死此生彼，生生延續，世世升沉，不斷在苦海中沉浮，在「六道輪迴」中流轉，永無了期。只有皈依佛教，棄惡從善，虔誠修持，才能跳出六道輪迴的樊籠，求得超出生死的解脫。

業報輪迴說強調個人作「業」的作用，強調一切都是自作自受，這和由上帝從外部主宰人的命運的說法不同，客觀上對人們的行為有一定的勸誡和約束作用。主張人們的活動會帶來一定的後果，得到報應，這在一定條件下、一定範圍內、一定意義上也有其合理的一面。比如，人們從事善良的正義的事業會得到歷史的肯定，而為非作歹、禍國殃民，則會受到歷史的懲罰。但是應當說，這是有條件的，不是無條件的。在階級社會裏，個人的命運主要是決定於所處的階級地位。在剝削階級居統治地位的社會裏，榮華富貴是剝削階級的特權，卑下貧賤則是被剝削階級的命運，在階級地位不發生變化的條件下，這種格局是很難改變的。在階級社會裏，行善者蒙禍，行惡者得福，是司空見慣的現象。佛教在倫理道德上籠統地宣揚善得福報、惡得禍報的善惡禍福一致論，至多只是對個人良心的安慰而已。佛教把現世的禍福歸結於前世所作的業，而現世所作的業要待死後由神明裁判，這種神學虛構實際上也等於承認現實中的善惡與禍福是不一致的。

三　人生的理想境界

佛教把人生的趨向歸結為兩條相反的途徑：一是人生的需求常常和環境不協調而產生種種痛苦，人們又不瞭解它的原因，找不出解決的辦法，只好隨波逐流，聽任命運的安排，陷入不斷輪迴之中，稱為「流轉」；二是對「流轉」的生活採取相反的方法，破壞它，變革它，使之逆轉，稱為「還滅」。這就是所謂人生行事的兩

個相反系列。後者就是為了追求達到人生的最高理想境界。

早期佛教借用婆羅門教的涅槃概念來標明佛教的最高理想境界。涅槃是梵文Nirvāna的音譯，也譯為「泥曰」、「泥洹」。其意譯，鳩摩羅什譯為「滅」或「滅度」，唐玄奘則譯為「圓寂」。所謂滅、滅度，是指滅煩惱、滅生死因果。所謂圓寂，圓者圓滿，不可增減；寂者寂靜，不可變壞。涅槃的分類很多。圓寂是說涅槃體周遍一切，真性湛然。中國在玄奘以前，多用滅或滅度，玄奘以後，多用圓寂。涅槃的分類很多，通常分為有餘涅槃（有餘依涅槃）和無餘涅槃（無餘依涅槃）兩種。有餘涅槃是指斷除貪慾，斷絕煩惱，即已滅除生死的因，但作為前世惑業造成的果報身即肉身還在，仍然活在世間，而且還有思慮活動，是不徹底的涅槃。無餘涅槃是相對於有餘涅槃而言，是比有餘涅槃更高一層的境界。在這種境界中，不僅滅除生死的因，也滅盡生死的果，即不僅原來的肉體不存在了，而且思慮也沒有了，灰身（死後焚骨揚灰）滅智，生死的因果都盡，不再受生，是最高理想境界。這兩種涅槃有區別也有聯繫，無餘涅槃是有餘涅槃的繼續和發展。

大小乘佛教對於涅槃的解說，差別頗大。也就是說，佛教的人生理想論有一個歷史的演變過程。

小乘佛教的涅槃學說是消極的。它視人生為大苦難，由此出發，認為人體消滅了，人生的痛苦也就終結了，因此它把經過修持，消除煩惱，並在死後焚骨揚灰，不留痕跡的消滅狀態，作為追求的目標，就如同燈光火焰被吹熄了一樣。至於人們修道成阿羅漢，死後進入涅槃，在這之後是什麼情況？是存在還是不存在？小乘佛教認為這是人類的心靈和語言難以討論和描述的問題，這個問題猶如只供旅行者漫遊的森林，一台僅供世俗娛樂而無益的木偶戲，只能產生爭論、糾纏和痛苦，而無助於獲得覺悟和證得涅槃。

大乘佛教中觀學派創始人之一龍樹，反對小乘佛教以無餘涅槃當做追求的最高境界，他突破小乘佛教的思想模式，從新的角度提出新的主張。他認為涅槃和世間的本性是一致的，兩者都是「空」，也都是不可言說的

「妙有」，是完全統一的。他批評小乘佛教不懂得這個道理，厭惡和離棄世間，去追求超世間的涅槃，這樣也就永遠不能真正達到涅槃。龍樹認為眾生所追求的目標應該是正確認識一切事物的「實相」（本來面目），並加以運用，也就是要去掉一切戲論，「顯示實相」。實相是涅槃的內容，涅槃境界就是對實相的認識和運用。

這種涅槃也稱為「實相涅槃」。

實相涅槃的內容有兩個要點：

一是從實相看，世間事物是流轉生滅的，而涅槃是超出流轉生滅的，但世間一切現象是畢竟空，以空為實相，涅槃的本性也是畢竟空，兩者都是空，由此可以說，世間事物的實相就是涅槃的內容，還可以說世間與涅槃是一回事，即由實相把兩者統一起來了。這就是龍樹所說的：

涅槃與世間，無有少分別；世間與涅槃，亦無少分別。涅槃之實際，及與世間際，如是二際者，無毫釐差別。

（《中論·觀涅槃品》）

龍樹認為，人們如果沒有真正的智慧，就會對事物產生顛倒分別，從而招致人生的無窮痛苦，相反，如果能夠真正體會一切事物本來和人們的主觀執著無關，沒有一般人認識所勾畫的那樣的實體，即體會到空（無自性），還事物以本來的清淨的面目，也就達到了涅槃境界。

二是強調為了達到實相涅槃必須永遠不能停頓。因為一切事物是互相聯繫的，人也是如此。人是整體，不只是個體，不能單獨行動，而要全體都行動起來，自利利他，甚至要以他為己，把自己融合在眾生的汪洋大海中，才能獲得真正的解脫。這樣在趨向涅槃的道路上，也就會覺悟到有許多事要做，普度眾生的事情永遠做不

完，絕不能中間停下來。由於發願要普度眾生，即使自身的覺悟已達到佛的境地，可以進入無餘涅槃了，也決不進入。這就是所謂以大智故，不住生死；以大悲故，不住涅槃。這也稱為「無住涅槃」。

龍樹一系根據世間的實相就是涅槃的內容的理論，認為按照世間的實際而行動就是和涅槃相應，而這種踐行趨向涅槃是一個過程，是一個逐漸由染污轉為清淨、駁雜轉為純粹的過程。這方面的道理後來為無著、世親一系的瑜伽行派所闡揚，並另創一格。無著、世親提出了「轉依」的範疇以代替解脫，也就是通過轉變認識，進而使整個認識改變，進而改變客觀環境。人們在修持過程中，若果使清淨的概念、認識逐漸代替染污的概念、認識，並帶來了行為的改變，行為的改變又帶來環境的改變，這樣人生也就從染轉淨，逐漸轉變，終至染盡淨滿，身心面貌完全改觀，也就實現了轉依，達到了涅槃境界。這是繼中觀學派之後的又一個重要的涅槃學說。

大乘佛教的一些派別，還反對小乘佛教否定常、樂、我、淨，以常、樂、我、淨為人生的基本要求的看法，強調涅槃境界具有常、樂、我、淨四種美好屬性，甚至有常、恆、安、清涼、不老、不死、無垢、快樂八種行相，主張追求和找到人生真正的常、樂、我、淨，這又為人生理想開闢了另一條新的宗教途徑。

小乘佛教以「虛無絕滅」為涅槃的內容，這是無視人生在宇宙中的地位和意義，否定人生應有的積極奮鬥的精神，表現了對人生的悲觀估計和消極無為的態度。大乘佛教中觀學派以一切事物的實相為涅槃的內容，而實相被歸結為非有非無的畢竟空，這是拐彎抹角地否認客觀世界的真實性。他們以悟解客觀世界的不真實為最高的精神境界，不能不說是一種神秘主義的唯心論。但是中觀學派把世間與涅槃打成一片，取消現實世界與彼岸世界的鴻溝，縮短人與佛的距離，這實際上又增加了涅槃學說的現實內容。大乘佛教學者主張研究為世間服務的知識，如天文、地理、醫學、工藝等，這不僅影響了佛教的方向，也影響了文化的發展。

四　人生解脫的途徑

佛教對於獲得人生解脫，達到最高理想境界的途徑和方法，論述很多，各派尤其是大小乘的講法也不盡一致，下面着重就比較典型的八正道、三學和六度的內容，作一簡要的介紹。

【一】八正道

前面已提到，釋迦牟尼時代，印度各派信徒出家修道早已蔚然成風。釋迦牟尼不相信苦行主義的自我虐待，認為單純的禁慾是無價值的，也是徒勞無益的；他也反對縱慾主義，認為這更不能擺脫痛苦的糾纏。他提出了不苦不樂的主張，共八項，稱為「八正道」。八正道即八種合乎正理的成佛途徑，也稱「八聖道」。其具體內容是：

①　正見：離開邪非的正確見解，也就是具有佛說的四諦知識，遠離唯神、唯我、唯物等主張。簡單地說，正見就是佛教智慧。

②　正思維：也作「正思」、「正志」。指離開世俗的主觀分別，離開邪妄迷謬，作佛教的純真智慧的思索。

③　正語：純正淨善的語言，合乎佛法的言論。也就是不妄語，不慢語，不惡語，不謗語，不綺語，不暴語，遠離一切戲論。

④　正業：合乎佛教要求的正當的活動、行為、工作，也就是不殺生，不偷盜，不邪淫（或不淫），不作一切惡行。

⑤　正命：正當的生活，即按佛教的標準謀求衣食住的必需品，遠離一切不正當的職業，如詐現奇特、自說

功德、星相占卜等，都應反對。

⑥ 正精進：也作「正方便」。謂正確的努力，止惡修善，向解脫精進。也就是要努力防止惡心生起，已經生起的要使它斷除；要努力使善心生起，並使它發展臻於完善。要按照佛教的標準辨別善惡，去惡從善，並強調自覺努力，反對懈怠與昏沉。

⑦ 正念：正確的念法，即憶持正法，明記四諦等佛教真理。

⑧ 正定：正確的禪定，即正身端坐，專心一志，身心寂靜。專注一境，遠離散亂之心，思想集中，深入沉思，以佛教的智慧觀察整個世界，猶如一池清水，其中魚群和石礫都清晰可見，洞察人生的真實，領悟四諦的意義，從而獲得身心的解脫。

八正道又可以分為兩大類：一是精神生活，以正見為主，正思、正念、正定為輔；二是物質生活，以正命為主，正業為輔。正語、正精進是雙關的。正見和正命分別為佛教信徒的精神生活和物質生活的主要點，在八正道中具有重要意義。八正道為佛教徒的修持方法確立了原則，奠定了基礎。

【二】三學

八正道可以歸結為戒、定、慧三學，其中正語、正業、正命屬於「戒」，正見、正思屬於「慧」。正精進是就學佛的態度而言，是全面的，但正精進也是慧的一種表現，可以歸屬於「慧」。正念、正定屬於「定」，正見、戒、定、慧三學相互聯繫，通常被認為是學佛者修持的全部內容。大小乘佛教對於三學的態度並不一致。小乘佛教講戒和定是作機械的規範，大乘佛教則是靈活地運用戒和定，提倡方便。佛教嚴格區分戒、定、慧，大乘佛教則將戒和定都歸屬於慧，三學合成一體。小乘

① 戒學

戒，作為三學之一，是指佛教為出家和在家的信徒制定的戒規，借以防非止惡，從是為善。按其內容又分為止持戒和作持戒兩大類。所謂止持戒，「止」，防止，止息，意指防非止惡的各種戒，如五戒、八戒、十戒和具足戒等。所謂作持戒，「作」，修習善行，意指奉持一切善行的戒，如二十犍度〔註二〕等。止持戒和作持戒分別止惡作善，相輔相成。戒和律二字經常連用，稱為戒律。戒律一般地說也是指為出家和在家信徒制定的一切佛教戒規。但律和戒也有區別，單言律是指專為出家比丘、比丘尼制定的禁戒，是所謂能制伏諸惡的，在家佛教信徒不得聞知。

五戒，即前文已講過的不殺生、不偷盜、不邪淫、不妄語和不飲酒。後來因考慮到，一般在家信徒被俗務所纏，難以天天堅持五戒，為此而規定每個月有六天齋日，在此六天內要遠離一切聲色塵囂，遵守五戒，此外再加上三戒，合為八戒。增加的三戒是：（一）不作任何賞心悅目的娛樂活動和不任意裝扮自己。也就是不觀聽歌舞音樂，不看戲劇，不敷擦油膏，不修飾自己。（二）不坐不睡高廣華麗的大床。（三）不食非時食。也就是正午過後不再吃飯。三戒中一、二是戒，三是齋。連同前五戒，合稱為「八齋戒」或「八關齋戒」。八戒比五戒要求更加嚴格，但它是臨時奉行的，如一個月中六天，甚至一天，可以靈活實行。在家信徒受戒期間，過一種近似出家僧人的宗教生活。十戒，是指七歲以上二十歲以下的出家男子（稱為「沙彌」）和出家女子（稱為「沙彌尼」）奉行的十條戒規。其中一、二、四、五、五各戒的規定和五戒中相應戒條的內容完全相同，第三戒為不淫，即不能搞男女關係乃至娶嫁結婚，後五戒是將八戒中第六戒分為不塗飾香鬘和不觀聽歌舞二戒，其他不坐高廣大床和不非時食二戒完全一樣，再增加不蓄金銀財寶一戒，共合為十戒。具足戒，也稱「大戒」。是出家僧尼奉行的戒條。戒條數目說法不一，通常依《四分律》所說，比丘戒二百五十條，比丘

尼戒三百四十八條。因與沙彌、沙彌尼所受十戒相比，戒品具足，故名具足戒。具足戒對出家僧人的宗教生活和日常生活的各種細節，都作出了繁細而嚴格的規定。

大乘戒在小乘戒的基礎上又作了進一步的發展。小乘佛教重在解脫生死，推究出生死的根源是貪慾，因此以斷除個人的貪慾為戒規的基本內容。後來大乘佛教強調圖謀一己私利而妨礙、侵害、毀壞他人，即自私的貪心是一切惡行的根源，戒律必須以根斷私心、貪心為根本，並且相應地提出「攝眾生戒」，也稱「饒益有情戒」，以教化濟度眾生。大乘戒重要的是「十重戒」（「十重禁戒」）和「四十八輕戒」。十重戒是：（一）殺戒；（二）盜戒；（三）淫戒；（四）妄語戒；（五）酤酒（賣酒）戒；（六）說四眾（比丘、比丘尼和男女居士）過戒；（七）自讚毀他戒；（八）慳惜加毀戒，即對於吝嗇施財施法，並加以誹謗詆毀的戒；（九）瞋心不受悔戒，即對於仇恨與損害他人和不受對方懺悔的戒；（十）謗三寶（佛、法、僧）戒。十重戒中，自讚毀他戒居於十分重要的地位，它是新增加的後六種戒的中心，其他幾條戒都是這一戒條的展開。大乘佛教還強調這條戒要一直貫穿到智慧上去，注意心靈結構的完善。違犯十重戒的構成破門罪，要被開除並驅逐出僧團，所以是重戒。與此相對的四十八輕戒，是對輕罪的禁戒，其內容包括不敬師友戒、飲酒戒、食肉戒等。犯此種戒的均按戒律規定進行懺悔，不受開除處分。大乘戒將飲酒作為輕戒，表明對佛教徒的物質生活的約束放寬了，處理也比較靈活了。

② 定學

定學即禪定。「定」是梵文Samādhi的意譯，音譯為「三昧」、「三摩地」。意思是指心專注於一境而不散亂的精神狀態，佛教以此作為取得確定之認識、作出確定之判斷的心理條件。定有兩種，一是「生定」，指人們生來就有的一種精神功能；二是「修定」，指專為獲得佛教智慧、功德、神通而修習所生的功夫。禪與

定有區別，「禪」是梵文Dhyāna音譯「禪那」的省略，意譯為「靜慮」、「思維修」、「棄惡」、「功德叢

林」等，意思是心緒寧靜專一，深入思慮義理。中國佛教學者通常把禪和定合稱，含義比較廣泛。中國禪宗以

「禪」命名，進一步擴大了禪定的觀念，重在「修心」、「見性」，而不再限於靜坐凝心專注觀境的形式。

佛教歷來都十分重視禪定。早期佛教和部派佛教認為，教徒的宗教實踐是先「見道」，即先瞭解明白四諦

的道理，然後再「修道」。修道即修行，而修行的主要方法是禪定。後來大乘佛教又進一步把禪定作為證悟般

若理論的方法。佛教各派關於禪定的說法很多，其中最基本的有「四禪」、「唸佛禪」和「實相禪」。

「四禪」，也稱「四靜慮」，是佛教用以對治妄惑、生諸功德的四種基本禪定，其內容是：

初禪：由尋求伺察而厭離充滿食慾和淫慾的眾生所居的境界，專心於佛教的修養功德，以產生喜樂的心情。

二禪：進一步斷滅以名言為思慮對象的尋求伺察作用，在內心對佛教形成堅定的信仰，並產生新的喜樂。

三禪：捨去二禪所得的喜樂，住於非苦非樂的境地，並運用正念、正知、繼續努力修習，從而產生「離喜

妙樂」。

四禪：捨棄三禪的妙樂，唯念修養功德，由此而得「不苦不樂」的感受。

四禪就是經過四個層次的禪定，引導眾生脫離慾界感受，專心於佛教的修養功德，而形成一種「不苦不

樂」的特殊的心理感受。

「唸佛禪」，是借助於佛教智慧，專心觀想佛的三十二種相〔註三〕、八十種好〔註四〕，以使十方諸佛現立於

前，從而增加一種殊異力量，更快地達到成佛的境界。

「實相禪」，大乘佛教中觀學派認為實相（事物的本相）就是「空」，它主張把禪法和空觀聯繫起來，在

禪觀中既要看到一切事物的空性，又要看到一切事物的作用，兩者不可偏廢。實相禪是把禪法作為悟證大乘般

若理論的方法。

③ 慧學

慧是梵文Mati的意譯，指通達事理、決斷疑念取得決斷性認識的精神作用。此指能使修持者斷除煩惱、達到解脫的佛教智慧。為培養、增加佛教智慧而進修，稱為慧學。佛教通常把智慧分為三種：（一）聞所成慧，指聽聞佛法，學習五明[註五]，即從他所聞得的智慧；（二）思所成慧，依前聞所得慧而進行深思熟慮，咀嚼融會，條理貫通，是得於自己思索的智慧；（三）修所成慧，依由聞和思所得的智慧，修習禪定，由定生明，證悟人生和宇宙的實理，是得於證悟的智慧。由此智慧而斷絕一切無明煩惱，進入涅槃境界，成就為佛。慧學主要闡發的是佛教人生觀和宇宙觀，內容極其龐雜豐富，此處從略。

【三】六度

大乘佛教認為，沒有眾生的解脫，就沒有個人的真正解脫，所以它提出了「救苦救難」、「普度眾生」的口號，相應地又將以個人修習為中心的戒、定、慧三學擴充為具有廣泛社會內容的「菩薩行」——「六度」。

「度」是梵文pāramitā（波羅蜜多）的意譯。「波羅蜜多」，又譯作「度彼岸」、「到彼岸」、「度無極」。

「六度」，也作「六度無極」、「六到彼岸」，意謂用作由生死此岸渡人到達涅槃彼岸的六種途徑和方法。這是大乘佛教修習的主要內容。六度的具體內容是：

① 布施度：布施是指用自己的財力、體力和智力去濟助貧困者和滿足求索者，是為他人造福成智也使自己積累功德以至求得解脫的一種修行方法。小乘也講布施，其目的在於破除個人吝嗇和貪心，以免除來世的貧困，即是從個人利益和解脫着眼的。大乘則與大慈大悲的教義相聯繫，用於超度眾生，所以布施的對象也大大

超出人類的範圍，擴及於飛禽走獸、蟲豸魚蝦。大乘佛教十分重視布施，把布施列為六度之首。在大乘經籍中有大量的諸如傾家施財、慈悲救生、捨身餵虎，乃至太子不僅獻出自己的國家、田園、妻子，而且還自殺身死，獻出自己的四肢五臟給他人的寓言故事。這種自我犧牲的道德行為，一方面體現了崇高、勇敢和偉大，另一方面也飽含了盲目、愚蠢和荒唐。佛教還宣揚向寺院和僧人布施，可以獲得福祐，積累功德，甚至於成就正果，藉以吸收社會財富，擴充寺院經濟。同時又從事一些社會救濟活動，以便更好地收到宣傳教化的效果。這都表現了大乘佛教的複雜品格和布施的多重性質。

②　持戒度：上述五戒、十重戒和四十八輕戒就是持戒的重要內容。大乘佛教的戒規強調「殺戒」，即保護眾生；再是放鬆了對信徒的宗教生活和日常生活的約束，對於違反戒規的處置也比較靈活寬容。

③　忍辱度：忠於信仰，安於苦難和恥辱。大乘佛教宣揚忍受不可忍受的事是萬福之源。它要求信徒寧願忍受「湯火之酷，菹醢之患」，也決不做有害於眾生的事。大乘佛教的這種忍辱觀，在一定條件下是一種美德，在有的條件下又是一種非美德。事實上，忍辱作為一種道德行為的普遍準則，也是行不通的。

④　精進度：在修善斷惡、去染轉淨、喜濟眾難、普度眾生的修行過程中，努力不懈，決不退卻。

⑤　禪定度：如前所述，大乘佛教的禪定不專注於靜坐沉思，而強調悟解事物的實相，重視將禪定活動貫穿到普度眾生的教化事業中去。

⑥　智慧度：一方面重視用緣起性空的理論去觀察認識一切現象的實相，證悟萬物性空的「真理」，另一方面又越來越強調所謂「度脫世人」的「方便」，主張隨機應變，以利於教化眾生為最高目的。

大乘佛教在傳統的修持方法之外，又增加了布施和忍辱兩項，並置於突出的地位，這是其悲天憫人的慈悲觀念的突出表現。大乘佛教還強調個人的精進努力，一往直前，決不後退，也就是重視主體的自覺和作用。至

於在持戒、禪定、智慧三個方面，其具體內容和重點也都有所變化、轉移。「六度」體現了大乘佛教的倫理道德觀念，它以大慈大悲、濟度眾生為道德的出發點，以克制自我、救助他人為行為的準繩，以「自利利他」、「自覺覺人」，即以個人利益和眾人利益的統一、一己的解脫和拯救人類的統一，作為社會倫理關係的基本原則，也作為人生解脫的最高理想。大乘佛教在修持方法上的這種顯著變化，是佛教日益世俗化的結果，也是為了適應不同時代、不同民族和不同地區的情況和需要，擴大佛教的勢力和影響。由於這些修持方法所體現的倫理道德觀念，如大慈大悲、自利利他、普度眾生、忍辱、精進等，同古代社會的理想化了的道德規範近似、相通，從而在歷史上引發過美好善良、利國利民的動機，激勵過人們英勇奮鬥、自我犧牲的熱情。

第二節　佛教的宇宙「真實」學說

佛教為解脫人生的痛苦，而探求了人生的「真實」。由於人生活在現實世界之中，無時無刻不和客觀世界發生種種直接的密切的關係，佛教又進而探求了宇宙的「真實」，對世界萬物是如何生起的，一切現象的真實本性是什麼，作了種種解釋，形成了宇宙論學說。這種學說的基本論點就是緣起論、無常論和無我論。

一　緣起論

緣起論是整個佛教教義的理論基石，各種理論都是這個源泉的支流。所謂「緣起」，「緣」是結果所賴以生起的條件，「起」是生起的意思。緣起着重在「緣」字，「起」不過是表示緣的一種功能。緣起就是指一切事物和現象的生起，都是由相待（相對）的互存關係和條件決定的；離開關係和條件，就不能生起任何事物和

現象。

緣起論的意義和內容十分豐富，它的核心就是因果相續相連的理論，由這個理論又導出「無常」和「無我」的基本論點。緣起論認為，「此有則彼有，此無則彼無，此生則彼生，此滅則彼滅」（《中阿含經》卷四七）。事物的生起都是有原因的。一因不能生果，任何果都必須至少有兩個因才能產生，任何單獨的因，如果沒有適當的外緣，就不能產生果。大千世界，森羅萬象，形形色色，生生化化，無一不是因緣和合而生；世界上的一切事物和現象都是相互聯繫、相互依存和互為條件的，都是由於互相依待、互相作用才得以存在的。

也就是說，一切事物都是互為因果的，都處在因果相續相連的關係之中。從縱的方面說，因果遍於過去、現在、未來三時，因果相應，如環無端，因果相續，沒有間斷，任何一個因都是前因所生，任何一個緣都是緣起的，因又有因，緣又有緣，如流水一般，前前逝去，後後生起，因因果果，本無生起之時，也無終止之日，相續不斷，無始無終；從橫的方面說，因果相連，互相依存，互為條件，錯綜複雜，無邊無際。世界萬物就是這樣處在無始無終、無邊無際的因果網路之中。世界萬物是因緣和合而起的，也就不是由某一個造物主創造的，世界上並不存在人格化的造物主，不存在一切事物的主宰者。世界萬物都處在因果聯繫之中，都受時空條件的制約，生生滅滅，變動不居，是為「無常」。世界萬物都是因緣和合而生的，也就沒有獨立的永恆的實在自體，是為「無我」。

緣起論的實質就是事物間的因果關係的理論。緣起論主張世界萬物無一不由因緣和合而生，而有因必有果，有果必有因，由因生果，因果歷然。所謂因是原因，是「能生」；所謂果是結果，是「所生」。因與緣有區別，從產生的結果來說，親生是因，疏助是緣。因與緣又通用，有時緣也稱為因，有時因也稱為緣，有時又合稱為因緣，一般就是指關係和條件。佛教因果論論述了世界物質現象之間的普遍的因果關係，肯定了地、

水、火、風四大種具有互相生果的功能，具有和合產生新的物質現象的功能，由四大種造成的物質現象對於後來的物質現象的產生又具有影響和作用，重視主體道德修持和行為責任感。這都是有合理性的思想內容的。但是，佛教因果論還肯定了人在創造事物中的作用，側重於人的心理和行為方面，特別注意業（因）和業報（果）。因果論的中心問題是要闡明兩種相反的人生趨向：一是作惡業而引起不斷流轉，即生死輪迴；二是作善業而引向還滅，即歸於涅槃。這也就是所謂緣起流轉和緣起還滅的兩大因果律。應當看到，佛教因果論雖然是以闡述宇宙人生一切因果現象的普遍原理的形式出現的，但是，歸根到底，是為宗教信仰主義和出世主義提供哲學理論根據的。

緣起論是釋迦牟尼獨創的理論，是與當時印度思想界的無因論、偶然論和一因論（神我的轉化）等理論根本對立的。佛教大小乘各派都以緣起論作為自己全部世界觀和宗教實踐的理論基礎，各派的思想分化、理論分歧，也都是出自對緣起的看法的不同。

二　無常論

無常論是從緣起論派生出來的重要理論。「常」，恆常。「無常」，不恆常，變化無定。佛教認為世界一切事物都是因緣和合而生的，都受條件原因的制約，因而都處在生起、變異、壞滅的過程中，遷流不停，沒有常住性。

無常論的意義有一個發展、擴大的過程。早期佛教提出無常的觀念是着重為人生痛苦的論斷提供論據。它認為人生無常，因此一切皆苦。十二因緣的理論就是系統地闡明人生變化無常、生死輪迴的過程，其中既沒有任何不變的事，也沒有任何令人愉快的事，從而說明了人生是一個無限痛苦的過程。在早期佛教看來，人的慾

望是無限的，一種需求得到滿足，又會產生新的需求，可是這種變異不定的慾求，必然不會得到充分的滿足，必定會使自身永遠陷於需求難以實現的痛苦之中。再者，對生活有所要求是人之常情，人都希望美好生活能夠保持恆常不變，但是，保持恆常不變的願望和變化不居的現實之間就有矛盾，矛盾得不到解決，就會招致痛苦。所以，早期佛教也反對當時印度其他流派的兩種觀點：一是常見（有見），婆羅門教認為自我是常住不變的，早期佛教也稱之為邪見；二是斷見（無見），有的沙門認為一切都將斷滅，人死後一切都沒有了，「我」可以不受果報，早期佛教也稱之為惡見。

後來，佛教各派闡述無常的理論，就不只是着重論證人生是苦，而是廣泛涉及一切現象，成為論述世界萬物的存在和常變的理論了。他們強調一切事物都不是單一的、孤立的、絕對的存在，而是和其他事物相聯繫的其他事物的變化，而與其他事物相聯繫的事物也隨之發生變化，所以，一切因緣和合的事物，時時在變，永遠在變。企圖使因緣和合而生的事物不變化，是完全不可能的。

佛教認為無常有兩種：一期無常和念念無常。一期無常是指一切事物在某一期間內，遷流轉變，不斷代謝，而最後歸於壞滅。人的生、老、病、死，物的生、住、異、滅，世界的成、住、壞、空，雖經歷的時間有長有短，但都是一期無常的顯露。念念無常，「念」是梵文「剎那」[註六]的意譯，「念念」就是剎那剎那。一切事物不僅有一期無常，而且在某一期間內又有剎那剎那的生、住、異、滅。也就是說，在沒有壞滅之前，剎那剎那，念念之間，遷流不息，不得停住。有的佛典說，無常迅速、念念遷移、石火風燈、逝波殘照、露華電影，都不足以喻萬物的念念無常。佛教還宣傳，無常雖有兩種，但無常是無始無終的。人有生、老、病、死，但生前仍有生命體，死後又轉化為其他生命體，相續不絕。事物由因緣和合而生，因緣離散而滅後，

又轉化為其他事物。世界也按成、住、壞、空的過程，周而復始，不斷循環。總之，世間一切事物永遠生滅變化，無始無終。

佛教認為，包括人類在內的世間一切事物都是一種流，一切事物都只在永恆的流動中存在，猶如水流和火焰，處於瞬息即變的過程之中。這無疑是一種卓越的辯證觀念，是佛教在理論上的最有意義的貢獻。但是，釋迦牟尼以事物的變化來說明人生的痛苦，顯然是不正確的；他以追求寂滅的涅槃境界為依歸，也是非辯證法的。佛教主張一切變動不居，以「無常」反對「常」，成為佛教反對婆羅門教派的重要理論，它曲折地反映了當時印度思想界否定和肯定社會結構的鬥爭。但是，佛教一切無常的相對主義傾向，最後又發展到相信「不可言說」、「不可思議」的「如來」，把破他人的「常」變成了立自己的神秘符號，從而又陷入了神秘主義的深淵。

三 無我論

無我論是從緣起論派生出來的又一重要理論。佛教講的「我」是主宰和實體的意思。「我」是恆常不變的實體，具有自我主宰的功能。也就是說，「我」是既無集合離散，又無變化生滅的實體，是獨立自生的永恆不變的主宰者。所謂「無我」，是說一切存在都沒有獨立的不變的實體或主宰者，一切事物都沒有起着主宰作用的我或靈魂。換句話說，就是世界上沒有單一獨立的、自我存在的、自我決定的永恆事物，一切事物都是因緣合成的、相對的和暫時的。

早期佛教的「無我」觀念，是針對當時印度各派的「我」的理論，尤其是婆羅門教的梵我即神我理論提出來的。據《中阿含經》載，當時主張有神我存在的說法有三種：一是認為感覺是神我；二是認為神我是能夠感

覺的主宰；三是認為神我並無感覺，而神我的工具也就能夠感覺。早期佛教對此一一加以駁斥，指出感覺有多種多樣，有快樂的、痛苦的、不快樂也不痛苦的，不能都是神我，而且任何一種感覺也都是生滅變異的無常存在，不可能是神我。感覺既非神我，神我也就不是能夠感覺的主宰，也就不能有感覺。神我既然不能有感覺，神我的工具也就不能有感覺。早期佛教也反對婆羅門教宣傳大自在天（大神）創造世界的說法，認為世界有變化和毀滅，有煩惱和災難，有仇恨和醜惡，這就證明了世界不是自在天創造的，或者說大自在天也有煩惱和醜惡。早期佛教並沒有否認大自在天的存在，但認為他不過是受自身業力支配的高級眾生而已。

佛教宣傳「我」有兩種：一是「人我」，二是「法我」。對我的執著，叫做「我執」，也叫做「我見」。我執也分為兩種：「人我執」（「人執」）和「法我執」（「法執」），這都是佛教所要破除的最主要觀念。和兩種我、兩種我執相對立，「無我」也有兩種：一是「人無我」，二是「法無我」。從無常必然推出無我。「無常故苦」，人生既有苦惱，就是不自在，自己不能主宰自己，也就是無我，即「人無我」。不僅如此，其他一切事物也都是無我。因為一切事物時時刻刻在變化，所以也不能說有一定的自體，稱為「法無我」。這種人、法二無我的理論是早期佛教的基本學說，也是在思想上區別於當時印度其他流派的根本之點。

無我論的意義也有一個演變的過程。小乘佛教學者認為，人類最容易把自身執著為實有，所以突出地強調人無我。他們宣傳人是形體和精神的集合體，是由色、受、想、行、識五蘊組成，假名為人，虛妄不實，本無有我。猶如樑椽磚瓦和合而成房子，離開樑椽磚瓦也就沒有房子。人是身心假合，離開五蘊和合也就不成其為人。人也如水涓涓，如燈焰焰，念念生滅，相續無窮。人的生理和心理的存在狀態都是無常的，死亡就是人體生命因素的解散，就是無常的表現。但是，世俗的人不懂得這個道理，把人執著為實在的我體，產生我的觀念，熱衷於自他彼此的差別，產生和增長貪慾、瞋恚、愚癡，形成各種煩惱，進而造種種業，有業就有生死輪

迴。所以，我執是萬惡之本、痛苦之源，必須全力破除。一般地說，小乘佛教並不否定物質世界如山河大地的客觀存在，而是強調它沒有永恆的實體。但是，這種把事物和實體對立起來的矛盾理論，為後來大乘佛教否定客觀世界的真實性提供了基礎。大乘佛教學者認為，人以外的其他一切事物也和人一樣，都是各種因素的集合體，也都沒有獨立自存的實體，是法無我。但是眾生不懂得這個道理，把事物執著為實在的我體，由此就妨礙了對佛教「真理」的理解。他們在破除人我執的同時，還特別重視破除法我執，宣揚一切皆空的理論。

早期佛教宣傳無我的理論，否定自我實體的存在，但是它又肯定眾生業力的作用，提倡業報輪迴說，這就留下了巨大的理論矛盾。後來部派佛教的某些學者就主張有「人我」，還提出了「中有」作為輪迴轉世的聯繫者、過渡者。大乘佛教瑜伽行派更是立「阿賴耶識」及其種子，作為生死流轉和涅槃還滅的根據和立足點，這都是為了克服上述理論矛盾而提出的種種唯心主義解答。

按照無我的理論，一切事物都無自性，那麼，人的思維、認識又如何開展呢？紛繁雜陳、千差萬別的事物又如何區分，如何識別呢？出於認識的需要，瑜伽行派提出了「法有自性」的觀念，認為事物有各種「自性」，以便於劃清不同事物的界限和範圍，便於思維活動的開展，也就是使事物能夠辨別，認識能夠進行。同時，瑜伽行派又把一切事物歸結為唯識所變，構成獨特的唯心主義學說。

註釋：

〔註一〕　意：此指對五官所受的印象作統一思慮的器官，即古代所說的「心」。

〔註二〕　犍度：聚的意思，即按類編集的戒條。「二十犍度」主要是關於

僧團的修法儀式和僧人生活的禮儀制度的規定。

〔註三〕〔註四〕三十二種相和八十種好：謂佛陀生來容貌神異，不同凡俗，其顯著特徵有三十二個，稱「三十二相」，其微細隱秘難見之處有八十八個，稱「八十種好」，合稱「相好」。「三十二種相」，如長指相、正立手摩膝相、金色相、細薄皮相、四十齒相、大舌相、真青眼相等。「八十種好」，主要指佛陀的頭、面、鼻、眼、耳、手、足等長相奇特。如第一好，指甲狹長薄潤，光潔明淨，如花色赤銅；第二十八好，唇色紅潤光澤，上下相稱；第三十三好，鼻樑修長，不見鼻孔；第八十好，手足及胸，皆有吉祥喜旋之相（即卐字）等。

〔註五〕五明：「明」，意為學問。「五明」即五類學問。一聲明，聲韻學和語文學；二工巧明，工藝、技術、曆算之學；三醫方明，醫藥學；四因明，邏輯學、認識論；五內明，佛學。

〔註六〕剎那：古代印度的時間單位，表示一轉眼的極短暫時間，有人推算出一剎那約為五十六分之一秒。

第五章 佛教的制度和儀軌

本章包括佛教制度和佛教儀軌兩部分。佛教制度是僧團法規，涉及佛教僧侶和僧團的生活以及處事方法的一系列規定。佛教儀軌是指僧人修持的儀式和軌範，亦即行持的方式方法。

佛教有僧團就要有制度。印度僧尼以戒律為生活規範，中國僧團除戒律外還制定了其他若干約束僧尼言行的僧制和清規。東晉時由於僧尼漸多，道安開始提倡嚴肅戒律，首次制定的規式有：一是行香、定座、講經、上講之法，二是常日六時行道（日三時，夜三時）、飲食唱時法，三是布薩、差使、悔過等法。此為後來各種法事儀制的開端。嗣後佛教界和官方也屢為僧尼制定法規。中國僧制主要向兩方面演化：一是國家的管轄制。因為僧尼多而雜濫，於是國家通過佛教上層人物來加強管理，以僧治僧。秦王姚興立僧為䂮僧正就是此種制度的開始。後代的僧統、僧錄司等也都是為管理佛教徒而設置的。二是禪僧的叢林制度。這是為適應在山林農村居住的禪僧而確定的。唐代後期懷海撰《百丈清規》，元代又奉敕重新修訂，成為後代寺院的基本法規。

第一節　教徒和僧籍

一　教徒的稱呼

佛教徒尊奉佛教創始人釋迦牟尼為本師，而自稱為釋迦牟尼的弟子。佛教徒有四類，稱為四眾弟子，就是出家男女二眾、在家男女二眾。出家男女又有四類，即比丘、比丘尼、沙彌、沙彌尼四眾。出家的男眾為比丘。比丘是梵文音譯，又稱為「苾芻」〔註一〕。意思是乞食，指僧人托缽乞食，也含有怖魔、破惡、淨命等意思。比丘就是出家後受過具足戒的男僧。出家女眾名為比丘尼，也稱「苾芻尼」。出家後受過具足戒的女僧。俗稱比丘尼為尼姑，「尼」是比丘尼的略稱，「姑」是漢語。比丘又俗稱為「僧人」。僧是梵語「僧伽」的略稱，意義是眾，凡三個比丘以上和合共處稱為眾，即為僧伽。古代印度各教派都提倡人到一定年齡以後，要出家修持，出家者被稱「沙門」（舊稱「桑門」），意思是止息一切惡行。由於印度其他教派沒有傳入中國，這樣沙門也就成為出家佛教徒的專稱了。世俗還稱比丘為「和尚」。和尚是印度俗話，梵文的音譯為「鄔波馱耶」，意譯是「親教師」，即師傅。在中國一般是對佛教師長的尊稱，後又成為僧人的通稱了。上述的稱呼在書面上多用比丘、沙門，在口語上多用僧人、和尚。對那些佛教界的上層人物，有佛理素養又善於講解經文的，稱之為「法師」。有時為了對一般僧人表示尊敬也稱之為「法師」。在中國蒙藏地區，人們稱僧人為「喇嘛」。喇嘛為藏語的音譯，意思是「上師」，是藏傳佛教對有學問的高僧的一種尊稱，相當於漢族地區所稱的和尚，同樣是師傅的意思。漢族人則常把蒙藏僧人統稱為「喇嘛」。

在家信教的男眾，稱為「優婆塞」；在家信教的女眾，稱為「優婆夷」。「優婆塞」是梵語，意思是清信士、近事男、近善男，即親近奉事佛、法、僧「三寶」者。「優婆夷」也是梵語，意思是清信女、近事女、近

善女，也是指親近奉事佛、法、僧「三寶」者。俗稱在家的佛教徒為「居士」。「居士」是梵語「迦羅越」的意譯，原指居積財富的人士，後來轉為居家修道人士的專稱了。

二 入教的程式

佛教信仰者出離家庭獨身修道是要經過一定程式的，是有條件的。一般的程式是按照佛教戒律的規定，先到寺院找一位比丘，請求他作為自己的「依止師」。這位比丘再向全寺院的僧侶說明情由，廣泛徵求意見，取得一致同意後，方可收其為弟子。然後再為他剃除鬚髮，授沙彌戒（共十條），此後這人便成沙彌了。沙彌是梵語，意思是當勤受比丘的策勵，息惡行慈。出家人至少七歲才能受沙彌戒，沙彌至二十歲時，寺院住持、依止師經過僧侶的同意，召集十位大德長老，共同為他授比丘戒，才能成為比丘。受比丘戒滿五年後，才可以離開依止師，自己單獨修行，雲遊各地，居住各寺院中。至於女人出家，也同樣要先依止一位比丘尼，受沙彌尼戒（十條）。年滿十八歲時，受式叉摩那戒（共六條），成為「式叉摩那尼」（學戒女），意思是學法女。到二十歲時，先從比丘尼，後從比丘受比丘尼戒。這樣經過兩度受戒之後才能成為比丘尼。當大乘佛教在印度盛行後，修大乘佛教的比丘還可以根據自願（不是必須的）受菩薩戒。中國古代的梁武帝、隋文帝、隋煬帝也都受過菩薩戒，稱為「菩薩戒弟子」。出家僧人如果想還俗的話，很方便，只要對任何一人聲明一下，就可以放棄僧人的身份。

佛教這套出家程式，在不同地區、不同時代的具體做法也有所不同。在中國漢族地區，唐宋時比較嚴格，元代以後就比較寬鬆了。大約自元代開始，受戒者還要在頭頂上燃香（三炷、九炷或十二炷），以為終身誓願的標誌。從二十世紀八十年代以後，佛教界已在漢族地區廢除了這種陳規陋俗。

佛教對出家的佛教徒在服飾方面有着統一的嚴格要求，對於在家的居士則沒有特殊規定，佛教最早規定，比丘穿的衣服只有三衣：一是五衣，即由五條布縫製而成的內衣，日常作業和就寢時穿用；二是七衣，是由七條布縫製而成的上衣，禮誦、聽講時穿用；三是大衣，由九條布以至二十五條布做成，遇有禮儀或外出時穿用。比丘衣服的每一條布，分別由一長一短（五衣）、二長一短（七衣）、三長一短（大衣）的布塊連綴而成。這種式樣叫做「田相」，狀似田地畦壟，縱橫交錯，表示眾僧可以為眾生的福田，故也稱「福田衣」，也就是袈裟。在中國寒冷地區穿這三衣難以禦寒，所以又增穿一種圓領方袍的俗服。後來一般人廢棄了這種衣服的式樣，而僧人卻一直保持着，久而久之，圓領方袍便也就成為僧人專有的服裝了。

在家信仰佛教的人，願意成為正式的在家佛教徒——優婆塞、優婆夷，即居士，也要經過一定的手續，要有法師的證明。在家居士的基本條件是受持三歸：皈依佛、皈依法、皈依僧。皈依是投靠的意思。就是把自己的身心性命全部投靠於佛教三寶，依照佛教三寶的教導修行。其受持儀式是，請一位法師依照《三歸儀軌》為自己說明三歸的意義，自己表示從此以後要終生皈依三寶，這樣就可以成為居士了。如果進而再從法師受五戒，便可成為五戒優婆塞、五戒優婆夷了。以後如果再進一步從法師受菩薩戒，又可成為菩薩戒優婆塞、菩薩戒優婆夷了。在家居士如果要放棄居家佛教徒的身份，也是只要對任何一個人聲明一下就可以了。

三　度牒、僧籍和寺籍

中國古代封建王朝為了控制、管理僧民還設有度牒、僧籍、寺籍的制度。度牒的度是度之入道，牒是憑證。度牒就是祠部發給合法出家者的證明書。僧尼以此牒為身份憑證可以得到政府的保護，免除地租和徭役。僧籍是記錄僧人姓名、年齡、籍貫等的簿籍，相當於現在的戶口名簿，由國度牒也還可以起旅行護照的作用。

第二節 叢林和清規

一 叢林

佛教說眾多比丘一處和合，如同大樹叢聚，故稱僧眾聚集之處為叢林。叢林也是借喻草木生長有序，用以表示僧眾有嚴格的規矩和法度。自宋代起，禪林又不斷分化，形成各種不同類型。最初有甲乙徒弟院、十方住持院和敕差住持院三種。寺院由自己所度的弟子輪流住持的稱甲乙徒弟院，略稱甲乙院。公請各方著名僧人住持的稱十方住持院，略稱十方院。由朝廷給牒任命位持的，稱敕差住持院，略稱給牒院。後來朝廷取消了給牒任命林制度而稱寺院為叢林的。自宋代起，中國佛教叢林通常是指禪宗寺院，所以也稱禪林。但後世其他宗派也有仿照禪

緩和財政危機，或經營商業，謀取財利。宋代的度牒曾作為貨幣來使用。

家統一管理。寺籍即記錄寺院興建的年代、名稱、情況等的簿籍。唐宋以來，寺院的興建都得經過政府的批准，寺院名稱也由政府頒發。

官府頒發度牒始於唐大中十年（八五六），規定出家時領取度牒，受戒時領取戒牒（受戒證明書，有法律效力）。想出家的人，先要到寺院中作「行者」，服各種勞役，不剃髮，可以從師受沙彌戒。等到政府規定的度僧時日，經過政府甄別，或經過試經的考試，合格者發給度牒，並指定其僧籍隸屬於某寺院，這時方取得僧人的資格，允許剃度。然後再前往政府准許受戒的寺院受比丘戒，領取戒牒。受戒師也由政府指定。凡是未經政府許可，私自剃度的即所謂私度的要受到懲罰。清代後來廢除了度牒，戒牒也改由傳戒寺院頒發。也就是只保留戒牒而無度牒了。出家和尚傳戒也漫無限制了。歷史上，有的朝廷、地方官和豪強還以賣度牒的收入，來

叢林。

住持制度，這樣禪林就只有兩類了。甲乙住持院是師資相承的世襲制，稱為剃度叢林或子孫叢林也叫「小廟」。每個叢林都從屬於一定的宗派，世代相承，很少任意更改的。十方住持院是由官吏監督選舉的，稱為十方叢林。它又分為兩種：一種是依法系相傳的，稱為傳法叢林；另一種是實行十方選賢制度的，稱選賢叢林。

二 清規

中國叢林清規形成於唐代，在此之前，自後秦始逐漸形成由「三綱」負責僧職的管理制度。三綱包括上座、寺主和維那。上座為全寺之長；寺主主管全寺的事務；維那管理眾僧庶務。到了唐朝，由於政治統一，國力強盛，宗派林立，要求有一套適應中國國情的統一的寺院制度。唐武宗滅佛後，多數宗派一蹶不振，唯有簡便易行的禪宗、淨土宗盛行於世。自慧能創立禪宗門庭以後，百餘年間禪僧劇增，可是禪僧們以道相授受，多岩居穴處，或寄往律宗寺院，有些寺院常住千餘人乃至兩千多人。禪宗名僧懷海認為禪僧住在律寺內尊卑不分，對於說法住持和集體修行生活都不合規制，於是他根據中國國情和禪宗特點，折中大小乘戒律，率先創意釐定了叢林清規。因懷海居江西奉新百丈山，所以後人稱他為「百丈禪師」，稱他制定的清規為《百丈清規》。懷海的清規受到禪僧們的普遍歡迎，又得到朝廷的推崇，因而風行全國，影響極為廣遠。

《百丈清規》的清規有清淨規約的意思，是禪宗的叢林制度，也就是禪宗寺院組織的程式和寺眾（清眾）日常行事的章程準則。《百丈清規》對於住持、法堂、僧堂和寮舍等都作了明確的規定。其大體規定是，叢林的住持為禪眾之主，地位最高，尊為長老，居於「方丈」[註二]。叢林不立佛殿，只建法堂（後來又立佛殿）。所有禪眾都依受戒先後安排在僧堂居住。懷海倡導「一日不作，一日不食」的農禪生活，實行「普請法」，即

普遍邀請禪眾勞作的制度，規定無論上下都參加集體生產勞動，以求生活的自給。印度佛教戒律規定僧人不准「掘土墾地」，認為鋤頭入土會截斷蚯蚓、搗毀蟻窩、切碎螻蚌，也就是殺生害命，違背了首要的戒律，所以是嚴格禁止的。懷海提倡修持和勞動生產相結合，這對印度佛教戒律是一種重大的突破和改革，應該說是有進步意義的。《百丈清規》還置十個寮舍，每舍任用首領一人，管理各種事務。由於後來叢林組織日漸龐大，各種職事名目層出不窮，未免混亂，於是北宋崇寧二年（一一○三）又對《百丈清規》作了增訂，稱《崇寧清規》。《百丈清規》被稱為《古清規》、《古規》[註三]。以後又相繼有南宋咸淳十年（一二七四）的《咸淳清規》，元代至大四年（一三一一）的《至大清規》。元代元統三年（一三三五），更由朝廷命江西百丈住持德輝禪師重輯定本，並由金陵大龍翔集慶寺住持大訢等校正定名為《敕修百丈清規》，頒行全國共同遵守。實際上此本清規的內容精神離《古規》已相去甚遠，是一部全新的清規。

《敕修百丈清規》共分九章，前四章是律書所未定，也是《古規》所沒有的。主要規定了關於祝聖、國忌（帝王、王后忌日）、祈禱、佛誕節、涅槃節、達摩忌、百丈忌以及各寺歷代諸祖忌等儀式，它進一步體現了封建王朝加強對寺院的控制，使佛教更能有效地為封建統治服務的意圖。第五章至第九章是叢林的規章制度，主要是關於入院、退院、上堂、晚參等一系列寺院活動的規定；關於仿照朝廷文武兩班制定的叢林東西兩序各職事的規定；關於禪眾個人禮儀以及鐘鼓等法器的規定。這些規定在明清時代一直在寺院中廣為流行。

第三節　儀式和軌範

一　日常課誦

佛教徒修行的方式方法一般說有兩種：一是學習教理，二是修習禪定。印度早期佛教學習教理的方法，最早是聽釋迦牟尼說法，並互相討論。修習禪定是趺坐，或是經行（在林間往來徘徊思索）。後來寺院立有佛像，又有佛經，於是便有了禮拜供養佛像和誦讀佛經的行儀。僧人定時唸持經咒、禮拜三寶和梵唄歌讚，這些是課誦齋粥儀，這些規定各地寺院都普遍遵行。宋明以來又在此基礎上形成了寺院普遍奉行的朝暮課誦，尤其是在明清之際，朝暮課誦漸趨定型化、統一化，奉行的範圍遍及各宗各派大小寺院和居家信徒，成為所有叢林必須修持的定課，違者依例罰錢。

佛教傳入中國初期只是弟子隨師修行。到東晉時，道安的弟子多至數百人，弟子難以單獨地隨師修行了，於是便制定了僧尼修行的規範，其中的行香、定座、上講之法，就是講經儀；常日六時行道、飲食唱食法，就是課誦齋粥儀。古印度諷誦佛經奉行「三啟」儀制，首先頌揚馬鳴所集的讚佛詩文，其次正誦佛經，然後陳述回向發願。這種唸誦法成為中國漢地佛教課誦活動的基本儀制。

按照明末以來的定規，佛教徒每日有「五堂功課」、「兩遍殿」。早殿有兩堂功課，也稱早課，通常主要是誦《大佛頂首楞嚴神咒》（《楞嚴咒》）。「楞嚴」是一切事究竟堅固的意思。再誦《般若波羅蜜多心經》（《心經》）。此經是大部《般若經》的中心。晚殿有三堂功課，也稱晚課。主要是誦《佛說阿彌陀經》，為自己往生西方淨土祈願；誦《禮佛大懺悔文》，「懺」表示消除以往的宿業，「悔」是不造未來的新愆；還誦《蒙山施食》，僧人於每日中午的齋食中取出少許飯粒，到晚間按照《蒙山施食》儀文一邊唸誦，一邊將飯粒

施給餓鬼。蒙山在今四川雅安，相傳是甘露法師在此集成此儀文的。

二　懺法與打七

【一】懺法

懺法是佛教徒自我修行的一種重要方法，是通過唸經拜佛來懺悔以往所犯罪業，並發願以後積極修行、永不退轉的一種宗教儀式。歷來通行的懺悔法有兩類：一類是集有關佛經所說懺悔罪過的儀則，另一類是依五悔﹝註四﹞法門修習止觀的行法。中國佛教的懺法起源於晉代，漸盛於南北朝，至隋唐大為流行。

① 關於懺悔罪過的儀則

自晉代道安和慧遠奉行懺法以來，至南齊竟陵王蕭子良撰《淨住子淨行法門》三十卷（《廣弘明集》收存一卷）。梁武帝制懺兩部，一是《六根大懺》，今不傳；二是《六道慈懺》，即今所謂《慈悲道場懺法》，又簡稱《梁皇懺》。這部懺法在中國流傳最久。梁武帝撰寫此二懺，是為反對當時僧人食肉。他以為食肉不合經意，於是制斷食肉，並令僧人七日懺悔。後世人為了滅罪消災濟度亡魂，也常請僧人修此懺法。由於南北朝時開始流行各種懺法，梁武帝、陳宣帝和陳文帝也都著有闡明懺法的懺文。隋唐之間，佛教宗派形成，各派都依所宗經典撰寫種種懺悔行法，如淨土宗善導撰《淨土法事讚》，華嚴宗宗密撰《圓覺經道場修證儀》十八卷等。此外，唐末知玄（即悟達國師）節錄宗密《圓覺經道場修證儀》述《慈悲水懺法》三卷，簡稱為《水懺》，至今仍在流行。

② 關於修習止觀的懺法

此係天台宗智顗首創。智顗參照以往五悔法門以及各種禮讚文和懺悔文，形成了自己獨創的懺法。這就是《摩訶止觀》卷二中所說的四種三昧：「半行半坐三昧」和「非行非坐三昧」，也就是「法華三昧行法」、「方等三昧行法」、「請觀音三昧行法」和「金光明三昧行法」。其中「半行半坐三昧」即「法華三昧」，是修習止觀的重要方法。它注重在懺擊中體現出三昧。它的內容和組織程式是嚴淨道場、淨身、三業（身、口、意）供養、奉請三寶、讚歎三寶、禮佛、懺悔、行道旋繞、誦《法華經》、思唯一實境界（即坐禪正觀實相），共十法。這十法既是修行的方法，也是懺悔的儀式。後代天台宗學者繼承了智顗的遺法，都認為禮懺是修習止觀的重要行法。他們又遵照這樣的組織形式編造了許多懺法。如宋遵式居杭州慈雲寺，廣修懺法，稱「慈雲懺主」。他撰有《往生淨土懺願儀》。又由於淨土宗信仰的流行，使此法流行很廣。知禮撰《大悲懺法》，全稱《千手千眼大悲心咒行法》。由於觀音信仰的普遍流行，此法也逐漸流入民間，至今也還是全國流行最廣的一種懺法。明智旭撰《地藏懺法》，凡是報親恩、祈父母冥福的法事，多採用此懺。到了清代，各種懺法紛呈於世，如清代刊定的《藥師懺》，凡消災延壽的法事，多禮此懺。這樣懺法的內容也就逐漸發生變化了。當初智顗制定懺法的目的是為了通過禮敬、讚歎、懺悔以安定心思，然後從誦經和坐禪兩方面正觀實相。但後來的這些懺儀只注重禮拜、懺悔，廢止了誦經和坐禪，只重形式，輕視內容，捨本逐末，完全失去天台宗的止觀要旨了。

上述兩類懺法都是佛教徒自己修行的方法，不是替他人作佛事以求謀利的手段。但後來逐漸演變成為施主給予財物指定僧人修懺法誦佛經的風氣和習慣了。這樣，懺法自然也就成為一種僧人謀利的佛事活動，從而和商業買賣沒什麼本質上的區別了。

【三】打七

打七是禪宗和淨土宗的重要佛教儀式。禪宗重在直接參究心性的本原，淨土宗以專心唸佛願求往生西方極樂世界為目的，這樣他們的修行儀式就都不是禮拜懺法，而是於七日之中，專心參究，或專心持名，稱之為「打七」。禪宗的打七稱為「打禪七」、「禪七」，是冬天進行的參禪活動。打七活動時間有一七（一個七日）乃至十七（十個七日）的不同。通常是從陰曆十月十五日起至臘月八日止，共「七七」四十九天。淨土宗的打七稱為「打唸佛七」、「打淨七」、「佛七」，主要是唸佛活動，只唸阿彌陀佛，伴以敲木魚擊磬。可以隨時舉行，也是「七七」四十九天。

三　浴佛法會與盂蘭盆會

佛教的節日活動較多，其中最大的是佛誕節和自恣日。佛誕節要舉行浴佛法會，自恣日要舉行盂蘭盆會。

【一】浴佛法會

佛誕節也稱「浴佛節」，是紀念釋迦牟尼誕生的重大節日。佛教傳說悉達多太子在藍毗尼園娑羅樹下降生時，有九條龍（一說兩條龍）口吐香水洗浴佛身。後來佛教徒根據這個傳說，每當佛誕節都要舉行「浴佛法會」。其儀式是在大殿或露天下設一水盆供奉釋迦牟尼誕生像。像高數寸，作童子形站立狀，右手指天，左手指地。佛教傳說悉達多太子誕生時，右手指天、左手指地說：「天上地下，唯我獨尊。」印度的風習尚右，所以中國以左為上，所以中國漢地的悉達多太子像多是以左手指天。佛教徒要以各種香水沐浴太子像，以右手指天；而中國以左為上，以表示虔誠的慶祝和供養。「浴佛法會」大約在後漢時開始流行於各寺院，後又逐漸流傳到朝廷和仕宦之

間，到了兩晉南北朝時更是普遍流行於民間了。

關於佛誕節的日子，東南亞各國的佛教徒以四月十五日為佛誕日，也是佛成道日、佛涅槃日，中國的蒙藏地區也如此。中國漢文佛典中對佛誕日的記載有二月八日、四月八日和十二月八日三種。北朝時多以四月八日為浴佛節，自南朝梁開始經過唐至遼初，大多在二月八日浴佛。宋代北方改在十二月八日（臘八），南方則在四月八日。元代《敕修百丈清規》規定四月八日為釋迦如來誕辰，此後南北均以四月八日為浴佛日，舉行浴佛儀式，至今相沿不變。

【二】盂蘭盆會

佛教僧侶的自恣日在七月十五日。上面已提到，佛教規定每年的四月十五至七月十五的三個月僧人要定居在寺廟內專心修道，稱作「安居」，也叫「結夏」、「坐臘」。在七月十五這一天還要舉行「盂蘭盆供」，這是佛教超度祖先的一種儀式。《佛說盂蘭盆經》說，釋迦牟尼弟子目連以天眼看到亡母生在餓鬼道，如處倒懸，受盡苦難而不得救拔。釋迦牟尼就讓他在七月十五日眾僧自恣時，集百味飲食於盂蘭盆中，供養十方自恣僧眾，以這樣的功德使七世父母和現生父母在厄難中者，脫離餓鬼道，往生人世或天界享受福樂。佛教徒舉行的盂蘭盆會就是根據這一段記載而來的。《盂蘭盆經》的經題有兩種解釋，一說「盂蘭」是梵語譯音，意為倒懸（困苦），「盆」是漢語，盛供品的器皿。據說這種供品器具可解先亡的倒懸之苦。第二種說法是「盂蘭盆」三個字都是梵語Ullambana的譯音，意為救倒懸。實際上第一種解釋是誤解，第二種解釋是正確的。

盂蘭盆會也稱「盂蘭盆節」、「盂蘭盆齋」、「盂蘭盆齋」。七月十五日安居期滿要舉行檢舉懺悔集會，稱為「自恣日」。

依據《佛說盂蘭盆經》舉行的盂蘭盆會儀式，創始於梁武帝蕭衍，此後成為歷代帝王及民間的一種風俗，相沿不絕。

四　水陸法會與焰口施食

中國佛教寺院每年都要舉行一系列的佛事活動，其中以水陸法會的規模最盛大、最隆重，以焰口施食為最經常、最普遍。

【一】水陸法會

水陸法會的全稱是「法界聖凡水陸普度大齋勝會」，也稱「水陸道場」、「水陸大會」、「水陸會」、「水陸齋」、「水陸齋儀」、「悲濟會」等，是中國佛教的一種非常隆重的經懺法事。舉行法事的時間較長，最少七天，多則可達四十九天。參加法事的僧人有幾十甚至上百，規模盛大。法會上設內壇和外壇，以各種飲食為供品，供養諸佛、菩薩、天神、五嶽、河海、大地、龍神、冥官眷屬乃至畜生、餓鬼及地獄眾生等。誦經設齋，禮佛拜懺，追薦亡靈。據宋遵式的《施食正名》，謂係「取諸仙致食於流水，鬼致食於淨地」（見《金園集》卷中），故名「水陸」。水陸法事是由梁武帝的《慈悲道場懺法》和唐代密教冥道無遮大齋相結合發展起來的。史載：「所謂水陸者……因〔梁〕武帝夢一神僧告曰：『六道四生，受苦無量，何不作水陸（大齋）普濟群靈？』……帝勸志公廣尋經論，必有因緣。於是搜尋貝葉……早夜披覽，及詳阿難遇面然鬼王建立平等斛食之意，用制儀文，三年乃成，遂於潤（潤州，今江蘇鎮江）之金山寺修設。帝躬臨地席，詔（僧）祐律師宣文。」（宋・宗鑑《釋門正統》卷四）到了宋代，楊鍔採用密教儀軌編寫成《水陸儀》（今佚），對水陸法

會的流行起了不小的推動作用。至此水陸法會盛行於世，特別是成為戰爭以後朝野經常舉行的一種超度亡魂的法會。蘇軾就曾為其亡妻王氏設水陸道場，撰《水陸法讚》十六篇，稱「眉山水陸」。水陸法會一直延續到明清兩代。

【二】焰口施食

焰口施食是根據唐密密宗不空譯《佛說救拔焰口餓鬼陀羅尼經》而舉行的一種佛事儀式。焰口，也稱「面然」，是餓鬼王的名稱。據上述經文描繪，其形枯瘦，咽細如針，口吐火焰。經文還說，釋迦牟尼大弟子阿難獨居閒靜處習定，半夜三更有一名叫焰口的鬼王來對他說：你三日以後命終，投生在餓鬼中。如要免此苦難，必須於明天普遍施食於鬼神。阿難為求自己不墮入餓鬼之中，也使諸餓鬼能解除痛苦，於是前去請求釋迦牟尼的幫助。釋迦牟尼遂為之說誦經咒，指點施捨的方法。這種施捨的方法後來成為修持密宗的人每天必須修持的一種行事。密宗有專門對餓鬼施食的經咒和唸誦儀軌。其儀式通常是在黃昏舉行，取一淨器，盛以淨水及少許米飯糕餅之類，右手按器，口唸經咒，後稱如來名號；再取食器，瀉淨地上，以作布施，超度餓鬼。近代的習慣，凡佛教重大法會圓滿結束之日，或喪期中，也多舉行焰口施食。

註釋：

〔註一〕　芯芻：亞洲熱帶地區的草本植物。佛典中所謂絆芻，係指雪山所產的香草，這種香草體性溫軟，引蔓旁佈，馨香遠聞，能醫疼痛，不背陽光。佛教認為僧人的特性和芯芻的上述優點相似，所以借用也稱之為「芯芻」。

〔註二〕 方丈：《維摩詰所說經》說，維摩詰居士的臥室，一丈見方，但容量無限。禪宗比附此說，以「方丈」名住持所居之室，由此住持也稱「方丈」。

〔註三〕 《百丈清規》在南宋初已佚失，現存宋楊億撰《古清規序》（參見元·德輝編：《敕修百丈清規》卷八）。

〔註四〕 五悔：指懺悔、勸請、隨喜、回向和發願。

第六章　佛教的寺院殿堂

佛教的寺院殿堂是供奉佛和菩薩的地方，是佛和菩薩的「住宅」，也是出家僧人居住、生活和修持的地方，歷來為佛教活動的中心，是偶像崇拜和宗教宣傳的基地。從文化和景觀的視角來說，佛寺殿堂作為集中建築、雕塑、繪畫、書法的琳琅滿目的綜合藝術館，既是古代文化活動中心之一，也是人們休憩遊覽的重要場所。它給人們帶來了美的享受、藝術的薰陶、神奇的聯想，也為詩人和畫家提供了創作的激情、衝動和靈感。

佛教寺院不僅和宗教、文化、藝術、教育相聯繫，還和農業生產、商業經濟、社會福利事業相聯繫，具有多種社會功能。

第一節　寺院建構的演變

一個佛寺之內有若干院，合稱寺院。寺原是古代官署名，如大理寺、太常寺和鴻臚寺等，後來成為僧眾供佛處所的名稱了。傳說佛教最早傳來中國時，是由白馬馱着經像至洛陽，初止於掌管外交事務的官署鴻臚寺，

次年建寺，以「白馬」命名，稱白馬寺，為中國佛寺的嚆矢。寺院也稱「寺剎」、「梵剎」、「僧剎」，這是由於寺前幡杆稱為剎的緣故。佛寺還稱「蘭若」，蘭若是梵文音譯「阿蘭若」、「阿練若」、「阿蘭若迦」的略稱。原為比丘習靜修行處，後指佛寺。如杜甫詩句：「蘭若山高處，煙霞障幾重。」（《謁真諦寺禪師》）蘭若即佛寺。佛寺也稱「廟」，或寺廟連稱。廟是奉祀祖宗和前代賢哲的地方，也用以稱作為奉祀神佛的地方。古代隱世修行者所居的茅屋，稱為「庵」。後來也稱比丘尼所居的佛寺為「尼姑庵」、「尼庵」。

印度的佛寺叫做「僧伽藍摩」，略稱「僧伽」。「僧伽」是僧眾的意思，「藍摩」是園子的意思，合稱就是僧眾共住的園林。僧伽又有精舍和支提之分。精舍，初為講道場，後為僧徒住所。精舍立有佛塔佛像，中為殿堂，四周繞置僧房。著名的祇如園精舍、那爛陀精舍，雖早已廢毀，然遺址尚存。支提，也稱「招提」。因有舍利塔，故也稱「舍利殿」。支提一般都是依山開鑿的，如中國的敦煌、雲岡、龍門等石窟就受其影響。另外，還有一種「阿蘭若」，是在村外的空閒處建造的小屋，作為僧人清靜修道之所。

中國漢地佛寺經歷了漫長的演變過程，它發軔於漢代，風靡於六朝，繼盛於隋唐，沒落於明清。相傳自東漢早期明帝時於洛陽雍關西立白馬寺以來，至東漢末年出現了規模宏大的佛寺，如笮融在徐州建浮屠祠，祠「以銅為人，黃金塗身，衣以錦綵，垂銅槃九重，下為重樓閣道，可容三千餘人，悉課讀佛經，令界內及旁郡人有好佛者聽受道，復其他役以招致之，由此遠近前後至者五千餘人戶」（《三國志》卷四九《劉繇傳》）。三國以來，長安、洛陽和長江中下游建寺漸多。至南北朝時佛教隆盛，建寺更多。如北魏時洛陽城內外有寺一千三百六十七所，各州郡有佛寺三萬餘所。北朝還着力建鑿石窟寺，這些寺彌山跨谷，宏偉壯麗。南朝石窟寺雖少，但各地佛寺極盛，如晚唐詩人杜牧描寫當時佛寺之盛說：「南朝四百八十寺，多少樓台煙雨中。」（《江南春絕句》） 實際上梁武帝時就有佛寺五百餘所。隋唐時代，佛教空前發達，佛寺林立。唐武宗滅佛

時，就毀宮立佛寺四千六百餘所，小寺四萬餘所。建築於唐代的五台山南禪寺和佛光寺，是倖存的中國最古的佛寺。宋以來佛教寺院，一般分為禪、教（天台、華嚴等）和律三類，明太祖洪武三年（一三七〇）又規定寺院為禪、講（講述各宗的經典）、教（包括修行和應赴佛事等）三類，僧眾分別專業，身着不同顏色的袈裟。

約自元代起，中國喇嘛教日益興盛，喇嘛教寺廟，尤其是黃教寺廟的建築，在明清時代達到了高峰。

中國寺院建築大約分依山式和平川式兩類，與此相應，寺院佈局也分石窟寺和塔廟兩種。石窟寺大多仿印度佛教的支提窟開鑿，如敦煌、雲岡、龍門等石窟，有的洞正中有方形的塔柱或佛龕，以代表支提分位。有許多窟是正中後靠壁前雕刻大佛，左右是菩薩、天王。有的石窟前面有多餘空地，就再建寺院。石窟寺的建鑿以北朝至唐為盛，宋代以來就每況愈下了。塔廟，最早也叫做「浮圖寺」，這是因為最初的塔叫「浮圖」、「浮屠」或「佛圖」等，是供奉佛陀的殿閣。塔廟是廟中必有塔，塔建立在寺院的中心。廟的院庭有廊廡圍繞，正中院庭的前後有殿堂，房院為僧房。北朝時王公大臣施捨邸第為佛寺成為一時的風尚，這些寺廟因原係私人住宅，很少重新造塔，而以正廳供奉代替佛塔。大約在東晉南北朝時期，漢式佛寺佈局已基本定型，它基本上是採用中國傳統世俗建築的院落式格局，院落重室，常至數十院，層層深入。迴廊周匝，廊內壁畫鮮麗，琳琅滿目，引人入勝。到了隋唐時代，佛寺建築就逐漸變過去以佛塔為主體的佈局，而以佛殿為中心了。許多寺廟無塔，塔廟二字也就不再連用了。即使是建塔，也另闢塔院，置於寺前、寺後或兩側。按照中國的營造法則，在南北中軸線上為主要建築物，在東西兩側為附屬設施，佈局對稱。中國佛寺建築，早期是以塔為中軸線上的主體，而後期則以殿堂為主體，塔建在附近了。

中國藏式的喇嘛寺不同於漢式寺廟的對稱格局，其主殿居中，經堂佛殿環繞四周。喇嘛寺是喇嘛學習經文的地方，「扎倉」（即學院）是寺的主要建築。大寺有五六座「扎倉」。小寺僅有一座「扎倉」。喇嘛寺還有

供奉佛像的「拉康」（佛殿）、喇嘛的住宅以及安放喇嘛屍體的喇嘛塔等。這些學院、佛殿、住宅構成了一組建築群，它的佈局是「扎倉」、「拉康」等為主體建築，體量高大，矗立於喇嘛寺的中心位置，周圍是數以千計的低矮的喇嘛住宅，立體輪廓十分鮮明。大的喇嘛寺往往佔地一百公頃以上，有幾千乃至上萬的喇嘛居住，宛如一座宗教城市。

第二節　殿堂配置和塑像釋名〔註一〕

一　殿堂配置

殿堂是佛教寺院的主要建築。一般地說，供奉佛像，藉以瞻仰禮拜的稱為「殿」。宋代稱孔廟為「大成殿」。佛教也將寺院院落中房舍（稱為「堂」或「寮」）以外的主體部分稱為殿。僧侶說法修道和日常起居的房舍則稱為「堂」。宋代以來禪宗寺院獨盛，禪寺盛行「伽藍七堂」的制度。七堂為佛殿、法堂、僧堂、庫房、山門、西淨、浴室。較大的寺院還有講堂、經堂、禪堂、塔、鐘鼓樓等建築。明代以來，伽藍制度已有定式，殿堂像設也大抵一致了。佛寺殿堂的配置大致是，如以南北為中軸線，自南往北，依次為山門，山門的左右為鐘鼓樓，山門的正面為天王殿，後為大雄寶殿、法堂，再後為藏經樓（寺院圖書館），兩側廊廡，氣勢莊嚴。正中路左右兩側的東西配殿，有伽藍殿、祖師堂、觀音殿、藥師殿等。有的大寺院還有五百羅漢堂，堂為田字形佈置，內有四個小天井，十分精巧。寺院的東側（左側）為僧人生活區，建有僧房、職事堂（庫房）、香積廚（廚房）、齋堂（食堂）、茶堂（接待室）等，西側（右側）主要是雲會堂（禪堂），以容四海雲遊僧人而名。整個寺院由多層院落組成，形成僧人的獨特的宗教生活區。

二　三門殿

寺院的外門一般都是三門並立，中間是一大門，兩旁各一小門。象徵「三解脫門」（即空門、無相門、無作門），故稱「三門」。有的寺院雖只有一扇門，也相習稱為三門。三門又稱「山門」，因寺院多居山林，故名。在三門殿內的兩側塑有兩大金剛像，手持金剛杵。金剛杵是古印度的兵器。金剛杵是古印度最堅固的兵器。金剛是金中最剛的意思，用以比喻堅固、銳利，表示能摧毀一切。中國《封神演義》還稱金剛力士為哼哈二將，說哼哈二將是鄭倫、陳奇死後封神而成，但佛教典籍中並沒有這樣的名稱。據《大寶積經》卷八《密跡金剛力士會》說，金剛力士原為法意太子。後來他發誓，在信佛後要經常親近佛，當金剛力士，出入佛之左右，普聞諸佛秘要密跡之事。他後來果真成了五百名隨從侍衛的首領，稱為「密跡金剛」。「金剛力士」原來只有一個，早期塑像也只是一尊。由於不合乎中國人喜歡對稱的審美觀念，不知哪朝哪代開始又添了一尊。金剛力士的職責是守護佛法，所以置於山門殿的左右兩側。塑像高大雄偉，做憤怒相，頭戴寶冠，袒露上半身，手執金剛杵，雙腳分立。左像怒顏張口，以金剛杵作打擊之勢；右像憤顏閉口，怒目圓睜，平托金剛杵。二金剛力士共同把守山門，顯示了佛門的威武森嚴，令人畏懼敬仰。

三　天王殿

在天王殿供奉的大肚彌勒佛，其左右是四大天王像，彌勒佛的背後是手執寶杵的現天將軍身的韋馱天像。

【二】四大天王

古印度神話說，須彌山腹有「四天王天」，佛教吸取這個傳說並加以改造利用。佛教通常把世界分為依次上升的慾界、色界、無色界「三界」。慾界最低，因具食慾、淫慾，故名。包括人類在內的所謂眾生都屬於慾界。慾界又有六天稱「六慾天」，為天神所居。六慾天又有六重，第一層是四天王天，為四天王及其眷屬（近侍、隨從、信徒）的住所。四天王天的空間位置是在須彌山的山腰。山腰聳立着一座犍陀羅山，此山有四個山峰，四天王及其眷屬就分別住在四個山峰上。四大天王的職責是「各護一天下」，即掌管四大部洲（東勝身洲、南瞻部洲、西牛貨洲、北俱盧洲）的山河大地，所以也稱「護世四天王」。四大天王各有九十一子，分別輔佐天王守護十方。四大天王還各有八大名將，代為管理各處山河森林及小神。

四天王像在中國有一個逐漸漢化的過程。在唐代以前四大天王的形象是：

東方持國天王：因為能護持國土，故名。身為白色，穿甲戴冑，左手把刀，右手執矟（南北朝隋唐時代的長矛）拄地。也有手執弓矢的。守護東勝身洲。

南方增長天王：因為能令他人增長善根，故名。身為青色，也着甲冑，手執寶劍。守護南瞻部洲。

西方廣目天王：因為能以淨眼觀察守護人民而得名。身為紅色，也穿甲冑，左手執矟，右手把赤索。也有僅一手持寶劍的。守護西牛貨洲。

北方多聞天王：此天王在四天王中最知名，地位最顯赫，和中國宗教文化關係也最為密切。多聞天王的梵文音譯是「毗沙門」。傳說他是古印度教的天神俱毗羅，別名施財天，意思是財富的贈與者。他一身兩任，既是守護神又是財神，能保護人民的財富。傳說他原為忉利天的主人帝釋天的部下，後脫離上司別樹一幟。由於他的獨特身份，深為中國僧人敬仰和藝術家們的喜愛，敦煌壁畫就有許多關於毗沙門天王拋撒金銀財寶的畫

像。傳說毗沙門天王的眷屬也很不同一般，吉祥天女是他的妻子或妹妹。有的造像，釋迦牟尼佛左脅侍是吉祥天女，右脅侍是毗沙門天王，地位極高。毗沙門有五個太子，其中的第二太子獨健和第三太子哪吒最為有名。

唐代毗沙門的畫像是，身為金色，着七寶金剛莊嚴甲冑，頭戴金翅鳥（或鳳凰）寶冠，帶長刀，左手執供釋迦牟尼佛的寶塔，右手執印度式的三叉戟（也有執寶棒或長矟的）。腳下踏三夜叉鬼：中間的名地天（歡喜天），作天女形，左為尼藍婆，右為毗藍婆，作惡鬼形。天王右邊是五位太子和夜叉、羅剎等部下；左邊有五位行道天女和天王的夫人。

宋代以後佛教進一步與中國迷信傳說相融合，四大天王尤其是毗沙門天王的職能、形象也有了很大改變。毗沙門天王逐漸失去了他的特殊身份，解除了「財神」的要職而和其他三個天王處於平等地位了。有趣的是：又逐漸從他身上演化出一位「托塔李天王」。李天王指唐代鎮守邊關的武將李靖。這是用李靖使毗沙門天王變成了漢人。他一手執中國近古才出現的兵器「方天畫戟」，一手擎寶塔。他有一妻三子一女，其中以哪吒最有名。哪吒由佛教哪吒演化而來，化洋為中，變為神仙。李天王還被安置為玉皇大帝的天兵總司令，哪吒充任前部先鋒官，而另外兩個兒子金吒、木吒則分別投奔在兩位菩薩門下潛心修道。這可以說是佛教道教的人才交流！

由於上述的演化，四大天王也就成為專門鎮守佛門的四大金剛了。相應的塑像也隨之變化。在元代，東方持國天王改為手持琵琶，因為是帝釋天的主樂神；南方增長天王手執寶劍；明代北方多聞天王改為手持雨傘，以表示福德；清代西方廣目天王改為手拿蛇一類的動物。這四大天王的形象表示分主風調雨順的職能，以迎合中國的社會心理。這和《封神演義》小說所描繪的相一致。《封神演義》還說四大天王原是中國佳夢關「魔家四將」魔禮青、魔禮紅、魔禮海和魔禮壽兄弟四人，後經姜子牙開封神榜而被派去西方作四大天王，這也是民

族主體意識的一種特殊表現。

【二】大肚彌勒佛

天王殿正面供奉的本尊像是彌勒像。傳說彌勒是五代時的布袋和尚，浙江奉化一帶人，原名「契此」。契此形體肥胖，面帶笑容，語言無恆，常常揹着木棒，棒上吊着口袋，在鬧市行乞並教化群眾，人稱「布袋和尚」，後梁貞明二年（九一六），死在浙江奉化岳林寺東廊磐石上。臨終時自稱彌勒化身，後人遂在寺院天王殿塑造他的像。這可謂是中國化的彌勒佛。又根據印度佛教《彌勒上生經》、《彌勒下生經》和《增一阿含經》載，彌勒是姓，譯為慈氏，名阿逸多，譯為無能勝，是釋迦牟尼的弟子，後從人間往生兜率天[註二]內院。經文上還說，釋迦牟尼佛的教法流傳一萬年之後，世間眾生道德逐漸提高，不再需要佛教，佛教也就自行消亡了。此後又經過八百餘萬年，彌勒菩薩由兜率天下降到此世界成佛，所以也稱彌勒為未來佛。唐代彌勒像都是典型的佛或菩薩像，今北京廣濟寺奉天冠彌勒菩薩坐像，猶存中古遺風。

【三】韋馱

佛教天神，傳說姓韋，名琨，為四大天王南方增長天王的八大神將之一。據佛教傳說，道宣律師曾和天人會談，說南方增長天王部下有一位韋琨將軍，常周行東、南、西三洲（北洲無人出家），護助諸出家人。中國佛教故事中還有韋馱守護伽藍的傳說，因而特別受中國僧人的尊崇，尤其是近世所建寺院必奉他為守護神。另外，北涼曇無讖譯的經中，有韋馱天的名稱，如《金光明經》說：「風水諸神，韋陀天神。」而《一切經音義》則認為是梵文「室健陀天」的誤譯。韋馱天是印度崇拜的群神之一。中國僧人心目中的護法韋馱大概是韋

琨將軍與韋馱天混合化的神。一般韋馱像是身穿古將軍服，手執金剛杵，位置在天王殿彌勒佛後，面對釋迦牟尼像。韋馱的姿勢通常有兩種：一種是雙手合十，橫寶杵於兩腕，筆挺直立；另一種是左手握杵拄地，右手叉腰，左腳略向前立，面向大雄寶殿，彷彿在注視出入行人的動向。後者和《封神演義》中那位手使降魔杵，後來投奔西方肉身成聖的韋護，在造型上是一致的。

四　大雄寶殿

寺院中的正殿也稱大殿、大雄寶殿。「大雄」是佛教教主釋迦牟尼的德號，是對他的道德、法力的尊稱。

佛經說他能降伏五陰魔、煩惱魔及死魔等各種魔，威高德上。《法華經·踴出品》讚曰：「善哉，善哉，大雄世尊。」因殿內供奉的主尊像是釋迦牟尼，所以稱「大雄寶殿」。殿堂供奉的主要佛像，即在諸尊中以某尊為主、為本而特尊崇之，稱為主尊，也稱為本尊。由於佛教內部宗派的不同和時代崇尚的變化，正殿供奉的主尊就有很大的不同，有一、三、五、七尊之別。

大雄寶殿的配置，有釋迦牟尼或毗盧佛或接引佛的一尊像、三尊像、五方佛像。佛像兩旁通常塑有迦葉尊者和阿難尊者像。有的在大殿兩側和殿後還分別置十八羅漢和三大士及海島觀音像。

〔二〕一尊像

①　釋迦牟尼佛。其像有三種姿勢：坐像、立像和臥像，以坐像居多。釋迦牟尼的坐法稱為「跏趺坐」，簡稱「跏趺」。趺指足背，也就是結跏趺於左右股上而坐。跏趺即佛坐法，又可分兩種：一是「全跏坐」，即交結左右足背加於左右股上而坐，俗稱「雙盤」。雙盤又有兩種：先以右足壓左股，後以左足壓右股，稱為

「降魔坐」，禪宗僧人多採用這種坐法；先以左足壓右股，後以右足壓左股，兩足掌心仰於二股之上，稱為「吉祥坐」，密宗也稱「蓮花坐」。二是「半跏坐」，即以一足押在另股上，俗稱「單盤」，密宗稱之為「吉祥坐」。大雄寶殿裏釋迦牟尼佛結跏趺坐的姿勢通常有兩種，一種為左手橫放左足上，名為「定印」，表示禪定；右手直伸下垂，名為「觸地印」，表示釋迦牟尼在出家成道前所作的種種犧牲，只有大地才能證明，因為這些都是在大地上做的事。這種造型稱為「成道相」。另一種結跏趺坐，左手放在右足上，右手向上屈指作環形，稱為「說法印」，表示說法的姿勢，也就是「說法相」。

釋迦牟尼的立像是左手下垂，右手屈臂向上伸。下垂叫「與願印」，表示能滿足眾生的願望。上伸叫「施無畏印」，表示能解除眾生的苦難。這種立像又名為「旃檀佛像」。傳說是釋迦牟尼在世時，印度優填王用旃檀木按照佛的形象所做。後來仿照此形象製作的也叫做旃檀佛像了。

臥像是側身作臥睡狀，兩腿直伸，左臂平放腿上，右臂彎曲托着頭部。據說這是表現釋迦牟尼臨終前，向弟子們囑咐後事的情景。

大雄寶殿的主尊像兩側常有「脅侍」，即左右近侍，通常是塑兩位比丘像。他們是釋迦牟尼的兩大弟子，年老的名叫「迦葉」，中年的名叫「阿難」、「阿難陀」。佛教說阿難受持一切佛法，長於記憶，被稱「多聞第一」。相傳佛涅槃後迦葉繼續領導徒眾，後世稱之為初祖。迦葉涅槃後阿難又繼續領導徒眾，後世稱之為二祖。釋迦牟尼的近侍還有另一種，是兩位菩薩，名文殊、普賢。釋迦牟尼和左右兩菩薩合稱為「華嚴三聖」。還有的是兩弟子兩菩薩並侍的。至於釋迦牟尼像以外的其他佛像的近侍，多為兩位菩薩。

②　毗盧佛。有的大雄寶殿供奉毗盧佛。此佛是三身佛中的報身佛像。毗盧佛的蓮座是千葉蓮，代表華藏世界（華嚴宗所謂佛報身的淨土）。每一蓮瓣代表一個三千大千世界，蓮瓣上面的每一尊小佛，都是應身的釋迦牟尼佛。

③接引佛。在淨土宗寺院的大殿中，往往供奉阿彌陀佛，或接引佛。接引佛就是阿彌陀佛的立像，作接引眾生的姿勢。右手下垂，作與願印，表示能滿足眾生成佛的願望；左手當胸，掌中有金蓮台。金蓮台是眾生往生極樂世界後的座位。淨土宗說眾生依唸佛功行的深淺分為九等，由此而有「九品蓮台」之稱。掌中金蓮台就是表示接引眾生的意思。淨土宗宣揚阿彌陀佛是西方極樂世界的教主，眾生凡願往生彼土，只要專唸他的名號，死時阿彌陀佛就會前來接引，使之進入西方極樂世界。阿彌陀佛還有左右脅侍觀世音、大勢至，合稱「西方三聖」。

【二】三尊像

自宋代以來，較大的佛殿常供三尊像，即所謂三佛同殿。三尊像有兩類：三身佛和三世佛。

①三身佛。小乘以三十二相，八十種好描繪釋迦牟尼佛身的莊嚴特異。大乘佛教進一步提出「佛」有無數，「身」又有各種含義，如有「體」義、「聚積」義，即指由覺悟和聚集功德而成就佛體。由此又生發出佛有三身、多身之說，其中最常見的是佛具三身說。不同經論對於三身的具體說法也頗不同，有法身、報身、應身說；法身、報身、化身說；還有自性身、受用身、變化身說等。大殿內塑造的三身佛就是根據這個說法。當中的一尊是法身佛，名「毗盧遮那佛」，意思是遍一切處，表示佛先天具有並能體現佛法──所謂絕對真理，即以佛法成身，體現了佛法的本身，也就是將佛法人格化。左旁一尊為報身佛，報身是以法身為因，經過修持而獲佛果之身，名「盧舍那佛」，意思是光明普照，表示證悟絕對真理而享受所謂佛境的智慧，即所謂行為功德圓滿，能顯現出智慧的佛身。右一尊為應身佛，名「釋迦牟尼佛」或「釋迦文佛」。應身是為隨緣教化和超度眾生的需要而應化顯現的身，釋迦牟尼的生

身就是應身。「毗盧遮那」和「盧舍那」都是梵文Vairocana的音譯，後者是前者的簡稱。有的佛教宗派和典籍將一佛變為二佛了。

②三世佛。三世佛有橫豎兩種。豎三世佛是從時間上說的，這裏的「世」指因果輪迴遷流不斷的個體一生存在的時間。因為佛在過去、現在和未來三世時間上相續，所以稱三世佛。過去佛指迦葉諸佛，寺院塑像中一般特指燃燈佛。佛典說他身邊一切光明如燈，故名。他曾為成佛前的釋迦牟尼「授記」（預言未來成佛的事），是釋迦牟尼的老師，所以是過去佛。現在佛是釋迦牟尼，居中。右側為未來佛，即彌勒佛。因為它原是菩薩，後從兜率天下生此世界，在龍華樹下繼承釋迦牟尼的佛位而成佛，所以稱未來佛。

橫三世佛，這裏的世是指空間而言的。即從空間上說，分為中、東、西三個不同世界的佛。東方淨琉璃世界的教主藥師琉璃光佛居左，結跏趺坐，左手持缽，缽中盛甘露，右手執藥丸。佛經稱他曾經發過十二大願，要滿足眾生一切願望，拔除眾生一切痛苦。中間是娑婆世界即我們這個世界的教主釋迦牟尼佛；西方的是極樂世界的教主阿彌陀佛，結跏趺坐，雙手疊置足上，掌中有一蓮台，表示接引眾生的意思。

三世佛兩旁還各有兩位菩薩立像或坐像，為左右脅侍。在藥師佛旁的是日光遍照菩薩和月光遍照菩薩，在阿彌陀佛旁的是觀世音菩薩和大勢至菩薩。有的佛經說這六尊菩薩分別為這三位佛的上首弟子。佛典說文殊專習「智慧」，在諸大菩薩中智慧辯才第一，所以有「大智文殊」的美名。他曾降伏過清涼山五百毒龍。其像頂結五髻，坐蓮花寶座，駕獅子，表示智慧的威猛，手持劍表示辯才的銳利。普賢菩薩是遍具眾德的意思，代表「德」與「行」。「德」，據說是延命之德；「行」，據說他曾發過十種廣大行願，要為佛教弘法，故有「大行普賢」的尊號。其像乘白象。佛教認為行的謹慎審靜重莫如象，白象是普賢願行廣大、功德圓滿的象徵。

釋迦牟尼旁的是文殊師利菩薩和普賢菩薩，

【三】五方佛

五方佛是東、西、南、北、中五方的佛的總稱，又稱「五智如來」。供養五方佛的多見於宋、遼古剎，如著名的山西大同華嚴寺、福建泉州開元寺等處。一般說密宗寺院大多塑五方佛，其方位是：正中為理智不二的法身佛，名大日如來（毗盧遮那佛）；左手第一位為南方寶生如來，表示福德，第二位是東方阿閦如來，表覺性；右手第一位西方阿彌陀如來，表智慧，第二位北方不空成就如來，表事業。密宗認為這五位如來由五種智慧所成，可以綜合說明佛的意義。

【四】過去七佛

《長阿含經》卷一載，釋迦牟尼前有六佛：毗婆尸佛、尸棄佛、毗舍婆佛、拘樓孫佛、拘那含佛、迦葉佛，連同釋迦牟尼稱為「過去七佛」。中國寺院供奉的甚少，遼寧義縣奉國寺大殿供奉着這七佛。

【五】十六羅漢和十八羅漢

一般寺院大殿的兩側多供有十六羅漢或十八羅漢像。羅漢是梵文音譯的略稱，全稱為「阿羅漢」（「阿羅訶」），是小乘佛教修行的最高果位：滅盡一切煩惱，享受天人的供應，不再生死輪迴，永遠進入涅槃。小乘佛教認為，如果都進入涅槃，又由誰去弘揚佛法？所以後來又轉而提倡說，雖已修得了阿羅漢果位，但不入涅槃，繼續住在世間宣傳佛法。中國佛寺中通常有十六羅漢和十八羅漢之分。

① 十六羅漢。據大乘佛經載，十六羅漢是佛祖釋迦牟尼的弟子。他們親受釋迦牟尼的囑託，不入涅槃，常住世間宣傳佛法，受世人的供養，為眾生作福田。如北涼道泰等譯《入大乘論》卷上說：「尊者賓頭盧、尊者

羅睺羅，如是等十六人諸大聲聞，散在諸渚……守護佛法。」但沒有列出其他十四位羅漢的名字。唐代湛然的《法華文句記》卷二上說：「準《寶雲經》第七，佛記十六羅漢，令持佛法，至後佛出，方得入滅。」彼經一一皆列住處、人名、眾數等。故諸聖者皆子佛前，各發誓言：我等以神力故，弘護是經，不般涅槃。」但現存的《寶雲經》並沒有關於十六羅漢的經文。此外，《彌勒下生經》和《舍利弗問經》又都只說四大羅漢〔註三〕。現在所講的十六羅漢的典據是唐玄奘譯的《大阿羅漢難提密多羅所說法住記》（簡稱《法住記》）。

據《法住記》載，十六羅漢分別是：賓度羅跋囉惰闍（Pindolabhāradvāja）、迦諾迦伐蹉（Kanakavatsa）、迦諾迦跋厘惰闍（Kanakabhāradvāja）、蘇頻陀（Supinda）、諾距羅（Nakula）、跋陀羅（Bhadra）、迦哩迦（Kārika）、伐闍羅弗多羅（Vajraputra）、戍博迦（Supāka）、半托迦（Panthaka）、羅睺羅（Rāhula）、那迦犀那（Nāgasena）、因揭陀（Ingata）、伐那婆斯（Vanavāsin）、阿氏多（Ajita）、注荼半托迦（Cūdapanthaka或Suddnipanthaka）。第一位賓度羅跋囉惰闍，其像滿頭銀髮，白色長眉，俗稱「長眉羅漢」。禪堂食堂常供他的像。第六位跋陀羅，據說是佛的侍者，主管洗浴。禪林浴室常供他的像。第十一位羅睺羅，是釋迦牟尼的親生兒子，佛教宣說釋迦牟尼出家之夜，他的夫人耶輸懷孕，六年後於釋迦牟尼成道之夜生子。羅睺羅十五歲出家，為釋迦牟尼十大弟子之一。第十二位那迦犀那，習稱「那先比丘」，曾答國王彌蘭陀問，闡發了佛教的基本原理。

《法住記》譯出後影響很大，「不入涅槃，常位世間，同常凡眾，護持正法，饒益有情」的羅漢形象，受到廣大僧眾的普遍崇奉。又因有關羅漢的資料不多，給佛教藝術家以充分發揮想像、自由馳騁的餘地，從而提供並豐富了雕塑、繪畫、小說的題材和內容。史載，唐代「詩佛」王維喜畫羅漢像。五代以後畫羅漢像之風更

盛。目前，我們在杭州煙霞洞看到的是最早的十六羅漢像，為吳越王錢元瓘的妻弟所造。

②十八羅漢。由於五代時紛紛繪畫羅漢像以及其他一些原因，十六羅漢又發展為十八羅漢。根據現有史料，最早的十八羅漢像是十世紀的張玄和貫休畫的。後來蘇軾見到這兩幅畫，分別題了十八首讚，還在貫休畫的那幅像的十八首讚下一一標出羅漢的名字，即在《法住記》所列前十六羅漢外再列慶友為第十七羅漢，賓頭盧為第十八羅漢（《東坡全集》卷二○《十八大阿羅漢頌》）。慶友是《法住記》的作者，賓頭盧是第一尊者賓度羅跋囉惰闍的重出。所以這又引起後人的異議，其說不一。《佛祖統記》認為第十七、十八兩位羅漢是迦葉和君屠鉢歎。有的則說是迦達摩多羅和布袋和尚。也有人認為是降龍和伏虎。清乾隆皇帝認為第十七位應是降龍羅漢（迦葉尊者），第十八位應是伏虎羅漢（彌勒尊者）。經此番御定，這種說法就成定說了。十八羅漢的傳說相當廣泛，後來逐漸取代了十六羅漢的傳說。自元朝以後，寺院大殿中多雕塑和供奉十八羅漢像。

【六】三大士

有的寺院在大殿的佛像背後，還塑有坐南向北的三尊菩薩像：文殊、普賢和觀音。因菩薩也譯為「大士」，故俗稱為「三大士」。三大士塑像分別騎着獅子、六牙白象和犼。這也和民間傳說有關。《封神演義》把佛教三大士變成為破太極陣的文殊廣法天尊、破兩儀陣的普賢真人和破四象陣的慈航道人，他們分別坐騎虯首仙的青毛獅子、靈牙仙的白象和金光仙的金毛，從而也就使三大士愈來愈漢化了。

【七】海島觀音

有的寺院在大殿後面還修有海島，觀音菩薩像立於海島之上，觀音像旁塑善財童子和龍女，四周作觀音救

八難（八處見佛聞法的障難，指地獄、餓鬼、畜生等）的塑像，這是受《西遊記》中童子拜觀音的描述的影響。

五　菩薩殿

菩薩是梵語「菩提薩埵」的略稱。意譯為「覺有情」，還譯為「開士」、「聖士」、「大士」等，所以一般人常稱菩薩為「大士」。菩薩在佛國世界中的等級地位僅次於如來佛。相傳釋迦牟尼未成佛時就以菩薩為稱號。

根據佛經，菩薩可以穿僧衣，也可作在家裝束。中國佛教的菩薩像很少有穿僧衣的。從唐代開始菩薩的形象、裝束日趨定型。佛經中的菩薩一般是「善男子」出身，又說菩薩變相是「非男非女」的。中國的菩薩多是面作女相〔註四〕，又有蝌蚪形小髭，自北宋以後小髭取消了。圓臉盤，宋後變長。翠眉長且彎，鳳目微張，櫻桃小口。高髻或垂鬟髻，散落下來的長髮垂在兩肩上，頭戴香寶冠。上身赤裸或斜披天衣，北宋後為帶袖天衣，但仍袒胸，有披巾。還戴項飾、瓔珞、臂釧。腰束貼體錦裙或羅裙，兩足豐圓。菩薩的健美面龐和體態，當是唐代女藝術家和貴族婦女的寫照；菩薩的華麗衣飾是唐代貴族婦女的時裝和古印度貴族裝飾的混合。

在中國一般佛教徒的心目中，佛作為教主，其形象無比崇高，與世俗相距甚遠，給人以一種莊嚴感和隔距感，然而菩薩卻以普度眾生同登彼岸為宗旨，時出蓮座來到下界導化眾生，給人以一種慈悲感和親切感。這樣，就逐漸萌生出對菩薩的特殊信仰。隋唐以後，佛教徒通過種種附會，宣揚一些著名的菩薩東來定居，自立道場。漢譯佛典中著名的菩薩有彌勒、文殊、普賢、觀世音、大勢至、地藏等。彌勒後來升級為佛了，大勢至也未能獨立成軍而默默無聞。觀世音、文殊、普賢成了中國化的菩薩，並稱為「三大士」。三大士和地藏菩薩

又合稱四大士菩薩。文殊菩薩和普賢菩薩分別以大智和大行為尊號，而觀音菩薩也有大悲、地藏菩薩又有大願的美名。文殊菩薩和普賢菩薩常以釋迦牟尼佛的左右脅侍身份出現，而觀音菩薩和地藏菩薩卻各有自己獨居的殿堂，從這也可以看出中國僧人對這兩個菩薩是何等的親切和崇拜。

【二】觀音殿（大悲殿）

觀音亦稱「觀世音」，因其能普遍「觀察」世界上的一切聲音而得名。觀世音是梵文的意譯，也譯作「光世音」、「觀自在」、「觀世自在」等。佛教說他（她）是西方極樂世界的教主阿彌陀佛的上首菩薩，為左脅侍，「西方三聖」之一。表現了一切佛的大悲心，是救世之最切者。據《妙法蓮華經·觀世音菩薩普門品》說，他（她）能現三十三種化身，救七十二種大難。遇難眾生只要一心唸誦他（她）的名號觀世音，「菩薩即時觀其聲音」前往拯救，使其得到解脫。觀世音還主張「隨類化度」，即不分貴賤愚賢，對一切人的苦難都拯救，所以其美名尊號是「大慈大悲救苦救難觀世音菩薩」，簡稱為「大悲」。在隋唐時代，已獲得社會的普遍信仰。觀音菩薩崇奉，是廣大人民對象徵慈母之愛和大慈大悲的女性之美的神的一種崇拜，是經歷深重苦難的勞苦大眾，切望為自己滴着鮮血的、破碎的心，在佛國裏找一個美和善的避難所，找一個幸福的恩賜者。

佛典說觀音菩薩可以隨機應變出種種化身去拯救眾生的苦難，所以他（她）的化身形象特別多，有所謂「六觀音」、「七觀音」、「三十三身」、「千手觀音」和「四十八臂觀音」等稱謂，大都為密宗所傳。通常一般所說的觀音，是指作為諸觀音的總體代表的「聖觀音」亦即「正觀音」而言。其標準像是一手二臂，頭戴天冠，天冠中有阿彌陀佛像，結跏趺坐，手中或持蓮花或結定印的尊嚴像。此外是「自在觀音」像，一足盤膝，一足下垂，顯得十分自在。像旁或有一淨瓶，內盛甘露，瓶中插有柳枝，象徵以大悲甘露遍灑人間。觀音

像旁有一對童男童女像。童女為龍女，因《妙法蓮華經·提婆達多品》中有龍女成佛的故事，而觀音又住在南海普陀洛伽山，所以有龍女拜觀音的傳說。童男即善財童子，因《華嚴經》中說善財童子為求佛法，參謁五十三位善知識﹝註五﹞，其中曾謁觀音菩薩而大得教益。在中國大約自南北朝始，至唐代更出現鮮明的轉折：觀音菩薩由男性形象改塑成為慈愛、典雅、俊秀、飄逸的女性形象了。

千手觀音，全稱為「千手千眼觀音」，或「千眼千臂觀世音」。佛經說他（她）發誓要為所有眾生謀利益，所以長出千手千眼。千手表示維護眾生，千眼表示觀照世間，都是大慈大悲的表現。千手觀音像一般是兩手兩眼下面左右各二十隻手，手中各有一眼，共四十手四十眼，再各配二十五種眾生生存的環境，共為千手千眼。千手千眼觀音像，最主要特徵是四十二臂，如手下伸，掌向上，各施無畏手，除一切眾生怖畏；持錫杖手，慈悲維護一切眾生；合掌手（二手），令一切人和鬼神敬愛；等等。一般來說，千手觀音是立像，四十八臂觀音（略去千手便是四十八臂觀音像）是坐像。千手千眼、四十八臂都是觀音慈悲救世的無窮悲願的具體化、形象化。實際上這是採用浪漫主義的誇張手法，以表現其神奇的魔力。河北正定隆興寺內的大悲閣，鑄有千手千眼觀音銅像，高二十二米。這一巨像和滄州獅子、定州塔、趙州大石橋並譽為「河北四寶」。

〔二〕 地藏殿

地藏，梵文Ksitgarbha，意譯。因他「安忍不動如大地，靜慮深密如地藏」，故名。佛經故事說他是菩薩。釋迦牟尼囑咐他，要他在釋迦牟尼入滅而彌勒佛尚未降生世間之前這一段時間裏普度眾生。他為此發了大誓願，一定要盡度在六道輪迴的眾生，拯救他們各種苦難之後，自己再升級成佛，所以他的美稱尊號是「大願地藏」。他發的大願是：孝順和超薦父母；為眾生擔荷一切艱難苦行；滿足眾生生活需求，令大地五穀雜糧草

木花果生長；祛除疾病；度盡地獄眾生。這些三大願，和中國儒家傳統道德觀念相適應，也適合農業中國的國情，特別受農民的歡迎，符合人民要求擺脫各種苦難的願望，極易為老百姓所接受。這樣，除了觀音菩薩以外，地藏在古代中國下層人們中也是擁有最多信奉者的一位菩薩了。

地藏與文殊、普賢、觀音的形象不同，現出家相，作比丘裝束。他的像是結跏趺坐，右手持錫杖，表示愛護眾生，也表示戒修精嚴；左手持如意寶珠，表示要使眾生的願望得到滿足。有的像兩旁還侍立一比丘像和一長者像，據說長者是將九華山布施給地藏的閔公，比丘是閔公的兒子，後也隨地藏出家，法名道明。

六 東西配殿──伽藍殿和祖師殿

大雄寶殿兩旁常有東西配殿，東殿一般是伽藍殿，西殿一般是祖師殿。

【一】伽藍殿

伽藍殿是梵文音譯「僧伽藍摩」的簡稱。意譯為「眾園」，音兼意譯為「僧園」。原指修建僧舍的基地，轉為包括土地、建築物在內的寺院的總稱。此處的伽藍專指「祇樹給孤獨園」。伽藍殿供守護伽藍土地的神像，古時又稱土地堂。一般多供最初施造祇園精舍的給孤獨長者、祇陀太子及其父波斯匿王三像，也供十八位護伽藍神。伽藍殿的來歷，就是前文講過的，憍薩羅國給孤獨長者為了請釋迦牟尼到舍衛城來說法教化，用黃金購得波斯匿王太子祇陀（逝多）花園的故事，伽藍殿就是為了紀念給孤獨長者、祇陀、波斯匿王這三位最早護持佛法的善士而建的。殿正中供波斯匿王，他後來也歸信佛教，為釋迦牟尼創立佛教作出了不少貢獻。左邊是祇陀太子，右邊是給孤獨長者。殿內兩側還常供十八位伽藍神──守護神。《釋氏要覽》卷上載有他們的名

字，實際上有的是古印度次大陸神話傳說中的小神，而被佛教所吸收改造作為守護神了。值得注意的是，根據天台宗創始人智顗所謂白日見關公顯聖而建立玉泉寺的傳說，中國佛教還把「歸佛」的關公也算作伽藍神了，但因是漢族的「神」，故特在殿中另作一小龕供奉。這表明中國人很善於將古代的聖賢名將改塑為神，也表明佛教的附會力和涵攝力之大。

【二】祖師殿

祖師殿多屬禪宗系統，為紀念該宗奠基人（祖師）而建。殿中央為禪宗初祖達摩禪師，左側為禪宗六祖、實際創宗人慧能，右側為慧能三傳弟子、制定《百丈清規》叢林制度的百丈懷海禪師。後來其他宗派也仿照禪宗，在寺院的祖師殿內加祀本宗祖師像。

七　羅漢堂

羅漢堂內供奉着五百羅漢。關於五百羅漢的故事，佛經中的說法很不一致。如《法華經》有《五百弟子授記品》，說佛為五百羅漢授記。這是指跟隨釋迦牟尼聽法傳道的五百弟子。又有說是佛滅後第一次結集三藏的五百比丘。如西晉竺法護譯有《佛五百弟子自說本起經》，記載佛滅後迦葉尊者主持五百羅漢最初結集的事。南傳佛教還有五百羅漢參加在今斯里蘭卡舉行第四次結集的說法。這些說法不僅互相矛盾，而且也都沒有說明具體的名字和事蹟。中國在五代時尊崇五百羅漢之風日益盛行，各地寺院紛紛建立五百羅漢堂，著名的如北京碧雲寺、成都寶光寺、蘇州西園寺、上海龍華寺、漢陽歸元寺、昆明筇竹寺等。五百羅漢的名號依據南宋高道素所錄《江陰軍乾明院五百羅漢名號碑》（見《金石續編》卷一七著錄）所列舉的從第一阿羅漢阿若憍陳如到

第五百羅漢願事眾，無一遺漏。但這實際上是宋人附會的作品。碑已不存，碑文收在《嘉興續藏》第四十三函中，為近代五百羅漢塑像列名的依據。

五百羅漢堂中還另有濟公像。濟公（一一四八—一二〇九）是南宋僧人，原名李心遠，浙江台州（今浙江臨海）人。在杭州靈隱寺出家，法名道濟，後移淨慈寺。傳說他不守戒律，嗜好酒肉，尤其喜好狗肉蘸大蒜，性格詼諧幽默，舉止如癡如狂，世稱「濟顛和尚」。後來中國佛教把他加以神化，說是降龍羅漢轉世，故被稱為「濟公」。傳說他到羅漢堂報到遲了一步，只好委屈地站在過道裏或蹲在房樑上。濟公是古代深受民間崇奉和喜愛的極富個性的中國羅漢。他的傳說和塑像是中國人的美妙創造，體現了與印度佛教的差異。長篇小說《濟公傳》就是關於他的濟困扶危、嘲弄官府的神話傳說。

八　法堂（講堂）

禪宗稱演說大法之堂為「法堂」，其他宗派稱為「講堂」，是宣講佛法皈戒集會的場所，在佛寺中通常是僅次於大殿的主要建築。百丈禪師主張不立佛殿，只樹法堂。後來禪宗又恢復了佛殿。法堂的佈置，除佛像外，主要是在堂中設法座，也稱「獅子座」。法座是一高台，上置座椅，供宣講佛法之用。法座後掛有象徵釋迦牟尼說法傳道的畫像。法座前面設有講台，台上供小佛座像，象徵聽法諸佛。台下設香案，兩側置聽法席。

法堂裏面還設大鐘、法鼓；鼓在右，鐘在左。法師上堂說法時要擊鼓鳴鐘。鳴大鐘是號令僧眾集合，擊法鼓表示說法是為勸誡僧眾進趣於善。有的法堂設二鼓，居東北角的稱法鼓，居西北角的稱茶鼓。茶鼓是召集僧眾飲茶所擊的鼓。

註釋：

〔註一〕本節參照周叔迦先生《法苑談叢・寺院殿堂佛像釋名》的解說。

〔註二〕兜率天：佛教所謂六慾天之一，此天有內、外二院，外院是慾界天的一部分，內院是彌勒寄居於慾界的「淨土」。

〔註三〕四大羅漢：也稱「四大聲聞」，指大迦葉（摩訶迦葉）比丘、君屠缽歎比丘、賓頭盧比丘和羅雲（羅怙羅、羅睺羅）比丘。

〔註四〕佛經對於觀音、文殊、普賢菩薩的性別沒有定說，有說是妙莊主的女兒，也有說是無諍念轉輪王的王子。《紅樓夢》第五十回「暖春塢雅製春燈謎」：「李紈笑道：『觀音未有世家傳』，打『四書』一句。」黛玉笑答：「雖善無徵。」這個謎底是說觀音的生平不可考。實際上，文殊、普賢等菩薩的生平也都無從稽考。

〔註五〕善知識：指具有高深的佛教道德學問，善於說法開導眾生者。

第七章　佛教的名勝古跡

古話說：「天下名山僧佔多。」宋代趙抃詩云：「可惜湖山天下好，十分風景屬僧家。」（《趙清獻公全集》卷一〇《次韻范師道龍圖三首》之一）。自古以來佛寺和風景區似乎有着天然的聯繫，一些著名的大寺院多建築在風景秀麗的名山之中。從國務院一九六一年以來歷次公佈的全國重點文物保護單位名單來看，其中佛教的石窟寺、殿堂碑塔、銅鐵佛像，均約佔三分之一。遍佈各地、浩如繁星的佛教名勝古跡，猶如藝術宮、博覽會，把祖國壯麗的河山點綴得更加多姿多彩。佛教文物與大自然的美交相輝映，形成了人工創造美與山水自然美的和諧統一。這也許就是佛教名勝古跡長留人間的巨大優勢。

儘管佛教的寺廟神像及其虛構的傳說和宗教的解說散發着極其神秘的氣息，也為人們留下了無窮的歷史因襲的重負，引發信徒虔敬之心，但是，正如唐代詩人孟浩然的《與諸子登峴山》詩云：「江山留勝跡，我輩復登臨。」遊覽名山大川當是人生的一大樂趣。人們遊覽山川勝跡，有助於開闊視野，擴大見聞，激勵鬥志，陶冶性情。在這方面佛教的名勝古跡又明顯地發揮了它的特殊魅力。

下面我們着重對佛教的石窟、名山、各宗祖庭和喇嘛教大寺廟的形成、建置沿革及特色作一簡略的介紹。

第一節　三大石窟

佛教石窟寺是中國佛教最引人入勝的歷史文物和旅遊熱點。隨着佛教的傳入和發展，在中國由西到東，由北到南形成了幾乎遍佈於絕大多數地區的佛教石窟群。正如著名的佛教美術家常任俠先生在《佛教與中國雕刻》一文中所說：「自佛教東漸，此種藝術也隨之東來。在佛教東來的路上，經過新疆維吾爾自治區時，遺留有古代龜茲、高昌等洞窟的造像；經過甘肅河西走廊時，遺留有敦煌千佛洞、安西榆林窟、永靖炳靈寺、天水麥積山等石窟造像；再東進而有山西大同雲岡、河南洛陽龍門、山西太原天龍山、河北磁州響堂山、河南鞏縣石窟寺、山東雲門山、遼寧義縣萬佛堂等大小石窟造像，蔚為盛觀。在江南的有棲霞山石窟造像，在四川的有廣元窟、大足石窟，以及巴中、通江等地石窟造像，分佈既廣，數目亦多，不能盡舉。」在這眾多石窟中，敦煌、雲岡和龍門更是舉世聞名的三大石窟，具有極高的歷史價值和強大的藝術力量，成為中外遊人熱烈嚮往的遊覽勝地。

一　敦煌石窟

敦煌石窟包括古代隸屬敦煌境內的莫高窟、西千佛洞、榆林窟和水峽口小千佛洞。其中規模最大、內容最豐富的首推莫高窟，因此一般說的敦煌石窟指的就是莫高窟。

莫高窟俗稱「千佛洞」。在甘肅敦煌縣城東南二十五公里，坐落在三危山和鳴沙山的懷抱中。四周平沙莽莽，唯獨這裏綠樹成蔭。洞窟鑿於鳴沙山東麓的斷崖上，上下五層，高低錯落，鱗次櫛比，南北長一千六百多米。最早建造年代，據唐武周聖曆元年（六九八）「李懷讓重修莫高窟佛龕碑」記載，前秦苻堅建元二年

（三六六），樂僔和尚拄杖西遊，走到三危山下，已是黃昏時分，在落日餘暉下，忽見山上晶瑩閃光，金光萬道，彷彿有千佛狀，觸發他鑿窟的激情，於是就在三危山對面的斷崖上開鑿了第一個石窟。隨着佛教的發展，開鑿的石窟日益增多，至唐代武則天時，已有窟室千餘龕。現保存下來的不到半數，有北涼、北魏、西魏、北周、隋唐、五代、宋、西夏至元各代塑像、壁畫的洞窟四百九十二個〔註一〕。窟內金碧輝煌，絢麗奪目。畫面如按兩米高排列，可構成長達二十五公里的畫廊。莫高窟充分地反映了從六世紀至十四世紀中國各民族、各階層的社會生活和歷代造型藝術的發展情況，是一處由建築、繪畫、雕塑組成的博大精深的綜合藝術殿堂，是中國也是世界上現有規模最大的佛教藝術寶庫。

莫高窟的形制有禪窟與中心柱式、方形佛殿式和覆斗式數種。窟外原有殿宇，並有木構走廊與棧道相連。最大的窟高四十餘米，三十米見方，最小的窟高不盈尺。內中造像都是泥胎彩塑，有單身像和群像之分。佛像居中，兩側侍立弟子、菩薩、天王、力士，少則三身，多則十一身。最大者三十三米，小者十厘米。塑像多以誇張的彩色表現人物性格，神態各異，栩栩如生。壁畫內容主要分為佛經故事和單純佛像兩大類。此外還繪有供奉人像，以及耕田、旅行、宴會、樂舞、出巡等各種生產場景和生活畫面。北朝壁畫主要描述釋迦牟尼的本生故事，宣揚忍辱和自我犧牲。隋唐時以經變題材為主體，以宣揚西方極樂世界的淨土變最為典型。

一九〇〇年（一說一八九九年）敦煌藏經洞（莫高窟第十七洞）被發現，洞內藏有從四世紀到十世紀近十個朝代的各種歷史文書、絹畫、刺繡等珍貴文物五六萬件。除漢文的文書以外，還有藏文、梵文、回鶻文、于闐文、龜茲文、粟特文等文字的寫本，而且還有從未發現過的晉至宋的寫本，價值極高。多種文字的寫本、古地志、詩歌、曲子詞、變文和俗曲，是研究西北史地，中西交通史，宗教史，古代語言，文字的極為重要和寶

貴的材料。可惜的是，敦煌遺書三分之二以上被英、法、俄、日、美的「考古學家」、「探險隊」所偷盜和掠奪。窟內豐富的歷史文物和藝術珍品引起國內外學者極大的興趣，形成了著名的敦煌學。中國於一九四三年在敦煌設立了敦煌藝術研究所，後來改為敦煌文物研究所，二十世紀八十年代又成立了敦煌研究院。敦煌研究院的學者們為世界性的敦煌學研究作出了愈來愈引人注目的貢獻。

二　雲岡石窟

雲岡石窟在山西大同市西十六公里武周山（又名雲習）南麓，依山開鑿，東西綿延一公里。現存主要洞窟五十三個，其中主洞二十一個，造像五萬一千餘尊，是中國最大石窟之一。在中國三大石窟中，雲岡的雕塑造像以氣勢雄偉而著稱。

雲岡石窟始鑿於北魏文成帝和平元年（四六○），主要石窟完成於太和十八年（四九四）孝文帝遷都洛陽之前的三十多年中。最早是由涼州名僧曇曜主持，動員數以萬計的人工開鑿五所石窟，也就是為北魏開國後五個皇帝祈福［註二］而鑿的「曇曜五窟」（雲岡第十六窟至第二十窟）。「雕飾奇偉，冠於一世」，非常壯觀。第二十窟的露天大佛，結跏趺坐，高達十三點七米，面貌豐滿，兩肩寬厚，身上的服裝雕有優美的火焰花紋，最為雄偉壯麗，是雲岡石窟的代表作。稍後的中部各窟，平面大多作正方形，有後室，中央雕鑿大佛像。四壁、拱門和窟頂上雕刻有小佛像、菩薩、力士、飛天以及其他圖案，風格精細優美。雲岡第五、第六窟和五華洞豐富多彩，富麗瑰奇，是雲岡石窟藝術的精華。如第五窟中央的坐佛，端莊雄偉，高十七米，寬十五點八米，佛手的中指就長二點三米，一隻腳就長四點六米，為眾佛像之最。第六窟後室雕有一座高約十六米、直抵窟頂的

北魏以後，以遼金兩代建鑿的規模最大。早期五窟平面作橢圓形，沒有後室，全部以造像為主，佛像高大。第二十窟的

兩層大塔柱。塔柱面積六十二平方米，塔柱下面有四層大龕，四面都雕有佛像，極為精美。五華洞雕像藝術造型豐富多彩，如伎樂天、交腳彌勒菩薩等，都很有特色，是研究古代藝術、音樂、建築的寶貴的形象資料。

三 龍門石窟

龍門石窟也稱「伊闕石窟」，位於洛陽市城南十三公里的伊河入口處兩岸，這裏香山（東山）和龍門山（西山）兩山對峙，遠望猶如一座天然門闕，所以古稱「伊闕」。山水相趣，風景壯麗。著名的龍門石窟，就密佈於伊水兩岸的崖壁上，密似蜂窩，南北長達一千米，氣勢磅礴。

龍門石窟開鑿於北魏太和十八年遷都洛陽前後，歷經東魏、西魏、北齊、北周、隋唐和北宋四百餘年，其中北魏和唐代大規模營造達一百五十多年，開龕造像最多。北宋以後雕鑿極少。兩山現存窟龕兩千一百多個，佛塔四十餘座，造像十萬餘尊，碑刻題記三千六百八十種。龍門石窟多與帝王祈求冥福有關。北朝時多鑿釋迦牟尼、彌勒佛像，唐朝時主像多是阿彌陀佛、彌勒佛，也有盧舍那佛、藥師佛等，反映了唐代淨土宗的興起和石窟造像藝術世俗化的傾向。具有代表性的洞窟是北魏時的古陽洞、賓陽洞、蓮花洞和唐代的潛溪寺、萬佛洞、奉先寺、看經寺等。

古陽洞是一批支持魏孝文帝遷都的王公貴族、高級將領開龕鑿像的集中地，是開鑿最早、內容比較豐富的一個洞窟。洞內造像題記、書法質樸古拙，所謂「龍門二十品」，其中十九品即在此洞內。賓陽洞是北魏宣武帝為其父母孝文帝、文昭皇太后而營造的。洞口內壁兩側是大型浮雕，分「維摩變」、「佛本生故事」、「帝后禮佛圖」、「十神王像」四層，十分精美。兩塊「帝后禮佛圖」浮雕為北魏時的傑作，可惜於一九三四年被盜往國外，現分別陳列在紐約市藝術博物館和堪城納爾遜藝術館。奉先寺是唐高宗咸亨三年（六七二）始建，

歷時四年竣工，是龍門石窟中規模最大的露天大龕。佛龕南北寬三十六米，東西深四十一米，有十一尊雕像。主像盧那舍佛高十七點一四米，頭高四米，耳朵長一點九米，面容豐滿秀麗，修肩長目，嘴角微翹，滿臉慈祥智慧。兩旁的迦葉肅穆持重，阿難溫順虔誠，菩薩端莊矜持，天王蹙眉怒目，力士威武雄健、氣勢逼人。整個鑿像，佈局嚴謹，刀法嫻熟，技藝精湛，群像形神兼備。奉先寺造像是唐代雕刻的代表作，體現了當時的藝術水平和藝術風格。據造像銘載，武則天為建造此寺曾助「脂粉錢兩萬貫」，並親率朝臣參加盧舍那佛的「開光」儀式。

龍門石窟的題記、碑刻，如久負盛名的「龍門二十品」和唐代著名書法家褚遂良寫的伊闕佛龕之碑等，是魏碑和初唐楷書藝術的代表作品。

第二節 四大名山

佛教徒一向有尋師求法的傳統。自唐代禪宗興盛以後，更是強調「學無常師，遍歷為尚」。禪僧常常遠離鄉曲，腳行天下，尋師訪友，求法悟證。因是步行參禪，故稱「行腳僧」。又因到處「雲遊」，猶如行雲流水，又稱「雲水僧」。還因雲遊四方，行蹤不定，稱「遊方僧」。如晚唐禪宗巨匠趙州從諗曾九次行腳到五台，直至八十歲高齡還行腳各地。參方禪僧並無固定的去處，但自然也以或有尊宿大德，或有佛教聖跡的寺廟為主要朝拜聖地。到了唐末，佛教徒集中朝拜的地方共為四處：五台山──文殊菩薩聖地、泗州普光王寺──僧伽大聖聖地、終南山──三階教聖地、鳳翔法門寺──佛骨聖地。南宋寧宗時，大臣史彌遠奏請制定禪院等級，而有「五山十刹」的規定。五山是杭州徑山的興聖萬福寺、靈隱山的靈隱寺、南屏山的淨慈寺、寧波天童

山的景德寺、阿育王山的廣利寺。十剎是杭州中天竺的永祚寺、湖州的萬壽寺、江寧的靈谷寺、蘇州的報恩光孝寺、奉化的雪竇資聖寺、溫州的龍翔寺、福州的雪峰崇聖寺、金華的寶林寺、蘇州的雲岩寺和天台的國清寺。限於當時的種種條件，這些名山大剎主要是禪宗系統的寺院，而且主要集中在浙江，兼及江蘇和福建的個別寺院。到了明代，上述山剎多數已廢毀，佛教界又缺乏尊宿大德，於是佛教信徒又出現參拜其他各地名山的風氣。這些名山多是富有種種佛教傳說、殿堂建築規模宏偉、景色秀麗的佛教聖地和風景區。明代有中於由北到南、由東到西的四大名山：山西的五台山、浙江的普陀山、四川的峨眉山和安徽的九華山。後來主要是集「金五台、銀普陀、銅峨眉、鐵九華」之說。這四座名山至今仍是佛教徒參拜的聖地和一般旅遊者的遊覽勝地。

一 五台山

五台山在山西五台縣東北隅，從北嶽恆山蜿蜒而來，由五座山峰環抱而成。整個山系方圓二百五十公里。五台為東台望海峰、南台錦繡峰、西台掛月峰、北台葉斗峰、中台翠岩峰。五峰形狀，前人喻為東台如立象，南台如臥馬，西台如孔雀舞，北台如共命鳥，中台如雄獅。東、北、中、西四台並列成一弧線，相距較近，南台較遠。台內中心為距五台縣東北約六十公里的台懷鎮，這裏寺字密集，白塔入雲，氣象萬千，是五台山佛教勝跡的象徵。

五台山也稱為清涼山，並被佛教比附為文殊菩薩顯靈說法的道場。晉譯六十卷本《大方廣佛華嚴經》卷二七《菩薩住處品》說：「東北方有菩薩住處，名『清涼山』。過去諸菩薩常於中住。彼現有菩薩名文殊師

層巒疊嶂，五峰高聳，峰頂平坦寬廣，如壘土之台，故稱「五台」。五台之內稱台內，五峰之外稱台外。台內中心為距五台縣東北約六十公里的台懷

利，有一萬菩薩眷屬，常為說法。」說文殊菩薩居住在清涼山。另唐時菩提流志譯的《佛說文殊師利法寶藏陀

羅尼經》，經文載世尊告金剛密迹主菩薩言：「我滅度後，於此贍部洲〔註三〕東北方，有國名大振那，其國中

有山號曰五頂，文殊師利童子遊行居住，為諸眾生於中說法。」說文殊菩薩居住在五頂山。唐代華嚴宗澄觀國

師，從德宗興元元年（七八四）到貞元三年（七八七），歷時四年，住在五台山大華嚴寺（今顯通寺），撰寫

《大方廣佛華嚴經疏》六十卷，疏中明確地把佛典上所說的清涼山和五台山等同起來，該疏卷四七《諸菩薩住

處品》說：

　　清涼山，即代州雁門郡五台山也，於中現有清涼寺。以歲積堅冰，夏仍飛雪，曾無炎暑，故曰「清涼」。五峰聳

出，頂無林木，有如壘土之台，故曰「五台」。表我大聖五智已圓，五眼已淨，總五部之真秘，洞五陰之真源，故首

戴五佛之冠，頂分五方之髻，運五乘之要，清五濁之災矣。

　　說五台山即是五方如來之座，也象徵菩薩頂有五髻，表示菩薩的智慧圓滿。這樣根據五台山有五頂和氣候嚴

寒的特點，比附為清涼山，比附為文殊菩薩的說法道場。這個比附對於信奉《華嚴經》的佛教信徒產生靈山在

望之感，紛紛前來五台山禮拜文殊菩薩，從而使五台山成為佛教聖地方面起了不小作用。

　　五台山寺廟經過長期的擴建，逐漸形成為中國最大、最多的佛寺建築群。由於北魏帝王的崇佛，尤其是魏

孝文帝的開拓，使五台山佛教日益興盛起來。北齊時五台山區擴建的寺院多達二百餘所。隋文帝曾下詔在五頂

各立一寺。唐代開元年間，「文殊信仰」以此山為中心，使佛教臻於極盛，大寺林立，規模宏偉。敦煌莫高窟

第六十一窟中現存的《五台山圖》，大四十多平方米，描繪寺院和朝台人馬絡繹的情景，是五代時五台山山區

寺院盛況的真實寫照。宋代五台山有七十二寺。元朝特別信奉密教，五台山密教寺院大增。元武宗在五台山建寺，曾調動協助建築的軍士多至六千五百人。明萬曆年間佛寺增至三百多處。清嘉慶以後漸趨衰頹，然仍有寺院一百多處。五台山寺院有兩類，一類是漢僧寺院，俗稱「青廟」；另一類是喇嘛寺院，俗稱「黃廟」。清代曾將十個青廟改為黃廟，青衣僧也改為黃衣僧。因此，又有了漢族的喇嘛。五台山現存寺廟，台內三十九處，台外八處，並在不斷恢復之中。因為傳說五台山是文殊菩薩示現的地方，所以，佛寺中普遍供有文殊菩薩像。

五台山著名的寺院很多，大量的雕塑、碑刻、墓塔、佛經，都具有很高的歷史和藝術的價值。最重要的寺院，有顯通、塔院、菩薩頂、殊像和羅睺，稱五台山「五大禪處」。此外有秘密寺和南禪寺等。

顯通寺：相傳始建於東漢明帝年間，為五台山最古老的寺院。初名大孚靈鷲寺，唐武則天時改名大華嚴寺，明代始改今名。現存建築為明清時重建。寺有殿堂四百餘間，其中以無量殿、銅殿、銅塔最負盛名。如聞名中外的銅殿，全部用銅鑄成，仿木結構建築，門窗鑄成花卉圖案，殿內銅佛萬尊，是古代佛教藝術的精品。

塔院寺：原是顯通寺的塔院，明代重修舍利塔時獨立為寺，改用今名。舍利白塔高五十米，周圍八十三米，塔端有銅盤，四周懸以銅鈴，風吹鈴響，叮噹之聲，數里相聞。白塔高聳在青山綠叢之中，格外醒目，為五台山的標誌。白塔與壯麗的顯通寺交相輝映，斜陽塔影，紅樓晚鐘，為五台風光之絕唱。

菩薩頂：因傳說為文殊菩薩居住處，故又名真容院，也稱文殊寺。寺前有一百零八級石階，據傳暗指山西舊屬一百零八個縣。寺院建築仿宮殿式，殿頂鋪琉璃瓦，金碧交輝，富麗堂皇，猶如皇宮。清康熙、乾隆二帝幾次朝拜五台山，在此住宿，書匾題銘，撰寫碑文。正殿內懸掛菩提樹金色畫一幅，傳為乾隆皇帝親作。

殊像寺：因寺內供文殊像而得名。文殊閣內，佛壇寬大，文殊駕馭於獅背，高約九米。龕背面倒座之上，塑有藥師、釋迦、彌陀三世佛，兩側懸塑五百羅漢。全部塑像秀美端莊，工藝精巧。

羅睺寺：喇嘛廟。農曆六月十四日，傳為文殊菩薩誕辰，釋迦牟尼的兒子羅睺羅為其祝壽，以「跳鬼」相娛，故名。是日，喇嘛身着奇裝，頭戴鬼面，隨鑼鼓節拍，滿院蹦跳。寺院後殿中心有活動機關蓮台一座，名「開花獻佛」，製作奇特。

秘密寺：佛教傳說秘密寺所在秘密岩為文殊菩薩受記五百神龍潛修之所，又禪宗馬祖後永泰禪師法嗣居此，人稱秘密和尚，還因手持木叉，也稱木叉和尚。寺內有三聖庵，奉釋迦、老子、孔子像，孔像已失。寺內觀音洞三層分奉彌勒、三大士、關公（羽）等石雕像。

南禪寺：位於五台縣西南二十二公里李家莊西側，創建年代不詳，重建於唐建中三年（七八二），為中國現存最古的木結構寺院，歷時一千二百多年，巍然獨存。大殿內有名聞世界的唐代彩塑佛像。

五台山佛教，自北魏開始興盛，至唐代華嚴宗最為流行，次為淨土宗、律宗，晚唐時禪宗盛行。密宗由於元代朝廷的提倡，一度在五台山佔了優勢。明清以來，五台山青廟多屬禪宗，其中又以臨濟宗最多，曹洞宗次之，此外也有屬於淨土宗的。至於喇嘛廟則是屬於密宗的。

五台山自唐代開始，就成了馳名中外的佛教聖地，是中國最早也是最大的一處國際性佛教道場。唐儀鳳元年（六七六）罽賓（今喀什米爾一帶）僧人佛陀波利來唐，專為入山求見文殊菩薩。傳說他到山中進入金剛窟，就不再出來了。唐代日本著名僧人圓仁到五台山竹林寺朝山拜佛，溝通了五台山與日本佛教界的往來。此外，尼泊爾、斯里蘭卡、印尼等國僧人，也都曾前來巡禮朝拜。

二　普陀山

普陀山是浙江省東北部普陀縣舟山群島中的一個小島，原名小白華，又名梅岑山。《華嚴經·入法界品》

中有觀音菩薩住在普陀洛伽山（梵文Potalaka，簡稱普陀）的說法，於是借用普陀以名此山。島南北長八點六公里，東西寬三點五公里。面積近十二點七六平方公里。四周波濤浩渺，島上山岩峻奇，林木蔥蘢，素有「海天佛國」之稱，傳說是觀音菩薩的道場勝地。

相傳唐大中元年（八四七）有一印度和尚來此自燔十指，在潮音洞前親見觀音菩薩現身說法，於是就地結茅，遂傳此地為觀音菩薩顯靈之地。日本臨濟宗名僧慧鍔多次入唐，五代後梁貞明二年（九一六），他從五台山請觀音菩薩像回日本，途經普陀山為大風所阻。傳說他祈請觀音，得到不肯去日本願留中國的靈示，於是他就在普陀潮音洞前的紫竹林內建「不肯去觀音院」，是此道場的開基。

北宋神宗元豐三年（一〇八〇）王舜封出使三韓，遇大風浪，望潮音洞叩拜祈禱平安濟度。後向上奏聞，上賜名寶陀觀音寺。此後名聲更大，來往日本、朝鮮等國行旅，常停此候風，望山歸命，祈求平安。一時寺宇迭興，香火極盛。據中國佛教傳說，觀音的誕辰是夏曆二月十九日，得道日是夏曆六月十九日，入山修道期是夏曆九月十九日。因此，每逢二、六、九月普陀山都有香會，朝拜者絡繹不絕，尤其是日本、朝鮮、東南亞的佛教徒，常不遠千里而來。普陀山成為近代中國佛教最大的國際性道場。南宋紹興元年（一一三一）普陀佛教各宗統一歸於禪宗，此後法系一直以禪宗為主。嘉定七年（一二一四）又規定該山以供奉觀音為主，此後一直延續下來。普陀山在解放前有寺廟、庵堂、茅棚二百一十六個，僧尼近三千餘人。其中的普濟、法雨、慧濟稱「普陀三大寺」，規模宏大、巍峨莊嚴，為中國清初建築群的典型代表。如普濟寺有殿閣堂廡二百餘，為山中供奉觀音大士的主剎，雄偉壯觀。此外島上還有風景點二十餘處。著名的有潮音洞，洞窟日夜與海潮相吞吐，海潮湧入，如虎嘯龍吟。還有南天門、西天門、千步沙等。整個普陀山洞幽岩奇，銀濤吞沙，山秀林幽，歷來為遊覽避暑勝地。聲如雷鳴。梵音洞，洞的兩側峭壁相合如門，高約百米，洞深百米，屈曲通海，

三 峨眉山

峨眉山在四川峨眉縣城西南七公里，因山勢逶迤「如螓首峨眉，細而長，美而豔」（《峨眉郡志》），故有此名。佛教稱「光明山」，道教稱「虛靈洞天」、「靈陵太妙天」。有大峨、二峨、三峨之分。主峰萬佛頂海拔三千多米，方圓兩公里，自山麓至峰頂五十餘公里，石徑盤旋，直上雲霄。山脈峰巒起伏，千岩萬壑，重岩疊翠，雄秀幽奇，流雲瀑布，氣勢磅礴，正如唐代大詩人李白詩云：「蜀國多仙山，峨眉邈難匹。」（《登峨眉山》）故素有「峨眉天下秀」的美稱。

峨眉山最初流行道教，東漢時就開始創建道教廟觀。到了唐代峨眉山佛教日益興盛。宋人附會說，古時有一採藥老人蒲翁入山採藥，見普賢菩薩瑞相，而在今白水普賢寺事佛。宋太祖乾德六年（九六八），嘉州屢奏普賢菩薩顯相，因遣內侍張重進前往塑造普賢菩薩像。太宗太平興國五年（九八○），又造巨型的普賢銅像，建閣安置，並將白水寺改名為白水普賢寺。從此以後峨眉山便成為普賢菩薩的聖地了。峨眉山佛寺到了明清兩代臻於極盛，梵宇琳宮，大小寺院近百座。自清以降，寺廟破敗不堪，所存不及半數。主要寺廟有：

報國寺：寺內有明永樂年間彩釉瓷佛一尊，高二點四米。前殿有明鑄十四層紫銅華嚴塔一座，高七米，塔身上鑄有佛像四千七百餘尊，並刻有《華嚴經》全部經文。

萬年寺：創建於晉代。唐稱白水寺，宋改為白水普賢寺，明代又改為聖壽萬年寺。殿內有北宋時鑄造的普賢菩薩騎六牙白象銅鑄像一尊，通體高七點三米，重六十二噸。鐵鑄佛像二十四尊，小銅佛像三百多尊。鑄工細緻，非常精美。

洪椿坪：古稱千佛庵。因寺院附近有一株一千五百年的洪椿老樹，因此改名為洪椿坪。寺內有清代刻製的七方千佛蓮燈一具，高二米，直徑一米，刻紋龍七條，佛像數百軀，雕工精湛，技藝高超。古剎雄踞天池峰

下，景色秀麗宜人。「洪椿曉雨」為峨眉十景之一。

普光殿：建於東漢，因山多雷火，屢建屢燬。殿建於峨眉山頂——金頂。此處還有雲海、日出、寶光三大奇觀。寶光也稱菩薩佛光。每當風清日朗，下午時分，人們從金頂捨身崖向下看去，可見五彩光環浮於雲際，身影置於光環之中。實際上這是陽光透過水蒸氣折射而成的一種美妙的自然現象。

峨眉山的白龍寺（白龍洞）、仙峰寺（九老洞）、伏虎寺、洗象池、雷音寺、清音閣等寺院也都聞名遐邇。此外，峨眉山還有道教勝跡和其他一些名勝。

歷史上在峨眉山闡化的僧人，多屬禪宗學人住持道場，初多為青原下法嗣，有曹洞宗、雲門宗的僧人，少有屬於臨濟宗的。今則多屬臨濟宗，次為曹洞宗。

四　九華山

九華山在安徽青陽縣西南二十公里，主峰千王峰海拔一千三百四十二米，全山一百餘平方公里。山上九十九峰並立羅列，其中的天台、蓮花、天柱、十王等九峰高出雲表。九華山原名九子山，李白以九峰如蓮華削成，作詩云：「昔在九江上，遙觀九華峰。天河掛綠水，秀出九芙蓉。」（《望九華贈青陽韋仲堪》）此後逐漸稱為九華山了。山中多溪流、泉水、瀑布、怪石、古洞、蒼松、翠竹，水光山色交相輝映，名勝古跡遍佈其間，素有「東南第一山」之稱。

佛教傳說釋迦牟尼逝世一千五百年後，地藏菩薩降跡新羅國（今朝鮮中部）為王子，姓金名喬覺，削髮後號地藏比丘。於唐高宗時航海來中國，在九華山結廬苦修。後被當地鄉老諸葛節等發現，見他孤坐石室，吃摻有觀音土（一種白土）的飯食，十分欽佩其苦行精神。又得知是新羅王子，感到應盡地主之誼，於是發善心為

之造寺。當時九華山為閔公所有，建寺要閔公出土地，閔公問地藏比丘要多少地，回答說，「一袈裟地」，閔公答應下來。不料袈裟越扯越大，蓋盡九華。據說金地藏居此山數十年，九十九歲時，於唐玄宗開元年間夏曆七月三十日夜，召眾訣別，跏趺坐化。其肉身不壞，徒眾以缸殮殮，置入塔中。相傳山上聞名退邇的「月（肉）身寶殿」，就是地藏的成道處。後世遂以此日為地藏菩薩應化中國的涅槃日，屆時舉行地藏法會，所以九華山的香火以七月最盛。自明代起以金地藏為地藏菩薩的化身加以崇祀，九華山便成為地藏菩薩的聖地了。

明萬曆年間，寺廟增至百座以上。清初增至一百五十餘座，佛事活動極盛，有「佛國仙城」之稱。太平軍進入九華山，寺廟多數被毀。其後又有所整修，現尚存九十八座。

九華山的著名寺院有百歲宮、東崖寺、祇園寺、甘露寺四大叢林。此外還有化城寺、月身寶殿等。

百歲宮：為紀念明無瑕禪師而建。無瑕禪師長年苦修，百歲而逝，人稱「百歲公」。死後三年肉身不腐，明崇禎皇帝認為他是地藏菩薩轉世，敕封為「應身菩薩」。殿內所供無瑕禪師的真身至今尚存，其頭部與常人相差無幾，然軀幹已萎縮如孩童一般。

東崖寺：在東崖寺附近有一巨石，相傳為金地藏晏坐處。明代王守仁遊此有「盡日岩頭坐落花」的詩句。東崖寺在抗日戰爭前是九華山的最大叢林。

東有曾為金地藏所居住過的地藏洞。

祇園寺：始建於明嘉靖年間，後幾經擴建，規模為九華山之冠。大殿雄偉，佛像壯觀，香火興盛，清時曾為十方叢林。

甘露寺：建於清初，後重修建。寺依山而建，高達五層，琉璃瓦頂，金光閃耀。四周茂林修竹，遮天蔽日，山水環拱，景色優美。

化城寺：在九華山中心，為九華山開山寺。史載由青陽諸葛節等人修建，請地藏居此。寺依山而建，氣宇

軒昂，莊嚴古樸。唐建中二年（七八一）開闢為地藏道場。明清一些皇帝曾親書匾額並賜金修葺。今寺內仍藏有明代論旨、藏經等文物。明末高僧蕅益（一五九九—一六五五）曾入九華，住化城寺南的華嚴庵（即回香閣），從事佛教活動。

月身寶殿：俗稱肉身塔。史載佛教徒為紀念金地藏而建。現存塔殿為清同治年間重建。殿宇宏偉壯觀，內有七級木質寶塔，高約十七米，每層有佛龕八座，供奉地藏金色坐像。

第三節　八宗祖庭

隋唐時代中國佛教形成了八個宗派，這些宗派都有創始者和主要繼承人，他們同被奉為祖師，祖師的庭院，即他們所開創或住過的寺院，稱為「祖庭」。這些祖庭是中國佛教宗派的發源地，在佛教史上有着極為重要的地位，其中有些也是著名的名勝古跡，仍保存至今，其他或已蕩然無存，或僅留遺跡。下面依據它們的不同情況作一詳略有別的介紹。

一　天台山——天台宗祖庭

天台宗發源地天台山，在浙江天台縣城北。天台山群峰爭秀，巉峭多姿，景色秀麗。據傳三國時吳赤烏（二三八—二五一）年間僧人就已在此建有佛寺。東晉以來名僧支道林、曇光、竺曇猷等曾居此修習禪定。天台宗初祖慧文在河北，二祖慧思住湖南南嶽，天台宗三祖、實際創始人智顗於南朝陳太建七年（五七五）率弟子慧辯等二十餘人居此，建草庵講經十年。他繼承慧文、慧思的思想，並在此基礎上構成了自己獨具特色的思

想體系，形成了自己的一家之言，創立了天台宗。隋開皇十八年（五九八），晉王楊廣承智顗遺志，在山麓建

寺，隋大業元年（六〇五）賜寺名國清寺，為天台宗的根本道場。後經歷代的多次整修，現存的建築為清代雍

正十二年（一七三四）所建。一九七三年又作了全面的修整。這是一個擁有殿宇十四座、房屋六百餘間的大型

建築群。大雄寶殿正中設明代青銅鑄釋迦牟尼坐像，連座高六點八米，重十三噸。殿兩側列元代楠木雕製的

十八羅漢坐像，工極精緻。殿東側小院中有古梅一株，傳為隋代初建寺院時所栽。寺內藏有珍貴文物，其中有

智顗的遺物貝葉經，清雍正年間的欽賜藏經和唐代詩僧寒山子印的《寒山詩集》等。

國清寺前的前崗上巍然屹立磚塔一座，為隋代所建，宋代重修。高約六米，六面九級，形制挺秀。國清寺

前還有唐天文學家一行禪師墓塔。一行為修訂《大衍曆》曾到國清寺向寺僧求教數學，後人在寺前的七佛塔後

建墓塔以紀念之。又傳他到寺時，正值北山風雨大作，前寺東山澗流流水猛漲，向西山澗倒灌。今寺外豐幹橋旁

側有石碑一方，上書「一行到此水西流」七字。

隋開皇十七年（五九七）智顗去世，後人在天台山佛隴為其建塔院，稱「智者大師塔院」。此塔院現在真

覺寺中。塔院祖殿中置六角智者大師肉身寶塔。現有的建築係明代重修，近年又重建。天台山寺院甚多，如高

明寺也是智者大師的道場之一，寶相寺是智者大師入滅處，還有五代時德韶大師所立的華頂寺，都比較著名。

唐貞元二十年（八〇四）日本僧人最澄入華求法，在天台山從道邃和行滿學習天台宗教法，歸國後創立日

本佛教天台宗。此後日本天台宗僧眾常常來此巡禮參拜祖庭。

天台國清寺與南京棲霞寺、山東靈岩寺、湖北玉泉寺，一度曾合稱「天下四大叢林」。玉泉寺在湖北當陽

縣西十五公里的玉泉山東南麓，也是天台宗的祖庭。智顗曾在此寺講《法華玄義》和《摩訶止觀》。此寺經

唐、宋、明相繼修葺後，「佔地左五里，右五里，前後十里」，被譽為「荊楚叢林之冠」。今寺大殿前有隋大

業十二年（六一六）鑄造的大鐵鍋，重一點五噸，還有元代鑄的鐵鐘、鐵釜。殿側有石刻觀音畫像，線條流暢，筆力遒勁，相傳為唐代大畫家吳道子的傑作。東南土丘上有玉泉鐵塔，北宋時鑄，八角十二層，高十七點九米，塔身重五十三點三噸，形體纖瘦挺拔，穩健玲瓏，光澤奪目。

二　棲霞寺——三論宗祖庭

三論宗的祖庭較多，初祖僧朗和二祖僧詮住南京棲霞寺，僧詮傳法朗，法朗住金陵城郊的興皇寺，相繼傳播三論《中論》、《百論》、《十二門論》之學。三論宗實際創始人吉藏七歲跟法朗出家，長期從法朗問學，至陳滅隋時去會稽（今浙江紹興）嘉祥寺住了十幾年。後應隋煬帝楊廣之約，受請到隋京大興（今陝西西安），住日嚴寺。在此期間他完成了三論的註疏，並撰有《大乘玄論》、《三論玄義》等，對三論中的要義作了專門的闡述，創立了三論宗。但現在除棲霞寺外其他諸寺均已湮沒無聞了。下面只對棲霞寺作一介紹。

棲霞寺位於江蘇南京東北二十二公里的攝山上。此山多藥材，食之可攝益身心，故名「攝山」。又因山上有棲霞寺，也稱棲霞山。南朝齊高帝建元年間（四七九—四八二），有居士名僧紹（即明徵君）隱居此山，時有名僧法度自黃龍來，與僧紹交遊甚厚。僧紹死後，捨宅為法度造寺，稱棲霞精舍。梁時遼東人僧朗善「三論」和《華嚴經》，前來師事法度，後被稱為三論宗初祖。僧朗死後，弟子僧詮、詮弟子慧布繼位此寺。唐高祖時增建殿宇四十九所，改名為功德寺。唐高宗製《明徵君碑》，改名《隱君棲霞寺》，相傳「棲霞」二字為高宗親筆題寫。碑文為當時書法名家高正臣所寫，置於棲霞寺山門外左前側，為江南古碑之一。此寺清咸豐年間燬於大火。光緒三十四年（一九〇八）由寺僧興工重建，略復舊觀。

寺內有舍利塔一座，始建於隋仁壽元年（六〇一），五代時重修。塔八面五層，高十五米，雕飾精美。舍

三　慈恩寺和興教寺——法相唯識宗祖庭

【一】慈恩寺

慈恩寺在今陝西西安市南四公里，原為隋朝的無漏寺，唐貞觀二十一年（六四七）太子李治（後為高宗）為給母親文德皇后追薦冥福而改建，故以「慈恩」命名。當時建築宏大，雲閣禪房十餘院，房舍共一千八百九十七間。雕樑畫棟，窮極華麗。延玄奘為上座。寺西北立翻經院，為玄奘譯經處。玄奘死後弟子窺基繼住此寺，所以世又稱法相唯識宗為慈恩宗。玄奘為置放由印度帶回的經籍（梵箓），於永徽三年（六五二），仿照西域佛塔形式，建造了五級磚塔，名為「雁塔」。據《大唐西域記》卷九載，印度佛教小乘僧人食三淨肉，有人因求三淨肉而不得，見群雁在空中飛翔，就開玩笑說：「今日僧供不充，菩薩應知是時」。時有一雁應聲墮地而死。群僧深感慚愧，就不再食三淨肉了，並以為死雁是菩薩化身，特地建塔埋葬，名曰「雁塔」。估計玄奘所建的「雁塔」就是按照這個傳說而命名的。因相對於附近薦福寺塔體形更大，而稱為「大雁塔」，薦福寺塔則名為「小雁塔」。大雁塔建成後屢次重修。現在的塔為七層，合底座和塔身總高六十四點一米。塔南面兩側鑲嵌有唐太宗李世民撰《大唐三藏聖教序》和唐高宗李治撰《大唐三藏聖教序記》

石窟，曾與大同的雲岡石窟齊名。

利塔東有無量殿，又名大佛閣。殿內居中有無量佛，坐身高約十米，佛座高約兩米，左右各有兩尊菩薩像，高約十米。無量殿後的山崖上還有千佛岩，相傳有僧紹兒子仲璋秉承父親遺志於山崖上雕無量壽佛和兩座菩薩像。後人又相繼開鑿，共有佛龕二百九十四個，佛像五百一十五尊。千佛岩第一窟佛高近十一米，是南朝時的著名

碑二通，由唐大書法家褚遂良書寫，字體娟秀，為唐代名碑。唐代大詩人杜甫、岑參、高適等文人墨客都曾登臨大雁塔，並各有題詠。

【二】興教寺

興教寺位於西安市東南約二十公里長安縣的少陵原畔，是玄奘的遺骨遷葬地。玄奘死於玉華宮，葬於西安東郊滻河東岸的白鹿原上，後遷葬於此。同時修建寺塔作為紀念。後唐肅宗李亨來此寺遊覽，題塔額「興教」二字，從此就名為「興教寺」。寺內有三塔，中間一座最高，是玄奘舍利塔，五層，約二十三米，磚仿木結構，底層洞內有玄奘塑像。兩側為玄奘大弟子窺基和圓測（朝鮮人）的墓塔，上面均有石刻、塔銘和泥塑像。清代同治年間除這三塔外其餘建築都被兵火毀壞。一九二二年和一九三九年曾兩度重修，現正殿、藏經樓及寺外長方形敞亭都是近代建築。正殿內有銅佛像和緬甸贈送的白玉彌勒佛像各一尊。配殿正面牆上嵌有玄奘赴印度求經行程的石刻像，係由印度摹繪而來。

四　華嚴寺和草堂寺——華嚴宗祖庭

【一】華嚴寺

華嚴寺在陝西長安縣少陵原的半坡上。北距西安市十五公里，居高臨下，南望終南山，環境幽美。華嚴宗三祖創始人法藏死後葬於現在的華嚴寺南邊。華嚴寺始建於唐貞元十九年（八○三），為華嚴宗的道場之一。清乾隆年間少陵原部分崩塌，寺內初祖杜順、二祖智儼都住終南山至相寺宣講《華嚴經》，發揮義理。華嚴宗

殿宇全毀。現存磚塔兩座，東面的是華嚴宗初祖杜順禪師的塔，方形七層，高十三米，上層石刻「嚴主」兩字。西面一座華嚴宗四祖清涼國師塔，六角五層，高七米，塔上有石刻「大唐清涼國師妙覺之塔」十字。寺內原有唐大中六年（八五二）刻的《杜順和尚行記碑》，現移至陝西省博物館保存。

【二】草堂寺

草堂寺在陝西戶縣城東南二十公里的圭峰山下。華嚴宗五祖宗密曾住此起草《圓覺經疏》，後又入草堂寺南的圭峰蘭若，誦經修禪。死後葬於東小圭峰，世稱「圭峰禪師」。有圭峰《定慧禪師傳法碑》一通，立於唐大中九年（八五五），為當時人裴休撰寫，柳公權篆額，相當有名。今移至草堂寺鼓樓內。相傳草堂寺最早為姚秦鳩摩羅什譯經之處。因堂係草苫所蓋，故名草堂。鳩摩羅什死後火葬於此。唐後不斷修繕。寺中有「姚秦三藏鳩摩羅什舍利塔」，造型殊異。塔身通高兩米餘，八面十二層，用白玉、磚青、墨黑、乳黃、淡紅、淺藍、赭紫及灰色八種顏色的玉石雕刻鑲併而成。上面浮雕蔓草花紋及陰雕佛像等，都工巧藝高，俗稱「八寶玉石塔」。寺西北部有一水井，秋冬的早晨井內水汽上升，煙霧繚繞，稱為「草堂煙霧」，為古時關中八景（「長安八景」）之一。

五　大明寺——律宗祖庭

唐代道宣住陝西終南山豐德寺，著有《四分律行事鈔》，為律宗主流南山宗創始人。道宣的再傳弟子鑑真曾遊長安、洛陽等地，後住江蘇揚州大明寺講律。唐天寶年間赴日本傳授戒法，大弘律學，開日本佛教和文化的先河。鑑真在日本奈良建唐招提寺，其墓塔即在該寺後院。大明寺位於江蘇揚州新北門外的蜀崗中峰上，初

建於南朝宋大明年間（四五七—四六四），故名大明寺。隋文帝仁壽元年（六〇一）該寺建一座棲靈塔，於是改名為「棲靈寺」。唐代詩人李白、白居易、劉禹錫等都登過此塔，並留下著名的詩篇。宋大詩人蘇軾為該寺幾經興廢。宋文學家歐陽修任揚州太守時建平山堂，堂後有「遠山來與此堂平」的匾額。宋詩人蘇軾為紀念歐陽修，又在平山堂後建谷林堂，牆上有歐陽修石刻像。清乾隆皇帝巡遊揚州又改題「法淨寺」。今恢復原名大明寺。一九七三年在大雄寶殿東側建鑑真紀念堂，由正殿、碑亭和陳列室組成，為著名建築學家梁思成參照唐代建築風格設計。堂內有鑑真楠木雕像，仿照日本唐招提寺鑑真乾漆夾紵像雕刻而成。

六　大興善寺和青龍寺——密宗祖庭

〔一〕大興善寺

大興善寺在陝西西安城南二點五公里處。始建於晉武帝年間，名遵善寺，隋文帝時改名大興善寺。當時有印度僧人那蓮提黎耶舍、闍那崛多和達摩笈多先後來此寺翻譯佛經。唐開元年間又有印度僧人善無畏、金剛智和獅子國（今斯里蘭卡）僧人不空（一說也是印度人）即「開元三大士」來此譯出眾經，傳授密法。一時成為長安城內佛經三大譯場之一，也是密宗的發源地。密宗以毗盧遮那為初祖，普賢金剛薩埵為二祖，龍樹為三祖，龍智為四祖，金剛智為五祖。金剛智傳弟子不空，不空為六祖。實際上開元三大士才是中國密宗的真正創始人。一行和尚曾住持此寺，對天文、數學的研究作出了傑出的貢獻。現唐代寺院已毀，僅存唐刻青石龍頭和歷代整修寺院的碑碣。現存的寺院為明清時建築。一九五六年以來又進行了全面修葺，寺院正在逐漸恢復本來面貌。

【二】青龍寺

青龍寺位於西安市東南郊鐵爐廟村北高地上。初建於隋開皇二年（五八二），名「靈感寺」。唐代再經修建，名「觀音寺」。景雲二年（七一一）稱「青龍寺」，為當時著名的寺院，密宗的根本道場。不空弟子惠果住此寺東塔院，稱密宗七祖。惠果弟子中有訶陵（今印尼爪哇）的辨弘、新羅（今朝鮮）的慧超等。貞元二十年（八〇四）日本僧人空法來唐求法，從惠果受灌頂（傳法儀式），傳金剛界、胎藏界兩部大法，並受傳法阿闍梨（導師）灌頂，回國後在高野山建立了日本的真言宗。此後日本的天台宗僧人圓仁、圓珍，真言宗僧人宗睿先後入唐，都在此寺從惠果再傳弟子法全受密法。所以「青龍寺」也是日本真言宗的發源地。寺毀於北宋。中國社會科學院考古研究所於一九七九年開始發掘寺院遺址。今在遺址上立有石碑，並建惠果空海紀念堂，目前仍在積極發掘和恢復當中。

七　玄中寺、香積寺和東林寺——淨土宗祖庭

【一】玄中寺

玄中寺位於山西交城縣西北十公里的石壁谷中，四面石壁陡立，所以也稱「石壁寺」，為淨土宗發源地之一。北魏延興二年（四七二）興建。時有為皇帝崇敬的曇鸞大師住此弘佈淨土信仰，隋代道綽和唐代善導相繼持此寺，基本上完成了曇鸞的淨土宗系統。寺後改稱為石壁永寧禪寺。主要殿堂毀於清代，一九五五年重建。現存北魏以來的碑刻，為珍貴文物。寺東的大龍山有一兩層八角白色秋容塔。日本淨土宗和淨土真宗，因奉曇鸞、道綽、善導為淨土宗三祖，也奉該寺為祖庭。殿內木雕佛像造型生動，栩栩如生。

【二】香積寺

香積寺在陝西長安縣香積村，距西安約十七公里。唐神龍二年（七〇六）善導法師弟子懷惲等人為紀念善導而建。初建時氣魄宏偉，殿堂壯觀，院內花草茂盛，林木蔥蘢。唐高宗李治曾賜百寶幡花，武則天也駕臨瞻仰。詩人王維《過香積寺》的詩句「不知香積寺，數里入雲峰。古木無人徑，深山何處鐘」，生動地描繪了彼時寺院的景色。寺後毀，僅存善導堂和敬業塔，現塔身已殘裂為十一級，高三十三米。其東側有小型磚塔一座，據傳是善導的墓塔。香積寺經一九八〇年的重修，外觀有所恢復。

【三】東林寺

東林寺在江西廬山西北麓，係東晉太元十一年（三八六）刺史桓伊為慧遠所建。慧遠提倡彌陀淨土信仰，曾和劉遺民等人立誓共以往生西方極樂世界為期。後來又傳說慧遠曾在廬山邀集十八高賢立「白蓮社」，因此尊慧遠為淨土宗初祖。東林寺作為東晉以後南方的佛教重鎮，在歷史上曾盛極一時，名揚天下。寺內有神運殿、三笑堂、唸佛堂（十八高賢堂）、文殊閣、聰明泉、石龍泉、羅漢松等。殿後東窗下嵌有唐代大書法家柳公權真跡殘碑。寺前有虎溪橋，相傳慧遠送客從不過此橋。有一次他與詩人陶淵明、道士陸修靜談玄論道，慧遠送陶、陸二人出山門，邊談邊走，過了石拱橋，「神虎」吼叫，三人相視大笑不止。這就是文苑佳話「虎溪三笑」的來歷。實際上這是儒、道、佛合流的反映。東林寺群山環抱，溪水迴流，景色清幽，歷代文人紛紛慕名而來。李白、白居易、陸游、岳飛、王陽明等在此都留下了名篇佳作。鑑真和尚東渡之前曾來東林寺約智恩和尚同赴日本，慧遠學說也隨之東傳，所以日本的東林教也奉廬山東林寺慧遠為始祖。

八　禪宗祖庭

前文已經提到過禪宗奉菩提達摩為初祖。禪宗後又分出南北兩宗，北宗神秀一系曾盛極一時，但不久便衰落下去。南宗慧能一系祖師輩出，弘傳不衰。南宗先後分出南嶽懷讓、青原行思兩系。南嶽系下又分化出臨濟、為仰兩家。青原系下分化出曹洞、雲門、法眼三家。臨濟宗後又分出黃龍、楊岐兩派。楊岐一派又有虎丘和徑山兩派。因此禪宗祖庭之多為各宗之最。

【一】少林寺

少林寺在河南登封縣城西北十三公里少室山北麓的五乳峰下。因建寺時少室山麓叢林滿野，故名。北魏孝文帝於太和十九年（四九五）為印度僧人跋陀（佛陀）禪師而建。相傳印度僧人菩提達摩曾來此凝修壁觀，傳授禪法，因而被奉為禪宗初祖，少林寺也被尊為禪宗祖庭。北周武帝滅佛時，少林寺被毀，大象年間（五七九—五八〇）重建後改名為「陟岵寺」。後隋文帝又敕復原名。唐太宗時寺院重修，有殿宇閣樓一千多間，規模宏大。至唐末五代時逐漸衰敗，南宋時又有所中興，清雍正時重修。一九二八年軍閥混戰，天王殿和大雄寶殿被焚燒一空。現存建築是原來的主體部分。千佛殿內有著名的明代「五百羅漢朝毗盧」壁畫，約三百多平方米；還有當年僧人練拳遺跡——站樁坑。白衣殿內有清代少林寺拳譜、十三棍僧救唐王（李世民）故事的壁畫。寺內達摩亭相傳是二祖慧可在門外立候達摩，大雪沒膝也不動搖的地方，所以又叫「立雪亭」。寺內還保存有唐以來的碑碣石刻約三百餘品，其中以《秦王告少林寺主教碑》以及蘇軾、米芾、蔡京、趙孟頫、董其昌、日本僧人邵元等撰文、書寫的碑文最為珍貴。

少林寺西側有少林寺塔林，因塔多密集如林，故稱。塔林多為少林寺歷來名僧的墓地。共有磚、石基塔

二百二十多座，造型各異，形態多樣，反映了不同時代造塔的不同風格，是綜合研究中國歷代磚石建築和雕刻藝術的寶庫。

少林寺西北的五乳峰上有初祖庵，傳說菩提達摩在此曾面壁九年（一說十年）。洞前石坊額上刻有「默然處」三個字。北面刻「東來肇跡」四字。周恩來的《大江歌罷掉頭東》詩句「面壁十年圖破壁」的「面壁」典故即出於此。

寺西南四公里的缽孟峰上有二祖庵，傳為二祖慧可從菩提達摩學禪，立雪斷臂後，在此山養傷，其弟子為紀念他而建此庵。庵內有大殿、碑碣，庵外有古塔三座。由庵南上里許有覓心台，登台遠眺，東覽太室，西望伊洛，邙山橫亘，黃河西來，百里景物盡收眼底。

少林寺也是少林派拳術的發源地。禪宗主坐禪，但坐久了會筋肉麻木，需要起身舒展肢體，久而久之，舒展動作形成了定勢，被稱為拳法、拳術。唐初，少林寺僧人因佐唐太宗有功，受封後得以養寺兵五百，這樣便又把馬前兵法和多種器械也引進了少林武術。後來少林拳術更負盛名，流傳日廣。拳術是武術中重要的一種，人稱「天下功夫出少林」。武以寺名，寺因武顯，少林寺因而被譽為「天下第一剎」。

〔二〕山谷寺

山谷寺又稱乾元禪寺、三祖寺，在安徽潛山縣天柱山野寨區。相傳南朝梁時，有寶志禪師來此開山建寺，後禪宗三祖僧璨禪師雲遊至此，擴建寺院，講經傳法，聲揚遐邇。寺內屹立的覺寂塔又名三祖寺塔。七層八面，高三十三米多。塔體外旋中空，內有台階可登塔頂。寺西有石牛古洞，宋文學家黃庭堅曾在此讀書，樂其山水之美，因自號「山谷道人」。

【三】四祖寺

四祖寺在湖北省黃梅縣城西十五公里的破額山上（西山），為禪宗四祖道信的道場。原來寺院規模宏大，後因幾度兵火而毀。現存四祖殿、慈雲閣等。在寺西的山坡上有毗盧塔，為道信墓塔。塔由磚石砌成，仿木結構，高約十五米，重簷亭式，下設台基，略成正方形。造型穩重，氣勢軒昂。在寺西北的西山山腰上有一魯班亭，傳為古代大建築師魯班所修，實為唐所建，具有唐代早期建築的風格。在寺岩泉溪上有靈潤橋，為元代建造。橋下的岩石上刻有「碧玉流」的字樣，出於柳宗元的手筆。另有元代黃眉山人以及明清時詩人的詩文題刻。四祖寺一帶，寺塔亭橋，山水花木，交相輝映，別有情趣。

【四】東山寺

在湖北省黃梅縣城東十二公里的東山上，故名。因東山又名雙峰山，故也稱「雙峰寺」，是禪宗五祖弘忍傳授禪法，弘揚東山法門的地方，俗又稱「五祖寺」。寺始建於隋末，唐代又加以擴建，堂舍達千餘間。由山腳沿石級小徑至山頂長約三公里。寺內外名勝古跡很多。大滿禪師塔相傳為瘞五祖弘忍之所。寺前「一天門」有釋迦多寶如來佛塔，係北宋所建。塔身端莊穩重，雕刻秀雅精緻。寺花橋下路旁有十方佛塔，用青色砂石，單件壘砌，八角七級，高六點三六米。設有佛龕，中置佛像，形制俊俏，結構嚴謹。寺山門內有飛虹橋，傳為元代修建，以青石條構築，單孔拱券，橫跨谷澗，狀如飛虹。寺外的白蓮峰頂上有白蓮池。由峰頂俯瞰山麓，古寺藏幽，遠眺廬山，錦屏繡翠，美不勝收。唐代大詩人杜甫、柳宗元、宋之問以及宋文學家歐陽修等都曾到此寺登臨遊覽，題詠佳句。

【五】南華禪寺

在廣東韶關市南二十公里。背依庾嶺山脈，面對北江支流曹溪，幽靜秀麗。初建於南朝梁天監三年（五〇四），名「寶林寺」。唐儀鳳元年（六七六）慧能在廣州乾明法性寺菩提樹下剃髮受戒。法性寺即今光孝寺。寺內有六祖殿，原名「祖堂」，係紀念禪宗六祖慧能的建築物。寺內的瘞髮塔傳為紀念慧能剃度，將他的頭髮埋在菩提樹下而後在上面建的塔。寺內還有睡佛閣，也稱「風幡堂」，傳為慧能宣講風幡非動而是心動理論的地方。儀鳳二年（六七七）慧能主持寶林寺，開創禪學南宗，被奉為禪宗六祖，該寺也成為禪宗的著名祖庭。唐代敕名「中興寺」、「法泉寺」，宋初賜名「南華禪寺」，一直沿用至今。南華寺有「東粵第一寶剎」的美稱。寺院建築幾經興廢，寺內六祖殿供六祖像，傳為六祖慧能真身像。另有五百羅漢像，形態生動。寺內還藏有金繡千佛袈裟、歷代皇帝的聖旨、水晶缽盂等大量珍貴文物。

【六】南嶽般若寺（福嚴寺）——禪宗南嶽系祖庭

南嶽般若寺在湖南省衡山擲缽峰下，建於南朝陳光大元年（五六七）。唐先天二年（七一三），懷讓參拜慧能後來此，住般若寺觀音台弘揚禪法，開南嶽一系。宋時擴建，更名為「福嚴寺」。清代毀後重修。寺山門橫額石刻「天下法院」，兩旁石刻聯「六朝古剎七祖道場」。寺中有南朝時鑄銅質嶽神一尊，一萬三千斤，佛像三尊，各重萬斤。寺旁有「極高明台」，上有唐李泌書寫的「極高明」三字。寺前不遠處有「三生塔」，是天台宗三祖慧思禪師墓。附近另有磨鏡台。據說懷讓以磨磚不能成鏡作比喻，說明坐禪不能成佛的道理，以開導道一禪師。道一禪師後住鍾陵（今江西進賢縣）開元寺，弘傳懷讓的宗旨，時稱為洪州宗。

【七】青原山淨居寺——禪宗青原系祖庭

青原山在江西吉安縣東南十五公里處。青原山上的淨居寺為禪宗青原一系開創者行思的道場。青原山後來又分出曹洞、雲門、法眼三派，尊行思為禪宗七祖。淨居寺的正門上鐫刻着宋文天祥手書「青原山」三字。寺內殿宇嚴整，古跡很多，顏真卿、蘇軾等文人騷客都曾到此遊歷題詠。

行思門下的希遷（石頭和尚）於唐天寶二年（七四三）受請住湖南衡山南台寺，闢為道場，弘揚行思禪法。寺有希遷墓塔。日本有關碑文稱日本僧六休為希遷四十二代孫，日本佛教曹洞宗視南台寺為祖庭。

【八】臨濟寺澄靈塔——臨濟宗祖庭

臨濟寺在正定城東南一公里臨濟村，原為東魏興和二年（五四〇）創建。唐大中八年（八五四）義玄在此創臨濟禪院，開設道場，廣收徒眾，弘揚禪法，創臨濟宗，盛極一時。其禪風以「棒喝」著稱。唐咸通八年（八六七）義玄去世，弟子建衣缽塔葬之，名澄靈塔，也稱青塔。塔高三十三米，八角九級。整體結構精巧，輪廓秀美清晰。臨濟宗於南宋時傳入日本，信徒眾多，奉此為臨濟宗發祥地。

此外，福建省福清縣漁溪鎮黃檗山萬福寺，被日本黃檗宗奉為祖庭。唐貞元五年（七八九），禪宗慧能的法嗣正幹禪師開創般若堂，後改名建德禪寺、萬福寺。臨濟玄義之師希運禪師住持萬福寺，始以黃檗為山名。此山後為禪宗一大叢林。明崇禎九年（一六三六）隱元隆琦禪師住持此山二十餘年之久。清順治十一年（一六五四）隱元應請赴日本京都東南郊建「黃檗山萬福寺」，成為日本佛教黃檗宗的根本道場。中國福建省的萬福寺也被奉為祖庭。隱元禪師以六十三歲高齡東渡傳禪，創立黃檗宗，和九百年前鑑真和尚以六十六歲高齡東渡弘法，創立律宗，先後相傳，交相輝映，推進了中日文化的交流。

【九】為山和仰山──為仰宗祖庭

晚唐時靈祐居為山，靈祐弟子慧寂居仰山，師資相承，別開一派，稱為仰宗。為山在湖南省寧鄉縣城西七十公里處。山上有十方密印寺，為靈祐所居。靈祐在此獨棲七年，受到相國裴休的尊崇。前來此山受學的僧人很多，世稱「為山靈祐」。為山山頂為廣野，平疇千畝。古時住僧在山上耕作，人稱「羅漢田」。寺附近有唐裴休墓和宋代理學家張栻墓。仰山在江西宜春南四十公里處。山上有棲隱寺，宋時改名為太平興國寺，慧寂在此大建法幢，平時常以手勢啟悟學人，稱「仰山門風」。

【十】洞山、曹山和天童寺──曹洞宗祖庭

① 洞山和曹山。唐良價禪師住洞山，弟子本寂住曹山，共建曹洞宗。洞山在江西宜豐縣東北二十五公里，山有普利院。唐大中（八四七～八五九）末良價在此大行禪法，世稱「洞山良價」。創五位君臣說，門風頗盛，人稱其禪風為洞上宗風。曹山在江西宜黃縣，本名吉水山，本寂因紀念慧能的道風而改名。山上有荷玉寺，本寂在此大振洞門禪風。

② 天童寺，在浙江寧波市東三十公里的太白山麓。晉永康元年（三〇〇）僧人義興來此結茅。唐開元年間開始建寺。唐至德二年（七五七），僧人宗弼將寺遷至現址。不久上賜名天童玲瓏寺，後更賜名天壽寺。北宋時又賜名景德禪寺。明洪武二十五年（一三九二），冊定天童寺名。南宋建炎三年（一一二九）正覺禪師在此居住，大興曹洞宗，立「默照禪」。寶慶元年（一二二五）如淨住持此寺，日本僧人道元入宋從如淨受學，回國後創日本曹洞宗，該宗教徒尊天童寺為祖庭。天童寺現存建築為清代重建，一九七九年整修。殿宇規模宏大，四周群山環繞，層巒疊嶂，景色幽深。

【十一】雲門寺——雲門宗祖庭

雲門寺在廣東乳源瑤族自治縣城外六公里處。創建於五代後唐同光元年（九二三）。原名光泰禪寺，後稱大覺寺，也稱雲門寺。五代時文偃禪師在此弘揚禪法，創立雲門宗，為雲門宗的發祥地。此宗在北宋時極為興旺，到南宋時趨於衰歇。現山門內壁保存着著名的南漢大寶元年（九五八）《大漢韶州雲門山大覺禪寺大慈雲匡聖弘明大師碑記》《大漢韶州雲門山光泰禪院故匡真大師實性碑》和大寶七年（九六四）兩塊有重要價值的石碑。現存殿宇為一九三四年至一九五〇年間住持虛雲募化所重建。寺院周圍多山水名勝，風光綺麗。

【十二】清涼寺——法眼宗祖庭

清涼寺在江蘇南京市漢中門內的清涼山上。五代十國楊吳時為興教寺，南唐建清涼道場。南唐始祖李昇建國後，請文益到金陵，住報恩禪院，署號淨慧禪師。既而遷住清涼寺，前後三坐道場，自揚一家禪風。聲望頗高，門徒眾多，創法眼宗（法眼為文益的封號），流傳約百年。相傳清涼寺為李氏避暑宮，李後主（李煜）常留宿於此。原寺已廢。現存佛殿為清末年間所建，還保存有南唐保大三年（九四五）義井一口。傳說僧人終生飲此井水，至老鬚髮不白。

【十三】黃龍山——黃龍宗祖庭

黃龍山在今江西武寧縣。唐時釋超慧在此山創永安寺，北宋真宗賜名為「崇恩禪院」。北宋仁宗時慧南禪帥在黃龍山崇恩禪院創「黃龍三關」教義，大振禪風，法席很盛，人稱「黃龍慧南」。由禪宗臨濟宗下另自創一派，建立黃龍宗。

【十四】楊岐山──楊岐宗祖庭

楊岐山在江西萍鄉市。相傳先秦哲學家楊朱南遊至此，迷失方向，不辨岐路，放聲大哭，故名楊岐山。唐代在此建楊岐寺，也稱普通禪寺。乘廣法師住錫山中，他死後，詩人、哲學家劉禹錫為他撰寫了《袁州萍鄉縣楊岐山故廣禪師碑》。北宋時慧南同門方會住此，大弘道法，又從臨濟宗自創一派，並成為臨濟宗的正統。以山為名，稱楊岐宗。方會也稱楊岐禪師。山中古寺在文化大革命中遭破壞，現存劉禹錫手書石碑、甄叔大師塔和乘廣禪師塔。著名的「唐柏」，高十四米，直徑兩米多，至今傲然屹立於寺中。

【十五】虎丘山──虎丘派祖庭

虎丘山在江蘇蘇州市閶門外山塘街，距城約三點五公里。春秋時吳王夫差葬其父闔閭於此。晉宋之際道生曾在此說法，有「頑石點頭」的傳說。宋紹興四年（一一三四）臨濟宗楊岐第五世紹隆住此，創虎丘派，為後世臨濟宗的主流。虎丘山的文物古跡很多，氣勢雄偉，風景秀麗。虎丘塔也稱雲岩寺塔，為五代建築，平面八角形，共七層。塔的磚砌部分飾以彩畫，圖案精美，為國內較早的建築彩繪之一。虎丘山腳下的雲岩寺二山門，也稱「斷樑殿」、「雙樑殿」，為元代所建，極為優美。古人十分讚譽虎丘山：「塔從林外出，山向寺中藏。」有「吳中第一名勝」的美稱。

【十六】徑山──徑山派祖庭

徑山在浙江省餘杭縣城西北二十五公里處，因山上有長五公里的東西二徑，蜿蜒直上達天目山而得名。山

有能仁興聖萬壽寺，簡稱徑山寺。宋紹興七年（一一三七）紹隆派的同門、楊岐派第五世宗杲尊為「祖庭」（話頭禪），世稱大慧派（大慧是宗杲的封號），也稱徑山派。徑山有淩宵等七峰，幽清靈秀。原有徑山寺，現已廢。

此外，河南洛陽市東約十二公里的白馬寺，稱作「中國第一古剎」，也被中國廣大佛門弟子尊為「祖庭」和「釋源」（佛教發源地）。據傳統的說法，白馬寺初創於東漢永平十一年（六八），距今已有一千九百多年的歷史。此寺在早期翻譯佛經和傳播教義方面起過重要作用。寺院規模宏大，寺的後部清涼台，相傳原為漢明帝乘涼讀書之處，後為印度二高僧攝摩騰和竺法蘭譯經傳教之所。寺內現存造像多為元、明、清三代的作品。大雄寶殿的三世佛、二天將、十八羅漢，以及元代「夾紵乾漆」造像，氣韻生動，是一組具有很高文物價值的、馳譽中外的藝術瑰寶。寺內現存的四十多方歷代碑刻，也具有重要的藝術和史料價值。寺的東南角和西南角，各有一座圓形墓塚，分別刻有攝摩騰、竺法蘭的墓碑。白馬寺東南有白馬寺塔，也名「齊雲塔」、「釋迦舍利塔」。塔有十三層，高約二十五米。玲瓏嫵媚，挺拔秀麗。按寺內藏存的宋碑記載，此塔建於永平十二年（六九），可謂是中國第一古塔。現存寺塔為金大定十五年（一一七五）所重建，距今有八百多年的悠久歷史。

第四節　著名喇嘛寺

中國黃教喇嘛寺院除達賴喇嘛的駐地——布達拉宮外，以西藏的扎什倫布寺、哲蚌寺、色拉寺、甘丹寺和青海湟中的塔爾寺以及甘肅夏河的拉卜楞寺六個寺院的規模最大，地位最高，稱黃教六大宗主寺。此外河北承

德的外八廟、北京的雍和宮也很著名。下面分別加以簡略介紹。

一 布達拉宮

布達拉宮在西藏拉薩市西北的瑪布日山上。布達拉是梵語普陀羅的音譯，意思為「佛教聖地」。相傳在公元七世紀時，吐蕃贊普松贊干布為迎接唐文成公主在此首建宮室。後屢有修建。至十七世紀中葉達賴五世受清朝順治皇帝的冊封以後，在此大力擴建，前後歷時近五十年始具今天的規模。宮體主樓十三層，高一百一十七點一九米，東西長三百六十米，南北寬五百多米。全部為石木結構。房舍近萬間，可容僧眾兩萬餘人。內有宮殿、佛堂、習經室、寢宮、靈塔殿、庭院等。達賴喇嘛的八座靈塔的塔身均以金皮包裹，寶玉鑲嵌，極為奢麗。各殿堂的牆壁上繪有絢麗多姿、神情畢肖的壁畫。宮內還保存有大量珍貴的歷史文物。全部建築依山勢壘砌，群樓重疊，殿宇嵯峨，氣勢雄偉。布達拉宮是宮堡和寺院合一的龐大的建築群，是中國藏族古建築藝術的精華，為歷代達賴喇嘛的冬宮，也是原西藏政教合一的統治中心，重大的宗教、政治儀式都在此舉行。

二 扎什倫布寺

在西藏日喀則縣南的尼色日山下。藏語扎什倫布的意思是「吉祥須彌山」。明正統十二年（一四四七）由喇嘛教格魯派（黃教）的創始人宗喀巴的門徒根敦主興建。到明朝末年四世班禪洛桑曲堅掌教後，扎什倫布寺為歷世班禪進行宗教和政治活動的中心。以後為歷世班禪進行宗教和政治活動的中心。扎什倫布寺依山傍水，巍峨莊嚴。全寺有四個扎倉（經學院），殿堂數十處。寺內有高達二十六點八米的強巴佛像，據載，造這座佛像時，用掉青銅二十二萬斤，黃金五百斤，是世界上極為罕見的鎦金銅彌勒佛像。寺內還有歷代班禪靈塔，塔身包裹着銀皮。

此外，還保存有大量其他的珍貴歷史文物。

三 哲蚌寺

哲蚌寺在西藏拉薩市西北五公里的半山坡上。明永樂十四年（一四一六）由宗喀巴門徒嘉祥曲傑興建。全寺建築面積為二十五萬平方米，有上萬間房子，有四個扎倉，僧人定額為七千七百人，寺內大經堂可容八千人，是中國最大的喇嘛教寺院。與色拉寺、甘丹寺合稱「拉薩三大寺」。寺西南方的甘丹頗章（宮）為達賴二世至五世住的地方。歷世達賴都以此寺為母寺，地位極為重要。拉薩學經的僧人多入該寺果莽扎倉。寺內收藏的歷史文物和工藝美術品十分豐富，藏書極多，其中的三部甘珠爾經尤為珍貴。

四 色拉寺

色拉寺在西藏拉薩市北郊三公里的山腳下。明永樂七年（一四〇九）宗喀巴弟子絳欽卻傑代表宗喀巴進京，後受封為大慈法王，明永樂十六年（一四一八）為供奉皇帝所賜佛像和佛經，絳欽卻傑興建了此寺。全寺有三個扎倉，僧人定額五千五百人。大殿內的彌勒像和菩薩像均為銅鑄，造型精美。寺內有絳欽卻傑自北京帶回的金寫藏文《大藏經》一部和栴檀木雕十六尊者像一套，另有明代內地織的大慈法王緙絲像一幅，都是極為珍貴的文物。

五 甘丹寺

甘丹寺在西藏拉薩市東六十公里達孜縣境內的旺古爾山上。為西藏黃教創始人宗喀巴所建，被奉為黃教的

祖庭。宗喀巴的法座繼承人，歷世格魯派教主甘丹赤巴即居於此寺中。該寺始創於明永樂七年（一四〇九），規模之大相當於三個布達拉宮，有兩個扎倉，僧人定額為三千三百人。寺內大殿可同時容納三千餘喇嘛唸經。

司東陀殿內有宗喀巴肉體靈塔。寺內的赤多康是宗喀巴當年生活居住的地方。寺已毀，今在積極恢復中。

六　塔爾寺

塔爾寺在青海省湟中縣魯沙爾鎮，距西寧市二十五公里。它是為紀念黃教始祖宗喀巴，於明代嘉靖三十九年（一五六〇）在宗喀巴誕生地興建的。先後經過四百年的興廢修建，成為今天的規模。整個寺院依山勢起伏，由大金瓦寺、小金瓦寺、小花寺、大經堂、大廚房、九間殿、大拉浪、如意寶塔、太平塔、菩提塔、過門塔等大小建築，組成為一個完整的建築群。既有漢式的宮殿，又有藏式的平頂建築，體現了漢藏建築傳統藝術的融合。氣勢雄偉，光彩奪目。寺內的酥油花雕、壁畫、堆繡被稱為該寺的「三絕」，風格獨特，具有很高的藝術價值。寺院大小經堂下設四大扎倉，分別研究顯宗義理、密宗教義、因明、天文、曆算、占卜、工藝、醫學、禁咒等。每年農曆正月、四月、六月、九月舉行四大法會，二月、十月舉行兩個小法會。尤其是正月十五的燈節大會，以展覽酥油花雕、壁畫、曬佛（將數十丈高的大佛像在山坡上高高掛起）來吸引數以萬計的各族群眾來寺參觀、瞻仰、朝拜，從而使該寺成為西北地方佛教活動的中心和著名的遊覽勝地，並在全國和東南亞一帶享有盛名。

七　拉卜楞寺

拉卜楞寺舊稱扎西奇寺，在甘肅夏河縣城西一公里處。始建於清康熙四十八年（一七〇九），曾為甘肅、

青海、四川交界處藏族地區的政治、宗教、文化中心，下轄寺院一百零八所，喇嘛總數達兩萬名。寺院建築雄偉，金碧輝煌。主要建築有扎倉六所、拉康（佛寺）十八所、囊欠（活佛公署）十八所、講經壇一座、印經院一所、藏經樓一所、僧舍萬餘間。喇嘛最多時達三千餘人。寺內還保存着為數可觀的佛塔、佛像等珍貴文物，以及六萬五千多卷藏語文書、藏史、藏醫、曆法、音樂、美術、藏經和《佛教大百科全書》等孤本、善本典籍資料。藏文典籍之豐富在全國喇嘛寺中名列前茅。

八　外八廟

外八廟是一組以喇嘛廟為主的大型寺廟群，位於河北省承德市避暑山莊外，因稱外八廟。這是清王朝為了接待蒙藏各族的領袖人物、聯絡王公貴族，實現民族團結而興建的。外八廟一時成為中國西藏拉薩以外的又一個喇嘛教中心。從康熙四十二年（一七〇三）到乾隆五十五年（一七九〇）間不斷修建，最後建成須彌福壽之廟，歷時達八十七年之久。原來有寺廟十一座，現存七座，即溥仁寺、普樂寺、安遠廟、普寧寺、普陀宗乘之廟、殊像寺、須彌福壽之廟。這組龐大的廟宇依群山而建，高低錯落，佈局多變，氣勢恢弘。廟宇造型不拘一格，藏、蒙、漢等民族的建築藝術競放異彩。外八廟大多數都朝向避暑山莊，象徵着各民族心向中央，天下一統。在普寧寺「大乘之閣」內有木雕千手千眼佛一尊，從寶座到額首高二十二點二八米，腰圍十五米，由松、柏、楊、榆、椴五種木料雕刻組合而成，是中國目前最大的木雕佛像之一。寺內的數十座紅台和白台縱橫交叉，錯落有致，熠熠閃光，輝煌奪目。須彌福壽之廟俗稱行宮，是仿照日喀則的扎什倫布寺建造的。這是清廷為第三世班禪前來祝賀乾隆皇帝七十五歲壽辰而專門為他修建的駐錫之所。

九　雍和宮

雍和宮在北京東城區雍和宮大街東。原是清雍正皇帝繼位前的府邸，名雍王府。雍正三年（一七二五）改名為雍和宮，成為清帝供奉祖先的影堂。乾隆九年（一七四四）改建為喇嘛廟，這是中國內地城市中最大的一座喇嘛廟。雍和宮建築宏偉，共有五進院落，紅牆黃瓦，色調鮮明，氣象莊嚴。宮內萬福閣（萬佛樓）的彌勒佛像，身高有十八米，地下還埋有八米，共高二十六米，比例勻稱，體軀雄偉，是由七世達賴在西藏組織採伐，進貢給乾隆皇帝的一根白檀木雕刻而成的。佛像左右臂上各有一個花籃，籃內的蓮花含苞欲放。佛像的手勢稱作扶天蓋地，象徵彌勒佛將繼承釋迦牟尼而成為未來佛的決心。法輪殿的宗喀巴銅像高大魁偉，氣宇不凡。每年正月，雍和宮喇嘛都要舉行化裝的驅鬼舞蹈活動，一般要舉行三天，含有驅邪免災、祈求幸福之意，頗具蒙藏地區佛教活動的特色，北京居民稱之為「雍和宮打鬼」。

註釋：

〔註一〕　近年來從莫高窟的北區發掘出二百四十三窟，使莫高窟的洞窟增至七百三十五窟。

〔註二〕　傳說佛像模擬北魏道武、明元、太武、景穆、文成五世皇帝的形象。

〔註三〕　瞻部洲：即南瞻部洲。古印度神話中四大部洲之一的洲名。佛教也採用此說，謂人類所居的地方。

第八章　佛教與中國政治

佛教與中國政治是一個十分複雜的問題，從總的方面說，包含了政治對佛教的決定作用和佛教對政治的反作用兩個方面的內容。佛教作為主張出世的宗教是如何同中國歷代的現實政治發生聯繫的？它作用於政治的途徑是什麼，有什麼特點，又呈現出什麼規律性的現象？這些是本章要着意論述的重點內容。

第一節　印度佛教的政治意識

中國佛教淵源於印度佛教，這裏，首先簡述一下印度佛教對政治的態度。佛教創始人釋迦牟尼從人生和世間「一切皆苦」的基本觀念出發，以追求超脫世俗、了斷生死的個人解脫為最高境界。一方面，早期佛教視富貴如浮雲，目權位如糞土，認為政治是妨礙個人解脫的繫縛，具有擺脫和超越政治的傾向。但是，另一方面，佛教沒有統治階級的支持，就難以生存、流傳和發展，這樣就有一個依靠統治階級和爭取統治階級支持的問題，進而也就有一個肯定和讚頌國家政權、最高統治者和「王法」的問題。部派佛教時期上座部的《毗尼母

經》就明確地提出佛法和王法「二法不可違」：「有二種法不可違，一佛法不可違，二轉輪聖王法不可違。」所謂二法不可違，就是王法要服從佛法。佛教還有「護國經」，講護國之道。如《佛說仁王般若波羅蜜經》說：不論國土大小，如有災難，「一切國王為是難故，講讀般若波羅蜜，七難即滅，七福即生，萬姓安樂，帝王歡喜。……若未來世有諸國王護持三寶（佛、法、僧）者，我使五大力菩薩往護其國，一金剛吼菩薩，手持千寶相輪往護彼國，二龍王吼菩薩，手持金輪燈往護彼國，三無畏十力吼菩薩，手持金剛杵往護彼國，四雷電吼菩薩，手持千寶羅網往護彼國，五無量力吼菩薩，手持五千劍輪往護彼國」。宣傳只要國王信奉佛教，一旦有難，就會受各種大力菩薩的保護。佛教通常還以持國、增長、廣目和多聞「四天王」為護國天王。

大乘佛教興起以後，其學說和以前小乘佛教學說有所不同，它宣傳佛祖慈悲救世，普度一切眾生，把出世事和世俗事，即出世和入世融合起來。大乘佛教中觀學派奠基人龍樹深受當時甘蔗王的支持，曾作《寶行王正論》和《勸誡王頌》，專門對甘蔗王講述如何治理國家，對待臣民，如何信奉三寶，支持佛法，不親近崇奉外道。這種專門對統治者的說教，表達了大乘佛教的政治觀點。後來笈多王朝一度並不重視佛教，佛教作《王法正理論》，要求國王給予外護，常與沙門諮詢政事，反映了大乘佛教瑜伽行派對王朝的依賴。至十三世紀初因印度的伊斯蘭教統治者大肆摧毀佛教，佛教也就消滅了。

印度佛教大小乘經典是混雜在一起傳入中國的。印度佛教的避世、厭世和出世的態度，要求國王外護的依賴思想以及護法（王法）、護國的主張，都為中國僧人所接受和奉行。在中國的歷史上，佛教著名人物與現實政治的關係，大體上有兩種類型：一類是因主張與世俗同化，或強調化俗的方便，都積極參與現實政治，與王

朝保持密切聯繫，以宗教的特有方式服務於現實政治，此類為多數；另一類是因人生失意遁入佛門，或以守道清高相標榜，離開都市，幽居山林古刹，厭惡都市的文明、繁華和政治，此外，佛教還與社會的政治變動，與某些農民起義以及近代資產階級改革活動相聯繫。根據中國歷史的發展情況，考察佛教與歷代專制王朝政治的關係，是探索佛教與中國政治的基本途徑。

佛教與中國政治的關係，不完全限於著名佛教僧人的政治態度和政治主張，佛教還以它的宗教觀念和哲學思想整體地、間接地作用於社會現實政治。因此，從總體上考察和揭示佛教思想的社會政治意義，也是本章探索佛教與中國政治之間關係的重要的、不可忽視的方面。

在中國古代專制社會裏，闡發修、齊、治、平的儒家思想，是官方的正宗思想。儒家學者雖然也攝取佛家的某些心性學說，但是往往對佛教持批判的態度，尤其是對佛教的無父無君的觀念攻擊最為猛烈。佛教學者對這種批判要作出答覆、說明、妥協、調和，這就要涉入中國佛教的政治觀念領域。佛教與儒家的論辯，也比較集中地體現了中國佛教的政治觀點。這是我們探索佛教與中國政治的又一重要途徑。為了盡量減少重複，本章將這方面的內容集中在下一章予以論述。

第二節　佛教與中國歷代政治

佛教在東晉以前並不發達，沒有形成一種社會力量，統治階級中個別的人信奉佛教，也是為了去災得福，求得個人的幸福，基本上沒有從政治上加以利用。東晉時佛教開始盛行，並形成為一股重大的社會勢力，日益受到統治階級的重視。自此佛教與統治階級的政治關係日益密切，成為統治階級實行專制統治的輔助工具，與

此同時彼此也逐漸形成矛盾，發生衝突。佛教與專制政治的既一致（這是主要的）又衝突的基本格局，從此一直延續到專制社會末期。以下分三個時期來加以說明。

一 東晉南北朝時期

這個時期佛教與政治的關係，主要表現為四種情況：

（一）佛教的興盛和名僧的參與政治：東晉時北方十六國的統治者，多數是為了利用佛教以鞏固其統治而加以提倡，尤其是後趙、前後秦和北涼的統治者更為突出。他們十分重視名僧，如佛圖澄，被後趙石勒尊為大和尚，石勒的大將郭里略拜他為師。佛圖澄協助後趙軍政機要，據史載曾勸阻石勒少殘殺百姓。前秦苻堅在派兵取鳩摩羅什以前，曾發兵攻襄陽，據苻堅說此舉就是為了取得名僧道安。道安到長安後，實際上成為苻堅的政治顧問。道安認為「不依國主則法事難立」，因此也積極向苻堅獻策。史載，苻堅擬發兵百萬攻取南方，道安竭力勸阻，但苻氏不聽，後百萬大軍南下，為謝玄率兵所敗，此即著名的淝水之戰。繼前秦的後秦姚興進兵討伐呂光，迎鳩摩羅什，奉為國師。又如北涼沮渠蒙遜迎曇無讖為軍政參謀。後魏主拓跋燾聽到曇無讖會種種法術，命蒙遜把曇無讖送到魏都。蒙遜懼其虎威，又恐曇無讖為魏主所得於己不利，所以在途中就把曇無讖殺害了。少數民族的統治者重視利用佛教的頭面人物，也是為了發揮佛教的宗教信仰作用，更有效地統治人民。

在南方，東晉王朝最高統治者，如元帝、明帝、哀帝也都奉佛。南朝的歷代最高統治者更是大力提倡和利用佛教。宋諸帝中，文帝認識到佛教對政教的功用，他曾對侍中何尚之說：

六經典文，本在濟俗為治耳；必求性靈真奧，豈得不以佛經為指南耶？……若使率土之濱皆純此化，則吾坐致太

好屈服了。沙門拜俗問題之爭，反映了佛教與王權、儒家的矛盾，從東晉南北朝的情況來看，其結局一是互相

令沙門必須對皇帝跪拜，否則就「鞭顏剗面而斬之」（《廣弘明集》卷六《敘列代王臣滯惑解》），僧侶也只

卷一一四《釋老志》）還說，沙門跪拜皇帝，是拜佛，不是拜皇帝，因為皇帝是佛的化身。南朝宋孝武帝曾下

門統法果與慧遠不同，帶頭禮拜皇帝。他說：「太祖明叡好道，即是當今如來，沙門宜應盡禮。」（《魏書》

重申庾冰之議，但遭一批朝貴的異議，高僧慧遠更著《沙門不敬王者論》五篇，作調和性的反對。北方北魏沙

令何充等以為不應盡敬，使禮官詳議，主張不一，往復三次不能決，終於擱置，不了了之。安帝時太尉桓玄又

東晉成帝時，庾冰輔政，代成帝詔令「沙門應盡敬王者」，斥責僧人蔑棄忠孝，遺禮廢敬，傷治害政。但尚書

教形成尖銳矛盾。東晉南北朝時期，這個矛盾的焦點集中在禮制問題上，首先是對於僧人不敬帝王的問題上。

不跪拜，只合掌致敬，不受世俗的禮法道德約束。這與中國專制宗法社會的忠孝倫理自多扞格，與儒家綱常名

不跪拜，只合掌致敬，不受世俗的禮法道德約束。這與中國專制宗法社會的忠孝倫理自多扞格，與儒家綱常名

（二）沙門拜俗問題之爭：佛教的基本教義主張無君無父，一不敬王者，二不拜父母，見在家的任何人都

曾捨身佛寺，力圖通過以身作則帶頭信佛，來穩定政局，維護王位。

為他統治國家的重要工具。梁後陳代諸帝也都由於政治的需要，多少效法梁武帝的成規。如陳武帝、文帝也都

是變相的榨取、剝削。他想兼任白衣僧正，意在實行政教統一。梁武帝幾乎把佛教抬高到國教的地位，佛教成

歸佛，號召廣大臣民也信奉佛教。他本人多次玩弄捨身同泰寺為寺「奴」的把戲，後都由大臣以重金贖回，實

文宣王蕭子良，從事佛教教理講論，宣揚神不滅論。後來梁武帝更熱衷於奉佛。他原信道教，繼位後發願捨道

孝武帝還重用僧人慧琳，請他參與政事，時人稱之為「黑衣宰相」。蕭齊帝室也崇奉佛教，如武帝子竟陵

平，夫復何事！（《弘明集》卷一一《何尚之答宋帝讚揚佛教事》）

妥協，二是以王權和儒家的勝利而告終。這都是由中國專制社會的國情，尤其是政治體制所決定的。

（三）滅佛事件：北朝各代帝王一般都重視扶植和利用佛教，如北魏拓跋氏道武帝、明元帝、文成帝、孝文帝和宣武帝都是如此。但其間也首次出現運用政權力量毀滅佛教的事件。明元帝嗣子太武帝「銳志武功」，為充實兵源，接受道士寇謙之、司徒崔浩的進言，於太延四年（四三八）令五十歲以下的沙門一律還俗。後又下令禁止官民私養沙門。太平真君七年（四四六），在長安發現一寺院收藏兵器、釀具和官民寄存的大量財物，時正內亂，太武帝懷疑僧人和內亂有關，下令盡殺長安和各地僧人，並焚燬經像。雖然太子拓跋滉有意延遲宣佈命令，使各地僧人得以聞風逃匿，經卷佛像也多秘藏，但是境內的寺塔被盪毀無遺。又如北周王朝也重視崇奉和利用佛教，但武帝尊崇儒學，對佛、道二教，尤其是佛教持淡漠歧視態度。他集眾討論儒、釋、道三教的優劣，前後七次，各家相持不下。又下令群臣辯論佛、道二教的先後、深淺、同異，意在藉以貶低、廢斥佛教。但是群臣各持是非，難以定斷。建德三年（五七四）武帝又令道士張賓和沙門智炫辯論，互不能屈，於是下令佛、道二教一並廢斥，沙門、道士二百餘萬人還俗，財物散發給臣下，寺觀塔廟分給王公。此後三年進兵北齊，下令毀滅齊境的佛教，約三百萬沙門被迫還俗，四萬餘所寺宇全部改作宅第，焚燬經像，沒收財物。這就是中國佛教史上「三武一宗」四次大規模滅法的前兩次事件。

北朝二武滅佛事件，暴露了專制統治者和佛教的矛盾，如佛教勢力膨脹，影響了政府的兵源；也暴露了儒學、道教和佛教的矛盾，而這種矛盾的發展又和最高統治者個人的信仰有密切的關係。北魏文成帝繼太武帝後嗣位不久，即明令重興佛教。北周武帝死後，宣帝嗣位，立即准許恢復佛教，不久更明令全國恢復佛教。這表明最高專制王權在興佛滅佛方面的巨大作用，又表明佛教和專制統治雖有適應的一面，也有矛盾的一面。

（四）沙門起義：隨着專制剝削和壓迫的加深，以及寺院教職制度的日益等級化，佛教寺院的下層僧眾不

堪各種奴役，也奮起反抗。北魏末年，孝文帝太和五年（四八一），沙門僧法秀在平城策劃起義。太和十四年（四九○），平原郡沙門司馬惠御聚眾起義。宣武帝永平二年（五○九），涇州（今甘肅涇川西北）沙門劉慧汪起義。永平三年（五一○），泰州沙門劉光秀起義。延昌三年（五一四），幽州（北京）沙門劉僧紹起義，延昌四年（五一五），冀州沙門法慶起義。起義隊伍攻城掠地，屠戮官吏，也殺了一些高級僧侶，燒了一些寺廟。這些起義的沙門多是農民，他們大多是為了逃避苛政而入寺廟的。佛教並不是這些人的真正信仰，而是他們當時的一條出路。他們借用佛教的形式，反對北魏專制統治，反對僧侶地主，又顯示了佛教作用的複雜性、多重性。

二 隋唐五代時期

隋唐時代是政治統一、經濟發達、文化繁榮的時代，是佛教形成宗派和臻於鼎盛的階段，同時也是佛教由盛轉衰，開始走下坡路的轉折期。國家的政治統一，也要求佛教的統一。隋唐王朝的改朝換代，先後各種政治統治集團與佛教領袖的關係不同，促使了不同佛教宗派的創立。在意識形態領域，隋唐統治者面對着長期歷史形成的儒、佛、道三教並立的格局。一般地說，對於三教，大多數統治者是採取共同扶植、全面利用的政策立場；同時，政治形勢的發展、經濟利害關係的衝突、三教之間的抗衡鬥爭，以及最高統治者個人具體信仰等因素，又直接影響了佛教的地位和命運的變化。佛教在獲得統治階級大力支持的同時，又與統治階級產生了種種矛盾，從而導致唐武宗禁斷佛教和五代後周世宗滅佛事件。佛教由於統治者的支持而趨於興盛，又由於統治者的打擊而一蹶不振。與此相聯繫，在儒、佛、道三教的角逐中所表現出來的文人、官吏的反佛與護佛的不同主張，也生動地反映了思想鬥爭的複雜性。

（一）佛教宗派與隋唐王朝：隋文帝楊堅的父母對佛教信仰極深，楊堅生在尼姑廟裏，由尼姑智仙撫養長大。他利用自己幼時生長在寺廟裏的特殊境遇，宣傳「我興由佛法」，說自己作皇帝是秉承佛的旨意。隋文帝與靈藏律師有布衣之交，他借讚譽靈藏律師來抬高自己，說：「弟子是俗人天子，律師為道人天子……律師度人為善，弟子禁人為惡，言雖有異，意則不殊。」（《續高僧傳》卷二一《靈藏傳》）隋文帝在位時曾度僧尼約二十四萬，修造佛像二百多萬軀，令各州造塔五千餘，並命各地在舍利塔內各作智仙之像以報舊願。隋文帝大力扶植佛教，正是出於政治的需要，他曾下詔「宣揚佛教，感悟愚迷」。佛教是作為統治人民的思想工具而被提倡的。隋煬帝楊廣殺害父兄而登上皇帝寶座，在儒家看來，是弒父弒君荒淫暴虐之主，且在南朝陳、隋最高統治者的支持下創立的。陳代君臣給智顗的敕、書達三四十件之多，並割天台縣賦稅歸智顗寺廟享用。陳亡後，智顗轉為「擁護大隋國土」。智顗和隋煬帝的關係極為深切。楊廣早在登基之前，就受智顗的菩薩戒，稱為「總持菩薩」。佛教《大涅槃經》有阿闍世王弒父弒君代立為王，但仍是無罪的經文。《阿闍世王受決經》更有阿闍世王必將在未來成佛的預言。智顗在《觀無量壽佛經疏》中特意借阿闍世王的事來比附、宣揚，說一是由於前世彼此積有宿怨，現世雖為父子，仍要相報；二是大權現逆，不是世間一般惡逆可比，以影射隋煬帝篡位是前世決定的、必然的、合理的。佛教可以為弒父弒君的行為辯護，確是政治上的一大妙用。

唐代約歷二百九十年，在二十來個皇帝中，雖經唐太宗詔道士女冠在僧尼之上，武則天則頒佛教在道法之上，唐睿宗又復敕僧道齊行並進，如此三變，但除武宗李炎反佛外，其他都是程度不同地重視利用佛教的。唐代各個皇帝利用佛教的背景各有不同，但他們的基本出發點是共同的，這就是當時人李節說的：

俗既病矣，人既愁矣，不有釋氏使安其分，勇者將奮而思鬥，智者將靜而思謀，則阡陌之人皆紛紛而群起矣。

（《全唐文》卷七八八《錢潭州疏言禪師詣太原求藏經詩序》）

專制統治者扶植佛教是為了利用佛教的特殊功能，安撫人們的苦難，泯滅人們的鬥志，使人們安分守己，防止農民起義。

唐高祖李淵在太原起兵時，曾以興國寺、阿育王寺等作兵營。當時沙門景暉宣揚李淵當承天命做皇帝。唐太宗本人並不信仰佛教，如說「至於佛教，非意所遵」，並置道教於佛教之上，動員玄奘還俗從政等，就說明了這一點。但是他看到佛教對鞏固王朝統治有利，也積極扶植佛教。唐太宗在戰爭中殺死許多人，親手所殺就有千人。後來他下詔在過去作戰的戰場上立佛寺，說是給死者超度，使戰死鬼脫離苦海獲得幸福，以收買人心。唐玄奘和窺基創立的法相唯識宗就是在唐太宗、高宗父子的支持下創立的。

高宗去世後，中宗、睿宗相繼繼位，然僅一年時間，武則天就奪權攝政。武則天母楊氏是隋的宗室，篤信佛教。武則天自幼就受家庭佛教環境的熏習。十四歲入宮，唐太宗死後，又出家當尼姑，後被高宗再度召入宮中。她施展才幹和手腕奪取了皇后的寶座，以後更以女身而為帝王，成為中國歷史上的唯一的女皇。她打著「佛弟子」、「女菩薩」的招牌，竭力利用佛教來維護自身的女皇寶座，轉借佛經的教義，來證明政治上所享的特殊地位。佛教僧徒也借武則天家傳統的信仰，以恢復自李唐開國以來所喪失的權勢和地位。中國儒家典籍都不許婦人與聞國政，即使是王后也只能以蠶織為事。如《尚書》的《偽孔傳》說：「牝代雄鳴則家盡，婦奪夫政則國亡。」這對武則天是極其不利的，於是她只得假託佛教符讖來證明其特殊地位的合理性。早期佛教也是輕賤婦女的，但後來不斷演變，大乘經典中出現了婦人受命為轉輪聖王成佛的教義。如後涼曇無讖譯的

《大方等大雲經》就說，佛告淨光天女，捨去天形，現受女身，當王國土，化導眾生。還說，南天竺毅熟城等乘王崩亡後，由女兒增長繼長王嗣，威伏天下。這都可供武則天符命附會之利用。薛懷義和法明等人，特向武則天進《大方等大雲經》，附以新疏，巧為附會，謂武則天是彌勒下生，當代唐作閻浮提[註二]主。武則天將該經和疏頒行天下以為受命符讖，宣佈革唐的命，改國號為周，自稱「金輪皇帝」、「聖母神皇」。武則天竭力利用佛經來宣傳和證明其新取得地位的合理性，而佛經也發揮了它的特殊作用。武則天還一手扶助華嚴宗的創立。華嚴宗創始人法藏，原是武氏的家廟（太原寺）和尚，後為五帝（高宗、中宗、睿宗、玄宗、武后）門師，得三品大官的獎賞。有一次法藏講《華嚴經》時，發生地震，他立即上報武后，武后借機宣揚菩薩顯靈。互相配合，神化武周王朝。

禪宗與統治階級的關係比較複雜。北宗神秀曾受武后的接見，武氏「親加跪禮」，給予很高的禮遇。南宗慧能（禪宗實際創始人）則一直堅持在南方山林和平民中活動。慧能死後四十餘年，發生安史之亂，唐王朝財政困難。慧能門下神會設戒壇度僧，收香水錢補助軍營，獲得肅宗、德宗的尊崇。後來武宗滅佛，禪宗因居山林，遠離中央，且有平民性的特點，而得以繼續流傳。

（二）唐武宗滅佛和五代後周世宗沙汰佛教：唐武宗於會昌二年到五年（八四二—八四五），命令拆毀寺廟，勒令僧尼還俗。共廢大寺、中寺四千六百餘所，小寺四萬餘所，還俗僧尼二十六萬餘人，解放奴婢十五萬人，沒收寺廟良田數千萬頃。寺院經濟遭受了致命性的摧毀。同時，許多佛典尤其是《華嚴經》和《法華經》的章疏，湮滅散失非常嚴重。華嚴宗、天台宗等派別由此日趨衰微。唐武宗滅佛，有着深刻的經濟原因和思想原因，其根本目的在於打擊佛教寺院的經濟勢力。「僧徒日廣，佛寺日崇。勞人力於土木之功，奪人利於金寶之飾……壞法害人，無逾此道」（《舊唐書》卷一八上《武宗本紀》）。其次是武宗個人信仰方面的因素，他

相信道教和道士趙歸真，追求長生不老。「武宗志學神仙，歸真乘間排毀釋氏，言非中國之教，宜盡去之。帝然之，乃澄汰天下僧尼」（《唐會要》卷五〇《尊崇道教》）。武宗禁斷佛教和道士趙歸真的攻擊佛教有直接的關係，是佛、道鬥爭的表現之一。此後，五代後周世宗顯德二年（九五五）又毅然對佛教進行沙汰、整頓，規定寺院必須有國家頒給的寺額，否則一律廢除，出家必須通過嚴格的讀經考試，禁止私度，全部沒收銅製佛像，用來鑄錢，以充實國庫。這兩次對佛教的打擊，連同北朝時代的兩次滅佛，佛教史上稱為「三武一宗」滅法事件，佛教稱為「法難」，是中國歷史上最高統治者親自發動的破壞佛教或整頓佛教的強力措施。前三次性質相同，都是從根本上摧毀佛教，其中又以第三次最為有力，且是帶有全國性的措施，給佛教的打擊最為沉重。至於第四次則和前三次的破佛措施不同，帶有整頓的性質，但原來僅得以勉強維持的北方佛教，經此波折也就趨於衰微了。

（三）文人、官吏的反佛和護佛：隋唐時代文人、官吏有的強烈反佛，有的則百般護佛。唐高祖時，太史令傅奕七次上疏，請求廢除佛教。其理由一是僧人「遊手遊食，易服以逃租賦」，不事生產、浪費錢財，減少租賦；二是「漢譯胡書，恣其假託」，佛是西域胡神，不是華夏的正統的神；三是僧人「踰城出家，逃背其父，以匹夫而抗天子，以繼體而悖所親」，違背了中國傳統的忠、孝倫理道德。他還提出了廢除佛教的主張：「今之僧尼，請令匹配，即成十萬餘戶，產育男女，十年長養，一紀教訓，自然益國，可以足兵。四海免蠶食之歲，百姓知威福所在。」（以上所引均見《舊唐書》卷七九《傅奕傳》）可見傅奕的主張，是以求足食足兵，強化忠孝道德規範，鞏固唐王朝的政治統治為最終目的的。唐玄宗時，宰相姚崇着重從總結歷史教訓的角度，主張排除佛教。他歷指姚興、蕭衍等虔誠奉佛，廣造寺宇，但「國既不存，寺復何有？」崇奉佛教的唐中宗、武三思等，也相繼敗滅（詳見《舊唐書》卷九六《姚崇傳》）。姚崇的主張包含了統治者極度信奉佛教是

導致亡國的重要原因的觀點。唐代後期著名的文學家、思想家韓愈繼承傅奕等人的思想，也從富國論、夷狄論和儒家倫理道德幾個方面，反對佛教。他在《原道》中指出，佛教是夷狄之法，僧人靡費了社會財富，違背了君臣、父子之道，主張「人其人，火其書，廬其居，明先王之道以道之」，用行政力量和手段消滅佛教。

唐代文人、官吏中護佛的也不乏其人，如貴族官僚元載、杜鴻漸、王縉、王維、王縉兄弟尤為佞佛。王維「晚年長齋，不衣文綵」，「退朝之後，焚香獨坐，以禪誦為事」（《舊唐書》卷一九○《王維傳》）。王縉官至宰相，「以為國家慶祚靈長，皆福報所資，業力已定」（《舊唐書》卷一一八《王縉傳》），認為佛教的因果報應支配着國家命運，因此竭力勸說代宗設內道場，「於內道場造盂蘭盆，飾以金翠，所費百萬」（同上書）。柳宗元、劉禹錫和韓愈在政治思想上有較大分歧，柳、劉主張革新，韓愈則持不同態度。在對待佛教上也截然對立，韓愈激烈反佛，柳、劉則讚賞佛教。柳、劉參加永貞革新失敗以後，宦途蹭蹬，政治失意，於是竭力從佛教中尋求慰藉，以保持心態平衡。柳宗元認為釋迦、孔子和老子是同道，佛理與《論語》、《周易》相合，柳、劉和韓愈的強調儒佛對立相反，竭力調和儒佛的矛盾。

從以上文人、官吏的反佛和護佛情況來看，有的是從佛教不利足兵足食、違背封建道德，因而不利於鞏固社會統治秩序的角度，反對佛教的；有的是需要利用因果報應理論來為社會統治秩序作論證，而提倡佛教的。此外，還有因佛教為仕途失意、人生坎坷的人提供精神寄託，而同情佛教的。這也表明了佛教與政治之間關係的複雜性。

三　宋元明清時期

宋代以來，佛教漸趨衰落，在社會生活中的地位已不如前，一般地說，只是作為專制思想統治的輔助工具

而被利用。但是，中國佛教的一支藏傳佛教在西藏、蒙古等地卻方興未艾，在元代受到統治者的高度重視，佛教與政治密切結合，一些名僧在政治決策方面起了很大作用。至明清時代，佛教也作為統治階級實行民族政策和對外結交的紐帶而發揮作用。在宋明時代，佛教還被農民領袖利用為倡導和組織農民起義的工具。

（一）維護皇權統治的思想工具：宋太祖趙匡胤，一反前代後周的政策，採取保護佛教來加強自身的統治力量的措施。他派遣沙門行勤等一百五十七人去印度求法，並指示雕刻大藏經版。後來宋徽宗趙佶篤信道教，曾一度令佛教與道教合流，寺院改為道觀，但不久又恢復原狀。南宋以來，王朝注意限制佛教，但仍加以扶植和利用。

明太祖朱元璋係安徽鳳陽皇覺寺和尚出身，由和尚當上皇帝，這在中國歷史上是罕見的。他對佛教有感情，也有認識，看到佛教有可利用的一面，也有危害的一面。他認為「景張佛教……人皆在家為善，安得不世之清泰」（《釋氏稽古略續集》卷二），佛教「佐王綱而理道」（同上書）。親自規定和尚該講什麼經、怎樣給人唸經和作佛事等。他宣揚大明王朝的建立是佛的意旨，立國初期年年舉行法會，求佛保祐，為國祈福，以神化王權，籠絡民心。他還選高僧侍諸王，用佛教的慈悲、戒殺等教義教育子孫，以防止內訌和造反，鞏固明王朝統治。同時，朱元璋早年參加以「彌勒降生」為號召的紅巾軍農民起義，而在他獨樹一幟，逐漸壯大力量，打敗江南各地的割據勢力，準備北上伐元、統一全國的時候，又轉而公開咒罵白蓮教是「妖術」，誣衊紅巾軍「無端萬狀」，背叛農民起義，成為地主階級的代理人。他擔心有的和尚會像自己一樣起來造反，害怕秘密結社對明王朝具有政治上的潛在危險性，所以又重用儒者來治理政事，並對佛教作出一系列的限制性規定，要求僧尼深入危山結廬以靜性，僧尼「不干於民」，使佛教與社會脫節，竭力從政治上防範佛教危害明王朝的統治。將僧尼置於儒家倫理思想的支配之下，防止佛教滋蔓。他制定僧制，

明成祖朱棣在謀臣僧道衍（姚廣孝）的支持下，發動政變，奪惠帝帝位而登上皇帝的寶座。他因以藩王身份圖謀入繼大統，所以也利用佛教來辯護。他策劃託名徐皇后（成祖后）造《夢感佛說第一稀有大功德經》和徐后的長序，說徐后和觀音菩薩「夢感」相見，觀音預言今將遇大難，並授《大功德經》以消災，還說「后妃將為天下母」。後惠帝建文削藩，朱棣宣揚這就是作「難」，隨即發動「靖難」，謂「靖難」是順應佛意，自己為皇帝，徐后為皇后，都是菩薩和佛的旨意。宣揚「君權佛授」，為繼統的合法性製造輿論。徐后死後，成祖三個兒子均為《大功德經》作後序，歌頌母后，以鞏固皇室內部的團結。明成祖還親編《佛曲》數千首，在宮中和民間推廣。其內容主要是宣揚忠孝觀念和因果報應思想，鼓吹「孝悌忠信最為先」、「至孝在忠君」，還把忠孝觀念和因果報應說教結合起來，強調「不忠不孝，即為大惡」、「天網恢恢，報應甚速」。佛曲通俗，又可演唱，影響頗大。

清初順治、康熙和雍正諸帝，對禪宗有一定的興趣和信仰。雍正還以禪門宗匠自居，編纂《御選語錄》十九卷，大講禪道。內第十二卷為《和碩雍親王圓明居士語錄》，是他為親王時的語錄。但雍正晚年，尤其是乾隆時期，以儒學為正統，視佛、道為異端，甄別整肅僧、道，抑制佛、道的發展。從道光以後，國勢衰落，佛教也更為不振了。

（二）名僧參與元代立國活動：元代約百年間，歷代諸帝都十分崇佛。自蒙古族領袖成吉思汗始就重視佛教，至元世祖忽必烈更尊崇藏傳佛教，奉西藏地區的名僧為帝師，每個皇帝必先就帝師受戒然後登位，帝師實際上成了精神領袖。成吉思汗和元代皇帝也重視其他各地僧人。如耶律楚材，出身遼皇室，號湛然居士，禪宗學者，隨成吉思汗出征西域，在蒙古成吉思汗、窩闊台兩大汗時期任事近三十年，官至中書令，元代立國規模多由其奠定，成為歷史上著名的政治家。他的師父萬松行秀是金代極負盛名的禪師，兼有融貫三教的思想，常

勤耶律楚材以儒治國，以佛治心，極得耶律楚材的稱頌。又如劉秉忠，少時為僧，後深受忽必烈的重視，召入藩邸，參與軍政機密。後恢復劉姓，命名秉忠。忽必烈即位時，劉秉忠奏定國號為元，他起草的朝儀、官制等一切典章，成為元一代的政治制度。

（三）鞏固民族團結和增進對外交往的紐帶：明代優遇藏傳佛教的上層人士，給以帝師、國師稱號。明成祖曾派大臣四人前往西藏，請黃教創始人宗喀巴進京，宗喀巴因年事已高，派上首弟子釋迦智前來京師，成祖給他以大慈法王稱號。明王朝還給藏僧封官（僧官）晉職，確保宗教領袖的政治經濟特權，以鎮撫邊荒。這一「羈縻」政策，取得了一定的功效。清王朝繼承明代的佛教政策，對於西藏地區的政教事務也非常重視，乾隆五十八年（一七九三）制定章程二十九條（即《欽定章程》），確定了西藏地區政教合一的制度。西藏地區所有寺廟和喇嘛都受清王朝理藩院管理。明代立國以後，為推行和平外交政策，增強與鄰邦的友好，開了以僧為使的創舉。明太祖朱元璋先後命僧人慧曇和宗泐率領使節團出使西域，訪問僧伽羅國（今斯里蘭卡）和印度等國，還命僧智光與其徒惠辯等賚璽書彩幣出使尼八剌國（今尼泊爾），增加彼此友好往來。太祖和惠帝等也都遣僧人赴日本通好。出國僧人發揮了和平使節的作用，均強了中國與鄰國人民之間的瞭解和友誼。

（四）號召和組織農民起義的工具：佛教在中國經過長期流傳以後，對下層民眾產生了複雜的影響，逐漸成為農民起義軍的宣傳和組織的工具。在這方面最為典型的例子，是佛教彌勒菩薩成為農民起義領袖的象徵性的偶像。

彌勒相傳為佛教的菩薩之一。《彌勒菩薩上生經》說他住在兜率天，《彌勒菩薩下生經》則說他從兜率天下生此世界，繼承釋迦牟尼而成佛。由於佛教傳入中國時，多在上層社會活動，直接或間接地為封建王朝服務，在下層民眾看來，佛教的教祖、最高的精神領袖釋迦牟尼是保護王朝利益的，他們在感情和思想方面轉向

了彌勒菩薩，祈望「彌勒下生，恒為導首」（《金石萃編》卷三四《合邑諸人造佛堪銘》）。彌勒下生繼釋迦牟尼而成佛的說法，也適應了下層民眾的宣傳需要和政治需要。自南北朝以來，佛教寺院的彌勒石像和彌勒壁畫愈來愈多，彌勒信仰逐漸普遍，深入民間，「彌勒降生」被下層民眾認為是救苦救難的福音。彌勒信仰和釋迦信仰成為兩種趨勢，隱約地代表了被統治階級和統治階級的利益和願望。

隋唐時代以來，一些農民就打着彌勒出世的旗號，起來造反。隋煬帝大業六年（六一○）正月，「有盜數十人，皆素冠練衣，焚香持華，自稱彌勒佛，入自建國門。監門者皆稽首。既而奪衛士仗，將為亂。齊王暕遇而斬之。於是都下大索，與相連坐者千餘家」（《隋書》卷三《煬帝紀》）。不久，唐縣（今河北唐縣）人宋子賢、扶風（今陝西鳳翔）沙門向海明「也都自稱彌勒出世」，潛謀暴動。隋末各地多次農民起義，滙成洪流，很快沖垮了隋王朝的殘暴統治。

唐玄宗開元年間出現這樣的政治傳謠：「釋迦牟尼佛末，更有新佛出（指彌勒下生）。李家欲末，劉家欲興。」（《冊府元龜》卷九二二《妖妄第二》）開元三年（七一五）唐玄宗頒《禁斷妖訛等敕》，說：「比有白衣長髮，假託彌勒下生，因為妖訛，廣集徒侶，稱解禪觀，妄說災祥。」（《唐大詔令集》卷一一三）利用彌勒下生為號召，廣集群眾，構成對唐王朝的巨大威脅。

北宋仁宗慶曆年間，農民出身、後為宋軍下級軍官的王則，利用民間祕密流傳的彌勒教「釋迦佛衰謝，彌勒佛當持世」的傳說，宣傳變革世道的輿論，發動貝、冀等州的農民和士兵醞釀起義，並利用彌勒教和德、齊等州的農民和士兵建立聯繫，舉行起義，建國號安陽。王則起義雖然遭到宋王朝的鎮壓而失敗了，但它對統治者的打擊是沉重的。

元朝後期，統治階級走上崩潰的道路，廣大農民更是頻繁地利用彌陀降生的傳說，積蓄力量，不斷舉行起

義。早在泰定二年（一三二五），河南息州趙醜廝、郭菩薩等人，提出了「彌勒佛當有天下」的口號，發動農民起來推翻元朝的統治，揭開了元末農民起義的序幕。至元三年（一三三七），有河南人棒胡燒香聚眾，起義者「舉彌勒小旗」，準備暴動。至正十一年（一三五一），韓山童倡言「天下大亂，彌勒佛下生」，江淮一帶農民翁然信從。劉福通推韓山童為首，以白蓮教聯繫、組織農民，率眾數十萬進行反元鬥爭。與此同時，徐壽輝、彭瑩玉（彭和尚）也利用白蓮教組織農民起義，佔領今湖北、湖南一帶。這兩支農民軍都頭裹紅巾，稱為紅巾軍或紅軍，又因都信奉彌勒佛，焚香聚眾，又稱香軍。紅巾軍曾和元軍主力進行英勇艱苦的鬥爭，衝擊了元王朝的統治。

隋唐以來農民因不堪統治階級的殘酷剝削和壓迫，多次利用「彌勒下生」為號召，積蓄力量，舉行起義。彌勒菩薩的傳說一直和隋唐宋元各個時代的社會政治變動相聯繫，尤其是被農民起義軍所利用，動搖了蒙古貴族的統治。因此，明清時代的統治者都十分害怕彌勒菩薩傳說的流傳，嚴加禁止和鎮壓。明律規定：凡妄稱彌勒佛等會，一應左道亂正之術，煽惑人民，為首者絞，為從者各杖一百，流三千里。清律因之。〔註三〕佛教被農民起義領袖，作為動員農民、組織農民的工具，是中國古代專制社會的一個重要政治現象，也是佛教社會作用的複雜性的又一個生動事例。

第三節　佛教思想的社會政治作用

佛教思想，尤其是佛教的重要思潮，對社會政治起什麼作用呢？這也是本章所要回答的問題。佛教傳入中國以後，自漢至西晉時期，其政治作用並不大。經過東晉至唐代的繁榮階段，到了宋元明清時期，佛教漸趨衰

落，它的思想一方面為宋明理學所吸取，通過宋明理學而發揮其政治作用；另一方面有時又被視為異端，限制了作用的發揮。對於漢至西晉和宋元明清這兩個時期佛教思想的政治作用，本章都略而不論，這裏僅就其他時期佛教思想的政治作用，作一鳥瞰式的評述。

一　東晉南北朝時期

這個時期佛教思潮主要是般若學、涅槃學和因果報應論。

般若學是中國佛教學者繼承印度佛教大乘空宗思想，並與魏晉玄學的本末有無思想相融合的產物。般若學的中心觀念是講「空」，所謂空是指一切事物都是無自性、無實體的意思。中國僧人約經歷二百年才理解印度大乘空宗的非有非無——不真空的理論。般若學通過闡發一切事物都是不真的，都是假號，都是空的，勸導人們不要去分別事物，不要執著事物，要證悟一切事物都是非有非無的最高智慧境界。般若學的這種理論，客觀上並不能限制門閥士族對統治權力和專制剝削的執著，相反還起到了掩蓋他們的貪婪行徑的作用。對於勞動人民，按照般若學思想推論，就是要求他們超脫現實，不計較壓迫與被壓迫、剝削與被剝削的區別，自然更不能從事起義鬥爭，這都顯然是對當時統治階級有利的。

晉、宋以來南朝的門閥士族制度日益強化，壓迫更為嚴重，社會更加不平等。此時人們的社會心理出現了這樣的問題：門第等級有高下貴賤，人性是否也有高下貴賤？門第地位是命定的，聖賢才智是否也是天生的？佛教學者竺道生以其特有的現實感，用宗教理論形式提出和闡發了這樣的問題，從般若學轉而宣傳涅槃學。竺道生的涅槃學主要是闡發涅槃佛性的學說，其主要論點，一是宣傳人人都有佛性（成佛的內在根據），人人都可成佛；二是宣傳頓悟成佛，也就是眾生只要體證佛理，就可頓然而悟，成就佛果，達到涅槃境界。竺道生的

理論，雖然也有眾生平等，從而包含了對現實不平等的抗議的意義，但是，他以在佛性面前人人平等，也就是以宗教心性的平等，掩蓋了現實的嚴酷的不平等；他以成佛許諾來安慰人們，要他們安分守己，信奉佛教，引導人們走上非現實的解脫苦難的道路。不言而喻，涅槃學的現實作用也是有利於統治的。

因果報應理論，是宣揚眾生的言論和行為（「業」）都將按其善惡的性質，而得到不同的報應，或者是今生作業，今生便受報應，或者是下世受報應，也有的要經百生乃至千生，然後受報應。由於人們受因果報應律的支配，人死後就要依據生時所作業的善惡而轉生為較高於或較低於今世的生物，或上天堂或入地獄。佛教教人要超出報應和輪迴，以求得永遠的解脫。而在這方面，信奉佛教尤為重要，因為人們有罪後只要能信佛，就可免罪得福。這等於說，佛能滅罪賜福，人們可以賣罪買福。這種理論在民間流傳甚廣，影響極大。這種理論在中國專制社會中，是符合專制統治需要的。對於因果報應的這種社會作用，統治者看得非常清楚：

> 若彼愚夫、愚婦，理喻之不可，法禁之不可，不有鬼神輪迴之說，驅而誘之，其不入井者幾希。（沈榜：《宛署雜記》卷一九）

從一定意義上說，佛教的因果報應思想可以彌補專制統治理論和法律的不足，即作為一種統治的補充手段，能更有效地控制下層勞動者的思想，從而更有效地維護基層政權的統治。

二　隋唐時期

隋唐時期佛教鼎盛，宗派林立。當時一些重要的宗派，如天台宗、三論宗、法相唯識宗、華嚴宗和禪宗，

都闡發了各具特色的世界觀和認識論。下面着重簡要地揭示這些宗派核心思想的社會政治作用。

天台宗宣揚「一心三觀」、「三諦圓融」的觀念。所謂一心三觀，是講一心可以同時圓滿地從空、假、中（中道）三方面觀察對象。天台宗認為，空、假、中不僅是三種觀法，而且也是一切事物的真實相狀（「實相」）。由此又可以說，一心三觀是在同一時間內一心觀有空、假、中三種實相。這三種實相也稱為三諦。天台宗還認為，任何事物既是空，又是假，這種空、假是事物的本性如此，即合乎中道。空、假、中三層道理在任何境界上都有，也就是說，並不是一種先後次第的關係，而是同時存在，互不妨礙，所以又叫做空、假、中「三諦圓融」。三論宗與天台宗的這些思想近似，都是強調事物的空、假的性質，不能執著。按照天台宗和三論宗的理論加以引申，勢必把人們引上漠視現實、脫離現實的道路。

法相唯識宗認為一切事物都是主觀的心識所變，心識不是佛教智慧，必須轉識成智，才能達到成佛境界。也就是要由迷妄轉為覺悟，即由平日對事物分別執著為實有的看法，轉變為所謂按照事物的本來面貌去理解，也就是轉變為按照佛理去理解。法相唯識宗所強調的，實質上是要引導人們由樸素的唯物的看法轉變為萬物唯識的看法。

華嚴宗着重宣揚「事事無礙」說。「事」，現象。「無礙」，無矛盾。事事無礙就是一切現象之間都是無矛盾的。華嚴宗認為現象是本體的顯現，而本體是一，千差萬別的現象都是同一的本體的顯現，因此，具體事物、個別現象之間都是圓融無礙的。華嚴宗以此說明宇宙間的萬事萬物、一切關係的大調和，客觀上是為了調和社會矛盾和階級矛盾，美化等級社會，祝福王朝長治久安。

禪宗認為人的本性原來清淨，具有菩提般若的智慧，所以提出單刀直入，直指人人本來具有的清淨本性，以徹見此心性而成佛。禪宗宣揚眾生之所以沒有成佛，是因一向被妄念的浮雲所蓋覆，不能自悟。假如得到通

曉佛理的人的開導，一旦妄念俱滅，頓見清淨本性，自成佛道。這就是禪宗的根本宗旨——「性淨自悟」說。

這是向人們指引一條返本還原的自我完善的道路。

從以上宗派的佛教思想來看，基本上都強調改變人們通常的認識和看法，放棄對事物的分別和執著，從而或證悟事物的空理，或悟解事物間圓融無礙之理，或滅除妄念頓見本性。這些思想放在隋唐時代的空間、時間和條件中考察，它們的一個社會政治作用，就是間接或直接地消弭人民的革命意識，使其逃避現實，放棄鬥爭，從而維護專制等級統治。

三　近代時期

隨着專制社會的日益沒落和宋明理學弊端的日益顯露，明末清初進步的思想家如李贄和後來的龔自珍等人，便借助佛教作為批判禮教和宋明理學的思想武器。到了清代末年，要求變革專制的呼聲響遍中華大地，一批近代資產階級思想家登上歷史舞台，呼喚社會改革，推動社會改造。但由於種種原因，他們沒有真正直接受和消化西學，他們轉向理學的所謂「異端」——佛學吸取養料，尋找武器。如康有為、譚嗣同、嚴復、梁啟超、章太炎等人都吸取佛學的眾生平等、慈悲救世和勇猛無畏等抽象說教，作為構築資產階級思想體系的素材。康有為在其闡發最高社會理想的《大同書》中，把大同世界和佛教極樂世界並稱，並以佛教的「去苦求樂」作為實現大同世界和佛教極樂世界的工具。譚嗣同吸取了禪宗實現大同世界的標誌，實際上是以佛教的慈悲救世主義作為實現資產階級改良主義的工具。譚氏還以佛教「我不入地獄，誰入地獄」的精神，視死如歸，義無反顧地為衝破專制網羅而獻出自己的生命。梁啟超宣傳佛教立教的和唯識宗等宗派的某些教義來建立「仁學」體系，以宣揚資產階級的平等、博愛思想。譚氏還以佛教「我不入目的，「在使人人皆與佛平等」，強調「捨己救人之大業，惟佛教足以當之」（《論佛教與群治之關係》）。

他號召人們以下地獄的精神去「救國」、「度世」，反對專制獨裁，實現人人平等。章太炎認為，革命不成功的原因在於國民道德的墮廢衰頹，而在改造國民道德問題上，「姬孔遺言無復挽回之力，即理學亦不足以持世。……自非法相之理，華嚴之行，必不能制惡見而清污俗」（《人無我論》）。他還強調禪宗的「自貴其心，不援鬼神」的精神，以鼓舞人們的革命鬥志。資產階級改革家們真誠地借助佛教思想來發揚無私無畏的品格、改造國民的道德和改革專制社會。應當承認，這是佛教的某些思想在特定歷史條件下所起的積極作用。同時也應當看到，佛學思想的局限性、神秘性，也決定了資產階級改革家們的事業難以成功（當然，這種不成功還有其他深刻的原因），佛教甚至成為有的人消極厭世的歸宿和抵制革命的工具。如章太炎在辛亥革命後作《五無論》，宣揚無政府、無聚落、無人類、無眾生、無世界。他認為：「眾生悉證法空，而世界為之消弭，斯為最後圓滿之期也。」「法空」，一切事物都空無自體。以為消弭世界，銷熔一切，最為圓滿。至於梁啟超，在辛亥革命之後，敵視階級鬥爭、社會主義和無產階級革命的言論就更多了。

第四節　佛教與中國政治關係的特點

綜合前面的論述，我們大約可以就佛教和中國政治的關係特點，得出以下一些初步的看法：

①佛教以「解脫」、「出世」為標榜，缺乏現實的政治理論，在中國政治思想發展史中不佔突出的地位，但是，它與專制統治層直接相關，也和下層民眾反專制鬥爭有一定的聯繫，可以說，自東晉至元代末年，其間情況雖各有所不同，但佛教與社會政治的變動是息息相關的，佛教對社會政治的影響和作用是深刻而久遠的。研究佛教與中國政治的關係，不僅是研究中國佛教的重要方面，也是研究中國歷史的重要內容。

② 中國古代專制統治者四次大規模的滅佛事件，根本原因在於經濟、政治利益的衝突，即由於寺院經濟的膨脹，在土地、勞力、財源、兵源等方面損害了統治階級的現實利益。對於專制統治者來說，利益是根本的，信仰是其次的。在和佛教發生利益衝突時，專制統治者就毫不猶豫地採取斷然的滅佛措施，來維護自己的利益。由此也表明，佛教與專制統治階級兩者是對立統一的關係，既有佛教為專制統治階級效勞，統治階級扶助佛教的方面，也有互相觸犯對方利益的方面。這兩個方面不是並列的，是隨着歷史條件的發展而變化的。我們必須全面地、歷史地考察佛教與中國專制統治的既統一又矛盾的兩個方面，才合乎歷史的實際。

③ 中國佛教是在專制社會的矛盾鬥爭中不斷變化的，是隨着新的歷史條件和地理條件而演變的。因此，它在歷史上的政治作用也是複雜的。這種政治作用的複雜性表現為多層次的內容、積極作用與消極作用交叉、主要作用和次要作用既相區別又相聯繫等。中國佛教的政治作用，最基本的是為專制統治服務，這又主要表現在三個方面：一是為專制王權的合理性提供神學論據；二是一些名僧直接為最高專制統治者出謀獻計，參與軍政決策；三是安撫人心，即通過宣揚一切皆空、超脫塵世、因果報應、天堂地獄、容忍調和和恭順柔馴等教義，對人民進行「治心」，使之安分守己，不起來造反。此外，佛教還為一些在宮廷失寵或在仕途失意的貴族、官僚提供出路，起到一種緩和統治階級內部矛盾的作用。有時專制統治者也把佛教作為團結民族、聯繫鄰邦的紐帶，發揮其特殊的積極政治作用。以上可以歸結為第一個方面，也是主要方面的政治作用。第二個方面，即次要方面的政治作用，是佛教的一些以抽象形式表述的教理——理想、希望、道德、平等、慈愛、普救眾生、自我犧牲等，以及某些傳說故事，也為古代農民起義提供了熱情、幻想、號召、外衣，成為其動員群眾和組織群眾的工具，還為近代資產階級改革家提供了「理論」、思想、勇氣、力量。應當指出，全部佛教教義中並沒有直接而明確地鼓勵人民改革、造反、起義、革命的系統理論，歷史上的進步人士往往是利用、發揮和改造佛教

理論，來服務於自身的政治鬥爭，但是也應當承認，這種情況也不是偶然的，佛教的某些理論的確給進步人士以啟發，以至於可以被利用來推動進步的鬥爭。佛教之所以被利用，也是有其可以被利用的思想理論的因素和根據的。歷史也表明，利用佛教的農民起義和資產階級改革鬥爭，並沒有使鬥爭取得最終的真正的勝利。這種結局自然也是和佛教理論的局限性有關。

因此，我們要看到，中國佛教為專制統治服務是主要的，為進步勢力所利用是次要的。顛倒這種看法，或者把這兩種作用等量齊觀，是不妥當的。我們不要只強調佛教的主要作用而忽視、無視佛教的次要作用，也不要以次要作用去掩蓋主要作用。在分析佛教為專制政治服務時，我們既要看到它的消極作用，同時也要看到它的積極作用，如團結民族、聯繫友邦是明清時代專制政治的不同側面，佛教在這些方面的作用不能籠統說是消極的。在分析佛教對於農民起義和資產階級改革鬥爭所起的積極作用時，也要看到它所必然帶來的局限性。總之，按照馬克思列寧主義的基本理論和基本方法，從歷史事實出發，對具體問題具體情況作具體分析，就能對佛教與中國政治的關係作出具體的合乎實際的結論。

註釋：

〔註一〕　寶行王：玄奘、義淨譯為「引正王」，即甘蔗王。
〔註二〕　閻浮提：即南閻浮提，是佛教所說的四大部洲之一的南瞻部洲。
〔註三〕　參見陳垣：《摩尼教入中國考》，見《陳垣史學論著選》，一七三頁，上海，上海人民出版社，一九八一。

第九章　佛教與中國倫理

佛教學說包含着戒、定、慧三學。戒是指戒律，是防止佛教徒作惡的清規戒律。定即禪定，是指修持者集中思慮觀悟，以斷除情慾。慧即智慧，謂能使修持者理解斷除煩惱、迷惘，以獲得解脫。這三學中的戒學和定學主要是屬於道德修養方面的學說，慧學中也貫穿了某些佛教道德學說的內容。所以，佛教是一種倫理道德色彩相當濃厚的宗教。佛教以人生為苦，因而它就把追求人生的解脫作為自己的最高理想，為了實現這一理想便提出了一套去惡從善的理論學說和倫理道德準則，形成了有關宗教倫理道德的思想體系。佛教的倫理道德觀完全服從於它的人生觀、解脫觀。佛教自傳入中國以後，它的道德倫理思想，尤其是它的眾生平等、出離家庭和超越當前社會秩序的觀念與中國專制社會的等級制及儒家倫理道德觀念，形成尖銳的矛盾。佛教倫理道德觀念和儒家綱常倫理觀念的對立，是對中國傳統文化思想、民族心理、民風習俗的最大挑戰，兩種思想文化的巨大分歧，引發了不斷的摩擦、鬥爭。佛教在其流傳過程中，不斷地面對矛盾、調整矛盾、解決矛盾。這個過程的基本趨勢是：佛教由於受到中國古代專制社會政治、經濟狀況的制約和決定，也受儒家傳統觀念的抵制和左右，從而沿着適應中國政治、經濟、文化等多方面的結構的軌跡演變和發展，形成了調和儒家思想、宣

傳忠孝觀念的中國佛教倫理道德學說，既區別於印度佛教倫理道德，又對中國古代傳統倫理道德思想作了補充。佛教的一套心性修養途徑也為唐以來儒家學者所吸取，並熔鑄為儒家的道德修養方法。在近代，佛教道德又一度被資產階級改良派和民主派利用為改造國民道德，推進反專制鬥爭的工具，但成效甚微。

第一節　印度佛教的倫理道德觀

印度佛教倫理道德觀，有一個由小乘佛教到大乘佛教的演變過程。小乘佛教的倫理道德，根據由痛苦折磨所造成的、被扭曲了的人性的分析，從人生是苦的判斷出發，強調排除自身的生理慾望，提倡出家苦行，以消除自我的痛苦。它突出要以個人的修持來求得個人的解脫。它對社會群體的生活、民族的命運，往往持冷酷的淡漠態度。大乘佛教繼承、改造並發展了小乘佛教的倫理道德觀，它以救苦救難、普度眾生為道德出發點，強調「慈悲喜捨」、「自利利他」、「自覺覺人」，以個人解脫和眾人解脫的統一為真正解脫的目標，比小乘佛教增加了對待人際關係和關心社會的新內容。

佛教道德行為的根本準則是「諸惡莫作」、「諸善奉行」，這是基於因果報應原理而確立的。按照因果報應理論，人生的命運、前途完全受因果律的支配和主宰，善因得善果，惡因得惡果，人們從凡夫俗子到成佛的過程就是不斷地除惡修善、改邪歸正的過程。佛教所講的善大體上有兩種基本內涵：一是要尊重眾生，不侵犯眾生，不損害眾生，進而要幫助眾生，乃至度脫無限眾生，也就是慈悲博愛；二是排除一切不利於自我修持的思想、言論和行為，即個人的思想、言論和行為都要有利於修行成佛。佛教所講的惡，就是與上述善的內涵相反的思想、言論和行為。佛教去惡從善的道德要求，突出地、集中地表現在一系列約束佛教徒的紀律規定即

戒律之中，也表現在對佛教徒修持方法的各種規定中。例如，在家的佛教徒必須遵守的行為規則「五戒」，就含有特定的社會倫理意義。「不殺生」，強調不以任何方式傷害各種生命，也就是承認各種生命的平等權，這和某些摧殘、折磨自己身體的做法相比是一大變化。「不偷盜」，是戒禁侵犯、取得他人的財產和權利。「不邪淫」，是禁止不正當的男女關係。「不妄語」，是避免虛偽、鼓勵個人和群體的互相信任和瞭解。「不飲酒」，是避免刺激，以保護個人的精神安寧，也有利於社會氣氛的和諧。在「五戒」中，不殺生具有兩重性的作用，它保護人生，也保護耕牛等有益的牲畜，同時也保護社會的敗類，保護於人類有害的生物。這種道德律條在階級社會中既可為進步勢力所利用，也可為落後勢力所利用。和早期佛教突出禁戒情慾不同，在五戒中，所謂「淫罪」被排列到第三位，對所禁的範圍也加以限制。這樣，家庭便不再被看作是人生的桎梏、修持的障礙，因而維護了統治階級的倫理原則，藉以穩定社會秩序。又如主張普度眾生的大乘佛教，把面向眾生、覺悟眾生、解脫眾生作為培植和積累個人成佛智德的槓杆，為此它把信徒從生死此岸到達涅槃彼岸的修行方法歸結為「六度」，即布施、持戒、忍辱、精進（努力）、禪定和智慧，並且在「六度」中，又最為注意布施、忍辱和禪定。布施和忍辱作為相互為用的宗教修養途徑，都具有道德色彩。「布施」是要信徒用自己的智慧、體力去救助窮困者和滿足索取者，就是要不愛惜自己的財產甚至生命，慷慨地施捨眾生，為眾生獻身。佛典上宣揚的布施典範太子須大拏，他不僅奉獻了自己的國家、田園、妻子、奴僕，甚至連自身的四肢五臟也分割給了別人。又說，有的佛教徒為了慈悲救生，竟捨身餵虎。這種作為超脫世間諸苦的手段，有的的確顯得殘酷、野蠻、愚蠢，但其中畢竟也飽含着自我犧牲的精神。至於佛典宣傳要向寺院和僧侶布施，則表現出佛教對社會的依賴性和索取性。「忍辱」，是要求信徒堅定信念，忠於信仰，寧願忍受「湯火之酷，菹醢之患」，也決不作有害眾生的事。對於他人一切有損於自己的言行，都要不動心，忍氣吞聲。這兩種信條，在不同時代其內容、

意義是有所不同的，在歷史上也都觸發過一些人的善良動機，激勵過一些人的自我犧牲的熱情。但是鼓吹鄙棄自我的財富、生命，歌頌廣大受苦者的忍辱和獻身精神，掩蓋苦難製造者的罪惡，其消極作用也是十分顯的。應當指出，佛教道德觀的重要特徵之一是追求超道德的境界。佛教的根本宗旨是深感人生的痛苦，世間的憂患，而以超越現實的解脫涅槃為最高理想境界。在理想境界裏，道德也捨離了，超越了，因為在佛教看來，善惡道德的世界屬於差別界，而解脫涅槃境界是無差別的平等界。這樣，佛教一方面鼓勵佛教徒在實踐上要盡力去惡從善，另一方面又強調佛教徒要以超越是非善惡為理想目標。這兩者是緊密相連的，奉行佛教道德是達到解脫境界的必要階梯，捨此別無他途；佛教道德實踐不以現實的功利為目的，而是以非功利的宗教理想為依歸，即以超越是非利害的一切差別為最終目標。大乘佛教認為，涅槃解脫雖然是佛教的最高理想，但絕不是少數人的事，它還主張眾生在經過修持，進入涅槃境界成佛以後，為了普度眾生，要不住涅槃，而是深入現實世界，在世間繼續教化世人，這是解脫後又回到現實世界的道德活動。佛教以超道德、超現世的涅槃境界為最高理想，其深層的理論根據是無我論。佛教以無我論為宇宙萬物的法則，因此反對我執我慾的縱肆，認為只有抑制、排除我慾，達到無我的境界，才能真正進入最高的解脫境界。由此也可以說，無我的道德是佛教的最高理想。

第二節　早期漢譯佛典適應中國儒家倫理的傾向

佛教自漢代傳入中國內地，它首先是通過翻譯佛典來傳播和擴大影響的。印度的佛典是從古印度的社會生活、國家法制和風尚習俗蛻變而來，並吸取和批判印度神話和傳統思想而寫成的。它所反映和主張的社會人倫

關係與中國有很大差異。中國是一個中央集權的專制主義的國家，在自然經濟基礎上形成以家族宗法制度為核心的封建倫理關係。因此儒家的君臣、父子、夫婦、兄弟、朋友一套綱常名教，以及與「忠」、「孝」觀念相應的中國傳統宗教迷信的兩個基本觀念，即給帝王配德的「天」，與祖宗崇拜相聯繫的「鬼神」，就成為維護專制統治秩序的重要道德規範和宗教迷信觀念，成為自殷周以來最牢固的、以血緣關係為紐帶的宗法思想。如果把佛典中的倫理內容按照原文譯出，就會和中國傳統的倫理道德觀相抵觸而遭到專制統治者及思想界的反對，從而失去自己的立足之點。東漢至東晉的早期佛經翻譯家敏銳地覺察到了這個問題，他們採取選、刪、節、增等手法，使有關譯文盡量和中國家族倫理相吻合，為佛教在中國的傳播爭取地盤，事實上也的確推進了佛教在中國的傳播。

涉及佛教倫理思想的早期漢譯佛典主要有東漢安世高譯《尸迦羅越六方禮經》（簡稱《六方禮經》）、西晉支法度譯《善生子經》、東晉僧迦提婆譯《善生經》（《大正藏·中阿含經》卷三三）、東晉佛馱跋陀羅譯六十卷本《華嚴經》、約東晉時譯《那先比丘經》後秦佛陀耶舍和竺佛念共譯的《遊行經》和《善生經》（分別見於《大正藏·長阿含經》卷二和卷一一）等。在這些漢譯佛典中，對於有關人際關係，尤其是男女關係、家庭關係、主僕關係的內容，譯者都作了適應中國儒家倫理道德觀念的調整。[註二]

關於男女關係：古代印度人和印度佛教都很隨便說男女之間的事情，妓女在印度並不被歧視，佛典中還有妓女母子宣揚佛教思想的敍述，以及母女共嫁母生兒子的論述。這些顯然和中國儒家的男女觀念是絕不相容的，所以在漢譯佛典中避開了「擁抱」、「接吻」等字眼，刪除了對妓女的敍述。敦煌寫本《諸經雜緣喻因由記》第一篇，敍述蓮花色尼的出家因緣，但其中缺蓮花色尼出家的關鍵一節，即蓮花色尼屢次出嫁，因屢嫁而與所生的子女都彼此不復相識，以致後來竟與自己所生的女兒共嫁給自己所生的兒子。蓮花色尼發覺後，因極

度羞愧而出家。這種論述，因和中國傳統的倫理觀念不相容，而被略去（詳見陳寅恪：《蓮花色尼出家因緣跋》）。印度佛典在涉及男女並稱時，有時先列女子，再列男子，即女子在男子之前。漢譯佛典顯然是為適應當時中國人的習慣，而把「女子和男子」用籠統的文字來代替。印度佛典原文的「娶妻」，漢譯也改為「娶妻妾」。關於夫妻關係：印度佛典的原本（《對辛加拉的教導》）列舉了作為妻子的五項美德：（一）「善於處理工作」；（二）「好好地對待眷屬」；（三）「不可走入歧途」；（四）「保護搜集的財產」；（五）「對應做的事情，要巧妙勤奮地去做」。而漢譯《六方禮經》則把這五項美德作了修改和說明：「一者夫從外來，當起迎之；二者夫出不在，當炊蒸掃除待之；三者不得有淫心於外夫，罵言不得還罵作色；四者當用夫教誡，所有什物不得藏匿；五者夫休息蓋藏乃得臥。」〔註二〕這種翻譯帶有丈夫高於妻子、妻子專門侍候、絕對順從丈夫的色彩。上述印度佛典原文中有「丈夫侍候妻子，妻子愛丈夫」的字句，譯本中卻改為「夫視婦」（同上）或「丈夫『憐念妻子』、『妻事夫』、『善敬順夫』（《中阿含經》卷三三《善生經》），淡化了丈夫對妻子的義務，濃化了妻子服從丈夫的依附性。

關於父子關係：早期佛教的家族倫理排除了以前婆羅門教的父親為家長，兒子對父親要硬性服從的觀念。在印度佛教典籍中，母親的地位高於父親，表示雙親時採用「母和父」的語序，即母在父的前面，佛典中出現的每個人的名字，也都是子隨母姓。印度佛教的這種家族觀念是和中國的父系家長制相對立的，因此在漢譯佛典中，提及雙親的語序全部改為「父和母」，有時還添加原文所沒有的「孝諸父母」的話。一方面，印度佛典的原本（《對辛加拉的教導》）強調孩子應該以下述的精神侍候雙親：（一）「雙親養大我們，我們養雙親」；（二）「為了他們（雙親），我們要做應做的事」；（三）「保留家系」；（四）「承繼財產」；（五）「在適切的時候供奉祖先」。在漢文譯本中，則加添了在印度原本中所沒有的句子。《善生經》添加了

這樣幾句話：「凡有所為，先白父母」，「父母所為，恭順不逆」，「父母正令不敢違背」。〔註三〕《善生經》的異譯本添加了這樣幾句話：「自恣不違」，「所有私物盡以奉上」。〔註四〕此外，《善生子經》添有「唯歡父母」〔註五〕的話。《六方禮經》還具體敍述了孩子的義務：「一者當念治生，二者早起敕令奴婢時做飯食，三者不益父母憂，四者當念父母恩，五者父母疾病，當恐懼求醫師治之。」〔註六〕這些添加的話，強調了父母的絕對權威，孩子對父母的絕對恭順，體現了儒家道德觀念對漢譯佛典的滲透和影響。另一方面，印度佛典也闡述了雙親對孩子應盡的義務：「(一)施與，(二)說親切的話，(三)執行在這世上能為人的事，(四)對各種事情適切地協助。」〔註七〕這是在宣揚父母應盡的義務，母親和父親就不能得到由於是父母而應從孩子得到的尊敬和扶養。——這些就是在這世上的愛護。如果不執行上述四種愛護，母親和父親就不能得到由於是父母而應從孩子得到的尊敬和扶養。——這些就是在這世上的愛護。如果不執行上述四種愛護，母親和父親就不能得到由於是父母而應遵守的道德。這種父母不盡義務就不能得到孩子贍養的觀念，也是和儒家的孝道思想不一致的，因此《六方禮經》和《養生子經》都沒有翻譯。只是東晉和後秦時翻譯的兩本《善生經》譯出了，這大概是因為佛教比較普及，就可以比較自由地按原文翻譯了。

關於主僕關係：通常情況下，古代各國都是宣揚「奴僕為主人服務，主人應愛奴僕」，但早期佛教相反，主張「主人要侍候奴僕，奴僕要愛主人」，這反映了對身份低賤人的平等觀念。這種觀念與中國專制等級制度也是相抵觸的。按照中國古代儒家的身份倫理，主人為奴僕服務，奴僕愛憐主人，完全是一種身份的顛倒。因此，漢譯時都改作主人「視」、「教授」奴僕，奴僕「事」、「供養」、「侍候」主人。如《六方禮經》說：「大夫視奴客婢使」，「奴客婢使事大夫」。《善生子經》說：「長子……正敬正養正安奴客執事」，「奴客執事……供養長子」。《善生經》說：「主子僮使……教授」、「僮使……奉事其主」。

關於君臣關係：據巴利文佛典記載，釋迦牟尼曾讚美瓦傑族的共和政府。漢譯本雖然也傳達瓦傑族經常舉

行會議，卻把它改作「君臣和順，上下相敬」（《長阿含經》卷二《遊行經》）的君主政治。

從上述可見，印度佛教認為男女、父子、夫婦、主僕等都是平等的關係，應當互相尊重，自由對待，這和中國儒家的身份高下的服從支配關係，絕對隸屬關係是不同的。而早期佛教典籍翻譯為了使初來乍到的佛教得以生存和發展，不得不向儒家倫理觀念作了妥協、調和，一開始就和印度佛教的倫理思想相背離，形成中國佛教倫理觀念的重要特徵之一。

第三節　儒家的排擠和佛教的調和

漢譯佛典調和儒家倫理道德的傾向，雖然有助於佛教的流傳，但是佛教與儒家在社會倫理道德方面的分歧，決定了彼此之間的矛盾是尖銳的、深刻的。這種矛盾又主要是由於儒佛兩家對人生社會的看法根本不同引起的。儒家提倡成就理想人格——聖人，為此主張珍視人生，重視個體生命格局的開發，而這種生命格局的開拓，就是生命活動憑藉夫婦、父子、兄弟、君臣、朋友諸人際關係，以實踐其理想，有功德於社會，從而成就崇高的人格。從這種人生理想出發，儒家十分重視人間的結構架設。這種結構架設大約分為三類五項，夫婦、父子、兄弟屬於家庭中事，君臣屬於國家間事，朋友屬於天下間事。並規定父子有親，君臣有義，夫婦有別，長幼有序，朋友有信的五項基本道德準則，即人倫道德的基本範疇。佛教卻不同，它視人生是苦根，人間是苦海。認為這種苦痛根源於自身的思想、言論和行為。佛教的人生理想在於解脫，也就是要觀察、反思自身的痛苦，採取一套解除痛苦的修持方法，以超脫世俗世界，進入涅槃境界。所以儒家重人事，重現實，佛教重解脫，重出離。佛教對人生和社會的主張，佛教倫理觀念的氾濫，勢必對儒家的倫理觀念起一種腐蝕、瓦解作

用，從而危及儒家的社會理想結構。這樣，自佛教傳入後，儒家學者就不斷地從倫理道德角度發起對佛教的攻擊，抨擊佛教的無君無父觀念。而佛教對這種抨擊總是採取辯解、調和和妥協的態度。

《牟子理惑論》〔註八〕較早地反映出儒家和佛教在倫理道德觀念上的分歧，這種分歧主要集中在三個方面：

一是出家僧人文身斷髮和《孝經》所說「身體髮膚，受之父母，不敢毀傷」的教訓相違背，也就是說僧人剃度有違於孝；二是出家僧人不娶妻，沒有後嗣，這不僅使本人得不到人生的幸福，也被認為是最不孝的行為；三是出家僧人披袈裟，見人不行跪起之禮，違背了中國傳統禮儀。佛教對這些問題一一加以申辯說，古代泰伯為了使父親古公讓位於季歷，逃到吳越地區，文身斷髮，得到了孔子的讚揚。堯要讓天下給許由，許由逃入深山，伯夷、叔齊為「義不食周粟」，逃入首陽山餓死，孔子不僅沒有譏諷他們沒有後代，而且還稱讚他們為「求仁得仁者」。可見出家僧人為了修持美好的道德而削髮文身，無妻無後，是與儒家道德一致的高尚行為。關於服飾禮儀問題，佛教說，三皇時代，人們食獸肉衣獸皮，質樸無華，備受儒家稱讚。《老子》三十八章也講，不追求形式上的「德」才是「上德」。出家僧人的服飾禮儀也不應受到指責。佛教的申辯是消極的、無力的，它只是援引古代的個別事例、傳說等牽強的比擬，只能籠統地強調和儒家、道家的「道」的原則一致，並沒有作出充分的論證，事實上也很難作出充分的論證。漢代統治階級特別重視提倡以孝治國，當時儒者也着重批評佛教違背孝道。至於僧人披袈裟、無跪起的乖禮問題，後來發展為沙門不敬王者和沙門祖服兩大問題的激烈爭論。

東晉時代，佛教與世俗禮制的矛盾，日益引起上層統治者的關注，並爆發了上層統治內部以及政界中反佛教人士和佛教界的爭論。這種爭論一直延續到唐代，數百年間，時有起伏。東晉庾冰輔政時，曾代晉成帝詔沙門應敬王者，其理由之一，就是佛教有損於名教。因為「禮重矣，敬大矣，為治之綱，盡於此矣」（《弘明

集》卷一二《重代晉成帝沙門不應盡敬詔》）。治綱在於禮敬，如果像佛教徒那樣棄禮廢敬（佛教規定教徒見到在家的任何人，包括見了帝王、父母都不跪拜，不稱名，只合掌致敬），尊卑不分，那麼人們就會無視國家禮法，國家就會大亂。可是，庾冰的主張遭到一批佞佛的執政者，如何充、褚翌、諸葛恢、馮懷、謝廣等人的反對，未能實行。他們的重要理由是以前帝王不令沙門跪拜，也無虧王法。佛教不僅不虧王法，還有助王化。庾冰的主張未能實行，表明了此時佛教的力量和影響的增強，儒家倫理道德觀念的相對削弱。

此後，太尉桓玄又一次提出沙門向王者跪拜的問題，並由此引起與當時南方佛教領袖慧遠和信佛的朝官桓謙、王謐等人的爭辯。桓玄利用《老子》的道、天、地、王為「四大」的話，強調沙門的生長存養也是仰賴於王道的，既然受王者的德惠就應孝敬王者，沙門只敬宗師而不敬王者是違背情理的。慧遠作短文五篇，闡發了沙門不敬王者的基本立場。他強調信佛有兩種情況，一是在家信佛，二是出家修道。在家信佛的信徒，應當忠君孝親，遵守禮法名教，恪守王制。出家修道的沙門情況不同，他們認為人身是人生痛苦之本，決不把保存人身作為止息痛苦的條件。人之有「身」，是由於有「生」，而有「生」又是由於稟受陰陽二氣的變化。因此，沙門既不重視生命，也就不必順應自然的變化，進而也就不需要服從政治禮法的教化，無須對天地君親的長養德惠感恩戴德，報答以禮敬。這是委婉地否認君臣父子的倫理觀念。但是，

　　如令一夫全德，則道洽六親，澤流天下，雖不處王侯之位，固已協契皇極，大庇民生矣。（《弘明集》卷一二《答桓太尉書》）

如果有一位沙門全德成佛，那就救濟了父母兄弟等六親，救濟了整個天下。雖然沙門不處在王侯之位，但

是符合王侯的統治。也就是說，沙門出家修行和儒家的政治倫理思想的目的是完全一致的，儒佛兩家可以相合而明，相得益彰。

慧遠對於佛教禮制及其和儒家倫理道德禮儀制度的關係的論述，對於中國佛教倫理觀念和禮儀制度的確定，以及中國佛教對王朝態度的確立，都具有重要意義。慧遠把在家弘佛和出家修道加以區分，以一種折中手法兼顧儒佛兩方面的特點和尊嚴。他通過在家弘道教徒的忠君孝親的原則規定，把佛教和儒家倫理道德、封建政治統一起來了。他通過對出家僧侶禮制的確定，維護了佛教在形式上的獨立性，又強調了和儒家倫理道德以及專制王朝統治的實質上的一致性。這樣也就有論證地從政治高度把佛教和名教調和起來了。這是中國佛教領袖公開提倡佛儒結合的肇端，對於後來佛教思想的發展具有深遠的影響。

中國儒家禮制一貫重視服飾，藉以體現等級差別，象徵吉凶。佛教沙門祖服，也就是穿袈裟，偏袒右肩，和儒家禮制相異，被視為蔑棄常禮。鎮南將軍何無忌就撰《難祖服論》，與慧遠討論沙門祖服之事，對沙門祖服表示異議。他指出祖服和中國歷史典籍規定的不一致，中國傳統以左為吉利，沙門祖露右肩是不可取的。慧遠作《沙門祖服論》和《答何鎮南書》，回答了何無忌的質難，指出印度和中國的習俗不同，沙門和世人也有別，並強調只要實行儒家的仁愛和佛教的慈悲，宇宙萬物也就齊同而沒有優劣吉凶的區別了。這是巧妙地堅持了沙門祖服的佛教立場。

慧遠的佛教倫理學說，從理論上溝通了和儒家政治倫理觀念的關聯，一度緩和了佛儒之間的矛盾。但緩和矛盾並不等於解決矛盾，佛教與世俗倫理道德的差異、矛盾、脫節，終於引起最高統治者的干預。唐初幾代皇帝改變了隋代崇佛的政策，抬高「周孔之教」，對佛教採取抑制和利用的態度。唐高祖曾質問佛教僧侶：「棄父母之鬚髮，去君臣之章服，利在何門之中，益在何情之外？」（《集古今佛道論衡》卷內《大唐高祖問僧

形服利益事》）他強調「父子君臣之際，長幼仁義之序，與夫周孔之教，異轍同歸，棄禮悖德，朕所不取」（《唐會要》卷四七《議釋教上》）。所謂棄禮悖德，就是指僧侶不拜君親。唐太宗也說：「朕今所好者，惟在堯舜之道，周孔之教。」（《貞觀政要》卷六《慎所好》）唐高宗於顯慶二年（六五七），還下詔命令出家僧人跪拜君親，規定「自今已後，僧尼不得受父母及尊者禮拜，所司明為法制，即宜禁斷」（《唐會要》卷四七《議釋教上》）。道宣和法琳等繼承慧遠思想，竭力爭辯，堅持出家僧侶不拜君親的佛教立場，但又強調出家人不拜，並非不忠不孝，外表上雖然不敬不拜，內心是常拜常敬的。還說這種內心的禮敬要比形式上的禮敬重要得多。

唐中葉，韓愈站在維護儒家仁義道德的立場，以一個獨立思想家的剛毅氣概，舉起反佛教的鮮明旗幟。他作《論佛骨表》，甘冒生命危險，上書唐憲宗，痛斥佛教，震動一時。憲宗大怒，要處死韓愈，幸得宰相崔群、裴度的求情營救才從寬貶到潮州。韓愈強調「夫佛本夷狄之人，與中國語言不通，衣服殊制，口不言先王之法言，身不服先王之法服」（《論佛骨表》），佛教是「棄而君臣，去而父子，禁而相生養之道」（《原道》），是和儒家的政治主張、倫理道德、禮儀制度相對立的。韓愈的反佛主張，遭到憲宗的壓制，也沒受到佛教界的回擊，卻在韓愈好友柳宗元那裏產生了反響。柳宗元是讚佛的，也曾受到韓愈的批評，他不同意韓愈對佛教的評論，他說：

吾之所取者，與《易》、《論語》合，雖聖人復生，不可得而斥也。退之所罪者其跡也，曰「髡而緇，無夫婦父子，不為耕農蠶桑而活乎人」。若是，雖吾亦不樂也。退之忿其外而遺其中，是知石而不知韞玉也。吾之所以嗜浮圖之言以此。（《柳河東集·送僧浩初序》）

柳宗元認為佛教僧侶削髮文身，不結婚，不事勞動生產，這都是佛教的「跡」，即形跡，外在的表現。這是他本人也不同意的。但韓愈卻「遺其中」，即遺棄了佛教的內在思想，這種思想是和儒家經典《周易》、《論語》吻合的，因而是應當予以肯定的。柳宗元還特別讚揚佛教的道德觀念，說：「金仙氏（佛）之道，蓋本於孝敬，而後積以眾德，歸於空無。」（《送濬上人歸淮南觀省序》）在柳宗元看來，佛教重孝敬，有助於教化，和《周易》、《論語》一樣，都能「有以佐世」。在一定意義上可以說，柳宗元也是站在儒家的立場上肯定佛教思想的。有趣的是，韓愈站在儒家的立場上反對佛教，柳宗元則是站在儒家的立場上肯定佛教，調和儒佛。

韓愈的反佛主張雖然沒有被唐憲宗所採納，但在歷史上卻產生了極為深遠的影響。憲宗元和十四年（八一九）韓愈作《論佛骨表》，此後二十多年，唐武宗就採取滅佛措施，佛教由此一蹶不振。韓愈提出的道統說和以公私來區分儒家與佛道的觀點，開啟了宋明理學的先河。韓愈雖然並沒有提出什麼新鮮深湛的理論，但也是在中國思想上從佛學隆盛到理學興起的轉折過程中的一個關鍵人物。可以說，從韓愈以後，佛教在儒家的挑戰面前，更是節節敗退，妥協退讓的色彩愈來愈濃烈了。

宋代著名禪僧契嵩，對韓愈的排佛等主張作出了反應，撰《非韓子》三十篇（《鐔津文集》卷一四），三萬餘言。在開頭第一篇，指責韓愈《原道》中關於仁義與道德的理解和相互關係的論述是不符合儒家經典的。

契嵩在儒家學者對佛教的咄咄逼人的挑戰的思想背景下，成為唐代以後佛教學者中全面調和儒佛倫理道德的重要代表人物。他把佛教的不殺、慈悲和不盜、布施，分別歸結為韓愈所強調的儒家仁和義的內容，強調佛教的「五戒」和慈悲等教義等同於儒家的「五常」的觀念：

「五戒」，始一日不殺，次二日不盜，次三日不邪淫，次四日不妄言，次五日不飲酒。夫不殺，仁也；不盜，義也；不邪淫，禮也；不飲酒，智也；不妄言，信也。（《鐔津文集》卷三《輔教篇下·孝論·戒孝章第七》）

又說：

吾之喜儒也，蓋取其於吾道有所合而為之耳。儒所謂仁、義、禮、智、信者，與吾佛曰慈悲、曰布施、曰恭敬、曰無我慢、曰智慧、曰不妄言綺語，其目雖不同，而其所以立誠修行善世教人，豈異乎哉？（《鐔津文集》卷八《寂子解》）

雖然佛教的「五戒」和慈悲等教義的內容和儒家的「五常」的確有某些「相通之處」，但是它們的側重點、出發點和目的性是不相同的，更不是相等的。實際上，契嵩是援儒入佛，以儒論佛。

契嵩還高度讚揚儒家的禮樂和中庸，說：「禮樂者，王道所以倚而生者也。」（《鐔津文集》卷五《論原·禮樂》）「中庸者，蓋禮之極而仁義之原也。禮、樂、刑、政、仁、義、智、信，其八者，一於中庸者也。」（《鐔津文集》卷四《中庸解第一》）契嵩把禮樂看為成就王道的根本，又把禮樂等統一於中庸。他認為，儒家的中庸之道和佛教的根本主張是一致的：「以中庸幾於吾道，故竊而言之。」（《鐔津文集》卷四《中庸解第五》）進而得出這樣的結論：

儒佛者，聖人之教也。其所出雖不同，而同歸乎治。儒者，聖人之大有為者也；佛者，聖人之大無為者也。有為

者以治世，無為者以治心。……故治世者非儒不可也，治出世非佛亦不可也。（《鐔津文集》卷八《寂子解》）

儒佛都是聖人之教，是分別治世和治出世的，所謂治出世就是治心。治世治心，相輔相成，缺一不可。儒佛兩者分工不同，目的一致，歸根到底是為了治人治世，維護封建帝王的統治。這實質上是站在儒家的立場來論述佛教，從儒佛的類似性、一致性方面，來調和儒佛，宣揚儒佛合一，共同維護和鞏固專制統治。

元代德輝重編《敕修百丈清規》，首先是頌禱崇奉君主的「祝釐章」和「報恩章」，而供養佛祖的「報本章」和尊崇追念禪宗祖師的「尊祖章」則轉放在後面。這是佛教進一步向儒家妥協和佛教中國化的重要標誌。

近代以來，儒家理學成了資產階級先進人物的批判對象，儒家道德受到衝擊而呈崩潰之勢。資產階級改良派和民主派轉而從大乘佛教尋求道德動力。他們認為儒學已經不足以持世，要改造民德只有依靠佛，只有佛教能救今世。只有提倡佛教的自尊無畏的精神，才能陶冶出驚天動地、齊家治國平天下的人物。章太炎在《東京留學生歡迎會演說辭》中，大聲疾呼要「用宗教（指佛教）發起信心，增進國民的道德」。他主張用法相唯識宗的教理和華嚴宗的行持，使人去奴隸心，非示眾生皆佛，則不能去退屈心；非舉三輪清淨，則不能去德色心。」他又說：「非說無生，則不能去畏死心；非破我所，則不能去拜金心；非談平等，則不能去奴隸心；非示眾生皆佛，則不能去退屈心；非舉三輪清淨，則不能去德色心。」（《建立宗教論》）佛教教義被奉為淨化人心、培養美德的良方。經過資產階級學者的改造、宣傳，佛教道德在特定的歷史條件下發揮了積極作用。但由於資產階級的軟弱性和佛教道德的局限性，佛教道德的積極作用也隨着資產階級改良和革命的破產而消失了。

第四節　世俗宗法制和佛教孝道論

中國佛教宣傳得最多的倫理道德觀念是「孝」，因此孝道便成了中國佛教倫理道德的重心。可以說中國佛教是以孝為中心來展開其倫理道德學說的。

佛教所賴以生存的中國專制社會，是以農業為主要經濟命脈的。它的經濟基礎是以小塊土地個體所有制為前提、一家一戶為生產單位的分散經營方式。農民是男耕女織，共謀衣食，在從事農業生產的同時，又從事手工業生產，產品主要是用於消費而不是交換。和這種經濟相適應，宗法制度便成為上層建築的重要組成部分。

專制制度的特徵，是以同宗的血緣關係、同鄉的地緣關係為紐帶，聚族而居，形成尊卑貴賤判然有序的宗族系統。地主階級利用共同姓氏、共同直系祖先、共同宗廟、共同墓地等傳統習俗，通過尊祖敬宗的祭祀活動，建立起一套嚴密的血緣關係和社會關係合一的專制宗法家族組織。宗法家族組織系統提倡把孝順父母、養親事親、兒子絕對服從父親、尊敬祖宗作為倫理道德行為的根本軌範。「夫孝，德之本也。」（《孝經》）「孝悌也者，其為仁之本歟！」（《論語・學而》）「孝」成為中國專制社會家族倫理的軸心，成為維持家族組織結構和維護專制秩序的重要槓杆。

為了適應中國專制宗法制度，為了調和出家修行和在家孝親的矛盾，佛教通過有關學者翻譯佛教經典，撰寫文章和專論，編造佛經（所謂偽經），註疏《盂蘭盆經》，舉行盂蘭盆會，乃至舉辦「俗講」等，大力宣揚孝道論。

上面講到的《牟子理惑論》就著力調和出家與孝親的矛盾，強調兩者的一致性。三國時康僧會在他編譯的《六度集經》中也著意突出孝的重要性，謂布施諸聖賢「不如孝事其親」（《六度集經・布施度無極章》），

把「孝親」置於「布施」之上。東晉士族孫綽，信奉佛教，作《喻道論》宣揚佛教僧侶出家修行是更高的孝行。文章說：「父隆則子貴，子貴則父尊。故孝之貴，貴能立身行道，永光厥親。」（《弘明集》卷三）認為孝行主要不在養親事親，而是要榮親耀祖。佛教僧侶離親出家，傳教修道，給父母帶來極大的尊嚴和榮耀，是無上的孝行。這是從宗教價值尺度出發所作的道德判斷，給人以一種虛幻的尊嚴和榮耀。明代佛教四大師之一智旭，也撰《孝聞說》、《廣孝序》等文章，大力宣傳孝道，說「世出世法，皆以孝順為宗」（《靈峰宗論》卷四之二《孝聞說》），「儒以孝為百行之本，佛以孝為至道之宗」（《靈峰宗論》卷七之一《題至孝回春傳》），把孝看作講出世間法的佛教的根本宗旨，以強調和儒家道德的一致性。

佛教學者闡述孝道的重要著作是契嵩的《孝論》（參見《鐔津文集》卷三《輔教篇下》），共十二章，這是佛教關於孝的最系統、最全面的著作，是對以往佛教學者論孝的新的總結。《孝論·敍》中說：「夫孝，諸教皆尊之，而佛教殊尊也。雖然其說不甚著明於天下。」為了使佛教關於孝的學說彰明於天下，作者「發明吾聖人大孝之奧理密意」，以「會夫儒者之說」。契嵩着重從四個方面去會通佛教與儒家的孝論，宣揚戒孝合一說。

第一，孝是「天經地義」。「夫道也者，神用之本也；師也者，教誥之本也；父母者，形生之本也。是三者，天下之大本也。」（《孝論·孝本章第二》）父母是每個人得以形生的大本，是天下「三本」之一。因此報答父母的大恩，孝順父母是天下的根本道理。「天地與孝同理」，「夫孝，天之經也，地之義也，民之行也」（《孝論·原孝章第三》）。孝是天經地義的，是人們的普遍德行。這是從天地的根本法則和報答父母的內在自覺去論證孝行，與儒家所講的服從強制義務的孝有所不同，是對儒家的孝的理論補充。

第二，孝、戒、善合一。「夫孝也者，大戒之所先也。」（《孝論·明孝章第一》）佛教的大戒以孝為

先。又說：「夫五戒有孝之蘊。」（《孝論·戒孝章第七》）戒中又有孝。「聖人之善，以孝為端；為善而不先其端，無善也。」（《孝論·戒孝章第八》）孝出於善心，善中有孝。又說：「戒也者，眾善之所以生也。」（《孝論·孝出章第五》）聖人的善行以孝為端。又說：「孝出於善。」（《孝論·孝出章第五》）由此可以說，戒、孝、善三者合而為一，孝就是佛教的戒，是佛教徒所必須遵守的道德，甚至是成佛的根本。

第三，篤孝、修孝是為求福、養親。「今夫天下欲福不若篤孝，篤孝不若修戒。」（《孝論·戒孝章第七》）「律制佛子，必滅其衣盂之資，以養父母。」（《孝論·孝行章第十一》）要想修福，行孝不如持戒。就是說，持戒、行孝是為了修福。出家僧人還應節衣縮食，以贍養父母。

第四，三年心喪。對父母的哀喪，儒家的主張是三年斬衰喪服，印度佛教則不主張在親人去世後，身着孝服，悲泣流淚。契嵩加以折中，認為僧人的父母去世，不宜穿普通的喪服，僧人之大布即是出家喪服，粗布做的袈裟即為出家人之喪服。又說：「三年必心喪，靜居修我法，贊父母之冥。」（《孝論·終孝章第十二》）所謂心喪，是古代老師死後，弟子不穿喪服，只在心裏悼念。契嵩認為，僧人的父母去世，要以心服喪，靜居修法，以幫助父母修造冥福。

總之，契嵩認為佛教的戒和儒家的孝是完全一致的，而且佛教的孝超過也就是高於儒家的孝，佛教也比其他各種流派更重視、更尊崇孝。

中國佛教學者一方面撰寫文章闡發孝道，另一方面直接編造專門講孝的佛經，製造經典根據，以提高論據的權威性。如《父母恩重經》，約於唐初葉寫成。經中描寫了一般庶民的母子深情，敍說父母的恩和兒子的孝養，強調父母孕育之恩當報，提倡造經燒香，請佛禮拜，供養三寶，飲食眾僧，為父母造福。此經是佛教在流傳過程中受到儒家名教的刺激和影響而作，同時又成為輔助儒家教化一般庶民的倫理道德讀物。《父母恩重

經》流傳既廣又久，出現各種異本，有的還加上插圖，如父母恩重變文、父母恩重俗文、父母恩重變相圖等，影響極為深遠。又如《梵網經》，也稱《菩薩戒本》，題為後秦鳩摩羅什所譯。該經卷下宣揚「釋迦牟尼佛，初坐菩提樹下成無上覺，初結菩提波羅提木叉，孝順父母、師、僧三寶，孝順至道之法，孝名為戒」。強調要對父母、師長、僧人盡誠順命，並將孝與戒配合起來，說孝就是戒。《梵網經》在中國佛教思想上的影響也是巨大的。

為了顯示對孝道的重視，佛教還把人們的孝行和佛事活動結合起來，竭力在民間造成奉行孝道的氣氛。印度佛教《盂蘭盆經》（西晉竺法護譯）被中國佛教學者稱為「佛教孝經」，其內容是講釋迦牟尼弟子目連入地獄救餓鬼身的母親的故事，突出體現了孝道精神，適合於中國的風尚。唐以來中國佛教學者紛紛註疏，著名的有唐宗密撰《盂蘭盆經疏》二卷，疏中特別強調釋迦牟尼出家和目連出家，都是為救濟父母。《盂蘭盆經》說：

是佛弟子修孝順者，應念念中常憶父母供養乃至七世父母。年年七月十五日，常以孝慈憶所生父母乃至七世父母，為作盂蘭盆，施佛及僧，以報父母長養慈愛之恩。

中國佛教依照這種說法，為拔救雙親乃至七世父母，而舉行盂蘭盆會。這是長期以來中國每年舉行的最大節日之一，也是深受古代民間歡迎的一種法會，自唐宋以來廣泛流行。與此相呼應，目連入地獄救母的故事，目連變文、目連變相圖、入地獄圖和目連戲等，都廣泛地也綴成文學、繪畫、戲劇等，進行形象化的宣傳，如目連變文、目連變相圖、入地獄圖和目連戲等，都廣泛地滲透到都市和鄉村，在維繫儒家的綱常名教和宗法制度方面發揮了重要的作用。

第五節　佛性論與修養法

中國佛教的倫理道德思想，是建立在對人的本質、本性的理論分析基礎之上的。佛教人性論的形態表現為佛性論，它反映出和中國固有的人性學說的聯繫與區別。中國佛教各派還紛紛提出去惡從善、修行成佛的途徑和方法，對於宋以來儒家道德的修養方法有着直接的啟示作用。

一　佛性論

中國先秦以來許多重要思想家所講的人性，主要是探討人類異於即優於禽獸的特殊屬性，人和禽獸有什麼區別，有什麼優於禽獸的性質。佛教所講的佛性的「性」，不是性質的意思，而是「界」的意思，也叫「佛界」。「界」有「因」，即質因、因素的意思。佛性是講眾生成佛的根據、條件。兩者的角度、出發點不同。但兩者也有相通之處，中國傳統人性論主要是講人性的善惡，講成就聖賢；佛性論的內容十分廣泛，就佛性的意義來說，既指心性（包括人的本心、本性），也指悟解萬物的真實智慧，還和境、理相通，而指事物的本質、本性和宇宙萬物的本體、本原。但佛性論也講本性的善惡，與中國傳統的人性論在內涵上有相似之處。此外，中國佛教雖然也講眾生，甚至講草木的佛性問題，但講眾生主要還是就人來講的。因此中國佛教學者的佛性論蘊涵了人性論，或者在一定意義上說，佛性論就是人性論。

佛性論是中國佛教史上的一個重要理論問題，是南北朝時期佛教理論的重心，也是隋唐重要佛教宗派的基本理論。中國佛教學者在佛性問題上的一個重要分歧和爭論是：一切眾生是否都有佛性？「一闡提」有沒有佛

性，能不能成佛？古印度是不平等的種姓制度的社會，反映在佛教理論上，雖然大乘佛教一般地是主張一切眾生都有佛性的，但也有主張一闡提人是沒有佛性的。大乘佛教有宗就主張有一種「無性有情」的人不能成佛。

這種反對一切眾生都有佛性的理論，不僅削弱了佛教自身對廣大勞苦大眾的吸引力，而且和中國儒家的「人皆可以為堯舜」的主張在精神上相背離，不能適應專制統治階級強化思想統治的需要。所以，在東晉宋之際，著名佛教學者竺道生就高唱一闡提人也有佛性，也能成佛。後來天台、華嚴、禪諸宗也主張人人都能成佛，而玄奘、窺基等則因受印度大乘佛教瑜伽行派的影響，仍堅持有一種人不能成佛，這也就影響了它的進一步流傳。中國佛教的人人都能成佛的主張，為佛教的倫理道德教化提供了依據，也與儒家的聖人觀相呼應。

中國儒家的人性善惡觀念的影響，使得某些中國佛教學者也從善惡方面講佛性。如天台宗人講性具有一切真實相狀，認為在佛和一切眾生心中善惡淨染是無所不具的。性是先天具有的，有善有惡；修習是後天的行為，也有善有惡。佛因為有性惡，而現地獄之身。一闡提因為不斷性善，所以也能修善成佛。又如五代宋之際法眼宗著名僧人延壽，還進一步把先天具有的性和後天行為的修分為善惡兩種：

　　若以性善性惡凡聖不移，諸佛不斷性惡，能現地獄之身；闡提不斷性善，常具佛果之體。若以修善修惡就事即殊，因果不同，愚智有別。修一念善，遠階覺地；起一念惡，長沒苦輪。（《萬善同歸集》卷中）

佛、凡人、一闡提都具有善性惡性，只是後天行為有所不同。又說：「佛雖不斷性惡，而不能達於惡。以達惡故，於惡得自在，故不為惡所染。」（《宗鏡錄》卷一七）佛不斷性惡，而不起修惡。佛用諸惡法門，如入地獄是為了化度眾生，並不會為惡所染污。宋代天台宗人知禮，認為萬物的本體真如本來具有愚癡無知的

「無明」，一切眾生的本性除佛性外還有惡性，這是眾生生死輪迴的基因。知禮是用眾生性惡來說明生死輪迴，用眾生性善來說明修持成佛。佛教通常認為佛性就是善性，而天台宗人把佛性和善惡觀念糅合在一起，是在強化因果報應理論。中國古代學者調和性善論與性惡論的性有善有惡說，自戰國時的儒家世碩發端以來，董仲舒、劉向、揚雄等人都有所闡發，影響甚為深遠。中國佛教學者的佛性善惡說，是中國古代關於人性善惡長期爭論的深刻反映，也是中國古代性有善有惡說的繼承和發展。

中國佛教學者除了從人和心兩方面講佛性以外，還由境上成立佛性。「境」，這裏指佛教智慧把握的境界，也就是一切事物的真實本性。這種真實本性也稱作「理」，即所謂實相之理。也就是說以理為佛性。竺道生說：「理既不從我為空，豈有我能制之哉？則無我矣。無我本無生死中我，非不有佛性我也。」〔註九〕「理」，即本體、本性、佛性，並不因為「我」這個實在自體而空，難道「我」能制止「理」的存在嗎？這種實在自體的「我」是不存在的，是「無我」。但是，「無我」是指由地、水、火、風「四大」構成的有生死的人「我」並不真正存在，而不是沒有「佛性我」，佛性這種實在自體是存在的。竺道生認為，這種理就是成佛的原因、根據。他說：「從理故成佛果，理為佛因也。」〔註十〕理是佛因，也就是佛性。人們若果把握了理，也就獲得了佛教真理，體現為法身，也就成為佛。有的佛教學者，如慧令就從得理上講佛性，認為一切眾生本有得佛之理，是眾生成佛的決定性因素。中國佛教學者以理為佛性的觀點，對於中國古代倫理學和哲學都有深刻影響。程朱理學以道德觀念的昇華「理」為宇宙萬物的本體，和佛教以理為佛性的思想理路是一致的。

二 修養法

佛教非常重視修養方法和途徑。早期佛教講修行是為了超出生死輪迴，脫離生滅，達到人生的解脫。後來又有了發展，修持變為直證宇宙實相的方法，即在於獲取神秘經驗——佛教真理，而不是着眼於離開生滅。印度佛教把五花八門的修行途徑和方法歸結為兩個方面：定和慧，就是禪定，着重於佛教思維修習。慧或觀，就是學習佛教義理，培養佛教智慧。南北朝時，南方注重義理，北方注重禪定。隋代天台宗創始人智顗綜合這兩種方法，提出了定慧雙修、止觀並重的雙軌並行主張。他說：

泥洹之法，入乃多途，論其急要，不出止觀二法。所以然者，止乃伏結之初門，觀是斷惑之正要；止則愛養心識之善資，觀則策發神解之妙術；止是禪定之勝因，觀是智慧之由借。若人成就定慧二法……當知此之二法，如車之雙軌，鳥之雙翼，若偏修習，即墮邪倒。（《修習止觀坐禪法要》）

這就是說，要想達到涅槃境界，求得解脫，必須定慧二法並用雙修，止觀二法等量並重。因為只有止、定，才能消除煩惱，並為增長智慧創造有利條件；只有觀、慧，才能斷除妄惑，產生正確的證解。如果只修持一個方面，就會墮入邪道，最終達不到成佛的目的。

中國佛教學者在修持的途徑和方法方面，主要側重、集中於三個問題，這就是貪慾與真理的關係，無明與智慧的關係，妄念與自性的關係。也就是說在修持過程中要強調滅除貪慾、無知和妄念，證得真理，使自己具有智慧，獲得覺悟。

關於貪慾和真理的關係：佛教是從人生的痛苦與解脫的角度來談這個問題的。它認為人是由物質、感受、

理性活動、意志活動和對外界的認識分別能力而構成的，並沒有恆常的實體，但人對人生自體都有熾烈的愛和執著的慾望（「有我」）；客觀世界也是由各種原因和條件構成的，而且在不斷變化，但人對外界也有強烈的追求和佔有慾望（「有常」）。這種有我有常的慾望和希求就使人的身、口、意都活動起來，產生出各種各樣的惡業，形成生死輪迴的痛苦。佛教認為人之所以有慾望、貪求，是由於他們不懂得佛教所講的「無我」、「無常」的真理，是和宇宙與人生的真理相背謬的結果。因而佛教主張應通過修持來消除慾望，追求真理。竺道生就不厭其煩地宣揚「窮理盡性」〔註十一〕，「佛以窮理為主」〔註十二〕，「理則是佛，乖者凡夫」〔註十四〕。意思是悟解人生和宇宙的「宗極之理」，即悟解宇宙本體的真理，就能成佛。竺道生的這種主張對隋唐佛教的發展和影響是很大的，對宋明理學的形成也有重大啟示。佛教從人生解脫的角度宣揚禁慾主義，也是對儒家從社會義務的角度提倡寡慾、節慾主張的配合和補充，是有助於維護專制統治秩序的。

關於無明和智慧、妄念和自性的關係：中國佛教，尤其是禪宗，還強調每個人先天就具有智慧。禪宗創始人慧能說：「菩提般若之知，世人本自有之。」（敦煌本《壇經》）「自色身中……自有本覺性。」（同上書）「自心地上覺悟如來，放大智慧光明。」（同上書）世人的心本來是覺悟的，這種覺悟就在於具有先天的智慧。禪宗兼華嚴宗學者宗密更明確地說：

空寂之心，靈知不昧。即此空寂之知，是汝真性。任迷任悟，心本有知，不借緣生，不因境起。知之一字，眾妙之門。（《禪源諸詮集都序》卷上之二）

靈知，即空寂之知，是指心體。知是淨心的體，淨心就是以知為體。正因為心以知為體性，所以心靈而不昧。靈知是一切人的真性、本性，人們的心本來就具有這種知，雖然人們不自覺它的存在，但是它還是存在的。無論是迷惑的時候還是覺悟的時候，它無時無刻不存在。宗密以靈知是心體的新觀念來說明禪宗的以心傳心的實際含義，說「知之一字，眾妙之門」。宗密特別突出這個知字，認為知是和佛智相等的知，知就是佛智，也是人們先天具有的真性。

在禪宗看來，靈知、智慧是人的真性，也就是人的自性、本性，也就是自心。人人只要認識本心、本性，就能獲得解脫，就能成佛。慧能說：「三世諸佛，十二部經，亦在人性中本自有。……內外名（明）徹，識自本心，若識本心，即是解脫。」（敦煌本《壇經》）人之所以沒有成佛，關鍵問題是自性被妄念所蓋覆，慧能說：

　　世人性淨，猶如清（青）天。……妄念浮雲蓋覆，自姓（性）不能明。故遇善知識開真法，吹卻名（迷）妄，內外名（明）徹，於自姓（性）中，萬法皆見。一切法自在姓（性），名為清淨法身。（敦煌本《壇經》）

　　「一切法自在性」，就是真如、法性，稱為「清淨法身」。反過來，清淨法身也就是佛性、自性。世人本性如青天一樣明淨，若為妄念浮雲遮蔽，雖然本性清淨也不能顯明。所以遇到善於開導的人，除掉妄念，就能在自性中顯現一切事物，體現佛性，這樣也就成佛了。這就是著名的「見性成佛」命題的含義。禪宗的「見性成佛」的命題的思想實質在於對自我本性、自我意識的反思、反歸，也在於主體證悟宇宙整體的實際，即與大自然的合一。實際上這是一種帶有自然主義傾向的內在精神境界。

印度佛教通常講「心性本淨，客塵所染」，中國佛教則講心性本覺、妄念所蔽（參見《大乘起信論》）。覺是覺悟，智慧，和淨即清淨、善不同，具有能動的意味。這點和印度佛教所講的心性僅別，它更強調發揮主觀的能動作用。另外覺也是知，這就更突出了主觀的認識作用。再者，既然本覺的心性僅是為妄念所覆蔽，覺悟本性是永不變化、始終存在的，那麼只要去掉妄念，糾正錯誤認識和看法，也就能成佛。這就使修持成佛成為快速而簡易的事情了。

應當指出，佛教的修養方法對宋明理學的道德修養方法也產生了重大影響。理學家「主靜」、「主敬」，佛教的禪定變成了靜坐。理學家主張習靜，以為靜方能去私慾，合天理，打通「小我」和「大我」（天地宇宙）的交涉，與「大我」相通，與天地合其德。理學家還吸取了禪宗直指人心、見性成佛的修煉模式，強調「心」的重要。朱熹說：「人之一心，天理存則人慾亡，人慾勝則天理滅。」（《朱子語類》卷三）人心是天理人慾交戰的勝敗關鍵，於是他們從《尚書·大禹謨》中摘出「人心惟危，道心惟微，惟精惟一，允執厥中」四句話，按照佛教宗教修養的標準進行解釋，作為存天理、滅人慾的經典根據，成為理學家們修身養性的十六字真言。

第六節　中國佛教倫理的特色

從以上幾個方面的論述中，我們可以看出佛教與中國倫理的關係，可以看出中國佛教倫理的特色。

佛教自傳入中國始就以其漢譯的方式和儒家的專制宗法倫理相調和，可以說中國佛教倫理自始就帶有儒家的烙印，並且隨着歷史的演變，調和色彩愈來愈濃烈，到宋代以來佛教把孝尊崇到更加絕對和極端的地步，以

迎合中國人的道德心態，真可謂是把佛教倫理儒學化了。

佛教倫理道德在中國古代倫理道德領域內始終不佔支配地位。它雖然有某些獨立之處（如有的佛教學者堅持沙門不拜王者，堅持身穿袈裟等），但主要還是吸取、調和儒家的道德倫理來改造和充實自己，基本上是作為儒家倫理道德的配角而發揮其社會效能的。佛教從出世法的角度論述了孝的極端重要性，從人生解脫角度闡發了禁慾主義思想，還從認識論和人性論相聯繫的角度提出了知、智慧是人心之體、人的本性及一整套的修行方法，這都是一些重要的思想，豐富了中國倫理道德學說，也在一定意義和一定程度上補充了儒家倫理道德的內容。同時也使理學家重視在人的內心深處調動起敬畏的力量和自覺的動力，去實踐封建倫理道德。由此可見，儒家雖然一直抨擊佛教的倫理道德，但實際上也吸取了佛教倫理道德觀念來充實自身，宋明理學的倫理道德學說就反映出佛教倫理道德的思想印痕。可見，由於儒佛兩家的相互影響，必然引起儒佛倫理道德思想的變化。

佛教中國化最突出、最典型的表現就是倫理道德的儒學化。印度佛教雖然也有涉及忠君孝親的著作，但是並不居重要地位。中國佛教和印度佛教在倫理道德學說方面的區別主要表現為中國佛教重視忠孝，尤其是集中表現在以戒為孝、戒即孝的獨特格式上。簡言之，以孝道為核心，調和儒家倫理，就是中國佛教區別於印度佛教倫理的根本特徵。

佛教倫理以去惡從善為標榜。應當說，在階級社會裏，由於人們的階級地位不同，人們的善惡觀念差別是很大的，有時甚至是對立的，要想把各種對立的利益調和起來，把善惡的觀念統一起來，幾乎是不可能的。因此佛教的善惡觀帶有很大的抽象性。正如上面提到過的「不殺生」，勞動人民可藉以反對專制統治者的鎮壓，專制統治者也可以用來反對勞動人民的革命。歷史事實充分地表明，專制統治者完全可以通過因果報應論的解

釋，進行鎮壓、殺戮和戰爭，而生活在水深火熱中的勞動人民（包括下層佛教徒）在忍無可忍的情況下，也理所當然地要起來和專制統治者（包括上層佛教僧侶）進行對抗。可見，把佛教的善惡觀念放在社會生活中來考察，既有真誠的一面，也有偽善的一面。

佛教以大慈大悲、利己利他為倫理道德的出發點，這種道德訓條和儒家的「惻隱之心」、性善論相遇，和中國的國家本位與民本思想的文化傳統相近，因而在歷史上影響頗大。完全可以這樣說，佛教的這種道德觀念同樣也具有抽象的性質，在階級社會裏可以為不同階級所利用，從而產生積極的和消極的兩種相反的作用。當然它在剝削階級統治的社會裏，消極作用是帶基本性質的，是需要認真分析批判的。同時，我們也應當承認，佛教的這種道德觀念畢竟在歷史上（如中國近代史上）曾被作為理想化的道德規範，起過一定的進步作用，豐富了中國優良的傳統道德，因此，佛教倫理道德也是值得我們批判繼承的。

註釋：

〔註一〕 中國著名歷史學家陳寅恪先生，以漢譯佛典與巴利文佛典相對照，早在一九三二年就撰寫了《蓮花色尼出家因緣跋》〔參見《陳寅恪文集之一·寒柳堂集》，載《清華學報》第七卷，一九三二（一）〕揭示了漢譯佛典有意刪削印度佛典中關於男女性交的論述。日本著名學者中村元先生也曾就有關漢譯佛典與印度佛典原文相對照比較，撰寫了《儒教思想對佛典漢譯帶來的影響》〔參見《世界宗教研究》一九八二（二）〕。本節的論述參考了他們的論點。

〔註二〕 《大正藏》，第一卷，二五一頁，日本，東京，大正新修大藏經

刊行會，昭和五十四年（一九七九）。

〔註三〕《大正藏》，第一卷，七一頁。

〔註四〕同上書，六四一頁。

〔註五〕〔註六〕同上書，二五四頁。

〔註七〕轉引自〔日〕中村元：《儒教思想對佛典漢譯帶來的影響》，載《世界宗教研究》，一九八二（二）。

〔註八〕此書現題為漢靈帝中平五年（一八八）避世交趾的牟子所撰，然近百年來中外學者對此書的作者和成書年代聚訟紛紜，迄今無定論。涉及我們論述內容的，主要是該書第九、十、十一、十九諸章。

〔註九〕《註維摩詰經》，見《大正藏》，第三十八卷，三五四頁，日本，東京，大正新修大藏經刊行會，昭和五十四年（一九七九）。

〔註十〕《大般涅槃經集解》，見《大正藏》，第三十七卷，五四七頁，日本，東京，大正新修大藏經刊行會，昭和五十四年（一九七九）。

〔註十一〕《註維摩詰經》，見《大正藏》，第三十八卷，三七五頁。

〔註十二〕同上書，三五三頁。

〔註十三〕同上書，三六〇頁。

〔註十四〕同上書，四六四頁。

第十章　佛教與中國哲學

佛教戒、定、慧三學中的慧學，廣泛涉及對人生和宇宙的看法，包含有豐富的哲學內容。佛教的根本宗旨是超越現實社會生活秩序而求得身心的解脫，為了達到這樣的目的，佛教學者始終在尋求人生乃至宇宙萬象的「真實」，以形成獨具特色的人生觀和世界觀。佛教傳入中國後，它闡發的「空」的哲學理論首先受魏晉玄學的影響而改變了本來面貌，隨後它又以印度中觀學說的更高抽象思辨對玄學作了理論上的批判總結。東晉南北朝階段，在思想上是佛教和反佛教展開針鋒相對鬥爭的白熱化時期。正如上一章「佛教與中國倫理」所揭示的，佛教自傳入中國之日始，就形成了與儒家綱常倫理的頡頏、對峙，並釀成對於沙門不敬王者的爭論。佛教與儒家在倫理道德觀念上的爭論，是佛教傳入中國以後與中國傳統文化思想的最大分歧，也是最大的爭論。此外，在理論上的最大鬥爭就是神滅論與神不滅論的鬥爭，這個鬥爭是同因果報應與反因果報應的鬥爭密切相關的。隋唐階段是佛教宗派學者在吸取中國固有思想的基礎上進行哲學創新的時期，佛教哲學的宇宙生成論、本體論、認識論和心性論在這一整個時代哲學理論中佔有重要地位，豐富和發展了中國古代哲學，影響和改變了爾後中國古代哲學的發展進程和面貌。此後，中國佛教哲學的神不滅論和一切皆空的學說又受到宋明理學家的

斥責，但是它的心性學說等在實際上又為理學家所吸取。到近代佛教哲學又為一批進步思想家所改造和利用。

佛教哲學和中國哲學相互影響、吸取，又相互挑戰、鬥爭，彼此錯綜，交滲互涵。佛教哲學在與中國哲學相互激盪中日益民族化、中國化，從而成為中國的一種宗教哲學。

第一節　漢代佛教與方士道術

漢代佛教初傳，主要是傳譯禪學（關於禪定修行方法的理論）和般若學（關於萬物性空的理論）的經典。

此時般若學並沒有在社會上產生多大影響，人們都把佛和黃老視為同樣的神，把黃老和浮屠（即佛）並列為祠祀崇拜的對象。《後漢書》卷四二《楚王英傳》說，漢光武帝的兒子楚王劉英，把釋迦牟尼與黃帝、老子並列，共同奉祀。桓帝（一四七—一六七年在位）時，宮中設華蓋以祠黃老浮屠。「又聞宮中立黃老浮屠之祠。」（《後漢書》卷三○下《襄楷列傳》）這都是把佛看作和中國傳統迷信的神一樣，認為佛教也是一種道術，是求神祈福的祠祀。黃老之學主張清靜無為，佛教理論也被認為是崇尚清虛無為的。佛教禪學的一套禪定修行功夫，也被看為是煉形煉神，祈求肉體飛升的神仙方術：

　　昔孝明皇帝夢見神人，身有日光，飛在殿前，欣悅之。明日，博問群臣：「此為何神？」有通人傅毅曰：「臣聞天竺有得道者，號之曰佛，飛行虛空，身有日光，殆將其神也。」（《理惑論》二○章）

　　佛教雖也講神通，但從不主張養生養神，長生不死，肉體飛升。可見，中國人當時是以黃老之學和神仙方

士道術的觀念去迎接和理解佛教的，同佛教原來的宗旨和特質是迥異其趣的。但是，佛教又正是由於被認為和中國黃老同類，與方士道術思想相通而獲得了流傳。

第二節　佛學從依傍玄學到補充玄學

約自魏晉以來，禪學開始退居次要地位，由於玄學的興起，此時般若學也深得統治者與佛教學者的重視和提倡，並在玄學的強大影響下形成一代學風。直到東晉後期，般若學始終是佛學的主流。般若學的流傳大致經過了「格義」、「六家七宗」和僧肇「不真空論」三個階段，這也是佛學從依傍玄學到補充玄學的思想變化歷程。

自漢末支婁迦讖譯出《般若道行經》開始，般若類經典相繼傳入中國。在中觀學派著名學者鳩摩羅什系統地傳譯印度大乘佛教空宗學說以前，中國學者在闡發般若學思想方面，幾乎同時出現了「格義」和「六家七宗」兩種不同類型的流派。鳩摩羅什譯經的重要助手僧叡說：「自慧風東扇，法言流詠以來，雖曰講肄，格義迂而乖本，六家偏而不即。」（《出三藏記集》卷八《毗摩羅詰提經義疏序》）批評「格義」違背了佛教的本義，「六家」偏離了佛教原意。之所以形成這兩種情況，是由於般若理論深奧玄妙，理論思維方式和中國傳統思維方式不同所致，同時也和當時般若學的重要典籍沒有得以系統譯出以及翻譯水平不高有關，但最重要的還是由於直接受到老莊思想和魏晉玄學不同學派思想影響的結果。東晉佛教領袖釋道安講出了這其間的原由：「以斯邦（中國）人老莊教行，與《方等》經兼忘相似，故因風易行也。」（《毗（鼻）奈耶序》）他認為只有和中國固有思想文化相協調，佛教才能流行。

「格義」，是指用中國固有的，尤其是老莊哲學的名詞、概念和範疇，去比附佛教般若學類經典的名詞、概念和範疇。「般若經」有一系列闡發宇宙現象和出世間的概念和範疇需要翻譯，有一系列說明般若理論的事數（名相），如分析人們有關心理和物理現象構成的五蘊、十二處、十八界等也亟待弄清。為此，一些佛教學者如康法朗、竺法雅等人，就創造了連類比附、以章句是務的格義方法。「雅（竺法雅）乃與康法朗等以經中事數擬配外書，為生解之例，謂之格義。」（《高僧傳》卷四《竺法雅傳》）道安雖然認為「先舊格義，與理多違」（《高僧傳》卷五《釋道安傳》），對於格義表示不滿，但他不僅允許其高足弟子慧遠講解經論時可以引用《莊子》等書來觸類旁通，說明事理，而且事實上，他本人也沒有擺脫以老莊哲學的名詞術語去比附佛教的方法。

道安雖然也搞格義，但畢竟又反對格義，這表明格義的方法已發生動搖。道安是由格義轉到「六家」的複雜人物。當時道安和支遁（支道林）等著名僧人都崇尚清通簡要，融貫大義，不執著文句，自由發揮思想，由此而形成了六家或六家七宗的般若學流派。六家或六家七宗的代表人物如下〔註二〕：

六家	七宗	代表人物
本無	本無	道安
	本無異	竺法深　竺法汰
即色	即色	支遁
識含	識含	于法開
幻化	幻化	道壹

般若學流派六家或六家七宗彼此間的區別大體上是和魏晉玄學的分歧相呼應的，它們所爭論的問題、思辨的方法和論證路數等都受到玄學的影響。魏晉玄學的哲學中心問題是辯論所謂體用，即本末、有無的關係問題。當時般若學的理論中心問題也是在談本末、空（無）有的問題。這實際上是按照魏晉玄學的思想和範疇對印度般若學二諦說的比附、引申和發揮，即把「真諦」說成是本體的「無」，「俗諦」說成是萬物的「有」。由此又涉及心靈和物質的關係問題，何者是本無，何者是末有，不同學者形成了不同的論點和學說。

　　六家或六家七宗，按其基本論點的差異來看，主要是三派，即本無派、心無派和即色派（識含、幻化、緣會三派與此派論點相近）。這三派思想上分別依傍於魏晉玄學的何晏、王弼的貴無論，裴頠的崇有論和郭象的獨化論。雖然般若學三派和玄學三派在思想形式和理論邏輯方面並不一致，但彼此之間又約略具有某種相對的對應關係，般若學彷彿是再現了魏晉玄學的思想發展軌跡。如本無派道安認為「無在元化之前，空為眾形之始，故稱本元。」（曇濟：《七宗論》，見《名僧傳抄·曇濟傳》）這種觀點正是何晏的「有之為有，恃無以生」（《列子·天瑞》註引《道論》），王弼的「凡有皆始於無」（《老子·四十章註》）的餘音迴響。創立心無派的支愍度，史載他「始欲過江，與一傖道人為侶。謀曰：用舊義往江東，恐不辦得食，便共立心無義」（《世說新語·假譎篇》）。為了適應江東的玄風，倉促改變舊說而創立新解。支愍度主張「無心於萬物，萬物未嘗無」（僧肇：《不真空論》），肯定了物質現象的存在，這是帶有唯物主義傾向的一派，是和裴頠的「自生而必體有」（《崇有論》）的觀點

心無　　心無　　支愍度　　竺法蘊　　道恒

緣會　　緣會　　于道邃

息息相通的。即色派支遁的基本論點是「即色者，明色不自色，故雖色而非色也」（同上書），意思是說形形色色的物質現象都不是自己形成的，所以它不是實有的物質。這是着眼於取消事物的本質、自體的一種說法。

郭象說：「生物者無物，而物自生耳。」（《莊子·在宥註》）強調事物是沒有其他客觀原因、沒有根源的，萬物是自生的。這也是取消事物的本質、自體的一種說法，在思維路線方面帶有共同性。支遁曾作《即色遊玄論》，「玄」，玄奧。「即色遊玄」，是就物質現象體悟玄奧狀態，這和郭象的「獨化於玄冥之境」相近似。支遁在給晉哀帝的上書中宣揚般若學的宗旨：「遊虛玄之肆，守內聖之則，佩五戒之貞，毗外王之化」（《高僧傳》卷四《支遁傳》），「常無為而萬物歸宗，執大象而天下自往」（同上書），頌揚了內聖外王之道。這和郭象的「夫聖人雖在堂廟之上，然其心無異於山林之中」（《莊子·逍遙遊註》）的說法如出一轍。佛教般若學派因依傍玄學各派而失去獨立性，但它由此而區別於印度佛教般若學說，又表現出中國佛教學者的某種獨立性。

僧肇在《不真空論》中對上述三家般若學性空理論作了分析和批判，指出本無派過於偏重於「無」，無視事物的「非無」方面；心無派只是主張對萬物不起執心，沒有否定外界事物的客觀存在；即色派只是說物質現象沒有自體，因而不是自己形成的，還沒有認識到物質現象本身就是非物質性的。僧肇認為這三派講空都不得要領，把「無」和「有」（「體」和「用」）兩者對立起來，各落一邊，都不符合大乘般若學的中觀奧義。僧肇運用佛教中觀學的相對主義方法，來論證世界的空無，也就是既不只講有，也不只講無，而是講非有非無，亦有亦無，有無雙遣，有無並存，合有無以構成空義。這種有無統一，不落兩邊，不偏不倚的思維方法，也稱為「中道」，是為「中觀」。他說：

欲言其有，有非真生；欲言其無，事現既形。象形不即無，非真非實有。然則不真空義，顯於茲矣。（《不真空論》）

如果說事物是有，有並不是真正的存在；如果說事物是無，它的現象卻已出現。既已出現，就不是無，只是不實有罷了。這就是「不真空」的本義。

僧肇的「不真空」的唯心主義雙向思維的方法，比當時其他般若學派都要高出一籌，因而成為對道安、支遁以來般若學的批判性的總結。由於當時般若學三個主要流派和魏晉玄學的有關流派相對應，從客觀上可以說也是對魏晉玄學的某種批判總結，僧肇所作《物不遷論》所闡發的動靜相即的論點，在《般若無知論》中論述的不知即知的觀點，也都分別與魏晉玄學的動靜理論和言意之辨相呼應。由此也可以說，僧肇的般若學理論不僅是佛教哲學理論發展的新階段，也是對魏晉玄學的補充、深化、豐富和發展。僧肇深受莊學的相對主義思想的影響，同時又以佛學的中觀理論把玄學水平推向了一個嶄新的階段。中國古代思想史表明，僧肇以後不僅般若學轉向了涅槃學，而且魏晉玄學也再沒有什麼新的創造了。

第三節 佛教神不滅論與唯物主義神滅論的鬥爭

佛教唯心主義哲學思想，一方面依附於中國傳統哲學中的唯心主義流派而流行，另一方面又勢必引起中國傳統哲學中的唯物主義流派的批判。魏晉時代，佛教依傍於魏晉玄學而得以傳播之後，到南北朝時終於出現了一場佛教有神論和唯物主義無神論的大搏鬥，成為中國哲學史上一次規模最大的、針鋒相對的、影響深遠的兩

條路線的鬥爭。這場鬥爭直接關乎中國佛教的基礎理論——神不滅論，以及與神不滅論密切聯繫着的因果報應說、佛性說。當時無神論反對有神論的鬥爭，正是對有神論和因果報應論、佛性論的鬥爭的總彙。

因果報應說是佛教關於人生的本質、價值和命運的基本理論，是佛教在民眾中吸引力和影響力最大的一種理論，是佛教在民間得以廣泛而持久地流傳的思想支柱。東晉時慧遠曾作《三報論》和《明報應論》，把印度佛教業報輪迴思想和中國有關傳統迷信結合起來，宣揚人有身（行動）、口（說話）、意（思想）三業，業有現報、生報（下世受報）和後報（在長遠的轉世中受報）三報，生有前生、今生和後生三生，即三業、三報、三生的因果報應思想。慧遠還明確地將神不滅論和因果報應論結合起來，提出不滅的神（靈魂）是承受果報的主體的思想。慧遠對於「神」的屬性和含義作了明確的解釋，他說：

夫神者何邪？精極而為靈者也。精極則非卦象之所圖，故聖人以妙物而為言。……神也者，圓應無生，妙盡無名，感物而動，假數而行。感物而非物，故物化而不滅；假數而非數，故數盡而不窮。……化以情感，神以化傳；情為化之母，神為情之根；情有會物之道，神有冥移之功。（《沙門不敬王者論》）

謂感應變化沒有主體。「數」，「妙物」，「名數」、「法數」，以數量表示的名目、法門。這段話包含有五層意思：

（一）神是精明到極點、非常精靈的東西，即精神。神沒有任何形象，又是神妙萬物以至生化萬物的東西。

（二）神是無主、無名的。

（三）神是非物、非數的。

（四）神是情慾的根子，是生命流轉的最終根源。

（五）神在冥冥之中有傳化遷移功能、作用，是不滅不窮的。慧遠還引用薪火之喻來論證神不滅。他說：「火

「精極」，精明到極點。「妙物」，神妙萬物。「圓應無生」，「無生」應作「無主」。「圓應無主」，

之傳於薪，猶神之傳於形。火之傳異薪，猶神之傳異形。前薪非後薪，則知指窮之術妙；前形非後形，則悟情數之感深。」（《沙門不敬王者論》）火從前薪傳到後薪，猶如神由前形傳到後形。眾生情數相感，變化無端，形有盡而神不滅。關於神滅神不滅問題，印度早期佛教在理論上陷於邏輯混亂、矛盾的狀態：它反對靈魂說，但又肯定人死後的轉生。後來大乘空宗宣揚一切皆空，反對眾生神識和各種天神實有的觀點。大乘有宗又不同意空宗的主張，強調佛教傳入中國以後，中國人根據佛教因果報應論而理所當然地以有神論看待佛教。慧遠的說法就是中國佛教學者對於神不滅論的典型論述。慧遠的說法不僅引起大乘空宗學者鳩摩羅什的批評，被指斥為「戲論」，而且也勢必引起和中國傳統的無神論觀念的對峙，爆發一場大的論戰。

魏晉以來門閥界限森嚴，貧富貴賤懸隔。社會的極端不平等，刺激、推動佛教學者研究和說明人們成佛的機會、條件是不是平等的問題，這就進而涉及對成佛的根據、原因即對佛性問題的探求。由於時代的要求，佛教傳播的需要，在南北朝時期形成了巨大的佛性思潮，出現了佛性理論空前繁榮的局面。史載當時研究佛性的學派有十二家之多，分別從人、心和理三個方面，也即從人的心識和客觀的境界兩大方面成立佛性。在諸多佛性說中，最值得注意的是竺道生的觀點，他認為佛性是眾生最善的本性、最高的智慧、最後的真理，也是宇宙的本性。他強調佛性非空，也非神明。眾生並無生死中的「我」。在道生看來，眾生一旦得理，即眾生與本體相統一，就能成佛。同樣值得注意的是，也有不少佛教學者從眾生的心上講佛性，有的以心（識）為佛性，也有的主張冥傳不朽即識神為佛性，梁武帝蕭衍還提出真神為佛性的觀點。他宣傳神（「心」）有「性」與「用」兩個方面，真性即神的本質——「神明」是不斷的，且必歸佛教妙果，其用即精神，一切心理現象，也稱為「識」，常表現為「無明」，是生滅的，前後相異。真神即神明，實質上也就是生死中的「我」，就是靈魂，這是輪迴轉生的主體。梁武帝認為由無明轉為神明即可成佛，神明也是成佛的根據。從形神關係來考察，

作為眾生轉生成佛的根據——佛性，是以神不滅為邏輯前提的，佛性論包含着神不滅論，有的佛性就是不滅的神、不滅的靈魂。這一類的佛性論本身也就是一種神不滅論。

此外，當時一些讚賞佛教義理的文人學者，還多宣傳形神平行二元論。如晉羅含（羅君章）作《更生論》，宣揚「神之與質，自然之偶也。偶有離合，死生之變也」（《弘明集》卷五），認為精神和形體是自然的配偶，兩者平行存在。配偶有離有合，身體的死亡是精神和形體的分離，並不意味着精神的斷滅。劉宋時代鄭鮮之（鄭道之）作《神不滅論》說：

夫形神混會，雖與生俱存，至於粗妙分源，則無區異。……神體靈照，妙統眾形。形與氣息俱運，神與妙覺同流。雖動靜相資，而精粗異源。豈非各有其本，相因為用者邪？（《弘明集》卷五）

這是說，精神是精的，形體是粗的，二者有精粗之別。形體同呼吸的氣在一起運行，精神與人的知覺靈明在一起流動。形神相互支持，相互為用，同時又各有不同的來源、不同的根本。這是精神和物質各自獨立的二元論。鄭鮮之從二元論出發，又強調「唯無物，然後能為物所歸。……唯無始也，然後始無窮」（同上書）。神是無物，所以能為萬物所歸。神是無始，所以是終始無窮。就是說形是有始有終的，神是無始無終的，神比形更根本，神是不滅的。最終還是主張神不滅論。這種觀點顯然是和佛教的輪迴轉生說相呼應的。

佛教神不滅論和中國傳說的有神論不同，不僅更細緻、更嚴格地闡發了神和形的區別，而且還和輪迴轉生、修行成佛聯繫起來，成為中國佛教理論的主要支撐點。否定神不滅論，就摧毀了佛教的因果報應說，等於從根本上否定了中國佛教。所以當時的佛教學者總是極力宣揚神不滅論，而反對佛教的唯物主義思想家則着力

於宣傳神滅論，批判神不滅論。這樣，形神關係問題就成為東晉南北朝哲學鬥爭的焦點，唯物主義和唯心主義兩軍對壘的中心。此時，尤其是南朝的神滅論和神不滅論的激烈論戰，可稱為中國古代無神論和有神論鬥爭史上最壯觀的一頁。南朝宋時著名天文學家何承天駁斥了佛教神不滅論。齊梁時戰鬥的無神論者范縝，面對梁武帝蕭衍為首的政治勢力和宗教勢力，面對立面六十多個人、七十多篇文章的討伐圍攻，立場堅定，旗幟鮮明，撰寫了著名的《神滅論》，提出了形質神用說，從根本上駁倒了神不滅論。他說：

形者神之質，神者形之用；是則形稱其質，神言其用；形之與神，不得相異。（《神滅論》）

「質」，形質，本質，有主體或實體的意思。「用」，作用，功用，有派生或從生的意思。實體表現作用，是不依靠作用而存在的。作用是實體所表現的，是依附實體而存在的。「形者神之質」，形體是精神所從屬的實體；「神者形之用」，精神是形體所具有的作用。神是作用不是實體，而且是從屬形這個實體的。范縝在中國哲學史上第一次用「質」、「用」的範疇來論述形與神不是兩個不同東西的拼湊、耦合、組合，而是一個統一體的兩個方面。范縝以形質神用這一巨大的理論創見、嚴密的邏輯論證，從根本上駁倒了佛教的神不滅論，對長期以來的形神之辨作了出色的總結，比較徹底地解決了形神問題。

范縝的神滅論也有其歷史局限性，主要是沒有闡明與人的形體不可分離的精神作用究竟是怎樣產生的問題，沒有完全擺脫把「神」視為一種氣之精者的影響。而在這一點上，慧遠則對神區別於形的特性作了描述，在區分形神方面提供了合理因素。所以范縝也還是沒有圓滿地闡明形神關係的問題。但是，中國佛教在遭到無神論者的有力批判和沉重打擊之後，在思想理論方面就逐漸轉向於闡發宗教本體論、認識論、心性論、修養論

等問題，這也正是後來隋唐佛教哲學的重要內容。

第四節　隋唐佛教宗派對古代哲學的發展及其和儒、道會通的趨勢

隋唐是中國佛教最隆盛的時代，諸宗並興，名僧輩出，佛教哲學空前繁榮。佛教與儒林文苑、哲學論壇呈現出了極為複雜的關係，這主要表現在三個方面：一是佛教宗派對傳統哲學的吸取和對古代哲學的重大發展；二是佛教融合儒、道的趨勢；三是儒家學者對佛教的反對和支持、排斥和借鑑。

一　佛教宗派對古代哲學的發展

隋唐佛教宗派富有哲學思想的，主要是天台宗、三論宗、法相唯識宗、華嚴宗和禪宗。這些宗派的領袖紛紛著書立說，闡發唯心主義哲學，其內容涉及宇宙結構論、本體論、認識論、真理論、意識論、心性論等廣泛領域，豐富和發展了古代哲學思想。

隋唐佛家多講心性之學，因之心性論是此時佛教哲學的重心，也是佛教對古代哲學的最大發展。自晉末宋初以來，思想界把本體論和心性論的研究統一起來，並由探討宇宙的本體轉為着重研究人的本體，即人類自身的「本性」，這種從對外的本體轉向對內的心性的探討，是適應社會需要和玄學思潮發展的結果，和佛教經典的翻譯、傳播關係並不太大。南朝時又經過神不滅論和神滅論的大論戰，佛教在形神理論問題上遭到打擊，也迫使佛教學者對人的心性問題展開更廣泛、更深入的研究，以闡明成佛的根據和可能這一佛教的根本問題。唐玄奘從印度取經回國後，創立了法相唯識宗，介紹了萬物唯識所變的主張，也推動了其他宗派對於心性問題的

探討研究。佛教宗派正是在這種深刻的歷史和思想背景下，繼續把闡發理論的重點放在心性問題上。「明心見性」、「即心即佛」、「知心為體」、「性體圓融」、「無情有性」等，論說紛紜，形成了各具特色的心性論。而止惡從善，排除慾望，發明本心，是各宗心性學說的基調。唐代幾個重要宗派的學說，都可謂是心性之學。以天台宗和禪宗來說，天台宗的著名學者湛然提出「無情有性」說，宣揚沒有生命的東西（「無情」）也有佛性。這比一切眾生都能成佛的說法更為徹底，把成佛的範圍無限地擴大了。湛然提出「無情有性」的命題，一方面是為了擴大天台宗的吸引力和影響力，另一方面又是用以論證世界上一切有情無情之物，都是內在的、普遍的、絕對的和永恆的真如佛性的體現。再如禪宗倡導「淨性自悟」說，認為人人的本性、本心都是清淨的，一個人只要認識本性、本心就是解脫。由於人人的自心本性是清淨的，因此一切事物也都在自性中，「如是一切法，盡在自姓（性）。……一切法在自姓（性），名為清淨法身，也就是自悟成佛。禪宗以心性論為核心，並把心性論和本體論、成佛論結合起來了，這種心性論和本體論的密切聯繫是一大特色，是對中國古代心性論的重大發展，對宋明理學也有着深遠的影響。

和心性論密切相聯繫的是，隋唐佛教宗派還闡發了幾種唯心主義本體論的不同類型。這些本體論的思想路線基本上是相同的，但也有一定區別，至於具體內容，相去就遠了。隋唐佛教宗派唯心主義本體論有兩大類型，一是法相唯識宗，宣揚主觀意識是萬物的本原，一切現象都是識的變現，這是中國哲學史上典型的主觀唯心主義。二是天台宗、華嚴宗和禪宗都主張以眾生共同具有真心（自心，本心）為世界萬物的本原，這也是中國哲學史上典型的客觀唯心主義。天台宗倡導「一念三千」說。「三千」，指宇宙整體。「一念」即「一念心」、「一心」，是一切眾生共有的、共同的。眾生一念心中，萬有森然具備。天台宗人認為這是宇宙一切現

象本來如此，無須另有依待的。華嚴宗更鼓吹「法界緣起」論。「法界」，泛指一切存在。強調宇宙萬物都是「一真法界」的展現。所謂「一真法界」，就是宇宙萬有的「本原真心」，一切現象的本體。真心清淨不壞、平等無差別，它隨緣不變，不變隨緣，而展現宇宙萬物。禪宗宣揚「自心頓現」說，強調宇宙萬物都是清淨的自心即真心的顯現。萬事萬物都在自心之中，外部世界是由於「忘念浮雲」蓋覆本心而不能顯現。如果去掉忘念的浮雲，就能立即顯現出森羅萬象。天台、華嚴和禪諸宗都以真心為萬物的本原，但在論述真心如何派生、顯現萬物方面則說法相異，形成不同的宗派，這是佛教宗派客觀唯心主義多樣性的反映。隋唐佛教宗派客觀唯心主義和道家以道為萬物本原的客觀唯心主義又有所不同，因而也豐富了中國古代客觀唯心主義哲學。

隋唐佛教宗派還闡發了獨立多樣的神秘主義認識論。天台宗提出「一心三觀」和「三諦圓融」的說法。

「一心三觀」是一種禪法，與認識方法有關，是說一心中同時存在不可分割的三種觀法──空觀、假觀和中觀。也就是說，對於世界萬物，一心可以同時從空、假、中三個方面去觀察。由此也可以說，空、假、中三種道理（「諦」）是統一的，無矛盾的，這就叫做「三諦圓融」。空觀、假觀、中觀在一念中同時出現，互不妨礙，就是「三諦圓融」的真理觀。法相唯識宗宣揚「三性」說，認為一切現象都有三種不同的相狀，認識了這三種相狀，也就認識了一切現象的實相。「三性」，一是「遍計所執性」，指以名言概念表示各種事物，把事物視為各有自性差別的客觀存在，並且執為實有，這是不真實的認識。二是「依他起性」，指一切事物都是依託各種因緣而生起的。人們認識到這一點，是獲得了相對真實的認識。三是「圓成實性」，指圓滿成就一切現象的實性。人們如果在依他起性上，遠離遍計所執性的謬誤，去掉對一切現象的虛妄分別，由此獲得對一切現象的最完備、最真實的認識，為圓成實性，也就是獲得了絕對真實的認識。此宗認為，眾生從遍計所執性進而達到圓成實性，也就獲得了佛教智慧，近於成佛了。華嚴宗在認識論上的基本理論是一真法界觀。這種法界觀

包含了許多豐富的內容，其重心是在理事無礙說的基礎上，宣揚事事無礙說。「理」，本體。「事」，現象。

華嚴宗人認為事是理的顯現，現象是本體的體現，既然事事物物都是理的體現，那麼，千差萬別的事物由於理體、理性是同一的，不同事物之間也就都能相即相融了。華嚴宗人講一真法界觀，其真意在於說明宇宙間的各種事物和各類關係都是圓融無礙的。這種認識上的無矛盾論，看到了事物的相互統一方面，但是卻否定了相互對立的一面。禪宗認識論是著名的頓悟論。禪宗認為，世人本來就具有佛教的高超智慧，只是因為被妄念的浮雲所蓋覆，不能自我證悟。一旦去掉妄念，就會頓見真如本性。由此禪宗學者強調「無念」，即要努力排除一切邪見妄念、一切塵勞妄想。只要做到無念，就認識了自我本性，把握了真理，實現了頓悟，也就成為「佛」了。上述佛教宗派的認識論是和本體論以及修持方法完全混合在一起的，是對世界的顛倒的幻想的反映，但是其中也包含了若干合理的或帶啟發性的因素，包含了辯證法的思想，如強調認識本體的作用，認識的相對性、一體性和統一性，認識的質變、飛躍等，都是有價值的觀點。應當承認，隋唐佛教哲學對中國古代認識論史和辯證法史是作出了貢獻的。

二　佛教對儒道的融合

隋唐時期天台、華嚴和禪宗在創立自己的哲學體系過程的中，都程度不同地吸取中國傳統思想作為思想資料，融會於自己的思想體系之中。如天台宗先驅者慧思把道教成仙看作成佛的必經步驟，神仙迷信被納入天台教義。慧能禪宗更是吸取儒家性善論、道家自然主義，並繼承了竺道生的佛性論、頓悟說而形成的。此外值得注意的是，華嚴宗學者李通玄、澄觀和宗密（兼為禪宗學者），也都熱衷於調和儒家思想。這些學者都十分重

視和儒家哲學經典《周易》的調和，進而從世界和人類的起源、本原的高度去考察、揭示和評判儒、佛的區別與聯繫。東晉慧遠法師以佛為內，儒為外，主張內外之道相合而明。宗密作《原人論》，進一步提出「會通本末」的主張，以佛為本，以儒、道為末，「今將本末會通，乃至儒、道亦是」。宗密認為，儒、道主張的人類是由天地和元氣產生，由虛無大道生成養育，是一種迷妄，必須破除。人類都有「本覺真心」，這種本來覺悟的真心，「無始以來，常住清淨，昭昭不昧，了了常知，亦名佛性，亦名如來藏」（《同上書》）。本覺真心才是人類的本原，也是人們成佛的根據。人們只要去掉迷惑、妄想，就能「於自身中得見如來廣大智慧」，成為佛。由此說明儒、道和佛在對人類的起源、本原的看法上，有着本末的區別；同時只要去掉儒、道的迷惑，一念覺悟，就成佛了，本末又可會通。宗密的《原人論》是調和儒、道、佛的重要哲學著作，是從調和倫理道德的對立到融通世界觀的分歧的重要標誌。這也表明佛教和儒、道兩家的融合已進入思想文化的深層了。

三　儒家的釋佛、融佛、排佛和讚佛

隋唐時代儒家與佛教哲學之間呈現出一種複雜的關係，其主要類型是，梁肅以儒家解釋佛教；韓愈、李翱一面排斥佛教，一面又攝取佛教的方法或思想，援佛入儒；柳宗元、劉禹錫一面強調儒、佛的一致，讚賞佛教，一面又對天命論、有神論持否定態度。從儒、佛兩種思潮的主要關係來說，表現出了一種相互交融的基本趨勢。

梁肅（七五三—七九三），字敬之，唐文學家。官翰林學士，守右補闕，侍皇太子。曾問學於天台宗湛然，深受一切眾生悉具佛性思想的影響，撰《止觀統例議》，用儒家的窮理盡性學說，闡釋佛教的止觀思想，文說：

夫止觀何為也？導萬法之理而復於實際者也。實際者何也？性之本也。物之所以不能復者昏與動使之然也。照昏者謂之明，駐動者謂之靜。明與靜，止觀之體也。……原夫聖人有以見惑足以喪志，動足以失方，於是乎止而觀之，靜而明之。……仲尼有言，道之不明也我知之矣，由物累也。……若嗜慾深，耳目塞，雖學而不能知。

（《全唐文》卷五一七）

梁肅發揮佛教的止觀宗旨在於復歸本性。人們由於外物的牽累，嗜慾很深，耳目閉塞，因此學不能知，道不能明。止觀就是使人去昏而明、去動歸靜、窮通萬物的道理，復歸眾生的本性。梁肅的忘年之交權德輿（字載之）和獨孤及（字至之）也是好佛的儒家學者。如權德輿作《唐故章敬寺百岩大師碑銘》說：「以《中庸》之自誠而明以盡萬物之性，以《大易》之寂然不動，感而遂通，則方袍褒衣，其極致一也。」（《全唐文》卷五○一）又撰《信州南岩草衣禪師宴坐記》說：「至人則反靜於動，復性於情。」（《全唐文》，卷四九四）以儒釋佛，是當時儒林的思想傾向之一。

韓愈、李翱從堅持儒家倫理道德和夷夏之辨的立場排斥佛教。韓愈排佛之激烈，在中國歷史上是十分突出和著名的，但是他的基本理論道統說和李翱的基本理論復性說，則是攝取隋唐佛教宗派的法統觀念或心性學說加以改鑄而成的。隋唐佛教宗派傳道，深受門第觀念的影響，有所謂歷代相承、燈燈不滅的法統。韓愈為了和佛教相抗衡，以道統說反對法統說，謂儒家有堯、舜、禹、湯、文、武、周公、孔、孟依次相傳的傳統。韓愈仿照佛教法統提出的道統，為後來的宋明理學家所堅持。佛家講「去慾」、「治心」，韓愈也對宣揚「養心」、「寡慾」、「正心」的儒家典籍《孟子》和《大學》着意推崇，對於宋明理學影響極大。李翱的主要著

作《復性書》宣揚性善情惡，性得之天命，是聖人的根本，情是惑性的，應當排遣。要成為聖人，就要去情復性，而要去情復性，就要排除嗜慾，保持內心的絕對寂靜。這種性情學說除了發揮儒家《孟子》和《中庸》的心性學說以外，主要是直接繼承梁肅的止觀學說，這從上述的《止觀統例議》的簡短引文中就可以看出，而梁肅又是繼承天台學者湛然的佛性論，實際上李翱已受佛學的薰陶。李翱對佛典作過研究，說佛教論「心術」並「不異於中土」（《再請停率修寺觀錢狀》）。從《復性書》的行文來看，和當時流行的佛教典籍《大乘起信論》、《圓覺經》的內容也是十分相近的。今舉兩例：

《圓覺經》說：「依幻說覺（性），亦名為幻。若說有覺，猶未離幻。說無覺者，亦復如是。」

《復性書·上》說：「明與昏，謂之不同。明與昏，性本無有，則同與不同二皆離矣。夫明者所以對昏，昏既滅，則明亦不立矣。」

這是論性的本質，《圓覺經》認為覺以離幻，幻離何有覺？《復性書》則明以昏對，昏滅何有明？二者說法是一致的。又如：

《大乘起信論》說：「如大海水，因風波動……若風止滅，動相則滅，濕性不壞故。如是眾生自性清淨心，因無明（妄情）風動。……若無明滅，相續則滅，智性（本性）不壞故。」

《復性書·中》說：「水之性清澈，其渾之者泥沙也。……久而不動，泥沙自沉，清明之性，鑑於天地，非自外來也。故其渾也，性本不失。及其復也，性本不生。人之性亦猶水也。」

這是對性情關係的論述。李翱以水和泥沙喻性情，實借佛典的水風之喻。他以沙泥沉而水性來論證情息則性復的道理，這和《大乘起信論》的風止水靜以說明無明滅則智性清淨是如出一轍的。此外，相似、相近之處還很多。

第五節　佛教哲學對宋明理學的影響及其日益儒化的表現

宋代以來，佛教宗派勢力趨於衰微，而在隋唐時形成的豐富的佛教哲學思想卻為排斥佛教的理學家所大量吸取，成為他們創立新學說的重要思想淵源，這是一方面；另一方面，佛教學者也背離（或部分地背離）佛教的認識根源和社會根源，達到了前所未有的水平。這一切都表明了柳、劉在世界觀方面和佛教是存在原則區別的。

相勝」，這實質上是對包括佛教在內的有神論觀點的批判、否定。劉禹錫還運用唯物主義觀點探索宗教迷信產生的時，柳宗元和劉禹錫又都反對有人格、有意志的「天」，強調「天人各不相預（干涉）」，劉氏還強調「天人交德操守。他們認為佛教和儒家學說可以互相並存，相得益彰。這種理路，實質上也對宋代理學家產生影響。同柳宗元、劉禹錫是儒家中的另一類型。他們欣賞佛教徒超脫世俗名利觀念的處世態度，讚賞佛教徒某些道的思想發展，形成了新的思想格局。韓、李反對佛教，又仿照佛教而分別提出的道統說和復性說，極大地影響了唐以後天理，滅人欲」的說教了。韓、李的「教人忘嗜欲而歸性命之道」的思想，後來經理學家之手，也就演變為「存統說一直為理學家所堅持，李翱的「教人忘嗜欲而歸性命之道」的思想，尤其是李的融通儒、佛的心性說，韓的道集》卷一）於此足見李翱受梁肅影響之深。〔註二〕韓愈、李翱的學說，尤其是李的融通儒、佛的心性說，韓的道見，遂於翱有相知之道焉。……期翱之名不朽於無窮，許翱以拂拭吹噓……遂賦感知己以自傷。」（《李文公念，其賦序云：「貞元九年，翱始就州府貢舉人事，其九月，執文章一通，謁於右補闕安定梁君……亦既相翱《復性書》約晚出於梁肅《止觀統例議》三十年。李翱曾問學於梁肅。梁肅死，李翱曾作《感知己賦》悼看來從《大乘起信論》、《圓覺經》到湛然，從湛然到梁肅、再到李翱，在思想上可謂是一脈相承的。李

原來宗旨，曲意迎合儒家思想，從而使佛教思想趨於儒化。這兩個特點正是宋元明清時代佛教與哲學相互關係的基本特徵。

一　佛教哲學對宋明理學[註三]的深刻影響

宋明時代理學家和佛教的關係有一個發展過程。宋代理學家絕大多數是反佛的[註四]，明代理學家反佛的就較少了，王守仁雖然也排佛，但是他又直接地大量吸取佛教的思想，所以在此之後，儒、佛漸趨一致了。宋代理學家站在儒家的正統立場上，對於佛教的出世主義、神秘主義持指斥態度，而且一度曾由於異族馮陵激起的民族感情，更是下意識地反對佛教。但是，理學家面臨隋唐佛教宗派的巨大的思想遺產，自然不可避免地會受其薰陶。佛教許多思想是儒家所缺乏或注意不夠的，也有探究的需要。周敦頤等人創立理學的時候，正是禪宗五宗的殷盛時期，禪宗久遠盛行、盤根錯節的江西等東南地區又是理學巨子如朱熹、陸九淵等人的故鄉。宋代理學諸大家，即濂（周敦頤）、洛（二程）、關（張載）、閩（朱熹）各家，在他們治學和著書立說的過程中，無一不是「氾濫於諸家，出入於老、釋」的。周敦頤與慧南、常總等禪師往來密切，自稱「窮禪之客」。二程，如程顥「出入釋、老幾十年」。程頤與靈源禪師過從頗密，讚歎禪家「不動心」，值得仿效。就以唯物主義者張載來說，他反對佛家的幻化、性空的說法，但也曾「訪諸釋、老，累年究極其說」（《宋史·道學傳·一》）。至於陸王一派和禪學的關係就更為直接密切了。理學家之探究佛理、禪學，是由於佛教哲學有其特色，思辨性更強，唯心主義更精緻，證論更深入。朱熹也說：「今之不為禪學者，只是未曾到那深處；才到那深處，定走入禪去也。」（《朱子語類》卷一八）應當說，宋明理學和佛教在世界觀和人生觀方面都存在着根本區別，所謂宋明理學是「陽儒陰釋」的說法是不很妥當的，但也不能不承認，佛學是宋明理學的淵源之

一，佛學對宋明理學的思想影響是廣泛而深刻的。這種影響主要表現於以下幾個方面：

【二】儒家要典的確定和學術旨趣的轉移

儒家的五經（《詩》、《書》、《禮》、《易》、《春秋》）始稱於漢武帝時代，後來長期成為專制統治階級的教科書。到了宋代《孟子》升為經，又以《禮記》中的《大學》、《中庸》二篇與《論語》、《孟子》相配合，合稱「四書」。朱熹撰《四書章句集註》。「四書」後來成了專制政府科舉取士的初級標準書。《孟子》、《大學》、《中庸》在儒學中地位的空前提高，成為儒家的要典，是跟唐宋時代儒家和佛教的交涉鬥爭直接相關的。佛教講心性，重修持，禁慾，而《孟子》書中也言心性，講「萬物皆備於我矣，反身而誠」，乃至「養心」、「寡慾」的修養方法。這成為韓愈和佛教相頡頏的武器。因此，《孟子》格外得到韓愈的推崇，以為是得孔子的正傳。《大學》講正心、誠意、明明德，因而也受到韓愈的重視。他特別引用《大學》這些言論，以證儒家的治心不同於佛教的治心。經韓愈的倡導，《孟子》一書和《大學》一文，遂成為後來宋明理學所依據的要典。此外，《中庸》一書也講心性，被理學家作為孔門傳授心法的書而表彰出來。理學家正是以《孟子》、《大學》、《中庸》與佛教相抗衡，以表示儒家自有家寶，不必求之於佛。可見，儒家「四書」的確定也是受了佛教的影響。「四書」在後期專制社會中所起的巨大作用，正表明了佛教間接影響之重大。

與「四書」成為理學的要典相適應，理學家的研究視角、學術旨趣、理論重心也發生了轉移。理學家講的修身養性，克己主敬，致良知，多少和佛教相似。這種心性理論，又是和本體論結合在一起的，它是竭力從人生的本原和宇宙的本體方面作論證和說明，而有「理氣」、「理慾」關係的學說，所以被稱為「性理學」，簡稱為「理學」。理學和以往儒學側重於社會政治倫理而不言性與天命的風格有很大不同。這種不同是和理學反對

佛教的需要分不開的，也是和在儒、道、佛思想潮流的激盪中，理學受到佛教的刺激、誘發、影響分不開的。

【二】對理學心性論的重大影響

佛教在哲學上對宋明理學發生直接影響的，主要是幾個中國化的宗派，即禪宗、華嚴宗、天台宗，其中又以禪宗影響最大。禪宗思想影響的重點是「知為心體」、「知覺是性」的說法，即人心本性靈知不昧的觀念。

心性論和本體論是儒家學說中相對來說比較薄弱的環節，而佛教對此則闡發甚多。在宋明理學和佛教相抗衡的過程中，理學家們不僅着力建立心性論和本體論的系統，而且不免也攝取一些佛教的相關資料，借鑑相近的思想理路，吸取有關的理論思維經驗、教訓和成果。

禪宗「知為心體」、「知覺是性」的思想給予宋明理學以深刻的影響。程頤同意「人性本明」的說法：「問『人性本明，因何有蔽？』曰『此須索理會也。』」（《二程遺書》卷一八）這裏不用「人性本善」，而說「人性本明」，顯然是受了禪學的影響。朱熹對佛教的心性多有批評，他特別指斥佛教是心和性不分，指斥佛教講性空，不懂得心中的性、理是真實而非空的，是只知心不知理。但同時，朱熹本人也大談「人心至靈」：「此心本來虛靈，萬理具備，事事物物，皆所當知。」他還說：「人之良知，本所固有。」（《朱子語類》卷六〇）「其體虛靈而不昧，其用鑑照而不遺。」（《朱子語類》卷一四）他還說：「人之良知，本所固有。」（《朱子語類》卷一八）這種說法和禪宗的人心本性是靈知不昧的思想極為相似。禪宗的知為心體的觀念對於陸王心學影響更大。陸九淵提出「心即理」說，認為天理、人理、物理都在吾心之中，宇宙的理與吾心中的理是一個，而且心和理是永久不變的。千萬世之前之後有聖人出，東南西北有聖人出，都是同此心，同此理。他宣揚道德觀念是人心所固有的，也是永恆不變的。這也是和禪宗的心體為知的思想理路相一致的。王守仁學說以良知為主，他認為知是

心的作用，心又是性的作用，心性同歸於理。知、心、性、理是統一的。知就是心發動的明覺的意思。王守仁這種說法和禪宗的思想也有異曲同工之妙，所以他又說：「然釋氏之說，亦自有同於吾儒，而不害其為異者，惟在於幾微毫忽之間而已。」（《明儒學案》卷一〇）公開認為儒學和佛教只是毫釐之差。他的哲學中心觀念「良知」──先天的道德意識和智慧，可以說更多的是直接受到禪宗思想啟迪的結果。

中國佛教宗派強調眾生本性是清淨的、覺悟的，眾生之所以陷於迷惑，沒有成佛，是由於本性被妄念浮雲所蓋覆，為各種情慾所蒙蔽。眾生只要去掉妄念，排除情慾，返歸本性，就成為佛。這種心性修養理論是儒家所沒有的，在唐代就為李翱所攝取，倡導復性說。張載、二程、朱熹受到這種思路的啟示，把性區分為兩種，提出「天地之性」（「天命之性」）和「氣質之性」對立說，程、朱還把心也區分為「義理之心」和「物慾之心」，強調天理和人慾的對立。天命之性、天理和佛教講的本性、佛性相通，氣質之性、人慾則和佛教講的妄念、情慾相似。理學家認為，每個人「天理具備，元無欠少」，只是「為氣稟物慾所蔽」，若把物慾排除淨盡，天理自然顯明。他們由此提出「存天理，滅人慾」的命題，把它作為道德修養的根本途徑和理想境界。雖然程、朱把心和性分開，又把心和性各區分為兩種，和佛教說法不同，但是和佛教的區分佛性和妄念，以及過制慾念、保存本性的基本主張還是一致的。

中國傳統的人性論是就人類的本性而言的，而印度佛教則講包括人和一般動物在內的所謂眾生的本性。中國佛教宗派一般地說不僅主張一切眾生都有佛性，如禪宗強調「狗子也有佛性」，天台學者甚至提出無情有性論，宣揚無情識的事物如草木瓦石也有佛性。中國佛教的佛性論影響了宋明理學家的心性學說。張載提出「民胞物與」的觀念，宣揚人類和萬物都是天地所生的子女，主張視民如兄弟，萬物如朋友。朱熹說：「如虎狼之父子，蜂蟻之君臣，豺獺之報本，雎鳩之有別，曰『仁獸』、曰『義獸』是也。」（《朱子語類》卷四），和

孟子排斥人以外的動物有善性的性善論不同，肯定了某些動物也有善性。王守仁更是主張草木瓦石都有良知。

後期的中國儒家把人性論推衍擴展到動物、植物乃至於無生物，這實際上也是贊同和吸取佛教有關學說的表現。可以這樣說，中國儒家自李翱以來，心性學說的重大變化是和佛教帶來的新刺激、新活力分不開的。理學家繼承了佛教的心性論，並加以改造，使之和儒家的綱常名教相結合，從而創立了和佛教既同又異的心性理論。

【三】對理學本體論的深刻影響

佛教對於以理為本體的程朱理學和以心為本體的陸王心學的影響，都是直接的、深刻的。佛教華嚴宗以理為本體，以事為現象，多角度地闡述了本體和現象的關係。禪宗也講理和事、理和物的關係，如慧能印可的玄覺在所撰的《禪宗永嘉集》中就有《事和理不二》章。溈山靈祐也講「理事不二」（《五燈會元》卷九）。儒家講的理本來指準則、規律的意思，而程朱把理提高為宇宙的本原、本體，顯然是受了佛教的影響。如二程依據張載的《西銘》提出了「理一分殊」的命題，理是一，而理體現出來的事物，則其「分」自「殊」，是千差萬別的。朱熹還借用佛教的「月印萬川」的比喻來說明一理分殊的道理。他說：「釋氏云，『一月普現一切水，一切水月一月攝。』這是那釋氏也窺見得這些道理。」（《朱子語類》卷一八）朱熹的引文出自玄覺的《永嘉證道歌》，他實際上是運用禪宗的比喻。朱熹提出的理氣關係說和華嚴宗的理事說並沒有本質的區別。佛教尤其是禪宗對陸王心學的本體論學說的影響更大。陸九淵不講理氣之分，不講理心之分，也不講人心道心之分，他認為這些都是統一的，甚至是相同的。他提出了「宇宙便是吾心，吾心即是宇宙」（《陸九淵集·雜說》）的命題。王守仁進一步講「心即理也」，「心自然會知」，「心外無理，心外無事」（《傳習錄》），這可以說是直接導源於禪宗的理論：「萬法盡在自心，何不從於自心頓現真如本性。」（敦煌本《壇經》）兩

者從思想到語言文字都是一致的。朱熹曾批評陸九淵「假佛釋之似，以亂孟子之實」，直斥之為禪。他說：

陸子靜（九淵）之學，自是胸中無奈許多禪何。看是甚文字，不過借假以說其胸中所見者耳。據其所見，本不須聖人文字得。他卻須要以聖人文字說者，此正如販鹽者，上面須得數片鯗魚遮蓋，方過得關津，不被人捉了耳。

（《朱子語類》卷一二四）

陸九淵曾坦率地說過自己看過《楞嚴》、《圓覺》和《維摩》等經，他確曾受過禪宗的影響，「自是胸中無奈許多禪何」。但是朱熹自己又何嘗不受佛教影響，所謂販鹽者設法遮蓋云者，也可謂「夫子自道」是也。

【四】對理學家思想方法的顯著影響

隋唐佛教哲學宗派還給理學家帶來思想方法上的影響。首先是使他們更加自覺地注重體用範疇，探討本體與現象的關係。漢代儒家對於體用範疇的運用很不明顯，宋代理學家繼承魏晉以來的體用觀念，其中包括佛教的啟發，而提出「理一分殊」的命題，闡發宇宙萬物的構成和本原。理學家以理為體的觀點和漢儒的思想有很大不同，這也就進而帶來了儒家「天人合一」學說的新形態。其次與注重體用範疇相聯繫。理學家也十分重視心與物、心與性的關係的探討和爭論，並闡述了以心觀物、以物觀心、以物觀物、以心觀心的觀法，這好似受了禪宗臨濟宗的「賓主頌」——「賓看主、主看賓、主看主、賓看賓」的直接啟示。再次，禪宗的不重經教的簡易法門，對於陸九淵等人一掃註疏之繁，唱六經為我註腳，重自我內心領悟，也有直接啟示。此外，在表述形式方面，禪宗有語錄，理學家也有語錄，如朱熹所編輯的《二程遺書》，主要是二程的語錄。《朱子語類》

是朱熹的語錄的分類彙編。陸九淵有《象山語錄》四卷。王守仁的《傳習錄》也有語錄體。這就是說最大的理學家都有語錄。禪宗語錄用委巷語，理學家也受禪宗學者文風的影響，時用「鄙猥之言」。

二　佛教哲學的日益儒學化

隋唐一些佛教宗派領袖人物，如智顗、法藏、澄觀和宗密等人，雖然也情況不同地融通儒、道，但是往往先加以貶抑，然後再包容、調和。視儒、道為末，佛教為本，是從本末的角度去會通的。而宋明時代一些佛教大師不同，他們主動向儒學接近、靠攏，甚至於抬高儒學，個別的人把儒學看得比佛教還重要，以佛從儒，泯除佛、儒界限。宋明時代佛教哲學日益儒化的基本途徑是折中儒、佛。有趣的是，他們為此而特別着力於讚揚儒家的中庸之道。如宋代的名僧智圓竟自號「中庸子」，宣揚「釋之言中庸者，龍樹所謂中道義也」（《中庸子傳·上》）。龍樹的中道論是講不執著有無（空）、真假兩邊的，而儒家的中庸則是講待人處世要無過無不及，要適中，這二者根本是不相干的，而智圓竟把兩者等同起來了。宋代另一名僧契嵩撰《中庸解》五篇，盛讚儒家的中庸之道，同時宣揚儒學是治世的，佛學是出世的，儒、佛分工合作，互相配合。明代名僧德清撰有《大學中庸直解指》，智旭著《四書蕅益解》，以佛釋儒，援儒入佛，表現了越來越強烈的儒學化傾向，從而也就使佛教在中國越來越失去自身的個性。

第六節　佛教對中國近代哲學的影響和作用

佛教在近代出現了復興，振興佛教的主力是在家的居士而不是出家的僧侶，如楊文會、歐陽漸、譚嗣同、

吳雁舟、宋恕、章太炎、梁啟超、韓清淨等人，對佛教的復興都起了很大的作用。佛教復興的主流是唐代宗派中盛行時間最短的法相唯識宗。此時法相唯識學成為佛教研究的一種時髦，由冷門變為了熱門。一些學者對法相與唯識是不是兩種學說展開了激烈的爭辯。同時也繼續發展宋明以來三教（儒、道、佛）會通、教（天台、唯識、華嚴、淨土等）宗（禪）並融的趨勢。復興的據點在大城市，主要是南京和北平（今北京）。佛教在中國近代的復興是由多種因素、條件綜合作用的結果。近代是大變革時期，一些進步人士、知名文人紛紛從理學的「異端」尋求立身安命之道和覓取反封建禮教的武器；西學的傳入及國外研究佛學風氣的影響，使一些思想家把佛學看作為聯結中西學的橋樑；大量佚失的佛教宗派典籍，陸續從日本、朝鮮尋找回來，宗派理論富有哲理、心理色彩，引起了人們研究的興趣。由此也使佛教的哲理性質得到突出的強調，佛學和中國近代哲學的關係更為密切了。

佛學在中國近代哲學中的地位是相當重要的，對中國近代哲學發展的影響也是廣泛而深刻的。梁啟超說：「晚清所謂新學家者，殆無一不與佛學有關係。」（《清代學術概論》）諸如地主階級改革派龔自珍和魏源，資產階級改良派嚴復、康有為、譚嗣同、梁啟超、唐才常，資產階級民主派章太炎以及著名學者熊十力、梁漱溟等人都深受佛學的影響。佛教給中國近代哲學的形成和發展帶來了新的刺激、活力和某些消極因素，並通過近代哲學家的闡發而在現實生活中發揮了異常複雜的作用。佛教對中國近代哲學的影響和作用，概略地說主要有以下幾個方面：

①　構築哲學體系的重要出發點：中國近代哲學家創立哲學體系的特點是，多方面地糅合中外思想資料，用獨有的心得己意加以組織。其中有一些哲學家是以佛學理論為自己哲學體系的基石。如譚嗣同著的《仁學》，雜糅中西古今，熔科學和宗教於一爐，宣傳「仁為天地萬物之源，故唯心，故唯識」，形成「仁學」體系。

「仁學」體系的中心理論是佛學——華嚴、禪、法相唯識諸宗的學說。他認為佛學能統攝西學和儒學，比其他任何學說都高明。梁啟超長期研究佛學，深受薰陶，形成了自己的佛教人生觀和世界觀。他高度讚揚佛教，稱佛教是「全世界文化的最高產品」。他十分推崇佛教的「業力」說和「唯識」說，認為佛教的「業報」理論是宇宙間的唯一真理，宣揚境由心造的「三界惟心」說是真理，「境者，心造也」。一切物境皆虛幻，惟心所造之境為真實」（《自由書·惟心》）。佛教為梁啟超提供了唯心主義和神秘主義的哲學思想生長點。再如熊十力讚揚佛學「徹萬化之大原，發人生之內蘊」（《十力語要》卷一《答薛生》），著《新唯識論》，融會儒、佛思想，窮究宇宙本體。他用儒家《易大傳》的陰陽翕辟的二極觀念去解說、改造、補充佛教唯識宗的「種子」、「現行」說，同時又以唯識論的分析方法去融會儒、佛的體用理論，從而提出了一套以「本心」為宇宙本體，以體用為最高範疇，體不離用，即用顯體，體用一如的哲學體系。熊氏的新唯識論，引起了佛教人士的批評，也在思想界中產生了廣泛的影響。

②宣揚資產階級社會理想的工具：康有為襲用佛教出世主義的說教，從「入世界觀眾苦」開始，撰寫他聞名於世的《大同書》。他歷敘人生三十八種苦，並說所有人都以求樂免苦為理想目標。他把去苦求樂的大同世界稱為「極樂世界」。實際上這是以佛教的慈悲救世主張作為鼓吹資產階級改良主義的工具。康有為、譚嗣同等人，正是把佛教慈悲，墨子兼愛，孔子仁愛與資產階級的平等、博愛相提並論，借助佛教的慈悲救世，眾生平等，來鼓吹資產階級的平等博愛。應當肯定的是，康有為、譚嗣同借助佛教教義來宣揚資產階級的政治主張，抨擊專制綱常和等級制度，是有其進步意義的。但是，佛教教義也使他們的反專制鬥爭黯然失色，甚至於陷入十分荒唐的境地。譚嗣同的老師楊文會說，歐洲人生活比中國人好十倍，是前生信佛、去惡從善遠遠超過中國人的緣故。這種觀點在客觀上顯然是為社會的貧富懸殊作論證的。譚嗣同還勸導大家唸阿彌陀佛，說到萬萬年，

大約一切眾生都能成佛。這種論調不但不能觸動黑暗社會的一根毫毛，而且只能把人們引向錯誤的道路。

③培養無我無畏精神的支柱：大乘佛教鼓勵信徒要奮發精進，勇猛無畏，救苦救難，普度眾生，提倡施捨救人，甚至捨己救人。章太炎、譚嗣同等人竭力宣揚佛教的這些教義，藉以改造國民的道德，培養無私無畏的精神，以推進社會的改革。他們都強調「自貴其心」的佛教思想，重視自己的心力，不依賴他力，培養自強自立自尊的品德；他們提倡「頭目腦髓，都可施捨於人」的自我犧牲精神，宣傳「勇猛無畏」、「排除生死」的勇敢無畏氣概。章太炎、譚嗣同，還有康有為、梁啟超等人都十分推崇佛教的「我不入地獄，誰入地獄」的犧牲精神。譚嗣同就是用這種精神激勵自己的鬥爭意志而視死如歸，以「我自橫刀向天笑」的大無畏精神，從容走向刑場，慷慨就義的。大乘佛教宣傳普度眾生，人人成佛，這種目標、目的當然是虛構的，但它提倡的捨己為人、無私無畏的精神，同樣是人類史上的一種美德，經過科學的批判、改造是可以借鑑和吸取的。

綜上所述，可以看到：

佛教與中國哲學的關係十分複雜，經歷了一個漫長的變化過程。大體上是佛教先接受中國固有哲學的影響，隨後出現雙方的理論鬥爭，鬥爭之後佛教宗派轉向吸取中國傳統思想進行理論創造，此後佛教哲學又被理學家所批判吸取，還被近代思想家所讚揚利用。佛教在長期歷史發展過程中形成的哲學思想，同中國原有的哲學思想逐漸會通、調和、融合，從而逐漸成為中國傳統哲學的組成部分，而且是重要的組成部分。

引起中國思想界批判的佛教思想，主要是出世主張、因果報應說和神不滅論。由此而爆發的兩場最大爭論：一場是以沙門不敬王者為中心的、實質上是對儒家的綱常倫理持什麼態度問題的爭論，這是一種有關倫理思想的爭論；另一場是神滅論與神不滅論的爭論，這是唯物主義與唯心主義的爭論。對於前一場爭論，佛教一直採取妥協、調和的態度；對於後一場爭論，佛教在理論上遭到無神論者的沉重打擊，但是因為它有三世輪

迴、因果報應等一套迷信說教，易於取得民間的信仰，因而並沒有敗退，在經歷了激烈的爭論之後，依然得到流傳，並在隋唐時代獲得更大的發展。

佛教得以在中國長期流傳，是和它能為中國哲學提供、補充新東西直接相關的。中國傳統哲學尤其是儒家哲學，比較重視現實人生，側重經驗認識，而對人生本原、世界本體和彼岸世界等問題探討較少。佛教把因果報應說成是支配人生的鐵的法則，為人生的本原、本質、命運問題提供了一種神秘主義的解說。佛教重視世界本體的探討，提出了各種各樣的本體說，尤其是以個人的意識和共同的「真心」為本體學說，豐富了古代唯心主義本體論。佛教對彼岸世界的渲染、鼓吹，增加了古代唯心主義的新內涵、新方面。佛教的心性說，為古代心性論貢獻了豐富的資料。此外，佛教還對古代辯證法作出了貢獻，如關於矛盾的對立統一，現象與本質的關係，主體和客體的關係，對主體、自我意識和客觀能動性的強調等，都體現了較高的辯證思維水平，值得我們認真地批判總結。

註釋：

〔註一〕　參見湯用彤：《漢魏兩晉南北朝佛教史》，上冊，一六六——一六七頁，北京，中華書局，一九八三。

〔註二〕　權德輿有女嫁給獨孤及之子郁為妻。李翱和郁甚為友善。李除受梁肅的思想影響之外，也受權德輿和獨孤及的思想影響，尤其是以《周易》和《中庸》解說人性方面，影響更為直接。

〔註三〕　這裏所講的理學，包括陸王心學在內。

〔註四〕　宋代理學家不反佛的只有楊簡、真德秀。

第十一章　佛教與中國文學

隨着佛典的翻譯和流傳，僧人與文人名士交往的增多，寺院講經方式的普及，佛教對中國古代文學的各方面灌注着愈來愈大的影響力。魏晉以來中國文學的各個領域，無論是詩歌、散文，還是後來發展起來的小說、戲曲，都呈現出與先秦、兩漢文學的不同面貌，其重要的、直接的原因之一，就是佛教經典的文體和佛教理論的價值觀念、生活觀念、生命觀念以及佛教宣傳方法的衝擊、滲透、感染和影響。

佛教為中國文學帶來了新的文體、新的意境、新的命意遣詞方法，也就是帶來了形式和內容兩方面的重大變化。在形式方面，佛教對於律體詩和俗文學（包括講唱文學、通俗小說、戲曲等）的產生有着直接的作用；在內容方面，主要是增添兩種新成分，帶來兩種新變化。第一，中國文學如《詩經》等原重人事，莊子散文富於玄思，達觀任運，順應自然，漢賦重描繪山川風物；而佛教不同，主張就人生而觀其無常苦空，就宇宙而知其變轉幻化，從而為文人開拓了新意境。唐代以來的一些文學作品，批判宇宙人生，對自然人事多作超越的批評，宣揚彰善癉惡、因果報應的佛教主旨。第二，中國固有文學較少富於幻想力，很少超時空、超現實的幻想，偏重於寫實的描述，即使是一些列仙傳、神仙傳，也顯得簡單拘謹；佛教不同，它富有上天下地毫無拘束

的幻想力，不受時空的限制，什麼十八層地獄，三十三層天，三千大千世界，無邊無際，表現了濃烈的浪漫色彩，影響所及，極大地推動了中國浪漫主義文學的發展。

第一節　佛教翻譯文學的形成及其影響

從漢末到西晉，安世高、支婁迦讖、竺法護等人採取直譯的方法翻譯佛經，「辯而不華，質而不野」（《高僧傳·安世高傳》）。東晉以來，佛經翻譯家逐漸創造了一種融冶華梵的新體裁——翻譯文學，為中國文學史開闢了新園地。姚秦時譯經大師鳩摩羅什譯出大量的佛典，他主譯的《維摩詰所說經》、《妙法蓮華經》、《摩訶般若波羅蜜經》和《大智度論》等，譯文弘麗優美，語意顯明曉暢。其中《維摩詰所說經》敘述大乘居士維摩詰有疾，釋迦牟尼佛遣諸弟子前往探問，多數弟子因畏維摩詰的神通辯才，不敢前往，唯有舍利弗和文殊師利敢去，於是維摩詰為他們現身說法，應機化導，顯示種種神通和辯才無礙的本領，宣揚大乘佛教義理。從文學欣賞的角度看，這是一部絕妙的小說。《妙法蓮華經》雖以宣揚眾生都能得到和佛一樣的智慧，人人皆能成佛為主旨，但是經文譬喻較多，有不少優美的寓言。題為房融筆受的《大佛頂如來密因修證了義諸菩薩萬行首楞嚴經》[註二]，宣揚通過由低到高的修行階次，達到諸佛國土的教義，生動形象。這三部經典為歷代文人所喜愛，常被人們作為純粹的文學作品來研讀，對文學界影響很大。佛馱跋陀羅等譯《大方廣佛華嚴經》，波瀾壯闊，宏偉瑰奇。曇無讖譯《佛所行讚經》，敘述釋迦牟尼佛一生的故事，是一部韻文形式的傳記。《大方廣佛華嚴經》和《佛所行讚經》這兩部書是佛經譯本中文學色彩極為濃厚的代表作，在文學史上影響也不小。

中國漢魏以來，散文和韻文日益走上駢儷的道路，此時佛經翻譯家以樸實平易的白話文體譯經，但求易曉，不

加藻飾。這種新文體對於改變當時中國文學的文體方向起了重要的作用，並深刻地影響了爾後文學的發展。

印度佛經重形式上的佈局和結構，如《佛所行讚經》、《佛本行經》、《普曜經》是長篇故事，《須賴經》是小說體作品，《維摩詰所說經》、《思益梵天所問經》是半小說體、半戲劇體的作品，這些形式、體裁在中國唐代以前基本上是沒有的，上述佛典的譯出，對於後代彈詞、平話、小說、戲曲的產生和繁榮，有着啟迪、鼓舞和推動的作用。

印度佛教重視利用古代南亞次大陸的大量寓言故事，作為「喻體」，附會上自己的教義為「喻依」，來解說和宣傳自己的教義。佛教經典中，除了散在大部頭經典中的許多故事以外，僅以「譬喻」為名的，就不下六種。其中以《百喻經》〔註二〕最有條理。此經為南齊求那毗地譯，二卷。列舉譬喻故事近百條〔註三〕，以宣傳佛教教義，勸喻人們信佛。這部寓言性質的佛教文學作品，文筆樸素簡練，故事生動有趣，佳喻很多，若果剔除其說教部分，實也具有移情益智的作用。魯迅先生普將其當作思想史上的資料進行研究，從中汲取有益的營養，並捐款刻印，以廣流傳。從文學發展史來看，《百喻經》等寓言故事的譯出，為中國的寓言創作注入了新的血液，從而對中國後世的寓言文學產生了積極的影響。

第二節　佛教推動音韻學的前進、律體詩的產生和詩歌的發展

佛教對於中國詩歌的影響是十分巨大的：一方面是伴隨佛教而傳入印度聲明論〔註四〕，導致了南朝音韻學上四聲的發明和詩歌格律上八病的制定，從而推動了唐以來格律詩新體裁的開創；另一方面是佛教的思想，尤其是般若學空宗理論和禪宗思想，給詩歌的內容以強烈的刺激、滲透，豐富了詩歌的意境，使詩歌的面貌更為多

姿多彩。

一　四聲、八病和格律詩

中國古代詩歌也是注重音節的，《尚書·虞書·舜典》說：「詩言志，歌永言，聲依永，律和聲。」《詩》三百篇就是詩樂合一的。古代作家也逐漸重視對聲律問題的探討，魏李登就曾作過韻書《聲類》（已佚），但是，畢竟長期以來並沒有音韻規則可循。晉宋以來，居住在建康的一批善聲沙門和審音文士，交往密切。齊梁時代文學家沈約、王融，以及與沙門曇濟過從甚密的周顒，在梵聲的影響下，把字音的聲調高低分為平上去入四聲，用於詩的格律。沈約等人發明聲律論，既吸取了中國以往音韻學研究的成果，同時也是直接受了佛經轉讀和梵文拼音的影響的結果。著名歷史學家陳寅恪先生對這個問題作了專門的分析和論述，他說：

據天竺圍陀之聲明論，其所謂聲Svara者，適與中國四聲之所謂聲者相類似。即指聲之高低言，英語所謂Pitchaccent者是也。圍陀聲明論依其聲之高低，分別為三：一曰Udàtta、二曰Svarita、三曰Anudàtta。佛教輸入中國，其教徒轉讀經典時，此三聲之分別當亦隨之輸入。至當日佛教徒轉讀其經典所分別之三聲，是否即與中國之平上去三聲切合，今日固難詳知，然二者俱依聲之高下分為三階則相同無疑也。中國語之入聲皆附有k、p、t等輔音之綴尾，可視為一特殊種類，而最易與其他之聲分別。平上去則其聲響高低相互距離之間雖有分別，但應分別之為若干數之聲，殊不易定。故中國文士依據及摹擬當日轉讀佛經之聲，分別定為平上去之三聲。合入聲共計之，適成四聲。於是創為四聲之說，並撰作聲譜，借轉讀佛經之聲調，應用於中國之美化文。此四聲之說所由成立，及其所以適為四聲，而不為其他數聲之故也。（《四聲三問》，見《陳寅恪文集之二·金明館叢稿初編》）

沈約撰有《四聲譜》（已佚），並提出八病之說，強調做詩應避忌八項音律上的弊病：平頭、上尾、蜂腰、鶴膝、大韻、小韻、旁紐、正紐。沈約一派人的詩歌創作，體裁短小，十分重視聲律，史稱「永明體」，《南齊書·陸厥傳》說：

永明末，盛為文章。吳興沈約、陳郡謝朓、瑯琊王融以氣類相推轂。汝南周顒，善識聲韻。約等文皆用宮商，以平上去入為四聲，以此製韻，不可增減，世呼為「永明體」。

「永明體」標誌着中國詩歌從比較自由的「古體」走向格律嚴整的「近體」的重要轉折。雖然四聲、八病之說為詩歌創作規定了許多不必要的禁忌，容易注重形式而忽視內容，助長追求雕飾、綺靡柔弱的傾向，但是注意詩歌的格律還是有積極意義的，它把詩歌的音節美提高到首要地位，有了人為韻律，使人們有可遵循的律詩格式，這對於古體詩向律體詩的轉變產生了重要影響。

二　般若與詩，禪與詩

中國詩壇，在魏代中期以來，玄學思想成為了詩歌的基調，出現了所謂「玄言詩」。後來玄言詩一度消歇，至東晉時代又重新興起。與此同時，佛教般若學也得到廣泛的流傳，大乘空宗的一切皆空的思潮給詩人的詩歌創作以巨大的影響，一些佛教學者就在玄言詩的土壤上，散播新的種子，結出了新的果實，形成了一種優遊自得、寂靜恬適的詩境，由此在中國詩歌史上出現了佛學滲入詩歌領域的新局面。這些詩作或融合玄學，或結合山水，或獨說佛理，表現出佛教詩歌命意構思的新特色。東晉時代著名的佛教般若學學者支道林（支

遁），也是當時最重要、最傑出的佛教詩人。他的作品很多，現保存於丁福保編《全晉詩》的尚有詩十八首。支道林深通莊學，對《莊子·逍遙遊》有獨特高超的見解。他的詩結合老莊思想和山水自然，文采沖逸，才藻新奇，極得文人的讚賞。當時玄言詩的著名作家孫綽、許詢、王羲之等人都跟支道林交遊，共探玄理，深受影響。晉宋之際的大詩人謝靈運（康樂），也是對佛學有精湛研究的學者。他極善於刻畫自然景物，所作詩大都描寫浙江、江西的山水名勝。他繼支道林的路子，進一步把山水和佛理結合起來，在刻畫山水個性的作品中，移入一種怡然自得的意境。謝靈運在淡乎寡味的玄言詩流行的情況下，轉而着意山水景物的描寫，這對於玄言詩的消歇和山水詩的盛行起了重要的作用。如果說，支道林是開結合老莊山水創作詩歌之先的話，那麼，謝靈運則是詩歌創作上「莊老告退，山水方滋」的轉關人，開文學史上山水詩的一派。此外，單說佛理的，有支道林的《詠懷詩》、王齊之的《唸佛三昧詩》、慧遠的《廬山東林雜詩》和《廬山諸道人遊石門詩》、謝靈運的《淨土詠》、梁武帝蕭衍的《淨業賦》等，在玄言詩、山水詩之外，另成機杼。

唐代禪宗興起和唐詩蔚為一代文學精華幾乎同時，歸趣根本不同的宗教與文學相得益彰，這其間存在着相互聯結的內在因素和並行興衰的變化軌跡。禪和詩都需要內心體驗，都重視象喻和啟發，都追求言外之意。禪宗這種宗教實踐和詩歌創作實踐的某些類似性，提供了二者相互溝通的橋樑。在唐代，一些著名詩人談禪、參禪，做頓悟論逐漸演變而成，唐詩則由南朝「永明體」和山水詩緩慢蛻變而來。禪宗自南朝竺道生倡導佛性論、詩表達禪趣、禪理，禪師也和詩人酬唱、吟詩，表現人生的理想、境界，從而表現出禪對詩的單向的強烈滲透和深入浸染，為唐代詩歌創作打開了新路。禪對詩的影響主要有兩個方面：一方面是以禪入詩，即把禪意、禪味引入詩中；另一方面是以禪喻詩，即以禪宗的觀點（禪理）論詩。以禪喻詩涉及文學理論，留待下面再論。

以禪入詩，為唐詩注入特有的禪趣。王維（七〇一—七六一，一作六九八—七五九），字摩詰，平生奉

佛，索服長齋，仰慕和崇拜維摩詰居士。他是唐代著名詩人、畫家，兼通音樂。當時有所謂「詩仙」李白、「詩聖」杜甫，而王維則被稱為「詩佛」。王維的詩篇主要是山水詩，通過田園山水的描繪，宣揚隱居生活和佛教禪理。如《鹿柴》：「空山不見人，但聞人語響。返景入深林，復照青苔上。」（《輞川集》）遠山的人語襯托着山的空寂，黃昏時分落日微光返照在深林裏的青苔上，象徵着世界的無常。這是依據禪宗的「返照」、「空寂」的義理，通過描繪鹿柴深林中傍晚的景色，表現寂滅無常的心境。又如《辛夷塢》：「木末芙蓉花，山中發紅萼。澗戶寂無人，紛紛開且落。」（同上書）芙蓉花，此指辛夷花。詩是說在幽深的辛夷塢山谷裏，辛夷花盛開怒放，又紛紛凋謝。這是通過寫花自開自落的情景，表現作者的內在精神世界——一種任運自在的恬淡、空靈的心境，也正是禪宗的人生處世態度的形象表述。和王維同一類型的詩人如孟浩然、韋應物、柳宗元等，他們的詩歌作品也都義本經論，語言較為典雅，佛理與情景交融，閃耀出一種似有若無的禪光佛影。另一種類型是用通俗詩，也就是以通俗語言表述佛理禪機的，有王梵志、寒山子、拾得等人。王梵志（約五九○—六六○），原名梵天，唐代著名詩僧。他寫了大量的詩篇，在民間廣泛流傳，影響深遠。如「梵志翻着襪，人皆道是錯。乍可刺你眼，不可隱我腳」；「城外土饅頭，餡草在城裏。一人吃一個，莫嫌沒滋味」（《王梵志詩校輯》卷六）。他以平實質樸、通俗淺近的語言，表達了否定世俗見解，尋求超脫心境的佛教思想，長期來為禪師們所引用。寒山子，一稱寒山，唐代著名詩僧，有詩三百餘首。寒山子曾與友僧拾得居姑蘇（今江蘇蘇州）城外寒山寺。他的詩作明白如話，機趣橫溢。如《茅棟野人居》詩說：「茅棟野人居，門前車馬疏。林幽偏聚鳥，溪闊本藏魚。山果攜兒摘，皐田共婦鋤。家中何所有，唯有一床書。」（《寒山子詩集》）表現了作者清幽冷淡的心境。又如《一住寒山萬事休》詩說：「一住寒山萬事休，更無雜念掛心頭。閑於石壁題詩句，任運還同不繫舟。」（同上書）抒寫了任運自在的禪趣境界。寒山詩深受白居易、王安石等人

詩集·外集》卷一二）禪師把自己的心比作牛，起初必須在鼻孔上拴上繩子才不會亂跑，日後馴了，就連繩子長句》詩說：「羅侯相見無雜語，苦問『溈山有無句？』春草肥牛脫鼻繩，菰蒲野鴨還飛去！」（《山谷先生入室弟子，還和祖心禪師的兩大弟子靈源惟清禪師、雲岩悟新禪師互相參究，交誼甚深。他的《奉答茂衡惠紙一一○五），號山谷道人。出於蘇軾門下，而與蘇軾齊名，世稱「蘇黃」。他也是禪宗黃龍派晦堂祖心禪師的雪，回首春風最可憐。」（《臨川先生文集》卷三○）詩中流露了人生空漠的時代感傷。黃庭堅（一○四五─「投老歸來供奉班，塵埃無復見鍾山！何須更待黃粱熟，始覺人間是夢間？」（《臨川先生文集》卷三一）表達了人生如夢的消極空虛的心態。又如《柘岡》詩說：「萬事紛紛只偶然，老來容易得新年。柘岡西路花如「悟言外」的教義。王安石（一○二一─一○八六），中年後傾心佛教，晚年捨宅為寺。他的《懷鍾山》詩說：中。」〔註六〕從橫看側看見山形不同，悟出世界萬物因主體觀察角度不同而結果相異的道理，體現了禪宗的「徹宗所提倡的。又如《題西林壁》說：「橫看成嶺側成峰，遠近高低各不同。不識廬山真面目，只緣身在此山舊題。往日崎嶇還記否？路長人困蹇驢嘶！」〔註五〕這首禪詩所體表的人生無常、虛空悲涼的心境，正是禪說：「人生到處知何似？應似飛鴻踏雪泥。泥上偶然留指爪，鴻飛那復計東西！老僧已死成新塔，壞壁無由見執著理境，多夾議論。蘇軾（一○三七─一一○一），自號東坡居士，詩詞極富禪味，《和子由澠池懷舊》軾、王安石、黃庭堅、陸游、楊萬里等人，做詩多摻雜佛理，甚至取材於禪宗語錄。宋代以禪入詩比唐代更加宋代禪宗繼續流行，禪僧也多有學包內外、吟詠風騷的好尚。一些文人奉佛參禪，或與名僧相交往，如蘇三二）詩文飽含禪味，語言通俗直露，接近於寒山一派。

說夢兩重虛。空花豈得兼求果？陽炎如何更覓魚？攝動是禪禪是動，不禪不動即如如。」（《白居易集》卷的推崇，影響久遠。如白居易的《讀禪經》：「須知諸相皆非相，若住無餘卻有餘。言下忘言一時了，夢中

也用不着了。那時的心就如同野鴨一樣，可以自由自在地飛了。這是黃氏對自己參禪悟境的生動描繪，也是他的立身處世態度的形象表述。

第三節　佛教導致說唱文學——變文、寶卷、彈詞、鼓詞的相繼產生

在中國古代文學史上，佛教對於說唱文學和小說的影響，比對詩歌的影響還要顯著、巨大。自南北朝以來，佛教為了進一步在民間吸引信徒，擴大影響，開始推行經文的「轉讀」、「梵唄」的歌唱和「唱導」三種宣傳教義的方法。「轉讀」，也叫「唱經」、「詠經」，即誦讀佛經，使人聽懂。「梵唄」，佛教歌讚，是用聲音感人。「唱導」，宣唱開導，講經說法。這些方法是把佛教深入地傳到民間去的路子。由於有誦讀、講說、歌唱、讚歎，有說有唱，說唱結合，因此不僅開佛教俗歌的風氣，而且有變文之作，繼之有寶卷、彈詞、鼓詞等出現。中國古代的變文、寶卷、彈詞、鼓詞等通俗文學中的說唱文學，都是直接導源於佛教的。

變文是佛教對中國通俗文學發生影響的關鍵一環。凡將佛本生故事繪成彩畫者，稱為「變相」，後來發展為唱佛經故事，稱為「變文」。唐代流行一種叫做「轉變」的說唱藝術，「轉」是說唱，「變」是變易文體。表演時，一邊隱示圖像，一邊說唱故事。其圖稱為「變相」，其說唱故事的底本稱為「變文」。變文的起源，與佛教經典文體和六朝時代佛教通俗化的方式直接相關。佛經文體有三類：一長行（契經），直說義理的散文；二重頌（應頌），是重述長行所說的詩歌；三伽陀（偈頌），不依長行而獨起直敍事義的詩歌。為了反復闡明佛理，佛經多半是長行與重頌、偈頌兼用的。重頌和偈頌是能用梵音歌唱的，但譯成漢文以後，因限於字義，不能歌唱了。於是有人製作「梵唄」，用印度的聲律製成曲調來歌唱漢文的偈

頌。「天竺方俗，凡是歌詠法言皆稱為唄。至於此土，詠經則稱為『轉讀』，歌讚則號為『梵唄』。」（《高僧傳》卷一三《經師篇》）詠經和歌讚是宣傳佛經的兩種方式，由經師擔任。此外，還有「唱導」，和經師不同，不是以諷詠佛經為主，而是以歌唱緣事為主。到了梁陳時代，經師和唱導便合流了。中唐以後，由於民間的口語有了轉變，諷詠佛經原文人們很難聽懂，於是又將經文譯成唐代的俗語，這就成為變文了。由於佛經文體是長行和重頌兼用，這樣變文自然也是散文和韻文二體交織，說唱同時了。[註七]當時寺院僧侶為了採取通俗化的傳教方式向民間點染浸透，經常舉行以變文為話本的通俗說唱，即所謂「俗講」。俗講由兩人住持，先由都講高唱一段經文，隨後由俗講法師加以詳說。他們吸取中國民間說唱的特色，增加故事化的成分，採用韻散結合、有說有唱的方式演說經文，音樂性、故事性都很強，藉以吸引聽眾，達到開導人心的目的。

中國原有的文學體裁是單純的，駢文是駢文，散文是散文。變文則不同，它吸取印度散韻重疊的表現形式，又滲透以中國民族形式的詩文載體，夾雜了民間歌曲的因素，唱白並用，講的部分用散文，唱的部分用韻文，邊唱邊講，唱多講少。變文的有說有唱、詩文合體的形式，引起了墨客騷人的仿效。變文這種嶄新的文學樣式，開中國說唱文學之先河。

變文的故事本於佛經，講唱佛經故事，宣揚佛教義理。重要的有寫維摩詰居士與文殊師利等共論佛法的《維摩詰經變文》，寫目連上窮碧落下黃泉、遍歷地獄尋救母親的《大目乾連冥間救母變文》，寫舍利弗和六師鬥法的《降魔變文》等，這些變文對後代小說的創作啟示很大。變文的內容不斷發展，由說唱佛教故事擴大到中國歷史傳說和民間故事，以及當時人或歷史人物的專題故事。如出現記伍子胥棄楚投吳，歷盡艱辛，終於為父兄報仇雪恨的《伍子胥變文》；記唐代沙州起義軍將領張義潮（張議潮）乘吐蕃內亂，領導沙州各族人民起義，驅逐吐蕃守將，佔領附近瓜、伊等十州土地的《張義潮變文》；寫王昭君出塞和番的《王昭君變文》；

寫董永賣身為奴，路遇仙女的《董永變文》；寫孟姜女萬里尋夫，哭倒長城的《孟姜女變文》等。這些變文，宗教內容逐漸減少，民間故事、英雄故事和歷史故事的內容逐漸增多，而且記敘曲折，情節生動，故事性強，文字通俗明暢，韻散結合，情趣盎然。這種民間通俗文學的新形式，不僅保存了古代長期流傳的膾炙人口的傳說故事和流行口語，而且開創了一代較為自由的新文風。

變文為人民所喜愛，卻不能登大雅之堂。北宋真宗趙恒皇帝明令禁止變文流行，佛教寺院裏講唱變文之風由此熄滅。但是它在民間又以其他方式復蘇。直接繼承變文的是後來演變而成的以唱為主的寶卷，受變文的間接影響而演變成的有以唱為主的彈詞、鼓詞、諸宮調，以及以講為主的講史、小說的話本等。

寶卷形成於宋代，盛行於明清。以用七字句、十字句的韻文為主，間以散文。題材以佛教故事居多，宣揚因果報應思想。今存《香山寶卷》，傳為北宋普明禪師的作品。此外，如《魚籃寶卷》、《目連三世寶卷》等，都是宣傳佛教故事的。明清以來，以民間故事為題材的寶卷日益流行，有《梁山伯寶卷》、《土地寶卷》、《藥名寶卷》等，共二百多種。寶卷後來發展成為一種曲藝。彈詞形成於元代，盛行於明清。表演者大都一至三人，有說有唱。樂器多數以三弦、琵琶或月琴為主，自彈自唱。著名的有蘇州彈詞、揚州彈詞等，均用當地方言說唱。鼓詞，由一人自擊鼓、板演唱，有的也用三弦等樂器伴奏。也流行於明清時代，但和彈詞流行於南方不同，鼓詞主要流行於北方。著名作品如賈鳧西（應寵）《木皮散人鼓詞》，書中述歷代興亡治亂，諷刺數千年來昏庸腐朽的統治，語言通俗生動，富有民間文學特色。諸宮調起源於北宋，流行於宋、金、元時代。也以唱為主，只是唱的部分音調比較複雜，不再以梵音為主，而是以當時流行的曲調代之。也就是取同一宮調〔註八〕的若干曲牌聯成短套，首尾一韻；再用不同宮調的許多短套聯成數萬言的長篇，雜以說白，以說唱長篇故事。現存有金人（佚名）作《劉知遠》的殘篇，董解元作《西廂記》，以及元王伯成作《天

《寶遺事》的殘篇輯本。諸宮調對元雜劇的形成影響頗大。

第四節 佛教為古典小說提供故事情節和思想內容

中國先秦時代小說不受上層社會所重視，《漢書·藝文志》說它是「街談巷語，道聽途說」，只為小人所喜愛，是君子所弗為的，所以先秦的小說作品已經不傳。從六朝又開始出現志怪志人之作，以後是唐人傳奇講史〔註九〕、宋人話本小說、元明以來章回小說，小說逐漸登上文學舞台，與詩歌分庭抗禮。小說是敍事性的文學體裁之一，它以人物形象的塑造為中心，通過完整的故事情節和具體環境的描寫，廣泛而深刻地反映社會生活。中國古代一些小說在體裁結構、故事來源、藝術構思和思想傾向等方面都受到佛教的影響。

前文講到，唐代佛教僧侶創造變文，用「俗講」的方式來說唱佛經，同時也說唱世俗故事，這影響了唐人的「說話」。「說話」是一種說唱藝術，「話」是故事，「說話」就是演講故事，唐人的「說話」，後來發展為宋代「說話人」在說書場所「說話」。說故事的底本叫做「話本」。話本分為「講史」和「小說」兩類。前者多用淺近文言，初具長篇規模，後者多半為白話短篇。宋人說經話本《大唐三藏取經詩話》，全書分上中下三卷，共十七章，缺首章。敍述唐三藏玄奘和猴行者（白衣秀才，智勇雙全，神通廣大）西天取經，戰勝種種困難，勝利而還的故事，初具長篇章回小說的雛形。由話本小說進一步發展為章回小說，分回標目，故事連接，段落整齊，成為明清時代長篇小說的主要形式。著名長篇小說《三國演義》、《水滸傳》、《西遊記》、《封神演義》、《金瓶梅詞話》和《儒林外史》等，就是明清時代章回小說的代表作。章回小說因着重說故事，所以基本上用散體，同時又用「詞曰」或「有詩為證」，保存韻體。

佛教為中國古代志怪小說和神魔小說提供故事來源，啟發藝術構思。中國上古文學作品注意「辭達」，風格質樸，不利於小說的創作和發展。佛教典籍不同，它廣取譬喻，以寓言、故事來說明教義，往往把佛理融化在華麗奇妙的文藝形式裏，取得形象教化的成效。佛教典籍的直接流傳，有利於打破中國小說的博物、逸聞、笑話等傳統題材的束縛，為小說創作打開廣闊的天地。六朝時佛道兩教盛行，形成了侈談鬼神、稱道靈異的社會風氣，從而產生了許多志怪小說。如干寶的《搜神記》、顏之推的《冤魂志》、吳均的《續齊諧記》等，就是具有代表性的作品。有些作品，如王琰的《冥祥記》、劉義慶的《幽明錄》，還集中宣揚佛教神像的威靈和信佛茹素的好處。。魯迅先生說：

還有一種助六朝人志怪思想發達的，便是印度思想之輸入。因為晉、宋、齊、梁四朝，佛教大行，當時所譯的佛經很多，而同時鬼神奇異之談也雜出，所以當時合中印兩國底鬼怪到小說裏，使它更加發達起來。〔註十〕

魯迅先生還根據唐段成式《西陽雜俎》的說法，指出陽羨鵝籠書生故事，是和印度思想相關的。實際上就是吸取三國吳康僧會譯《舊雜譬喻經》十八條中「壺中人」的故事演化而成的。

再如明吳承恩的《西遊記》，是在民間流傳的唐僧玄奘取經故事和有關話本、雜劇的基礎上，演變而成的浪漫主義的神魔故事小說。小說敍述孫悟空神通廣大，勇猛無敵，大鬧天宮，降妖伏魔的故事。書中所記菩提祖師於半夜傳法術給孫悟空，就是從佛典所載禪宗五祖弘忍半夜三更傳衣缽給六祖慧能的傳說蛻變而來。小說中孫悟空大鬧天宮、豬八戒招親和流沙河沙僧故事，都起源於佛教的典籍或《玄奘法師傳》的有關記述。〔註十一〕

《大方廣佛華嚴經》寫善財童子五十三參，奇幻多變，豐富多彩，給《西遊記》的八十一難故事，

開導了先路。《降魔變文》描寫舍利弗和六師鬥法，有聲有色，對《西遊記》敍述各種鬥爭產生過啟迪作用。《西遊記》通過孫悟空大鬧天宮、戰勝各種妖魔的故事，表現出蔑視天神世界及其秩序的反抗精神，以及對邪惡勢力進行頑強鬥爭的堅強意志。但是小說又寫孫悟空十萬八千里的筋斗也翻不出如來佛的手心，最後「歸正」，成就「正果」，宣揚佛的威力，表現出佛教思想的深刻烙印。

又如《封神演義》，演述商末政治紛亂和周武王伐商的歷史故事。書中敍述的三十六路伐西岐，也同樣受了《大方廣佛華嚴經》和《降魔變文》的啟示。全書有不少佛仙鬥法的描寫，其中有的人物塑造就直接採擷於佛典，變佛而為仙。如哪吒的原型就是佛教四大天王中北方毗沙門天王的三太子「那吒」，是一個護法神。佛典《北方毗沙門天王隨軍護法儀軌》說：「爾時那吒太子……白佛言：『我護持佛法』。」禪宗《五燈會元》卷二說：「那吒太子，析肉還母，析骨還父，然後現本身，運大神力，為父母說法。」而《封神演義》和《西遊記》等，就把「那吒」變成了「哪吒」，而且是塑造得相當成功的人物之一。《封神演義》描寫哪吒打死龍王太子，玉帝批准龍王來拿他父母，他為了表示所做的事與父母無關，毅然剖腹、剜腸、剔骨肉，還於雙親而死。死後，其魂魄經太乙真人的法術點化，變為身長一丈六尺的蓮花化身，並幫助姜子牙興周滅商，屢立戰功。顯然，哪吒這一人物及其故事情節是從佛典演化而來的。

佛教對於古典小說的思想滲透、影響也是嚴重的。如《三國演義》，描述東漢末年和三國時代封建統治集團之間的矛盾和鬥爭，是著名的歷史小說。但小說開卷題詞是：「滾滾長江東逝水，浪花淘盡英雄。是非成敗轉頭空。青山依舊在，幾度夕陽紅。白髮漁樵江渚上，慣看秋月春風。一壺濁酒喜相逢。古今多少事，都付笑談中。」表現出人生虛幻的思想。《金瓶梅詞話》，描述市儈、商人、暴發戶西門慶勾結官府，蹂躪婦女，為非作歹，由發跡到滅亡的醜惡史。暴露了流氓惡霸的橫行霸道，荒淫無恥。並以西門慶的一生起落，形象地

說明慾海無厭的可悲下場。但又把人生的命運歸結為生前命定，宣揚因果報應的迷信思想。再如小說《紅樓夢》，是中國長篇小說中現實主義作品的頂巔，具有高度的思想性和卓越的藝術性，但也受佛教消極思想的影響。小說以夢開始，以夢終結。書中描述兒女愛情，纏綿悱惻，榮華富貴，洋洋大觀，其結局是零落枯槁，窮困潦倒，分崩離析，人財兩空，宣揚人生如夢的虛無主義思想。

此外，中國自元雜劇表演形式出現，才有合樂歌、舞蹈（身段）、科白的正式戲劇。元雜劇不僅取材於傳奇和小說，有的還直接引入佛教的故事。元雜劇分為十二科，其中「神頭鬼面」就包括了佛教的題材。如鄭廷玉的《布袋和尚》、吳昌齡的《唐三藏西天取經》等都很著名。明代雜劇《觀世音修行香山記》、《目連救母勸善戲文》等，也都是戲曲中深受佛教影響的明顯例證。

第五節　佛教對古代文學理論批評的影響

佛教不僅對中國古代文學創作產生過重大影響，而且也影響了中國古代文學理論批評。佛教提倡的思辨方法、直覺方法，與文學創作的理論思維有某種默契之處；佛教重視超脫客觀環境的牽累，追求清淨的精神境界，這與文學作品的審美價值、人們的審美認識，也有某種相通之處。因此，佛教的某些學說深刻地影響了古代文學理論批評，其犖犖大端有以下四點：

一　從「言語道斷」說、「頓悟」說到「妙悟」說

佛教作為宗教，提倡信仰證悟，認為只有神秘的直覺才能證得佛教的最高真理。《菩薩瓔珞本業經·因果

品》說：「一切言語道斷，心行（即心念）處滅。」《維摩詰所說經·入不二法門品第九》說：「乃至無有文字語言，是真入不二法門。」佛教的最高真理（「真如」）是言語之道斷而不可言說的，心念之處滅而不可思念的，也就是不能通過語言文字、理性思維、邏輯思維所能表述和把握的。中國佛教學者十分重視此說，姚秦時僧肇專門作《般若無知論》，強調「聖智幽微，深隱難測，無相無名，乃非言象之所得」。「聖智」即佛教的最高智慧是無形相無名稱的，是達到解脫的根本途徑。後來禪宗更是強調只能用比喻隱語來使人參悟，體證「真如」。

和言語道斷說的神秘主義方法論密切相聯繫的是，僧肇的同學竺道生撰寫專文（今佚）提倡頓悟說。慧達《肇論疏》對此有簡明的論述：「第一竺道生法師大頓悟云，夫稱頓者，明理不可分，悟語照極。以不二之悟，符不分之理。理智恚（此字不明，有疑為『悉』字）釋，謂之頓悟。」認為真理玄妙一體，不可分割，證悟真理，與真理合一，既沒有中間狀態，也不能分階段達到。謝靈運和道生有交往，他十分讚賞道生的學說，作《與諸道人辨宗論》，進一步闡發道生的理不可分義，宣揚頓悟成佛說。前文已述，慧能禪宗更是大力宣揚頓悟成佛說，被稱為「頓教」。慧能認為，所謂成佛就是對人人自身具有的本性的覺悟，由此「迷來經累劫，悟則剎那間」（敦煌本《壇經》）。眾生對本性由迷到悟的轉變在一剎那間，一念相應，覺悟到本性就是佛。禪宗還認為，一切事物都體現了「真如」，眾生從一切事物中都能證悟「真如」，成就「正果」。

在佛教言語道斷說和頓悟說思想的影響下，唐代詩僧皎然，謝靈運十世孫，作《詩式》，專門討論詩歌的體制和作法。文說：「康樂公（謝靈運）早歲能文，性穎神澈及通內典，心地更精。故所作詩，發皆造極。得非空王之道助邪？……曩者嘗與諸公論康樂為文，直於情性，尚於作用，不顧詞彩，而風流自然。」（《詩式·文章宗旨》）宣揚遠祖謝靈運的詩作「發皆造極」，是由於得「空王之道助」、「直於情性」、「不顧詞

彩」，強調言語道斷和頓悟是直達詩人最高境界的不二法門。幼年曾受皎然賞識的詩人劉禹錫也說：「梵言沙門，猶華言去慾也。能離慾則方寸地虛，虛而萬景入，入必有所泄，乃形乎詞。」（《劉夢得文集》卷七《秋日過鴻舉法師寺院便送歸江陵並序》）重視去慾和想像。唐末司空圖（八三七─九○八）作《二十四詩品》（簡稱《詩品》），繼承和發展劉勰、皎然的思想，提出「象外之象、景外之景」的作品形象特色，追求可以意會而不可以言傳的「韻外之致」、「味外之旨」，即作品的弦外之音，把韻味和含蓄作為詩歌的首要藝術特徵。後來南宋文學批評家嚴羽（號滄浪逋客）作《滄浪詩話》，文說：「大抵禪道惟在妙悟，詩道亦在妙悟。……惟悟乃為當行，乃為本色。」（《滄浪詩話·詩辨》）認為「悟」是學詩、做詩的根本途徑，不能以文字為詩，以才學為詩，以議論為詩。又說：「盛唐諸人惟在興趣，羚羊掛角，無跡可求。故其妙處透徹玲瓏，不可湊泊，如空中之音，相中之色，水中之月，鏡中之花，言有盡而意無窮。」（同上書）「興趣」，即美感。認為詩歌是抒情的，應當通過有限的文字給人以無盡的啟示，追求意在言外的深遠意境，這是佛教言語道斷說在詩歌創作方面的運用和發展。嚴羽的「妙悟」說，約略體會到形象思維和邏輯思維的區別，強調詩歌要有形象思維，要有審美判斷，這是對文學理論的一個重要貢獻。清代王士禎（一六三四─一七一一），號漁洋山人，作有《帶經堂集》，進一步繼承司空圖、嚴羽等人的理論，提出「神韻」說。「神韻」是指詩文的風格韻味。嚴羽強調「興會神到」，追求「得意忘言」，以淡泊閑遠的風神韻致為詩歌的最高境界。王士禎提出妙悟而外，尚有神韻，徵是含蓄深遠、意餘言外，被認為是詩家「三昧」的一種重要的藝術準則。王士禎提出妙悟而外，尚有神韻，這也是對古代詩論的一個貢獻，它的缺陷是，帶有引導詩歌脫離社會生活，追求虛無縹緲境界的傾向。

二　「現量」說

妙悟說、神韻說的超脫現實的傾向，引發出詩論界的另一種以佛教因明學論詩的主張，這主要是明末清初的思想家王夫之（一六一九—一六九二）的「現量」說。佛教因明學包括了關於思維方式的理論，其中有現量和比量的論述。現量是對事物形象的直覺，指感性認識；比量是由比度事物共相，即應用邏輯推理方法而獲得的理性認識。現量是客觀事物影像的直接反映，具有現實性、形象性。王夫之將現量說應用於闡發詩歌理論，強調詩歌的現實性，他說：

「僧敲月下門」，只是妄想揣摩，如說他人夢，縱令形容酷似，何嘗毫髮關心？知然者，以其沈吟「推」、「敲」二字，就作想也。若即景會心，則或「推」或「敲」，必居其一，因景因情，自然靈妙，何勞擬議哉？「長河落日圓」，初無定景；「隔水問樵夫」，初非想得。則禪家所謂「現量」也。（《夕堂永日緒論·內編》）

認為做詩要「即景會心」，合乎「現量」的要求。因情因景，自然靈妙，不宜憑空推敲。如王維的詩句「長河落日圓」、「隔水問樵夫」，都是不費推敲，即景會心所得。王夫之認為現量講求真實，比量如有不當，便會陷入錯誤認識。王夫之用現量說來說明詩歌創作和審美活動的要求和特徵，為詩論提供客觀主義的理論基礎，有助於克服詩歌創作脫離現實的傾向。

三　「境界」說

唐宋以來的文學評論著作，十分重視「境」和「境界」的理論。這裏所謂境一般指客觀存在，所謂境界是

指文學作品中所描繪的生活圖景和表現的思想感情融合一致而形成的一種藝術境界，也就是「意境」。「境」和「境界」是中國先秦典籍中常見的概念，後來傳入的佛教典籍對「境」和「境界」更是作了詳盡的理論闡發。佛教通常把物質現象和精神現象都稱為境，境是囊括一切現象的總稱。境界通常有兩種含義，一是指六識所辨別的各自對象，如眼識以色塵（「境」）為其境界。唐圓暉著《俱舍論頌疏論本》卷二說：「功能所託，各為境界。如眼能見色，識能了色，喚色為境界，以眼識於色有功能故也。」這是強調由主體的感覺器官和思維器官所接觸的對象已被感知者，才能稱為境界。這樣的境界具有感性、直觀性、可知性的特徵。再是指造詣、成就。如《無量壽經》說：「斯義弘深，非我境界。」佛教的這種境界觀和文學理論批評有相通、共同之處，所以為文學理論家所攝取、運用。唐僧皎然《詩式》有《取境》一目，謂「取境之時，須至難、至險，始見奇句」，強調取境的重要和艱巨。他做詩云：「詩情緣境發」，主張主觀感情和客觀環境的統一。唐代許多作家也都用「境」字說詩詞。近代學者王國維（一八七七—一九二七）作《人間詞話》，標舉「境界」說。他說：「詞以境界為最上。有境界則自成高格。」「境非獨謂景物也。喜怒哀樂亦人心中之一境界。故能寫真景物真感情者，謂之有境界。否則，謂之無境界。」提倡「不隔」，要求言情必沁人心脾，寫景必豁人耳目。王國維以喜怒哀樂為人心中之境界，就來自佛家的觀點。不過王氏的「境界」說不僅攝取了佛家的理論，也是吸收了西方叔本華等人的美學思想的產物。

四 「以禪喻詩」

中國佛教諸宗派中，以禪宗對於文學理論，尤其是詩論、詞論影響最大。宋代時以禪喻詩成為風氣，詩禪之喻幾乎成為流行的口頭禪。一些詩僧和文人紛紛以禪家的一套禪理來論述詩的創作、欣賞和評論，而且長期

爭論不休，影響深遠。

【二】在創作上——以禪論詩

以禪論詩是用禪家的說法來論述做詩的奧妙。上面講到嚴羽的妙悟說，就是用禪家參禪的特別穎慧的悟性來說明為詩之道的。此外，吳可（吳思道）和龔相（龔聖任）的各三首《學詩》詩，也是用禪家的妙諦來論述做詩的典型說法。吳可《學詩》三首，詩曰：

其一

學詩渾似學參禪，竹榻蒲團不計年。

直待自家都了得，等閑拈出便超然。

其二

學詩渾似學參禪，頭上安頭〔註十二〕不足傳。

跳出少陵〔註十三〕窠臼外，丈夫志氣本沖天。

其三

學詩渾似學參禪，自古圓成〔註十四〕有幾聯？

春草池塘一句子，驚天動地至今傳。

（《詩人玉屑》卷一引）

龔相《學詩》三首是吳可《學詩》三首的和韻作，詩曰：

其一

學詩渾似學參禪，悟了方知歲是年。
點鐵成金猶是妄，高山流水自依然。

其二

學詩渾似學參禪，語可安排意莫傳。
會意即超聲律界，不須煉石補青天。

其三

學詩渾似學參禪，幾許搜腸覓句聯。
欲識少陵奇絕處，初無言句與人傳。

（《詩人玉屑》卷一引）

吳可《學詩》第一首是根據禪家參禪要求悟入的說法，揭示了學習詩歌創作的過程。強調做詩要經過長期的修養，下大工夫，一旦「自家都了得」，即有了「了悟」，就可信手拈來便成超然自如的詩。第二首是根據禪宗的眾生心性本覺、排斥外在權威的宗旨，強調詩人主體的參悟，自求創作，反對因襲他人，要求跳出「詩聖」杜甫的窠臼，打破「頭上安頭」的局限。佛家重修行的「圓成」，禪宗以為一切事物中都體現了「真如」。吳可《學詩》第三首就是據此而標舉「圓成」，並主張一切事物中也都有詩。所以謝靈運的「池塘生春草」（《登池上樓》）佳句，從常見的池塘春草裏看到詩意，從而具有強烈的藝術魅力，久為人們所傳誦。襲相的三首《學詩》詩，同吳可的觀點一樣，也是根據禪宗的語言文字不能傳達佛理，要參禪求悟的說法，強調「點鐵成金」還要點鐵，應當體會高山流水中的詩意，不用點鐵，破除聲律，認識杜甫詩的「奇絕處」。吳可和襲相強調「了悟」在詩歌創作中的作用，應當承認是有可取之處的。

【二】在欣賞上——如禪悟詩

禪宗標榜不立文字，教外別傳，單傳心印，主張依靠自身的參悟去領會佛理，把握佛法。一些文人也主張像參禪一樣來參詩，欣賞詩歌。范之實（范溫）《潛溪詩眼》說：

識文章者，當如禪家有悟門。夫法門百千差別，要須自一轉語悟人。如古人文章，直須先悟得一處，乃可通其他妙處。

認為說禪和做詩沒有差別，悟詩如同悟禪，主張以參禪的態度和方法去讀詩、賞詩，不執著於詩歌的語言

文字本身，尋求詩歌語言文字之外的無窮意味和無盡韻致。應當肯定，這是符合詩歌欣賞規律的。

【三】在評論上——以禪比詩

嚴羽在《滄浪詩話·詩辨》中還用禪家的派別來比擬、衡量歷代詩歌的高下，文說：

禪家者流，乘有大小，宗有南北，道有邪正。學者須從最上乘，具正法眼，悟第一義。若小乘禪，聲聞辟支果，皆非正也。論詩如論禪：漢魏晉與盛唐之詩，則第一義也。大曆[註十五]以還之詩，則小乘禪也，已落第二義矣。晚唐之詩，則聲聞辟支果也。

「正法眼」，指對佛法的正確認識。聲聞辟支果屬於小乘，這裏把聲聞辟支果獨立於小乘之外，是錯誤的。嚴羽以禪為喻，認為漢魏晉盛唐、大曆以還和晚唐是詩歌的三個等級，猶如禪家的大乘、小乘、聲聞辟支果三個等級一樣。雖然嚴氏意在通過比附，強調盛唐以前和大曆以後詩歌的差別，但是也表明了以禪比詩的局限。

第六節　佛教為中國文學語言寶庫增添新的詞彙

隨着印度佛教著作的翻譯和流傳，佛教典籍中不少優美的典故和具有藝術美的新詞語，被引進了中國六朝尤其是唐以後的文學作品，其中源於佛教的成語，幾乎佔了漢語史上外來成語的百分之九十以上。印度和中國佛教的新詞語豐富了中國文學語言的寶庫，有的甚至成為人們常用的穩定的基本詞彙。

從佛教用語演化成為日常用語的，如世界、如實、實際、覺悟、刹那、淨土、彼岸、因緣、三昧、公案、煩惱、解脫、方便、涅槃、婆心、回向、眾生、平等、現行、相對、絕對、知識、唯心、悲觀、泡影、野狐禪、清規戒律、一針見血、一切皆空、一超頓悟、一念萬年、一彈指間、三生有幸、三頭六臂、不二法門、不生不滅、不即不離、五體投地、功德無量、丈六金身、恆河沙數、隔靴搔癢、拖泥帶水、大吹法螺、大慈大悲、生老病死、六根清淨、心猿意馬、本地風光、得未曾有、唯我獨尊、騎驢覓驢、不可思議、冷暖自知、僧多粥少、味同嚼蠟、快馬加鞭、皆大歡喜、表裏不一、百尺竿頭、苦中作樂、菩薩心腸、曇花一現、大千世界、「苦海無邊，回頭是岸」、「放下屠刀，立地成佛」、「種瓜得瓜，種豆得豆」等。源於佛教的常用典故有火宅、化城、諸天、一絲不掛、三十三天、三千世界、五十三參、天龍八部、千手千眼、觀河皺面、天女散花、天花亂墜、當頭棒喝、醍醐灌頂、極樂世界、拈花微笑、羅刹鬼國、現身說法、眾盲捫象、百城煙水、井中撈月、香南雪北、泥牛入海、口吸西江、香象渡河、借花獻佛、呵祖罵佛、癡人說夢、蒸沙成飯等。

上述種種語言現象表明，佛教新詞語豐富了漢語的表現力，方便了人們的思想交流，在文化生活和社會生活中起了積極的作用。

綜上所論，可以看出，佛教與中國文學的溝通、聯繫，表面上看來是雙向的，實際上主要是佛教對中國文學的單向滲透、影響，這是不同於佛教與中國倫理、哲學的關係的。佛教與中國倫理、哲學的關係，更多的是中國哲學，尤其是中國倫理對佛教的浸染、作用，相對地說佛教對中國哲學，尤其是對中國倫理的影響、補充則要少一些。佛教為中國文學帶來了獨特的人生觀、世界觀、價值觀和宗教情趣，但是也為中國文學帶來新的文體和新的意境，而後一方面的實際作用要大得多，可以說佛教對中國文學的貢獻超過其消極作用，佛教在中國文學史上有較多的值得肯定和批判繼承的合理因素。

註釋：

〔註一〕　《大佛頂如來密因修證了義諸菩薩萬行首楞嚴經》簡稱《首楞嚴經》、《楞嚴經》，有人疑為唐人偽撰。

〔註二〕　《百喻經》：全稱《百句譬喻經》，也簡稱《百譬經》。

〔註三〕　《百喻經》號稱「百喻」，實際上只有九十八喻。

〔註四〕　聲明論：古代印度學者研究的一種學問，近於語言學中的訓詁和詞彙學。

〔註五〕　《蘇軾選集》，一〇頁，濟南，齊魯書社，一九八一。

〔註六〕　同上書，八六頁。

〔註七〕　變文的形式有三類：只唱不說；只說不唱；有說有唱，此類佔多數。

〔註八〕　宮調：音樂術語。中國稱宮、商、角、變徵、徵、羽、變宮為七聲，其中以一聲為主，就可構成一種調式。凡以宮聲為主的調式稱為「宮」聲，其他各聲為主的則稱為「調」，統稱「宮調」。

〔註九〕　（即宮調式），而以其他各聲為主的調式稱為「宮」（即宮調式）。

〔註十〕　現代文學界通常認為，中國古代的神話傳說、街談巷語、志怪志人之作，以及傳奇講史等，是小說發展的先河。

〔註十一〕　詳見陳寅恪《西遊記玄奘弟子故事之演變》，見《陳寅恪文集之三．金明館叢稿二編》上海．上海古籍出版社，一九八〇。

〔註十二〕　頭上安頭：指重複因襲。

〔註十三〕　少陵：指杜甫。杜甫詩中嘗自稱「少陵野老」。

〔註十四〕　圓成：圓滿成就。此指極高的詩歌境界。

〔註十五〕　大曆：唐代宗年號（七六六—七七九）。

〔《魯迅全集》，第九卷，三〇八頁，北京，人民文學出版社，一九八一。〕

第十二章 佛教與中國藝術

中國古代藝術源遠流長，其間自漢魏以來，由於受到佛教的新鮮刺激和強大影響，中國藝術的各個領域更加異彩紛呈，並進入了一個嶄新的階段。如果沒有佛教藝術，漢魏以來的中國藝術就不僅遠為遜色，而且某些領域甚至會成為一片空白。

藝術是佛教宣傳的最有效的手段和方式之一。佛教宣傳調動藝術上的形象思維，通過佛、菩薩等的藝術形象，以期引起人們的驚奇、畏懼、崇敬和信仰，這就需要採取藝術誇張的手法，把佛、菩薩等的形象加以極度的神秘化、理想化，如所謂釋迦牟尼佛的三十二相、八十種好，以使人們對佛產生無限莊嚴偉大的神秘感和美感。寺院佛塔的建築也要力求宏偉莊嚴、精美華麗，並與周圍的山水藝術相協調，形成以寺院建築為中心的整體藝術環境，佛教宣傳還以梵唄淨音使聽眾產生音樂藝術的快感，進而收到感化人心的宗教效果。在中國各地的名山勝地、岩洞石窟、叢林古刹之中，金碧輝煌的寺廟建築、千姿百態的塑像、新奇多彩的繪畫、悅耳動聽的音樂，使佛教藝術日益成為漢魏以來民間的重要審美對象和信仰中心，成為東方宗教藝術寶庫中的璀璨明珠。

據《魏書·釋老志》載，佛教繪畫、塑像、建築是和佛教經典一並在漢代傳入中國的。漢明帝時，從印度帶來的佛像置於最早建立的洛陽白馬寺中，並在佛寺畫千乘萬騎繞塔三匝圖於壁，標誌着中國佛像、佛寺、壁畫三大藝術之始。此後，佛教藝術逐漸發展，史載丹陽人笮融，在徐州廣陵間，「大起浮屠寺，上累金盤，下為重樓，又堂閣周迴，可容三千許人，作黃金塗像，衣以錦綵。每浴佛，輒多設飲飯、佈席於路，其有就食及觀者，且萬餘人」（《後漢書》卷七三《陶謙傳》）。魏晉南北朝，是中華文化大融合的時代，中華民族文化與印度文化、漢族文化與少數民族文化相互融合、陶冶，推進了中國藝術的發展。這其間佛教藝術的作用是非常巨大的。北方佛教重修持，立寺建塔，造像刻碑，蔚然成風。南方佛教重義理，詩歌、繪畫、書法、佛寺建築盛極一時，與北方的石窟藝術交相輝映。一般地說，南北朝時期的佛教藝術，一方面繼承了漢代藝術的傳統，造型簡練、線條奔放、用色大膽；另一方面又吸取了印度佛教藝術的風采，取得了重大成就。但在外來的宗教題材及現成模式同民族藝術傳統的結合上，此時的佛教藝術還顯得比較生硬勉強。自北周以來，佛教藝術的形象、題材、風格開始發生明顯的變化，並逐漸地向燦爛的唐代藝術過渡。

唐代是中國古代藝術史上的黃金時代，佛教建築、雕像、繪畫藝術，燦爛輝煌，登峰造極。唐代佛教藝術把幻想的宗教世界和現實生活結合起來，並把外來藝術的精華水乳交融地融入本民族的傳統藝術之中，自樹風格，產生新的佛教藝術。此時的佛像形貌壯麗，溫雅敦厚，富於人情味。整個佛教藝術較之印度佛教藝術更博大雄麗，表現出盛唐的典麗輝煌的氣魄，與初期傳入的佛教藝術相比，面貌已大大不同了。唐以後，佛教的雕塑、繪畫等藝術由盛轉衰，沿流而下，佛教藝術的變化也未能脫出唐代的主流。但是，元代時傳入內地的藏傳佛教所塑佛像的面相、姿態、台座以及塔姿諸式，都呈現出新形式，豐富了佛教藝術寶庫。

第一節　佛教建築——佛殿、佛塔和經幢

　　佛教建築藝術集中體現在佛寺建築上面。中國佛寺建築早期以佛塔為主，至隋唐時代漸以佛殿為中心了。這樣佛教建築主要可分為佛殿建築和佛塔建築兩大類，此外還有經幢等建築。

一　佛殿建築

　　本書第六章，曾就寺院建築的歷史演變和結構作過簡要的介紹，這裏僅從建築藝術的角度再略作補充。

　　唐代木結構寺院大殿，屋頂有出挑的柱頭斗拱，斗拱主要由斗形木塊和弓形肘木縱橫交錯層疊構成，逐層向外挑出形成上大下小的托座。斗拱不僅可使屋簷出挑較大，而且兼有裝飾效果。屋頂有鴟尾為飾，形式多樣。柱礎有蓮瓣，精美異常。頂棚上有藻井，做成方形、圓形或多邊形的凹面，上有各種花紋、雕刻和彩畫。整個殿宇是一個完整的藝術品。宋代以來佛寺建築雖有變殿前有台階，兩側有迴廊、石欄杆、柱、雕飾精美。化，但仍不失唐代的風格。中國佛寺除石窟寺外，多為木建築，由於採用木結構建築和固有傳統藝術相結合，形成了新的風格，從而在建築史上放出了新的異彩。

二　佛塔建築

　　佛塔既是建築藝術，又是雕塑藝術，是集兩種藝術於一體的佛教建築物。中國佛塔建築，其分佈之廣、數量之多、規模之大、層級之高、造型之美，在古代建築中是首屈一指的，在世界上也是罕見的。佛塔猶如一顆顆璀璨的寶石，一朵朵絢麗多姿的奇葩，點綴於藍天白雲、青山綠水之間，為山河增輝，為景物添彩。有的

塔，從遠處看高聳雲霄，塔尖、塔影成為風景輪廓線上最突出的標誌和特徵。在佛教寺院建築中，佛塔往往給人們以最深刻的印象，它具有引起人們對故鄉和祖國的思念與情感的藝術魅力。

佛塔，因造型精美，並用金、銀、瑪瑙等加以裝飾，裏面藏有舍利，故又俗稱為「寶塔」。塔起源於印度，原指墳塚，梵文為Stupa，音譯為窣堵波、佛圖、浮屠等，意譯為圓塚、方墳、靈廟等。後來窣堵波略去了「窣」字，為堵波，也叫塔婆，最後省去「婆」字而簡稱為「塔」了。在中國，塔被理解為猶如宗廟，所以也曾被稱為「塔廟」。

「窣堵波」，原為古印度的墳墓。釋迦牟尼故世後，佛教徒轉向埋葬佛骨的窣堵波頂禮膜拜，窣堵波從此成為僧侶崇拜的對象。窣堵波通常由台（台基）、覆缽（台上半球部分）、平頭（一稱「寶篋」，祭壇，方箱形）、竿、傘（竿、傘，表示崇敬）五部分組成。後僧侶們為了便於在修行過程中能隨時禮佛，便在居住的石窟的中堂後壁上刻出佛塔。這種刻有佛塔的石窟被稱為「支提」，意譯為廟或塔廟。窣堵波埋有舍利，是舍利塔。支提式塔和舍利塔是印度佛塔的兩種形式。

後來印度佛教密宗興起，又出現了一種金剛寶座式塔，由中央大、四隅小的五座塔組成，以供奉金剛界五部的五方佛。

佛教初傳，也帶來了印度窣堵波的形象。秦漢時期，中國流行神仙迷信，以為神仙就住在雲霧縹緲的天空高處，「仙人好樓居」，所以秦始皇、漢武帝都修建過高樓台榭，以迎候仙人下凡。在這種神仙思想的強大影響下，佛塔一移植進來，就與中國的建築文化傳統相結合，形成樓閣型塔的新形式。如東漢中葉在徐州建造的浮屠祠塔，就是「下為重樓閣道」，頂上「垂銅槃九重」（《三國志·吳書·劉繇傳》）。所謂「重樓」，就是多層木結構的高樓；所謂「銅槃」，也稱「金盤」，就是傘蓋，也稱「相輪」、「剎」[註一]，是佛塔頂部的

裝飾；多重圓環形的鐵圈，每重又有內外兩道圈，中間小圈套在塔心柱上端。這種樓閣型的塔，下為中國固有的樓閣，上為印度的窣堵波。這也是後來南北朝木塔的基本式樣。由於中國樓閣建築的方形平面與印度窣堵波的圓形平面的矛盾，加以中國木結構的形式又難以做成圓形平面，所以唐代的建築匠師就創造性地採用了介乎正方與圓形之間的八角形平面，並成為最常見的平面形式。相應的材料也由木結構改為磚砌。元明清時代，塔的形狀更發展為十二邊形、圓形、十字形以及內圓外方、外圓內方等多種，材料則發展到石、土、銅、鐵、琉璃等多種，從而顯得更加多姿多彩。

印度支提式塔傳入中國後，逐漸發展成為石窟寺，原來石窟內後部的塔則發展為塔柱或中心柱。印度密宗的金剛寶座式塔也傳入中國，在明代以後多有建造。

中國佛塔通常平面以方形、八角形居多，層數一般為單數，單數稱為陽數，含有傳統的吉祥的意思。塔的類別可以從不同角度區分：從建築材料可分為木塔、磚塔和石塔等；從塔的層級來說，可分為單層塔和多層塔；從造型上觀察，可分為樓閣式塔、密簷塔、瓶形塔（喇嘛塔）、金剛寶座塔等，下面略作重點介紹。

木塔、磚塔和石塔：木塔是中國原有的重樓形式的做法，但層數加多了。如元魏時建造的洛陽永寧寺塔就是最大的木塔，高三百三十三米，百里以外便能看見，但建成不久就被焚燬了。大體上說，隋代以前多木塔，有人估計歷史上木塔在千座以上。因為木塔不耐久，同時砌磚技術又不斷提高，所以唐代以後實行改革，多用磚砌造塔了。宋代還出現用鐵色琉璃磚砌成的「鐵塔」，建於北宋慶曆四年（一○四四）的河南開封祐國寺的「鐵塔」，全部採用特製的「鐵色琉璃」做磚石，使佛塔更加煥發出光彩。建於五代後周末年（九六○）的杭州靈隱寺石雙塔，高雖僅十米，卻有九層，匠師們大膽地用石料進一步表現出木結構的形式，使塔的造型更為豐富了。

單層塔：塔身為單層方形出簷，上為方錐形或半圓球形屋頂。多為高僧所採用，作為墓塔。今存建於隋代的山東曆城縣神通寺的「四門塔」，就是單層塔的優秀典型。「四門塔」塔身為大塊青石砌成，四面各闢一半圓形拱門，形制簡樸渾厚，是中國現存最早的石塔，也是現存的第二古塔。又如河南嵩山會善寺淨藏禪師墓塔，為單層八角磚塔，建於唐天寶四年（七四五），為中國最早的一座八角形塔。這些單層塔都充分體現了中國建築的氣息。

樓閣式塔：在各種佛塔中，最能代表中國塔特色的是樓閣式塔。早期的樓閣式塔都是木構的，後來才出現磚石構的樓閣式塔。此種塔內部有樓層可登，且與外觀樓層相等或更多。塔上有許多仿木構造，如每層塔身上的門窗、柱子、塔簷上的欂枋、椽子、飛頭等。西安大雁塔是樓閣式塔的優秀典型。該塔為唐玄奘所建，淳樸、平實、大方。在塔各層的表面上，巧奪天工的匠師們以極其細膩的手法，把磚石處理成木結構的樣子，表現出高超的技藝和獨特的匠心。

密簷式塔：因在較高的塔身上加以層層的密簷，故名。密簷式塔和樓閣式塔同為最常見的塔形。它一般不用柱樑斗拱等裝飾，而以呈現優美的輪廓線條見長。由於上部塔簷層層相疊，幾乎看不出層樓。它的第一層塔身特別高大，門窗、柱子和佛龕、佛像等雕飾都集中在這裏，是整個塔身的重點。著名的如河南嵩山嵩嶽寺塔，建於北魏孝明帝神龜二十年（五二○），是中國現存最古的佛塔。塔共十五層，平面為十二角形，每角用磚砌出一根印度式樣的柱子，柱頭、柱腳都用蓮花裝飾。整個塔的輪廓乃至每層簷下的曲面都呈拋物線形，非常柔和，華麗動人。這座高達四十米的建築全部用磚砌成，是中國磚砌技術突進的一個標誌。再如，遼代建造的北京天寧寺塔，是八角形密簷塔，這種類型曾被廣泛採用。此外，建於金代的洛陽白馬寺塔，更是風格獨具，塔身下有高大的台基，第一層塔身較矮，以上各層簷的密度較疏。

瓶形塔：元代時，窣堵波從尼泊爾又一次傳入中國，大事興建，成為佛塔中數量較多的一種類型。如北京妙應寺（白塔寺）的塔就是其中的代表作。此塔由尼泊爾工藝師阿哥尼設計，於元世祖忽必烈至元九年（一二七一）建成，是中國內地最古老的瓶形塔。北京北海白塔和山西五台山塔院寺塔也是這一類型的塔。

這類塔的結構如瓶形，下面有很大的須彌座，座上為覆鉢形的「金剛圈」，再上是罐子形的塔身，叫「塔肚子」，再上是被稱為「塔脖子」的須彌座，更上是圓錐形或近似圓柱形的「十三天」和它頂上的寶蓋、寶珠等。因喇嘛教建塔常用這種形式，故又稱「喇嘛塔」、「藏式塔」。明清時，這種塔成了喇嘛、高僧死後墓塔的主要形式，俗稱「和尚墳」。這種塔基本上保存了墳塚的形式，印度塔式的格調很濃。

金剛寶座塔：因供奉金剛界五部的主佛（五方佛），故名。這種塔是在一個很大的台座上立五座塔或七座塔，組成一個完整的塔群。塔下面的金剛寶座很大，表面上分為五層，下面還有一層須彌座。每層上面都用柱子做成佛龕，樸實雄偉。塔的座子上佈滿了五方佛像的浮雕，精巧美觀。這一類塔在中國現存的有北京西直門外五塔寺（真覺寺）塔、北京碧雲寺金剛寶座塔院、雲南昆明管渡鎮五塔等十多處。

三　經幢建築

幢是一種帶有宣傳性和紀念性的藝術建築。印度幢的形式是在紀念佛的建築物的玉垣（周垣）上刻各種浮雕，也有的是在塔前方左右各豎一石，宛如中國長方形的碑，石面上刻法輪、飛天、輪下刻人物和動物的浮雕。中國唐至遼宋時代，建幢之風盛行，有為建立功德而鐫造的陀羅尼經幢，也有為紀念高僧而建的墓幢。

中國的經幢多係石雕，也有少數鐵鑄的，高度不等，圓柱形或六角、八角形，多為八角形。一般由基座、幢身和幢頂三部分組成，幢身刻陀羅尼經文，基座和幢頂則雕飾花卉、雲紋等圖案以及菩薩、佛像，十分華

麗。著名的如唐代末葉建造的山西五台山佛光寺經幢，樸素莊嚴，是重要的藝術精品。河北趙縣城內的趙州陀羅尼經幢，係北宋時建造，全部用石料疊砌而成，高約十八米，是中國現存石經幢中最高的一座。幢下為方形石基，台基上是八角形束腰式須彌座，經幢一至三層刻有陀羅尼經，其餘各層滿佈佛教人物、動物、花卉等圖案。幢頂以銅質火炎寶珠為剎，輪廓莊嚴清秀，展現了宋代造型藝術的高度成就。又如雲南昆明地藏寺經幢，為大理中期所立，高八米半，八角七層。第一層刻四金剛及梵文，以上各層刻佛像。雕工極精，是研究雲南少數民族歷史文化和雕刻藝術的重要文物。鐵鑄的幢，著名的如建於宋代的湖南常德市德山乾明寺鐵幢，高四米餘，重三千餘斤，圓柱形，用白口生鐵鑄成。鐵幢基座部分鑄有佛像、金剛力士和龍虎、蓮花瓣等紋飾，幢身鑄有經文等，優雅精美。

第二節　佛教雕塑 [註二]

佛教雕塑是指寺院和石窟中雕刻、塑造的尊像，以及各種金、石、玉、木、陶、瓷等雕刻的器皿或藝術品，其中以栩栩如生的木雕泥塑尊像最為典型。 [註三] 佛教雕塑是佛教藝術的集中體現，主要保存在歷代所開鑿的洞窟之中，石像不易朽爛，大像不易被盜走，石窟可以久存不壞，由此也形成了洞窟藝術。

在佛教傳入以前，中國雕塑藝術已達到很高的水平。近年在遼西出土的文物中，有五千年前的彩塑女神頭像，造型優美生動，其眼珠是用綠色磨圓玉片鑲嵌而成，顯得雙目炯炯，神采飛揚。此外還有玉雕豬龍、玉雕鴞鳥等。這表明中國五千年前就具有了高超的雕塑藝術。到了西漢時代更有大型雕刻，如陝西興平茂陵西南的霍去病墓前的臥馬、躍馬、伏虎、臥牛等石刻，風格簡樸雄健、渾厚有力，形象生動，富有藝術性。佛教傳入

中國以後，也給中國雕塑藝術以強大的撞擊、刺激，並極大地豐富了中國雕塑藝術的寶庫。

中國佛教雕塑藝術，大體上經歷了一個吸取印度佛教雕塑，到與中國傳統雕塑藝術相融合，再到中國化的過程。這可以從敦煌、雲岡、龍門等著名的石窟藝術中，看出其藝術風格的演變。

中國佛教雕塑大約始於東晉時代，如戴逵父子就是著名的雕塑家，雕塑佛像極為精美。相傳戴逵曾為會稽山陰靈寶寺作木雕無量壽佛和脅侍菩薩，初步完成後隱於幕後，聽取反應，反覆修改，三年才最後完工。這是高度重視雕像的藝術性，以使群眾感到親切，易生信仰的生動一例。石窟佛像的開鑿始於符秦建元二年（三六六），沙門樂僔在甘肅敦煌鑿一石窟造佛像。後來敦煌莫高窟又發展出一種泥塑藝術。泥塑因塗有色彩，也稱彩塑。敦煌莫高窟的彩塑，係以泥和夾紵做成造像，再加色彩，這是中國雕塑藝術中最特殊的一種，是中國古代雕塑家的一項創造。彩塑的形式多種多樣，相當於淺浮雕、高浮雕等，是雕塑和繪畫相結合的一種藝術。莫高窟的彩塑，異常精美壯麗，可謂曠古絕今之傑作。由於泥塑木雕的藝術較之金石雕刻更能得心應手地施展雕塑家的天才和妙技，因此，自唐宋以來，各地寺廟都盛行泥塑木雕，洞窟石刻造像逐漸被代替，這也是中國佛教雕塑藝術的一大演變。

早期的佛教造像，大多以印度佛教藝術為母範，往往直接取法於印度傳來的佛教圖像，印度氣息甚濃。如大同雲岡的石佛洞，西部曇曜五洞佛像宏大，高達數丈，莊嚴巍峨，其造像風格與印度犍陀羅藝術〔註四〕和笈多藝術〔註五〕頗相近似。中部六美人洞的樂舞伎六美人，是印度古美人的面影，美人微笑長跪帷幕中，婉麗肥碩，中部藻井上的飛天，肥短如小兒，與印度笈多雕像近似。至於西部小洞多係北魏晚期雕造，飛天削肩瘦長，衣帶飄逸，與中部飛天的形象全然不同，體現了中國化的風格。隨着北魏從大同遷都到洛陽，龍門石窟也相繼開鑿，至唐高宗、武后而達到頂點。龍門石窟造像軀幹頎長，肌膚豐潤，比例匀稱，形貌是犍陀羅式的姿勢。

典麗，垂眸微笑，溫雅敦厚，富於人情味。奉先寺的大佛就是其中最典型的形態，也是唐代雕刻的頂點。龍門石窟造像與早期雲岡石窟造像相比，更顯示出中國傳統的優秀民族作風和民族風格。

中印佛教雕塑藝術的區別，主要表現在造像的形式上，尤其是面相、花紋、服裝等方面。這種形式上的差異又隨着時代的變遷而表現出不同的特點。常任俠先生在《佛教與中國雕刻》中指出：印度是熱帶，所以佛像衣着單薄，而且多偏袒右臂，裸露胸膛。如雲岡第十七窟至第二十窟的本尊，衣服從左肩斜披而下，至右腋下，衣服的邊緣搭在右肩上，右胸和右臂都裸露在外。衣褶為平行、隆起的粗雙線。這是「偏袒右臂式」。雲岡第八窟和第二十窟的左右夾侍則是「通肩式」，寬袖的薄薄的長衣緊貼身上，隨軀體的起伏，形成若干平行弧線，領口處為披巾，自胸前披向肩後。這兩種衣服式樣，在早期佛教造像中十分流行，大概是從印度傳來的式樣。後來逐漸演變為中國的服裝式樣，如雲岡第十六窟的本尊是「冕服式」，衣服為對襟，露胸衣，胸前有帶繫結，右襟有帶向左披在左肘上，衣服較厚重，衣褶距離較寬，作階段狀。這是從印度式樣到中國式樣的過渡。唐代以後，佛像更加中國化了。雕塑家選取美與健康的造型，使造像表現出美與力量。如六朝面相多是豐圓的，後期又較為瘦長，唐代則是頰豐頤滿。衣服和配飾較北朝複雜和華麗得多，具有溫暖的觸覺感。實際上，唐代的佛教造像是在中國文化傳統精神支配下，將外來的佛像式樣統一化，從而以中國化的形式表現出來了。

佛教雕塑對中國傳統雕塑的影響是，在內容上由以表現人和動物為主題，變為着重表現佛、菩薩的宗教信仰崇拜；在技巧上由簡明樸直發展到了精巧圓熟；在風格上由雄偉、挺秀轉為莊嚴、富麗。佛教雕塑雖然帶來了神秘的內容，但是從藝術角度來說，它畢竟是極大地推動了中國雕塑藝術的前進。

第三節 佛教繪畫

佛教繪畫是佛教引發信仰熱忱、擴大宣傳影響的一種重要工具。佛畫可以形象地傳播佛教教義，也可以供佛教信徒禮拜敬奉，還可以備寺院殿堂莊嚴之用。佛教學者往往以佛畫為宣揚佛道的第一方便。大乘佛教經典特別強調繪畫佛像的功德。如《賢劫經·四事品》說：「作佛形像坐蓮華上，若摸畫壁繒氎布上，使端正好，令眾歡喜，由得道福。」《賢愚經·阿輸迦施土品》還具體說，釋迦如來過去世中，曾請人畫八萬四千如來像，分送各國，令人供養。由於這樣的功德，生後形相端正殊妙，有三十二相，八十種好，並且自致成佛，涅槃之後，還當得八萬四千諸塔果報。由於佛經宣傳繪畫佛像可以成佛，這種明確的許諾和直接的鼓勵，使佛教繪畫藝術得到了極大的發揚。

在佛教畫像傳入中國之前，中國繪畫已有獨立的發展，如漢代繪畫就已形成了樸直古勁的風格。在佛教繪畫藝術傳入中國之後，在魏晉南北朝時期，中國畫家吸取佛教繪畫的技術，推進了繪畫藝術的發展。至隋唐時，南北統一，畫家們進一步融合了民族傳統，使佛教繪畫創作達到頂峰。宋以後隨着佛教由盛轉衰，佛教繪畫也漸趨衰落了。

史載，佛教初傳時也從印度帶來了佛畫。在佛畫的影響下，漢明帝曾令人畫佛：「明帝令畫工圖佛像，置清涼台及顯節陵上。」（《魏書·釋老志》）這大概是中國畫家自作佛畫的濫觴。漢代擅長作佛教畫的畫家不多，到了魏晉南北朝時期，善於畫佛教畫的名畫家相繼出現。六朝時代，佛畫更是繪畫的中心，凡能繪畫的，都能作佛畫。最早的有東吳畫家曹不興，他根據來中國傳教的康僧會帶來的佛教畫本摹寫，畫像身體比例十分勻稱。西晉時著名畫家有張墨和衛協。衛協曾繪七佛畫，人物不敢點睛，時有「畫聖」之稱。漢代繪畫，比較

簡略，衛協繪畫漸趨細密，他的藝術手段曾左右了一時的風習。東晉時大畫家顧愷之，也是擅長佛畫的突出的大作手。他畫像注重點目睛，說「傳神寫照，正在阿堵（這個，此指眼珠）中」，提出「以形寫神」論。相傳顧氏在建康瓦棺寺壁上繪維摩詰居士圖，光彩耀目，轟動一時。南朝宋陸探微，學顧愷之畫法，筆跡周密，筆勢連綿不斷。南朝梁代張僧繇，擅長佛畫，繼承中印度壁畫的風格，用淺深渲染的手法，分出明暗的陰影，富於變化，筆墨簡練，自成樣式，有「張家樣」之稱。北齊曹仲達，來自中亞，他繪佛教畫，衣服緊窄，多為印度笈多藝術式樣，具有特殊風格，創立了「曹家樣」。

唐代佛畫，特別是壁畫的發展，可謂空前絕後盛極一時。當時壁畫多出於名家之手，如吳道子，集諸畫家之大成，為古代佛畫第一人，有「畫聖」之稱。他曾在長安、洛陽寺觀作佛道宗教壁畫三百餘間，繪畫筆跡磊落，洗練勁爽，勢狀雄峻，生動而有立體感。因用狀如蘭葉或蓴菜條的筆法來表現衣褶，有飄舉之勢，人稱「吳帶當風」。又因用焦墨勾線，略加淡彩設色，也稱「疏體」。後世把他和張僧繇的畫法並稱「疏體」，以區別於顧愷之和陸探微勁緊連綿的「密體」。吳道子的畫風，對後來人物畫的影響很大。唐代中葉以來，佛教禪宗盛行，禪宗直指人心，提倡頓悟，輕視形式，不重佛像，佛畫漸趨衰微。禪宗的超然襟懷，任運曠達的人生哲學，又最易和自然融為一體。唐代大詩人、大畫家王維，耽於禪悅，性喜山水。他然灑脫、高遠淡泊的畫風，對後來中國畫的發展影響很深。唐代佛畫內容比過去更豐富，色彩也比較絢爛，表的濃淡墨色的山水畫，富有詩意，被後人稱為「畫中有詩」。他改變了中國以往傳統山水畫的風格，開創了超現的境界也更為寬闊，在中國繪畫史上佔有重要的地位。此後，佛畫更多地融合了中國傳統的技法，逐漸不同於印度風格，而且畫家的興趣也不在佛畫方面，而轉向山水花鳥，這樣也就逐漸與佛教內容相脫離，逐漸變為追求美的純藝術了。

綜觀中國佛教繪畫，大體上可以分為像和圖兩大類。像主要是佛像、菩薩像、明王像（佛、菩薩的憤怒像）、羅漢像、鬼神像（天龍八部像）和高僧像等。圖有佛傳圖（繪畫釋迦牟尼一生的教化事蹟）、本生圖（繪畫釋迦牟尼在過去為菩薩時教化眾生的種種事蹟）、經變圖（描繪某一佛經的全部或部分內容）、故事圖和水陸圖（懸掛在水陸法會殿堂上的宗教畫）等。其中特別值得重視的是經變圖和水陸圖的內容。經變是中國佛教藝術的一項創造，它促進了繪畫藝術技巧和樣式的發展，又擺脫了佛傳和佛本生故事的範圍的限制，開闢了更廣闊的反映現實生活與創造新的形象的天地。如著名的「維摩詰變」，是依據《維摩詰所說經》繪製的圖畫，描繪了維摩詰居士與文殊師利等辯論的生動場面，表現了維摩詰居士的無礙辯才。顧愷之作維摩詰居士像，正是在崇尚清談的魏晉玄學的影響下，表現博學善辯的典型人物形象。又如，唐代淨土宗流行，相應地淨土變相在寺院壁畫中也表現得很多。在淨土變相中，畫家們把西方極樂世界描繪得非常壯麗：七寶樓台、蓮池樹鳥、香花伎樂，一派富麗堂皇、秀麗莊嚴的景象，這和佛教的苛嚴戒律、苦行禁慾大相逕庭，正是唐代宮廷生活和人民願望的曲折反映。佛教傳入中國以後，凡是與儒家倫理觀念相吻合的故事、繪畫，都得到廣泛的流傳。如「睒子本生」故事，記述迦夷國王入山遊獵，誤射正在山中修行的睒子，睒子臨終時，仍念念不忘雙目失明的父母無人奉養，後來果然獲得天神的藥救，死而復生。這則宣傳孝道的故事是南北朝時極為流行的佛畫題材之一，它還常與傳統的孝子故事混雜在一起，被編入《孝子傳》等圖書裏。水陸圖一般分上堂和下堂兩部分，上堂有佛像、菩薩像等，下堂有諸天像、諸神像、儒士神仙像、城隍土地像等，是集佛道畫的大成。下堂中諸天和諸神像大部雜有道教畫，是佛道合流的藝術表現。從中國佛教繪畫中，可以看出中國佛教思想的演變軌跡。

佛教繪畫在中國繪畫史上的地位是顯著的、重要的。它不僅在形象上創造了許多典範作品，新創別開生面

的形式，而且豐富了繪畫的題材。這些題材的內容無疑是宗教性的，對人民產生過消極的影響和作用，這是應當明確的。但是也應當指出，在佛教繪畫的宗教內容中，也表現了特定的積極精神，這就是藝術家們以豐富的想像力，通過佛畫表現了生活中的歡樂與苦難、情感與希望，表現了人們的堅強、鎮定、忍耐、犧牲的寶貴品格。如「維摩詰變」，表現了以熱烈的辯論追求「真理」的精神；「降魔變」則表現了以堅定的力量，去克服困難，鎮服邪惡的信念。

第四節　佛教音樂

音樂通過有組織的樂音所形成的藝術形象表達人們的思想感情，具有強大的藝術感染力。中國古代儒家十分重視音樂，《樂經》被奉為六經之一。《孝經》說：「移風易俗，莫善於樂。」《禮記·樂記》和荀子《樂論》也都強調音樂的怡情悅性、陶冶心靈、教化人民、改善民心的作用。秦漢統治者設音樂官署「樂府」，武帝時的樂府掌管朝會宴饗、集會遊行時所用的音樂，兼採民間詩歌和樂曲。中國在佛教傳入中國以前，就廣泛流行宮廷音樂和民間音樂。佛教傳入中國以後，雖然八戒中有「歌舞觀聽戒」的約束，但是為了投合中國人民對文化生活、藝術欣賞的要求，為了宣傳佛教和募集布施（化緣）的需要，也十分重視佛教音樂。中國佛教音樂家們經過長期的摸索和實踐，逐漸地熔歷史悠久的宮廷音樂、宗教音樂、民間音樂於一爐，形成了以「遠、虛、淡、靜」為特徵的佛教音樂，並成為民族音樂的一部分。

佛教音樂是伴隨着佛教從印度經西域傳入中國內地的。這些傳入的佛曲和中原地區的語言及音樂傳統不相適應，不能配合用漢語譯出或創作的歌詞，為了解決這個矛盾，僧人就採用民間樂曲或宮廷樂曲，來改編傳入

的佛曲，或者是直接創造新佛曲，由此也就形成了中國的佛教音樂。後來，一些專長歌唱的僧人，一方面不斷地吸收傳入的佛曲，尤為重要的是，另一方面又不死守佛教的舊曲調，善於創新，不斷地補充新的佛曲，從而使中國佛教音樂獲得不斷的發展。

前面已提到，梵唄是模仿印度的曲調創為新聲用漢語來歌唱的。這種讚歎歌詠的唱腔，富有豔逸的音韻，旋律性強。史載，南朝齊竟陵文宣王蕭子良，曾「招致名僧，講論佛法，造經唄新聲」（《南齊書》卷四〇《竟陵文宣王子良傳》）。所謂「經唄新聲」，就是佛教樂曲。梁武帝蕭衍是虔誠的佛教信徒，也是佛教音樂家，他曾製作《善哉》、《神王》、《滅過惡》、《斷苦輪》等十篇歌詞，「名為正樂，皆述佛法」（《隋書·音樂志上》）。這些宣揚佛法的歌詞，可以配曲演唱。北朝也流行佛教音樂，如北魏佛教很盛，佛寺眾多，「梵唱屠音，連簷接響」（《魏書·釋老志》）。「屠音」即「浮屠」（佛教）之音，就是佛教音樂。寺院經常演奏佛教音樂，是南北朝佛教的普遍現象。

隋代宮廷設置「七部樂」和「九部樂」。七部樂名是國伎、清商、高麗、天竺、安國、龜茲、文康的音樂。後改清商為清樂，又增加疏勒、康國兩部，為九部樂。七部樂和九部樂中有少數民族樂舞，也有外來樂舞。天竺樂有舞曲《天曲》，《天曲》就是佛曲。這表明有些佛曲已在社會上流行，並為宮廷燕（宴）樂所採用。九部樂後為唐代所沿用，並增加高昌樂，為「十部樂」。隋代還出現了「法曲」。法曲由「法樂」發展而成。因係用於佛教法會的音樂，故名「法樂」。法樂是原西域各族音樂傳入中原地區，與漢族的清商樂相結合的產物。這種以清商樂為主、吸收佛教音樂因素的法樂，後來發展為隋代法曲。樂器有鐃、鈸、鐘、磬、幢簫、琵琶等；演奏時，金石絲竹先後參加，然後合奏。唐代法曲又摻雜道曲而發展到極盛。唐玄宗酷愛法曲，曾命梨園弟子學習，廣為演唱。

唐代佛教空前興盛，佛教音樂活動也日趨繁榮，並完成了全面華化。都市中有些著名的大寺院既是宗教活動的基地，也是百姓娛樂活動的遊藝場所。唐代的「戲場」就多聚集在寺院裏。僧人經常舉行俗講活動，演唱變文，還演出歌舞小戲、雜技幻術之類。在眾多的藝僧中湧現出不少高手，其中唐德宗時的段本善就是最突出的一個。相傳，德宗貞元年間長安舉行盛大演出，時號稱長安「宮中第一手」的著名琵琶演奏家康昆侖在東市彩樓演奏，獲得極大的成功。此時一位盛裝的女郎出現在西市彩樓上，她將昆侖所彈《羽調綠腰》移入更難奏的《風香調》中彈出，激昂輝煌，昆侖驚服，拜請為師。這位女郎就是扮成女伎的和尚段本善。這表明了唐代寺院中燕樂技藝的修養、琵琶演奏藝術，已達到出神入化的高度。詩人元稹在《琵琶歌》中曾高度讚揚段本善的上足弟子李管兒，說：「管兒還為彈《六么》，《六么》依舊聲迢迢。猿鳴雪岫來三峽，鶴唳晴空聞九霄。」由此也可以想像段本善高超的藝術修養和風格。又如唐長慶年間俗講僧文敘，善於採用樂曲演唱變文，聲調宛暢動人：「聚眾譚說，假託經論所言……愚夫冶婦，樂聞其說聽者填咽……教坊效其聲調，以為歌曲。」（唐趙璘《因話錄》卷四）文敘表演的說唱音樂曲調成為了當時教坊作曲藝人學習的典範。

唐代佛教藝僧還極善於吸收、利用民間音樂來宣傳佛教，為佛教服務。如唐貞元年間淨土宗名僧少康，「所述《偈》、《讚》，皆附會鄭衛之聲，變體而作。非哀非樂，不怨不怒，得處中曲韻。譬猶善醫，以飴蜜塗逆口之藥，誘嬰兒之入口耳」（《宋高僧傳》卷二五《少康傳》）。這表明中國佛教音樂主要是取材於民間而獲得發展的。

北宋以來，搜集整理和傳播民間音樂的工作，從官府藝人轉到民間藝人手裏。民間藝人組成了自己的團體，也有了固定的表演場所，稱為「瓦子」或「瓦肆」。從此佛教寺院裏的戲場也就逐漸轉移到瓦子裏了。但是有的大寺院還有戲台，也舉辦廟會，仍有音樂活動。佛教音樂仍然繼續吸收民間樂曲和外來樂曲，來充實自

己。元代盛行南北曲〔註六〕，為此後佛教的歌讚所採用。明永樂十五年至十八年（一四一七—一四二〇），僧人編成《諸佛世尊如來菩薩尊者名稱歌曲》五十卷，就採用了中國內地的古典樂曲和流行樂曲三百多首。在明王朝的倡導下，京城一些寺院都有管樂，如智化寺的管樂擁有單個曲調一百多個。常用樂器為管兩個、笙兩個、笛兩支、雲鑼兩副，再加上鼓、鐺子、鐃、鈸、鉿子（小鈸）等打擊樂器。自一四四六年建寺之日起，智化寺音樂就以十分嚴格的師徒相傳方式保存下來，至今已有二十八代傳人。該寺演奏音樂曲調既有悲愴的宗教色彩、典雅的宮廷情調，也有濃郁淳樸的民間音樂的韻味。近年北京成立佛教音樂團，佛教音樂隨着發掘、整理工作的開展，而得以恢復，並開始向歐洲介紹，獲得普遍好評。

佛教音樂對於某些人信奉佛教起了感染、誘發和潛移默化的作用。古代廣大人民的文化生活貧乏枯燥，常借寺院的節目活動、廟會、戲場演戲，獲得藝術欣賞和藝術活動的機會，佛教音樂對活躍人們的文化生活起了積極的作用。與此相聯繫，佛教寺院在一定程度上是民間音樂的集中者、保存者、傳授者和提高者，佛教音樂對於保存和發展民間音樂起了有益的作用。

佛教藝術是為宣揚佛教服務的，但是，藝術也並不完全是宗教的奴僕，無數有名無名的藝術家在描繪、塑造藝術形象時，總是要滲透進自己對生活的認識、態度和感情，體現人間的審美理想，反映在神權禁錮下人的主體意識的朦朧覺醒，從而表現出人間的光明，給人們以新鮮活潑、飛躍騰動的美感。應當肯定，中國佛教藝術同樣閃爍着古代藝術家的智慧之光。坐落在深山密林或鬧市街頭的寺塔、佛像、壁畫，這些煌然大觀的藝術瑰寶，是中華民族的驕傲。

註釋：

〔註一〕　刹：另也指寺前幡杆。

〔註二〕　本節的評述參照了常任俠《佛教與中國雕刻》一文。

〔註三〕　佛教雕塑中石刻經幢也很重要，前文已述，此處從略。此外，還有佛教的造像碑，圖文並茂，也有重要的史料和藝術價值。

〔註四〕　犍陀羅藝術：犍陀羅國創始者，原為公元一世紀入主其地的大月氏人（住敦煌附近），後疆域擴大，建都今巴基斯坦的白沙瓦城。這裏曾為希臘人長期佔領，留下了希臘風格的雕塑藝術。犍陀羅人吸取古希臘末期的雕刻手法，並加以發展，形成了表現雄健、華麗、優美以及人體肉感美的藝術特色。

〔註五〕　笈多藝術：印度笈多王朝（約三二○—五三五）時佛教藝術（如阿旃陀石窟）有很大發展，其特點是，佛像彎曲的頭髮變為珠寶帽式，腰部由粗壯變為苗條，眼瞼下垂，表現安寧靜謐的氣氛。衣服由寬敞變為合身，由多層變為單層，衣紋變為新月形，富律動美。

〔註六〕　南北曲：南方和北方的戲曲、散曲所用各種曲調的合稱。

第十三章 佛教與中國民俗

佛教自兩漢之際傳入中國以後，兩千年來綿延不絕，不僅倫理、哲學、文學、藝術深受其影響，而且各類民間風俗也程度不同地受到它的影響。同時，中國固有的民俗也影響了佛教。民俗的範圍廣泛，種類繁多，包括生產交易、衣食住行、婚喪嫁娶、歲時節日、遊藝娛樂、信仰巫術等。中國地域遼闊，民族眾多，各地方、各民族殊風異俗，形形色色，蔚為大觀。佛教流傳的過程也是佛教信仰民俗形成的過程，這就使中國民俗增添了許多外來因素、信仰因素、迷信因素。佛教宣揚因果報應、輪迴轉世、佛國淨土、餓鬼地獄，由此而派生出或形成了陰司、閻王、鬼判、超度、拜佛、打鬼、供獻、燒香、還願、誦經、浴佛、塑佛像、造佛塔、建佛寺、趕廟會、祈求賜福免災等說法或活動，極大地開拓和擴展了中國的民間習俗，並使其帶有很大的神秘性。

當然與此同時，也給人們帶來了某些生活的調節、精神的愉悅和心理的滿足。下面着重敍述一下佛教帶來的民俗變化和一些信仰民俗。

第一節　佛教節日與民間節日

圍繞着紀念釋迦牟尼和菩薩的佛教節日名目繁多，對中國民間風俗影響也最大，這些節日主要有臘八節、中元節、薩格達瓦節和潑水節等。

一　臘八節喝臘八粥

臘八節是中國春節的序幕，俗稱「小年」，是一個重要的傳統節日。古代，人們常在年終時用打獵得來的禽獸祭祀天地、神靈和祖宗，以祈福延壽，祛災迎祥，被稱為「臘祭」。後來民間把冬末的十二月也稱作「臘月」。在臘月裏，人們祭祀的諸神有司嗇神、昆蟲神等八種，因此稱為「臘八」。漢代以來行祭的日子就逐漸固定在臘月初八這一天了。

佛教傳入中國以後，到南北朝時期益趨隆盛，佛教界人士又把臘月祭日和佛祖釋迦牟尼紀念日統一了起來，這樣臘八節就成為了中外合璧的節日。佛教說臘月初八是釋迦牟尼成道日，在這一天，各寺院都要舉行紀念儀式，並煮臘八粥以供佛。據中國佛教傳說，佛祖釋迦牟尼出家修道，實行苦行，遍行各地，有一天因飢餓勞累過度昏倒在地。一位好心的牧女看到後，就急忙把自己帶的雜糧和採摘的水果，用泉水熬成乳糜狀的粥，並親手一口一口地餵他。〔註一〕釋迦牟尼吃了這粥湯之後，立即精神振奮，恢復了元氣，就在附近的尼連河裏洗了個澡，然後在華缽羅樹（後稱菩提樹）下靜靜地沉思，終於在臘月初八這天悟道成佛。後來佛教僧侶就在「臘八」這一天誦經紀念，並仿效牧女的做法，熬粥供佛，所以臘八粥又有「佛粥」之稱。僧人在臘八節吃臘八粥的習慣，後來傳到民間，成為民間的習俗。臘八也由佛的成道節日轉化成綜合節日，臘八粥自然也成節日食品了。中國喝臘八粥的習俗，始於宋代，據宋人孟元老的《東京夢華錄》卷一〇載：

初八日，街巷中有僧尼三五人，作隊唸佛，以銀、銅、沙羅或好盆器，坐一金、銅或木佛像，浸以香水，楊枝灑浴，排門教化。諸大寺作浴佛會，並送七寶五味粥與門徒，謂之「臘八粥」。都人是日各家亦以果子雜料煮粥而食也。〔註二〕

「臘八粥」通常是以五穀雜糧再加棗、杏仁、核桃仁、栗子、花生等為料，用微火慢慢煮熟熬爛，別具風味。民間吃臘八粥的意義與佛門不同，是以慶賀五穀豐登、驅逐鬼邪瘟疫。這個習俗不僅在民間廣為流傳，就連皇帝、皇后、文武百官在臘八這一天也互敬臘八粥，以示吉祥如意。

明代以來還流傳着另一個有關臘八粥的故事。相傳朱元璋幼時家境貧困，他為地主家放牛，有一次過橋時，連牛帶人一起跌落在溪水裏，老牛折斷了腿。財主把朱元璋關在屋裏，一連三天三夜不給飯吃。他飢餓難忍，見屋內的老鼠洞就想捉隻老鼠充飢，不料洞內是老鼠的「糧倉」，裏面有玉米、大米、豆類、芋芳等。他把這些東西挖出來，放在一起煮成一鍋粥，吃起來覺得香甜可口。朱元璋當了皇帝以後，雞鴨魚肉、山珍海味都吃膩了，在農曆十二月初八，忽然想起過去吃過的老鼠糧煮的粥，就令太監用各種雜糧、豆類煮粥吃。朝中文武百官也學着樣煮粥吃。此舉後來也影響到民間。到清代，喝臘八粥更為盛行了。

據清《燕京歲時記》載，明清之際，每逢臘月初七晚上，就在坤寧宮支起能盛百十來斤米料的大鍋，通宵熬煮，香氣撲鼻。又雍正時，將北京國子監以東的府邸改為雍和宮，每逢臘八節，在宮內設大鍋煮臘八粥，並請喇嘛來唸經，然後把粥分贈給王公大臣品嚐食用。民間也爭相效仿，全家聚食，饋贈親鄰。時至今日，中國北京、江浙沿海、皖中、膠東、東北、西北的一些地區，也還保留着喝臘八粥的習慣。

臘月初八喝臘八粥，雖帶有宗教迷信色彩，但喝這種粥對人的身體大有裨益，而且作為一種喜慶豐收的形式也能增添人們的樂趣和活力。實際上，色香味俱佳的臘八粥已成為人們普遍喜愛的饒有風味的節令小吃了。

二　諸佛、菩薩誕日的節日活動

中國佛教僧侶為了強化佛教的宣傳效果，對若干佛、菩薩都確定了誕生日，寺院經常舉行並不見於印度佛典的諸佛、菩薩誕辰日的紀念儀式。如正月初一是彌勒佛誕生日，二月十九日是觀音菩薩誕生日，二月二十一日是普賢菩薩誕生日，四月初四是文殊菩薩誕生日，七月三十日是地藏菩薩誕生日，十一月十七日是阿彌陀佛誕生日。此外還有六月十九日觀音菩薩成道日，九月十九日觀音菩薩出家日等。由於寺院經常舉行這類節日活動，影響所及，觀音、彌勒、阿彌陀佛等名字、形象也就廣泛深入民間，家喻戶曉，成為過去中國民間普遍信仰的偶像，尤其是觀音菩薩更是婦孺皆知，受到「善男信女」的虔誠敬仰。過去每逢農曆二月十九日，漢族、滿族地區普遍舉行盛大的觀音廟會，以示祭祀，成為民間的信仰節日。被視為觀音菩薩道場的浙江普陀山，每逢節日更是人山人海，摩肩接踵，絡繹不絕，前來進香禮拜觀音者不計其數。國外的佛教徒有的也長途跋涉，前來朝拜。此外雲南、貴州的白族對觀音菩薩更有特殊的信仰。當地流傳著觀音菩薩這樣一個故事，據說她在古代來到大理城西蒼山中和峰下，為白族人民降伏吃人魔王羅剎，然後駕着彩雲升天而去。傳說中講到大理三月街場就有觀音菩薩當年奪回平壩時與羅剎簽約的地方。所以三月街古代也稱「祭觀音街」、「觀音街」或「觀音市」。白族人民甚至把大理四景中的蒼山雪、下關風、洱海月也和觀音菩薩信仰聯繫起來。因此，白族人民不僅在每年農曆二月十九日要舉行盛大集會，隆重紀念觀音誕辰，焚香頂禮，而且每逢農曆四月二十五日還在上陽溪舉行觀音會，這樣觀音會也就成為了當地人重大的民族信仰節日。

三　從僧自恣日到中元節

在第五章中我們已經講過，每年七月十五日的僧自恣日和四月初八的佛誕日同為佛教的兩個最大節日。

《盂蘭盆經》講，在七月十五日僧自恣日時舉行「盂蘭盆會」，以百味飲食供養十方自恣僧，能使現生父母和七世父母都得以度脫苦厄。南朝時梁武帝曾帶頭在同泰寺設盂蘭盆齋。到了唐代，每年七月十五日皇家就送盆到各個官寺，獻貢各種雜物，民間也有人到寺廟獻盆、獻貢雜物。當時盂蘭盆供往往用金翠裝飾，極為奢麗。唐代宗以來，又改為在宮中內道場舉行盂蘭盆會，設唐高祖以下七聖位，將帝名綴在巨幡上，從太廟迎入內道場，沿途百官迎拜導從，和尚誦經，非常壯觀。

到了宋代，盂蘭盆會的奢麗莊嚴和供佛及僧的意義大為減弱，而代之以薦亡的行事，即為了死去的亡人得以救度，不是以盆供僧而是以盆施鬼了。道教有天官、地官、水官的「三官」之說，「三官」也被稱為「三元」。天官賜福，該神在正月十五日生，為「上元」。地官赦罪，該神七月十五日生，是「中元」。道教典籍吸取佛教教義，宣傳七月中元日，地官下降，定人間善惡。道士於是日夜誦經，能使餓鬼囚徒得到解脫。水官解厄，該神十月十五日生，為「下元」。「三元」後來都發展成為節日。佛教中元節的說法，稱七月十五日為「中元節」，後來更俗稱為「鬼節」了。中元節由於和佛教盂蘭盆會統一起來，就與上元節成為一年兩度春秋相對應的大節日。在七月十五日中元節這天，寺院建盂蘭盆會，募施主錢米，和尚為之誦經，薦亡度鬼。寺院還印《目連經》和《尊勝咒》出售。街市上也賣冥器、靴鞋、帽帶、紙衣等。人們還以竹竿斫成三腳，高有三五尺，上面織成燈窩形狀的「盂蘭盆」，盆上掛有紙衣、冥錢，然後燒化，以祭奉祖先。同時還把麻、穀、秫等縛在一起放在大門和中堂兩旁，以示對天地祖先的敬仰。有的還帶上果品牲禮到野外去祭奠祖

墳。人們還常常集資搭戲台演出目連救母雜劇。民間更有用紙糊成船形，又糊鬼卒放在紙船上，再焚燒，稱為放河燈、焚法船。後來民間又將中元節改在七月十四日。據傳說在宋代末年，正要過中元節的時候，元兵突然入侵，大家只好提前一天祭祖，以避兵擾。從此後也就相沿成習，都在七月十四日這一天過節了。中元節這種習俗一直延續到今天，現在雖不再舉行中元節活動，但仍保留下祭祖掃墓的舊俗。

四　薩格達瓦節和潑水節

藏族人民信奉藏傳佛教，為了紀念佛祖釋迦牟尼涅槃成佛，每逢西曆四月十五日都要舉行「薩格達瓦節」活動。整個四月要戒殺、戒肉食。四月十五日這天，拉薩的藏族人民紛紛帶上酥油茶、食品、坐墊到布達拉宮後面的龍王潭划牛皮船，往來蕩漾，歡度節日。又在龍王潭的林卡裏搭起帳篷，盡情地徹夜歌舞。四川康定的藏族人民為了紀念釋迦牟尼成佛日，在農曆四月初八這天，到跑馬山上遊玩，稱為「轉山節」。

雲南西雙版納傣族信仰小乘佛教，他們的新年俗稱為「潑水節」。潑水是表示送舊迎新，洗去一年的污垢，祝福人們平安，共期消災去病，年成豐收，幸福快樂。這個傣族的盛大節日也與小乘佛教傳統節日有關。

據小乘佛教上座部的傳說，西曆四月十五日是佛祖釋迦牟尼的誕辰，也是他的成道日和涅槃日。傣族人民按照傣曆的歲時，以西曆四月中旬的三至五天作為過新年的大節日。屆時傣族德宏地區的人要走村串寨，潑水三天。潑水節這天，人們紛紛沐浴更衣，青年們更是梳妝打扮一番，興高采烈地帶上採集來的紅花綠葉擁入佛寺。在寺院裏，他們用樹枝和野花做成花塔，又在寺院圍牆四周用沙土堆成寶塔，高三十四尺，塔頂插上纏着彩紙的竹枝，每戶要堆上幾個，據說這是為家中死去的人祈禱。然後大家圍塔而坐，聆聽和尚誦經。根據佛教「佛生時龍噴香雨浴佛身」的傳說，中午時分，姑娘們各挑一擔澄碧的浸泡着香花的清水，倒進木頭做的龍身

裏，再從龍口流出來澆到佛像身上，為佛洗塵（「浴佛」）。這時人們紛紛用洗過佛像的水洗雙眼，祈求保祐。接着老人們用手或樹枝灑水，彼此洗塵，互相祝福。年輕人也為老人灑水，表示致賀。然後便是男女青年走上街頭，提着水桶，端着臉盆，互相追逐嬉戲，你潑我灑，邊潑邊歌邊舞，越潑越高興，越潑越激烈，潑水聲、歡笑聲、鼓聲、鑼聲響成一片，達到潑水節的高潮。潑水節給傣族人民帶來了歡快和鼓舞。

第二節　輪迴和成佛觀念與民間風俗

佛教學說在民間影響最大的莫過於因果報應、輪迴轉生、修行成佛的一套說教。這些觀念對人們造成了巨大的心理衝擊，並逐漸形成了信仰民俗：篤信靈魂不滅、崇信佛和菩薩、相信鬼神的存在等，由此又形成了對佛、菩薩的崇奉膜拜，對鬼神的敬仰畏懼，以及對死者舉行的一套喪儀。

一　廟神膜拜

佛教信仰的最突出、最充分的表現就是廟神膜拜。中國許多地區，無論是在都市和鄉村，還是在山區和平原，都建有佛寺。歷史上西安、洛陽、開封、大同、太原、北京、南京、鎮江、蘇州、杭州等地都曾佛寺林立，盛極一時。如梁武帝時，僅在京都建康就有佛寺五百餘所，即使是在窮鄉僻壤也建有各種小型的廟宇禪寺乃至規模宏大的佛寺建築群（如五台山）。人們以燒香拜佛、供奉果品、布施齋僧、修建寺廟、塑像造塔、刻印佛經、許願還願、廣作法事等方式來表達對佛、菩薩的景仰崇拜。偶像崇拜蔚然成風，從而造成一些人的信仰心態，把人生的理想和價值取向引向超越現實生活的軌道。

二　喪俗的神秘化

中國古代很早就有靈魂觀念，即以為人類自身是雙重構造，人死後肉體與靈魂分開，而靈魂是不滅的。人死後的靈魂叫做「鬼」，叫做「鬼靈」。鬼靈有兩種：正常死亡或死者有後代的為善靈，非正常死亡者（「橫死」）或死者無後代的為惡靈。佛教傳入中國後，這種靈魂說更和因果報應、輪迴轉生觀念相綜合，以至人們認為人死後的靈魂，可因生前的善惡或升天為菩薩，或重新投生為人，或轉生為牛、羊、豬、狗，甚至成為餓鬼，墜入地獄。在這種輪迴轉世觀念的支配下，對死者的後事處理也有種種不同的做法，增添了喪俗的煩瑣、落後，乃至神秘色彩。例如人死之日，請僧人唸經。有的甚至舉行水陸法會（又稱水陸道場或水陸齋儀），為一切水陸生物供養齋食，誦經禮懺，凡四十九日，以追薦亡靈。前面第五章講到水陸法會，介紹了它的規模儀式和沿革，提到宋以後朝野為了超度戰爭中的死難者而舉行的大規模的水陸法會。也如前面提到過的宋代蘇東坡居士就曾為亡妻王氏設水陸道場，以示追悼，祈求超度。這種習俗在民間有廣泛而深刻的影響。

第三節　佛教某些制度和佛事與民間習俗

佛教的一整套制度和重要的佛事活動，也多少給民間習俗帶來一定的影響，如火葬、放生、素食和飲茶就是一些明顯的實例。

一　火葬

中國的火葬即火化這一習俗並不始源於佛教，它是古已有之的葬俗。在中國的西北、西南少數民族地區一

直盛行縱火焚屍的習俗。如先秦時代，「秦之西有儀渠之國者，其親戚死，聚柴薪而焚之，熏上，謂之『登遐』，然後成為孝子」（《墨子·節葬下》）。儀渠國即今之甘肅慶陽及涇川一帶。當時儀渠人就是實行焚屍火葬的。佛教制度規定出家僧人死後都要火葬。一些高僧大德死後還要築龕或建塔（舍利塔）埋葬骨灰。有的寺院不但火葬自己的教徒，還替一般人辦理火葬，甚至有的還以此謀利。佛教葬俗對於火葬廣泛地流行於民間也產生了一定的影響。宋、遼、金、元時代，實行火葬非常普遍，邊區和中原地區火葬已成民風。只是明清時代，由於封建統治者懸為厲禁，才漸趨衰落，但火葬也並未絕跡，尤其是由於佛教的影響，青海的土族、藏族就一直沿襲火葬的習俗。現在我們也提倡火葬，火葬又成為普遍的習俗了。

二 放生

佛教講「大悲為首」，規定「五戒」的頭一條就是「不殺生」，同時還提倡「放生」。佛教要求佛門弟子要以慈悲心常行放生，說釋放生物可以得長命的果報。據基本上反映魏晉時代思想的《列子》中的《說符篇》載：「邯鄲之民，以正月之旦獻鳩於簡子……簡子曰：『正旦放生，示有恩也。』」可見民間放生習俗也是比較早的。南朝梁時荊州有放生亭。隋代天台宗實際創始人智顗更是大力提倡放生，對江浙一帶的民俗影響很大。當時浙江天台山麓就有多處大規模的放生池。後來唐肅宗還下詔全國都設放生池，當時建立的放生池有八十一所之多，蓄養魚介，禁止捕捉。顏真卿撰天下放生池碑，謂：「環地為池，周天佈澤，動植依仁，飛潛受護。」宋天禧中王欽若上奏，以杭州西湖為祝聖放生池。宋代天台宗著名學者知禮還提倡在佛誕辰日舉行放生會。有的寺廟建有放生池，人們來燒香拜佛時，也往往帶着自養或臨時購買的魚鳥等動物來放生，以積「功

德」。這種放生的習俗一直延續到近代。

三　素食

中國古代原有每逢吉祥喜慶的日子要飲酒食肉，服喪期只吃蔬菜瓜果的風氣。蔬食也稱素食。但那時還沒有絕對不准吃肉飲酒的說法。印度佛教徒托缽乞食，對食物的葷素自然也沒有選擇的餘地。佛教傳入中國之初，中國佛教徒對食品也沒有嚴格規定。佛教律書《十誦律》有這樣說法：「我聽噉三種淨肉，何等三？不見、不聞、不疑。」也就是說，對於自己沒親眼看見、沒有親耳聽到和沒有懷疑是殺生的三種淨肉，佛教徒都可食用。後來，南朝的虔誠佛教信徒梁武帝蕭衍大力提倡僧徒禁止肉食。他根據《涅槃經·四相品》等大乘經文，撰寫文章，反復地、多方面地闡述斷禁食肉的必要性和重要性。他強調說：「眾生所以不可殺生，凡一眾生，具八萬戶蟲，經亦說有八十億萬戶蟲，若斷一眾生命，即是斷八萬戶蟲命。」（《廣弘明集》卷二六《與周舍論斷肉敕》）他認為食肉就是殺生，是違背「不殺生」戒條的。他還提出，對於飲酒食肉的僧人要加以嚴懲：「唯最老舊者，最多門徒者，此二種人最宜先問。何以故？治一無行小僧，不足以改革物心。治如是一大僧，足以驚動視聽。」（《斷酒肉文》，見《廣弘明集》）強調處置喝酒吃肉的大和尚，以收禁斷酒肉的成效。由於蕭衍的大力提倡，就改變了中國漢代以來僧人食三淨肉的習慣，對後來僧侶的生活帶來了深遠的影響。由於僧人常年素餐，還有美味的素席，這樣素餚的創造又對民間飲食習慣產生了一定的影響。有的人每月初一和十五素食，也有的老年人平常就愛好素食，素食風尚持久不衰。以豆製品為主的美餚佳饌、別有風味的多種素食，也豐富了中國人民的食品結構，提高了民族的物質文化水平。

四 飲茶

長期以來中國民間就有飲茶的習慣，佛教更是大力提倡飲茶。寺院種茶和飲茶風氣，又進一步促進了民間飲茶習俗的普及。

坐禪是佛教僧徒宗教修持生活的重要環節。坐禪要求靜坐斂心，集中思維，專注一境，以達到身心「輕安」、觀照「明淨」的狀態。靜坐必須雙足交盤而坐，端身正念，頭正背直，不得散心動搖、傾斜委倚，更不能昏沉做夢、臥床睡眠。特別是坐禪時間要長達三個月之久，長時間的靜坐，勢必產生疲勞困倦，這就需要清心提神。而且佛教還有過午不食的規定，午後也需要補充飲料。佛教還規定不得飲酒刺激神經，不得食用葷腥食品。這樣，具有興奮大腦、消除疲乏功效的茶葉，就成為有助於坐禪、補充過午不食而又完全符合教義戒規的最理想的飲料。

中國佛教僧人最初是吸取民間將茶葉摻和香料、果料一同飲用的方法，將茶葉和桔、桂、薑等香料一同煮成飲料，叫做「茶蘇」。唐代禪宗盛行，禪寺非常講究飲茶，茶葉也不再和香料混合同煮飲用，而是單獨煮飲。寺院專設「茶堂」，是禪僧討論佛理、招待施主賓客、品嚐名茶的地方。法堂西北角設置「茶鼓」，擊鼓以召集眾僧飲茶。禪僧坐禪時，每焚完一炷香，就要飲茶，以提神益思。寺院有「茶頭」，專事燒水煮茶，獻茶待客。有的寺院門前還有「施茶僧」，為遊人惠施茶水。佛教寺院的茶，稱為「寺院茶」。寺院茶又分若干名目，如供奉佛、菩薩、祖師的叫「奠茶」，按照受戒年限先後飲茶叫「戒臘茶」，眾僧飲茶叫「普茶」，等等。禪僧早起洗臉盥漱後，先飲茶再禮佛，飯後又先飲茶再作佛事。有的禪僧一天要吃四五十碗茶。飲茶成為禪僧日常生活中不可缺少的重要內容，成為禪僧的普遍習慣和特殊嗜好。

佛教寺院提倡飲茶，也重視種植茶樹，採製茶葉。許多寺院都建有茶園，種植和製作名茶。如碧螺春（碧

蘿春）茶，產於江蘇洞庭山碧蘿峰，沸湯清澈鮮綠，原名為「水月茶」，是洞庭山水月院山僧首先製作的。烏龍茶的始祖福建武夷山的「武夷岩茶」，在宋元以來以武夷寺僧製作的最佳。明代僧人製作的「大方茶」，是安徽南部「屯綠茶」的前身。現在中國的許多名茶，最初都產於寺院。相傳，具有特殊保味功能的紫砂陶壺，也是明代江蘇南部宜興金沙寺的一位老僧創製的。唐代陸羽，嗜茶且精於茶道，後世視為「茶神」。所著《茶經》是世界上最早的一部茶葉專著。陸氏雖不是佛教徒，但他出身於寺廟，一生的行跡也沒有脫離過寺廟。《茶經》是他遍遊各地名山古剎，親自採茶、製茶、品茶，並廣泛吸取僧人的有關經驗，加以總結的成果。

佛教寺院的飲茶習慣，對民間飲茶風俗產生重大影響。唐代封演在《封氏聞見記》卷六《飲茶》中說：

「（唐）開元中，泰山靈岩寺有降魔師大興禪教，學禪務於不寐，又不餐食，皆許其飲茶。人自懷挾，到處煮飲。從此轉相仿效，遂成風俗。」寺僧飲茶風氣，蔓延而成為北方民間的普遍風俗。宋代著名的浙江餘杭徑山寺，經常舉行由僧人、施主、香客共同參加的茶宴，進行品嚐、鑑評各種茶葉質量的「鬥茶」活動，還發明了把幼嫩芽茶碾成粉末，用開水沖泡的「點茶法」，也就是沖泡茶葉的方法。這對於民間形成和流行飲茶的風俗。中國茶葉在漢代時就傳入日本。後來在南宋時，浙江餘杭徑山寺號稱「東南第一禪院」，盛行以「茶宴」接待進香的客人。「茶宴」有一套烹點茶具、品飲方法和禮儀程式。日本來華留學僧人在歸國時就將徑山「茶宴」方法帶了回去，並與日本的鄉土民情結合，演化為今日的「茶道」。〔註三〕

有着重大的作用。隨着佛教從中國傳入朝鮮，茶葉也帶到朝鮮寺院，並在民間形成和流行飲茶的風俗。中國茶葉在漢代時就傳入日本。……

飲。從此轉相仿效，遂成風俗。」寺僧飲茶風氣，蔓延而成為北方民間的普遍風俗。宋代著名的浙江餘杭徑山寺，經常舉行由僧人、施主、香客共同參加的茶宴，進行品嚐、鑑評各種茶葉質量的「鬥茶」活動，還發明了把幼嫩芽茶碾成粉末，用開水沖泡的「點茶法」，也就是沖泡茶葉的方法。這對於民間飲茶習慣的進一步普及，有着重大的作用。隨着佛教從中國傳入朝鮮，茶葉也帶到朝鮮寺院，並在民間形成和流行飲茶的風俗。中國茶葉在漢代時就傳入日本。後來在南宋時，浙江餘杭徑山寺號稱「東南第一禪院」，盛行以「茶宴」接待進香的客人。「茶宴」有一套烹點茶具、品飲方法和禮儀程式。日本來華留學僧人在歸國時就將徑山「茶宴」方法帶了回去，並與日本的鄉土民情結合，演化為今日的「茶道」。〔註三〕

註釋：

〔註一〕　按照印度佛教的原來傳說，牧女餵的是鹿奶。

〔註二〕　《東京夢華錄》（外四種），六一頁，北京，中華書局，一九六二。

〔註三〕　此據《日本茶道源於浙江餘杭徑山》補說，載《光明日報》，一九九八年四月二十三日。

第十四章 中國佛教的基本特點

佛教自印度傳入中國以後，在中國專制社會的土壤上生根、成長，產生了自己獨特的結構，形成了具有本民族特色的宗派體系，成為中國專制社會上層建築的一個組成部分，以及中國古代思想文化的重要內容。

印度佛教由小乘發展到大乘，形成以《大品般若經》、《中論》等為主要經典的空宗（中觀宗）和以《解深密經》、《瑜伽師地論》等為主要經典的有宗（法相唯識宗），從而達到了一種思想發展的頂峰。中國佛教則不同，先後經過著名的譯經大師鳩摩羅什和唐玄奘的系統傳譯和介紹，直接紹承印度大乘空宗和大乘有宗而形成的中國三論宗和慈恩宗，開始並沒有得到獨立的發展。中觀宗的思辨形式和法相唯識宗的佛教邏輯在中國佛教思想史上並不佔特別重要的地位。至於印度佛教晚期的大乘密宗，經金剛智、不空三藏師徒等在唐開元、天寶期間介紹到中國，也沒有獲得重大的發展。相反，在印度影響並不大的一些經典——《涅槃經》、《維摩經》、《法華經》、《華嚴經》、《楞嚴經》和《阿彌陀經》卻特別受到中國的歡迎，在社會上得到廣泛傳播。以其中某種經典為依據而分別創立的天台、華嚴和淨土諸宗都得到巨大的發展。至於典型的中國佛教——禪宗，那就更不用說了。中國佛教來自印度，又有別於印度，呈現出了中國的氣象和特質。中印兩國的

佛教，雖同是佛教，但在內涵和形象方面卻又有所不同。

中國佛教在不同歷史階段各有其不同的特點，我們這裏所要探討的中國佛教區別於印度佛教之特點，是就中國佛教區別於印度佛教的特殊現象、特殊性質而言的，特別是就區別於印度佛教的新學說和新修養方法而言的。研究中國佛教之特點，必須闡明形成特點的社會根源和思想根源，必須結合追述中國佛教的產生、滋長、興盛、衰落的演變過程，結合中國佛教不同歷史階段的特點，綜合地揭示中國佛教作為異於印度佛教的總體性特徵，並從中國佛教的基本特點來審視外來佛教民族化的某些規律性的現象。

第一節　中國佛教基本特點產生的根源

佛教是從印度傳播來的種子，它遠涉流沙，傳到中國，在具有高度集權的專制制度、高度發展的儒道文化、極度分散的廣大小農經濟、多民族的地域遼闊的大國生根長葉、開花結果。中國佛教的根基在中國而不在印度。形成中國佛教特點的根源是綜合的、全面的，其中又可分為社會根源和思想根源兩大類。在這兩類根源中，首要的是社會根源。也就是說，中國佛教的特點首先是受中國社會特點所制約和決定的，它是中國社會經濟和政治的直接的或間接的反映。由於中國佛教的產生、興盛和衰落，是在中國專制社會這一歷史階段進行的，是和中國專制社會由發展轉到衰落的歷史步伐相一致的，因此，探究中國佛教特點的社會根源，實質上是探索中國專制社會結構對形成中國佛教特點的影響、制約乃至決定作用。其次是思想根源，佛教作為外來宗教傳入中國，也有一個如何迎合、適應中國廣大群眾的思想、心理、感情、習慣和要求的問題。佛教傳入中國時，中國早已有發展成熟的傳統思想系統，中國佛教正是在與中國固有的思想文化的衝突與調和中不斷形成了

自己的特點。在思想根源方面，還包括在印度佛典的傳譯過程中，中國語言文化特色對於中國佛教特點形成所起的重要作用。

形成中國佛教特點的社會根源，重要的有以下幾個方面：

①　專制主義的中央集權制度的嚴密統治。中國社會自秦漢以來，直至清代滅亡，無論在國家統一還是分裂割據的狀態下，都是專制主義的國家政權。皇帝及其所屬的官僚統治機構是統治階級——整個地主階級利益的集中體現，掌握着絕對的政治權力。這種權力是無上的、不能分割的，絕不能容許在皇帝之上有更高的教主或類似教皇的制度。皇帝的政令、決定是聖旨，是任何人包括宗教徒都絕對不能違反的。皇帝的地位不容許任何人包括宗教徒的貶低。印度佛教認為出世的僧人高於世俗人，在家父母見了出家的兒子都必須頂禮膜拜，說這不是拜兒子而是拜佛弟子。僧人見了王者也是不跪拜的。在中國則認為僧人必須向王者跪拜，如果違抗，就會遭到「剗砍之虐」和「鞭顏黻面而斬」的懲罰。由於中國皇帝具有絕對的權力，以至佛教的命運在一定程度上就掌握在世俗王權的手中。這一點，一些佛教領袖也是懂得的。如被北魏拓跋珪封為沙門統的法果，就吹捧拓跋珪「明睿好道」，是當今如來佛，沙門應當盡禮。他還說：「能弘道者人主也。我非拜天子，乃是禮佛耳。」（《魏書·釋老志》）道安也從切身的經歷中認識到：「不依國主，則法事難立。」（《高僧傳》卷五《釋道安傳》）這都清楚地表明世俗王權的重要性和佛教對世俗王權的依賴性。

中國專制社會的皇帝，往往出於維護專制統治的需要而提倡和扶植佛教，也同樣出於維護專制統治的需要而限制甚至毀滅佛教。綜觀中國專制社會的歷史，絕大多數最高統治者對待佛教的基本態度是，既利用佛教為自身的統治服務，又不容許佛教過分發展，也就是採取既利用又限制的政策。封建統治者利用佛教，主要是因為佛教的獨特的因果報應、天堂地獄的說教和一套宗教修養方法，有助於渙散和泯滅人民的鬥爭意志，維護和

鞏固自身的長治久安。

中國專制統治者為了控制佛教的發展，主要採取兩項措施，一是沙汰僧尼，二是設置僧官。關於第一項，即使是大力崇佛的後趙石虎和前秦苻堅也都曾下令「沙汰」佛僧，至於東晉安帝、南朝宋孝武帝、齊武帝和唐高祖也都曾沙汰過僧尼。所謂「沙汰」、「料簡」僧尼，就是裁減僧人、削減佛寺等限制佛教發展的措施。關於第二項，僧官的創設最早是在後秦姚興弘始年間，其目的是為了「宣授遠規，以濟頹緒」，即為了管理佛僧。在南北朝和隋唐時代也都設立僧官，由僧人擔任。同時，還逐漸在中央的官僚機構中，設立由俗人擔任的專管佛教事務的機關，進一步加強對佛教的控制。和印度佛教不同，中國佛教必須受世俗法律的治理。唐玄奘為了爭取中國僧人由僧法治理的宗教特權，曾向唐太宗提出治理僧眾可否不依俗法的請求，結果遭到拒絕。這都是王權絕對凌駕於教權之上的表現。

歷史上每當佛教勢力過分膨脹時，最高專制統治者還往往採用國家權力的強制手段，下令毀滅佛教。從北魏至後周就出現了「三武一宗」的四次廢佛事件：北魏太平真君七年（四四六）太武帝廢佛、北周建德三年（五七四）武帝廢佛、唐會昌五年（八四五）武宗廢佛和後周顯德二年（九五五）世宗廢佛。這是中國歷史上佛教勢力的發展和專制國家利益相衝突的最激烈的表現。梁武帝執政時，曾企圖把佛教抬高到國教的地位，終因受到官僚統治集團中的一部分勢力的反對而作罷，可上述四次廢佛措施均得以實行。雖然毀佛並不能完全阻止佛教的繼續發展，但是它畢竟沉重地打擊了佛教，對佛教的生存和發展產生了極其深刻的影響。事實上，佛教在經過唐武宗滅佛的決定性打擊之後，不少宗派也確實一蹶不振了。歷史表明，佛教並沒有力量反擊統治者的毀佛活動，佛教只能蜷伏在專制主義的王權下面，為王權祝福。歷史事實逼使上層佛教僧侶進行深刻反思，即如何從各個方面適應中國專制統治者的需要，以確保佛教的生存。由此可以

得出這樣的觀點：專制統治者從維護專制主義的中央集權制度出發所制定的佛教政策，在很大程度上決定了中國佛教的命運、方向、軌道和特點。

② 以家族宗法制度為基礎的倫理關係。在歷史悠久的專制社會中，家族宗法制度頑固有力，統治嚴密。以這種制度為基礎而產生的倫理關係，形成了君臣、父子、夫婦、兄弟的綱常名教，成為維護專制統治秩序的一套道德規範，是絕對不能違反、逾越和破壞的。整個社會以「天、地、君、親、師」為崇拜的對象。而其中的「天、地、師」三位是處於陪襯的地位，其核心是真正體現宗法制度的「君」和「親」，正因為如此，「忠」和「孝」也就成為專制社會政治道德領域的兩面最高旗幟，成為人們生活和行為的最高準則。中國專制社會的這種深厚的倫理關係網絡、強大的道德觀念，是抵制佛教流傳的核心力量，也是融化佛教信仰的消融劑。

宗法制度還給中國佛教的傳承制度帶來深刻的影響。佛教仿照世俗宗法的繼承關係，建立了一套法嗣制度和寺院財產繼承法規。各個宗派的師徒關係，儼如父子關係，代代相傳，形成世襲的傳法系統。為了編製本宗的譜系和歷史，一代一代地安排本宗的祖師爺，年代久遠的不惜憑空編造。印度佛教信仰者本來不重視也不清楚自己以往的確切年代，中國佛教宗派卻為它編出班輩傳承的歷史，並引為本宗的西天祖師。中國佛教宗派內部成員為獵取法嗣和廟產而互相傾軋，陷害對手，各個宗派為了爭奪佛教的正宗地位而互相攻訐，打擊對方，這都是宗法制在佛教僧侶中的曲折反映。

③ 政治上的統一和各民族的融合。中國專制社會和印度不同，絕大部分歷史時期是全國政治大統一的局面，分裂割據的歷史時期較短，特別是隋唐時代，封建王朝政治統一，軍事強大，經濟繁榮，文化發達。這種情況反映到佛教上來，也要求佛教的統一。隋唐時代中華民族的空前大融合，推動了南北文化的交流，有助於佛教擺脫過去南北差異的狀態，形成統一的佛教。隋唐時代形成的具有國際影響的佛教宗派及其判教學說，就

是這種局面的直接反映。

④　統治階級的變遷和農民起義的頻繁。佛教傳入中國時，地主階級已得到高度的發展，地主階級的政治統治已經鞏固。就地主階級成員來說，除非仕途坎坷，人生失意，或有其他特殊原因，他們中的絕大多數不可能放棄現實的政治經濟利益，棄家出世，投入佛門。佛教也難以把多數世俗地主轉化為僧侶地主。佛教有利於地主階級統治的鞏固，但是佛教寺院經濟勢力的過度膨脹，必然損害地主階級的實際利益，引起地主階級的強烈反對，其集中表現就是「三武一宗」的滅佛事件。對於地主階級成員來說，佛教信仰和宗教生活，較多的是一種奢侈品、點綴品。如兩晉南北朝時士族地主確有信仰佛教者，但也多是與玄學清談相融通，華而不實，缺乏真正的佛教本色。到了隋唐時代，地主階級上層真正信仰佛教的更少。同時，士族地主漸趨沒落，庶族地主日益興起，佛教的社會基礎發生變化，這就不能不影響和制約佛教的發展方向和形成新的特點。

中國專制社會的農民，人數眾多，如汪洋大海。他們不堪地主階級的壓迫和剝削，有的為了逃避徭役，直接投奔佛教的寺院，有的鋌而走險，多次爆發規模浩大的起義，但是起義最終都沒有成功。農民看不到現實的出路，就十分自然地轉向宗教尋求慰藉。農民文化落後，居住分散，勞動繁重，難以理解艱澀的佛教理論和掌握煩瑣的宗教修養方法，也沒有時間長期地、經常地從事宗教活動。直指心性、頓悟成佛的禪宗，口唸阿彌陀佛的淨土宗，由於其簡易性，從而在農民中有着廣泛的影響。

至於形成中國佛教特點的思想根源，比較重要的則有以下幾個方面：

①　儒家思想的正統地位。儒家思想是中國傳統思想文化的主要部分和代表，它基本上包括世界觀和政治道德理論兩部分，而後一部分更為重要。儒家的政治道德理論是中國古代統治階級思想家創立的，它適應中國土地所有制，適應專制主義的中央集權制度，適應以宗法制為基礎的社會倫理關係，總之，它符合地主階級的根

本利益和要求。由於統治階級長期的提倡、宣揚，儒家的人文本位思想和道德理論，成為中國傳統思想中最具特色的內容。佛教宣揚棄家出世，等於主張無君無父，形成與中國儒家思想的尖銳對立。在中國專制宗法社會裏，各種宗教信仰如果詆毀、反對儒家的政治倫理思想，都將遭到最強烈的反對。因此，中國佛教總是向儒家妥協、調和，竭力強調佛教與儒家思想的一致性，強調佛教對儒家倫理學說的配合作用。同時，從一定意義上說，佛教就是人生道德學說，它對人類心理的細緻分析，也可以與儒家的人文中心精神相補充，使儒佛兩家的心性理論日益融合，從而成為兩家近似甚至共同的理論。

②道家思想的深刻影響。道家在中國傳統思想中的地位，僅次於儒家，也有着重要的影響，尤其是道家的哲學思想影響更為深刻。道家宣傳「道」（「無」）為本體，追求與「道」相冥合的精神境界，往往被中國早期僧人視為佛教出世主義思想的同調。中國佛教學者絕大多數在出家以前通常是先受儒家學說的洗禮，再經道家思想的熏化，然後學習、鑽研、接受佛教理論，這種知識形成的層次、程式和結構，必然深刻地左右這些僧人對佛學的理解。這種情況，兩晉南北朝時期的佛教學者尤為突出。如名僧支遁「雅尚老莊」，他註釋的《莊子·逍遙遊》，獨步一時，深得盛譽。又如慧遠在追尋自己思想轉變過程時說：「每尋疇昔，遊心世典，以為當年之華苑也。及見《老》、《莊》，便悟名教是應變之虛談耳。以今而觀，則知沉冥之趣，豈得不以佛理為先？」（《廣弘明集》卷二七上）慧遠由崇信儒家到服膺《老》、《莊》，後轉為信仰佛教，道家的潛在影響是很大的。僧肇也說：「嘗讀老子《道德章》，乃歎曰『美則美矣，然期棲神冥累之方，猶未盡善』。」這裏肯定《老子》一書是在思想上追求玄妙境界的重要引路書，只是不夠盡善盡美，不能冥除思想繫累，達到精神解脫的理想指歸而已。至於東晉時代佛教般若學六家七宗用玄學──新道學的不同派別的觀點去解析「空」義，則是直接地反映了中國道家思想對外來佛學的滲透。

③ 傳統宗教迷信的制約作用。在佛教傳入中國以前，中國已形成以天帝和祖先神崇拜為特徵的宗教信仰，其內容十分龐雜，包括五行、五德、五帝、鬼神、神仙、讖緯等迷信觀念，並伴隨着卜筮、占星術、望氣和風角等方術，盛行各種祭祀禮儀。在漢代又產生道教。道教由綜合古代原始巫術和神仙方術而成，它雖然缺乏系統的神學理論，但卻是漢民族的土著宗教，土生土長，在一方面體現了民族文化的特徵。佛教傳入中國初期，中國人是以固有的宗教信仰眼光來看待它的，即把佛教也看作是神仙方術的一種。而早期來華的佛教僧人，為了迎合中國的社會風尚，也在吸取中國傳統宗教信仰的某些特點，採用流行神仙方士的手法，附會宣傳，吸引群眾。後來天台宗人慧思，甚至試圖將佛教和道教的壁壘打通，使成佛和成仙合二為一。至於現今仍保留在某些佛教寺廟裏的佛道合一的雕塑，也都表明了固有宗教信仰對中國佛教的深刻影響。

④ 傳習和融匯過程中語言和思維差異引起的變化。中國佛教的來源，基本上是依靠傳譯和講習印度佛教經論為媒介的。中國僧人在獲得印度佛教典籍後，還要學習研究，加以融會貫通。在這一系列過程中，中國的漢語特點和思維特點也就直接影響到對印度佛教的理解和接受，從而引起佛教學說的種種變化。中國的語言和思維，一方面限制了佛教思想的傳播，但另一方面，又吸收和融化了這種外來思想，從而創造了新型的中國式佛教詞彙。例如，印度佛教「如性」這一概念，其含義是「如實在那樣」，而中國因無固定的詞與之完全相當，就迻譯為「本無」，後來更譯為「真如」，視為派生萬物的本原，這與印度梵文原意和佛教思想就相距很遠了。外來佛教經過中文翻譯的傳播，而被消融於古代漢語的思維形式中，某些印度佛教的本來面貌也就消失了。鳩摩羅什已經深刻意識到這一點，他說：「但改梵為秦，失其藻蔚，雖得大意，殊隔文體，有似嚼飯與人，非徒失味，乃令嘔噦也。」（《高僧傳》卷二《鳩摩羅什傳》）其實，這種改變也是一種創造，是綜括了中國和印度兩種相異的思想而形成的既區別於中國傳統思想又不完全相同於印度思想的學說，從而開創了一種

近似乎新的思想境界。

第二節　中國佛教的基本特點

綜觀中國佛教的特點，重要的有調和性、融攝性和簡易性等。

一　調和性

佛教傳入中國以後，雖然和中國固有的宗教信仰、王權思想、儒家和道家學說，有分歧、矛盾、衝突和鬥爭，但主要是採取調和的立場，而且，除了隋唐時代情況有所不同外，大體上一直是處於中國傳統思想文化的附庸地位。所謂中國佛教的調和性，是指對佛教外部的不同思想甚至不同觀點的妥協、依從、迎合、附會，自然更包括對某些類似或一致的觀點的贊同、推崇、吸取和融合。佛教對外部思想的調和，基本上是和中國古代社會思潮的變化相適應的，因此在不同的歷史階段又有不同的重點。

東漢、三國時期，佛教依附於道士、方術，可以說是佛、道調和的時期。在秦漢之際，中國盛行神仙方術。秦始皇和漢武帝都篤信不死之藥可求，神仙可致。這種宗教信仰的社會影響十分廣泛、深遠。佛教初傳，佛被中國人視為和中國傳統信仰的天帝、神仙一般，佛教被認為是不過是九十六種道術之一，是求神祈福的祠祀。此時佛教禪學的一套修行功夫，也被認為是和道家的「食氣」、「導氣」、「守一」等養生養神的長生不死的方術相通，並依附於黃老道學和神仙方術獲得傳播。為了在中國立足，擴大影響，一些前來傳教的外國僧人都重視學習中國的方術信仰和讖緯迷信，作為傳教的方便手法，如佛經漢譯的創始人安世高「七曜五行，醫

方異術，乃至鳥獸之聲，無不綜達」（《高僧傳》卷一《安清傳》），曇柯迦羅「風雲星宿，圖讖運變，莫不該綜」（《高僧傳》卷一《曇柯迦羅傳》）。這都是佛教爭取中國群眾信仰所必需的。

值得注意的是，當時佛教學者通過翻譯或編輯佛經，還盡力把佛教與儒家思想調和起來，會通儒、佛。如安世高在翻譯佛經時，就自覺不自覺地調整譯文，以免與當時中國社會政治倫理觀念相衝突。他譯的《尸迦羅越六方禮經》一卷，「六方」，指親子、兄弟、師徒、夫婦、主從、親屬朋友的倫理關係。原書意思是，雙方平等自由，如主從關係，主人敬重奴僕，奴僕愛護主人，但在安世高的翻譯中就被刪節了，以和中國社會的奴僕絕對服從主人的風尚相一致。又如三國時譯經家康僧會輯錄有關佛經成《六度集經》，宣揚佛教的最高原則是「為天牧民，當以仁道」。所謂「仁道」就是國安民富，君主不利己殘民，民無飢寒，四境安寧。他還用佛教的「諸行無常」、「因果報應」的教義說服國君信仰佛教，推行「仁道」。這個「仁道」，實質上和孟子的「仁政」是同樣的社會政治理想。康僧會把儒家的社會政治理想當做佛教出世主義用來為推行儒家治世安民之道服務，鮮明地體現了佛教的調和色彩。

前文已經指出，《牟子理惑論》一書也充分說明了中國固有文化對外來佛教的迎拒情景，反映了當時中國佛教知識分子對外來佛教的理解，是中國佛教形成和發展的重要記錄。此書的基本立場是儒、佛、道三家調和匯通，消解對立。作者論述著作的因由說，「銳志於佛道，兼研《老子》五千文……玩《五經》為琴簧」，創三教可以並立的先聲。此書在論述三教關係時，大力高揚佛理，竭力為佛教辯護。有趣的是，它在闡述佛教學說時，又常援引儒、道思想來解佛。如說：

「何謂之為道？道何類也？」牟子曰：「道之言，導也，導人致於無為。牽之無前，引之無後，舉之無上，抑之

無下，視之無形，聽之無聲。四表為大，綩綖其外，毫釐為細，間關其內，故謂之道。」

印度早期佛教講的「道」，原指方法，並非老莊所講的萬物本原。佛教追求的最高境界稱為「涅槃」，是指消除煩惱、超脫生死的解脫境界。道家的「無為」，如老子是指「絕聖棄智」，清虛自然，與佛教的所謂「涅槃」並不是一碼事，以「無為」來譯解「涅槃」，不免鑿枘，但這是時代使然，而且也正是中國化佛教的表現。《牟子理惑論》還竭力以佛教教義去迎合儒家思想，宣揚佛教的戒律與中國「古之典禮無異」，認為佛教的善惡標準是和儒家的倫理規範相一致的。《牟子理惑論》認為佛教和道家、儒家的基本思想相一致，但對原始道教和神仙家持批判態度，認為一個人要長生不死成為神仙是不可能的，這又反映了佛教和道教的根本分歧。

魏晉南北朝時期，玄學頓然興起，相應地中國佛教學者也擺脫了以往視佛教為一種道術的觀念，轉而用玄學家的眼光看待佛教，認識到佛教是包含義理，即講哲學的宗教。正是在這種歷史背景下，此時佛教流傳的主要學說般若學與玄學調和起來了。當時出現的「格義」就是用中國固有的名詞、概念、範疇，特別是老莊哲學的名詞、概念、範疇比附般若學經典的名詞、概念、範疇，如康法朗和竺法雅就創造了連類比附、以章句是務的格義方法。這種純以中國傳統學術觀念譯解佛經的方法，反映了佛學對玄學的依附。至於「六家七宗」──關於般若性空理論的不同派別，就是直接受到魏晉玄學不同流派的思想影響的一種結果。魏晉玄學的中心問題，是探討本末、有無的關係問題，而般若學的理論核心也是闡明般若理論的空有問題，兩者主題近似。「六家七宗」正是中國佛教學者以玄學的不同觀點去理解、闡明般若理論而形成的學說。其中有些佛教學者還帶有濃厚的清談色彩，如即色宗代表人物支道林，生平愛好養馬養鶴、賦詩寫字，富有當時名士的風趣，並深得名士的推崇。

東晉後期佛教領袖慧遠在提倡各種佛教學說時，十分自覺地把佛教和中國固有的宗教觀念以及儒家思想全面地調和起來。印度早期佛教在靈魂觀念方面是含混的、矛盾的，但佛教傳入中國後，很快地吸取了中國的靈魂不滅的觀念，也吸收了「元氣」說，以宣揚「神不滅」論。如康僧會譯的《六度集經》卷八《察微王經》說：「魂靈與元氣相合，終而復始，輪轉無際，信有生死殃福所趣。」《牟子理惑論》在肯定鬼神觀念時也說：「魂神固不滅矣，但身自朽爛耳。」慧遠更是專門撰寫《沙門不敬王者論·形盡神不滅》的論文，系統地闡發「神不滅」論。他特別注意引用中國古代的唯心主義觀點，如引文子稱黃帝講的話：「形有靡而神不化，以不化乘化，其變無窮」（《文子·守樸》）來論證，也用薪火之喻來說明形盡神不滅。這都是對印度佛教的發展。慧遠宣揚「神不滅」論是為因果報應說作論證。因果報應是佛教在民間影響極大的思想，慧遠結合中國固有的聽天由命的「天命論」來宣揚：「倚伏之契，定於在昔，冥符告命，潛相回換。故今禍福之氣，交謝於六府，善惡之報，舛互而兩行。」（《三報論》）強調因果報應是必然的、不可逃脫的。慧遠還把儒家禮教與因果報應溝通起來，說：

因親以教愛，使民知其有自然之恩；因嚴以教敬，使民知其有自然之重。二者之來，實由冥應。應不在今，則宜尋其本。故以罪對為刑罰，使懼而後慎；以天堂為爵賞，便悅而後動。此皆即其影響之報，而明於教，以因順為通，而不革其自然也。（《沙門不敬王者論》）

宣揚孝順父母，尊敬君主，是合乎因果報應的道理的。由此慧遠還直接地提出「佛儒合明」論，「內外之道，可合而明」（《沙門不敬王者論》），「苟會之有宗，則百家同致」（《與隱士劉遺民等書》），更鮮明

地體現了調和色彩。

社會的現實需要，還直接推動中國佛教學者依據中國的固有思想而提出創造性的佛教理論。晉宋之際，門閥士族等級統治趨益強化，社會極端不平等，人們關心成佛是否也有等級區別的問題。竺道生在大本《涅槃經》沒有傳入的情況下，孤明先發，首唱「一闡提亦可成佛」。後來大本《涅槃經》傳來，果然證明了這一命題。竺道生的新論是基於成佛在於悟「理」的思想，並認為一切眾生本有佛性，「一闡提」自然不能例外。這正是中國佛家的「窮理盡性」和「人皆可以為堯舜」思想啟迪的結果。竺道生還直接用「窮理盡性」來解說《法華經》的無量義定：「窮理盡性，謂無量義定。」（《妙法蓮華經疏》）至於竺道生的「入理言思」、「得意忘象」、「忘筌取魚」的思維方法，則更是來自道家和玄學。在竺道生的佛教理論中含藏着中國儒、道的重要思想。

南朝梁武帝在年輕時深受儒家學說的陶冶，初信道教，旋又捨道歸佛，後來成為在中國歷史上唯一試圖將佛教國教化的皇帝。他雖帶頭崇奉佛教，但是又提出三教同源說，謂老子、周公、孔子都是佛祖釋迦牟尼的弟子，如來和老子、孔子是師徒關係，儒家和道教都來源於佛教。他宣傳儒、道是求世間的善，不能像佛教那樣使人成為出世的佛，但求世間的善也是重要的。他把佛教比作黑夜裏的月亮，把儒、道比作眾星，三者既有高下區別，又互相烘托，交相輝映。他作《孝思賦》，鼓吹忠孝兩全的儒家思想，建「大敬愛寺」，以報父母之恩，還以儒家的典籍如《祭義》、《禮運》、《樂記》作為捍衛佛教神不滅論的武器。實際上，梁武帝雖以佛教為三教之首，但他講的佛教是帶儒化色彩的佛教。

魏晉南北朝時期，一些著名學者也熱衷於調和佛教與儒家的關係。如晉代著名文學家孫綽曾作專論，以名

僧比當時名士，有一定的社會影響。他直接把儒、佛溝通等同起來，說：「周、孔即佛，佛即周、孔，差外內名耳。」（《弘明集》卷三《喻道論》）「周、孔救弊、佛教明其本耳。」（同上書）晉宋之際的大詩人謝靈運，篤信佛教，他繼承竺道生的思想，作《辨宗論》。所謂「辨宗」，就是討論成佛或作聖的宗極之道。儒家多認為聖人不可能達到，也難以通過學習達到，而佛教則認為佛是可以達到的，是可以通過學習（漸進）達到的。謝靈運去佛教的漸進說，取佛家的不能達到聖人說，去儒家的一下子悟到宇宙的最究竟的。謝靈運去佛教的能成佛說，取儒家的一下子悟到宇宙的最究竟道理的觀點，調和儒、佛，進一步宣傳體認不可分的本體和頓悟成佛的主張。再如南朝顏之推作《顏氏家訓》，其中《歸心篇》宣揚「內外兩教，本為一體」，佛教的五戒和儒家的仁義五常相符，以強化世俗倫理綱常。

隋唐時期中國佛教宗派紛紛創立，競標異彩，是中國佛教的鼎盛階段。佛教宗派約可分為兩類：一類基本上是繼承印度佛教原型，結合中國傳統思想甚少，因而思想也很少變化，如吉藏創立的三論宗、唐玄奘及其弟子窺基創立的唯識宗、善無畏和金剛智及其弟子不空創立的密宗。三論宗繼承印度大乘佛教中觀學派的學說，宣揚非有非空的雙重否定的思維方式。唯識宗以煩瑣分析為特徵，它還一味恪守印度佛典的教條，硬是堅持有一類人不能成佛的主張。這兩宗都因不適應中國當時現實的需要，懂得的人越來越少，近於無形中斷。密宗的一套，尤其是樂空不二的密法，與儒家倫理思想直接抵觸，而被限制傳播，只是在中國西藏地區獲得流行。另一類是結合中國傳統思想而創立的宗派，如天台宗、華嚴宗和禪宗。這些宗派中國化色彩很濃，禪宗尤為突出。淨土宗係繼承印度佛典的思想而創立，但在印度沒有立宗，所以也是中國特有的宗派。這四個宗派，尤其是前三個宗派，可以說是隋唐佛教的主流、中國化佛教的主體，在中國佛教史上佔有最重要的地位。

天台宗自闢蹊徑，獨造家風，其特點是標榜方便法門，藉以調和中國固有的儒、道思想，從而創立中、印思想相結合的思想體系。

《法華經‧方便品》說：

舍利弗！云何名為諸佛世尊唯以一大事因緣故，出現於世？諸佛世尊欲令眾生開佛知見，使得清淨故，出現於世；欲示眾生佛之知見故，出現於世；欲令眾生悟佛知見故，出現於世；欲令眾生入佛知見道故，出現於世。舍利弗！是為諸佛以一大事因緣故，出現於世。

「佛知見」，是指佛的智慧、見解。這段話意思是，佛「唯以一大事因緣」出現於世間，目的就是為了教化（開、示、悟、入）眾生，使眾生都能具備「佛知見」成為佛。天台宗人由此推論佛教經典都是方便圓通，是教化眾生成就佛果的手段。他們以方便法門為藉口，竭力調和印度佛教和中國儒、道思想。天台宗的先驅者慧思從佛教立場出發，把神仙迷信納入佛教。他在《南嶽思大禪師立誓願文》中表示，希望「成就五通神仙」，說：

我今入山修習苦行，懺悔破戒障道重罪。今身及先身是罪悉懺悔。為護法故，求長壽命。不願生天及餘趣，願諸賢聖佐助我得靈芝草及神丹，療治眾病除飢渴。常得經行修諸禪，願得深山寂靜處，足神丹藥修此願。借外丹力修內丹，欲安眾生先自安。己身有縛能解他縛，無有是處。

發願入山修行，取得靈芝和內丹，成為神仙，再成為佛。把成仙視為成佛的必經步驟。天台宗人還把道教的丹田、煉氣等說法也納入自己的止觀學說中，如智顗說：「臍下一寸名憂陀那，此云丹田，若能止心守此不敬，經久即多有所治。」（《修習止觀坐禪法要》）湛然說：「太陽之草名曰黃精，食可長生；太陰之精名曰

鉤吻，入口則死。……金丹者，圓法也，初發心時成佛大仙，准龍樹法飛金為丹。」（《止觀輔行傳弘決》）可見，天台宗是頗富道教意義的宗派。天台宗還把止觀學說和儒家人性論調和起來，如湛然說：「夫三諦者，天然之性德也。……含生本具，非造作之所得也。」（《始終心要》）一切眾生先天具有中、真（空）和俗（假）三諦的「性」。由此進而把佛教止觀法門說成類似儒家的窮理盡性、恢復人的本性的理論學說和實踐功夫。

華嚴宗是在女皇武則天的直接支持下，由法藏創立的。華嚴宗以《華嚴經》為宗經，實際上又和《華嚴經》思想不盡相同，《華嚴經》側重從人類素質相同方面強調人人平等，而華嚴宗則着重從「自然」方面發揮無盡緣起的理論，並通過事事無礙學說的宣傳，充分肯定現實社會基礎的價值，美化武周統治的天下是和諧一致、其樂融融的。《華嚴經》有「三界唯心」的話，着重強調要求得解脫應從「心」即人們意識狀態着眼，並不是說由「心」顯現、變現一切，而華嚴宗人則以心色對立來區分主伴，視「心」為萬物之主，明確地宣揚唯心論。華嚴宗人重視吸取中國學者的思想，如繼承有獨創精神的中國佛學家竺道生的「理不可分」的命題，重視「理」的地位，以「理」為「事」的本體。〔註一〕與法藏同時的華嚴學者李通玄，青年時鑽研「易」理，後潛心「華嚴」，作《新華嚴經論》，用《周易》思想解釋《華嚴》。澄觀也吸取李氏的議論，後宗密相繼用《周易》的「四德」（元、亨、利、貞）配佛身的「四德」（常、樂、我、淨），乃至以「五常」配「五戒」，調和儒家思想的趨勢越來越濃烈。

禪宗是繼承中國傳統思想和中國佛教思想而形成的獨樹一幟的宗派。它公開向所有印度佛教經典的權威挑戰，自奉慧能的說法記錄為「經」，稱《壇經》，這是中國僧人唯一稱經的著作。禪宗人還把過去偏重於系統宣揚佛教學說的稱為「教」，而自命為「宗」，以示區別。以「宗」對「教」，也是佛教史上前所未有的。禪宗的思維路數和方法是，不重視甚至否定語言文字的作用，甚至否定推思擬議，特別重視神秘直觀，追求頓

悟。可見，雖然禪宗也受過印度佛教的「言語道斷，心行處滅」、「實相無相」、「不二法門」等思想的啟示，但是，從根本上說也是繼承中國的「得意忘言」、「取魚忘筌」思想路線的產物。

事物的發展是盛極必衰。義理佛教在唐代後期開始轉向衰落了。在宋元明清時代，佛教某些宗派雖然也一度中興，但總的趨勢是花開花落，每況愈下了。在這個漫長的歷史階段中，佛教某些哲學思想已被理學（新儒學）所吸取，而顯得黯然失色，失去獨立存在的價值，一些重要的佛教學者為了圖求佛教的生存，就更加注重調和中國傳統思想，直接匍匐在強大的儒家思想下面，抱殘守缺。

從以下幾個有代表性的例子，就可以看出宋元明清時期的佛教是怎樣更加嚴重地儒學化了。

北宋天台宗學者智圓（九七六—一〇二二），因取義折中儒釋，自號「中庸子」。他明確宣稱自己晚年所作「以宗儒為本」（《閑居編》卷二二《謝吳寺丞撰〈閑居編序〉書》），因為「非仲尼之教，則國無以治，家無以寧，身無以安」，而「國不治，家不寧，身不安，釋氏之道，何由而行哉？」（《閑居編》卷一九《中庸子傳上》）他還提出「修身以儒，治心以釋」（同上書）儒、釋「共為表裏」（同上書），反對「好儒以惡釋，貴釋以賤儒」（同上書）。智圓強調「以儒修身」，「宗儒為本」，包含了把儒置於釋之上的傾向，這是佛教地位顯著下降的表現。

北宋著名禪僧契嵩（一〇〇七—一〇七二），廣事寫作，着重全面地讚揚儒家學說，宣揚儒、佛合一。他作《輔教篇》上、中、下三篇，說：「古之有聖人焉，曰佛、曰儒、曰百家。心則一，其跡則異。夫一焉者，其皆欲人為善者也。」（《輔教篇·中·廣原教》）其中，儒者是治世的，佛者是治出世的。儒、佛是互相配合的。契嵩作《孝論》十二章（《輔教篇·下》），系統地論證了佛教和儒家孝道的關係，說佛教最重孝，「孝為戒先」。他撰《中庸解》五篇，盛讚儒家的中庸之道。他宣揚儒家的「窮理

盡性」說和天命論，讚揚儒家的「五經」和禮樂。契嵩認為許多道理「皆造其端於儒，而廣推效於佛」（《鐔津文集》卷八《上仁宗皇帝萬言書》）。實際上是把佛家理論歸結於儒家學說。這充分地表現了佛教的調和性格。

金代著名禪師萬松行秀（一一六六—一二四六）傳青原曹洞一系之禪，著作豐富。他兼有融貫儒、釋、道三教的思想，常勸當時重臣、弟子耶律楚材居士以儒治國，以佛治心，極得楚材的讚賞。楚材也讚揚師父：「得曹洞的血脈，具雲門的善巧，備臨濟的機鋒。」以儒治國，以佛治心，或以儒治世，以佛治出世，這種儒、佛分工合作論，是佛教調和儒家思想的重要理論。

袾宏、真可、德清和智旭，是明代影響最大的四個佛教學者，號稱明代佛教四大師。他們的共同特點之一是，都提倡儒、佛融合。袾宏（一五三五—一六一五）是由儒入佛的淨土宗大師，他認為儒與佛「不相病而相資」，「儒主治世」，佛主出世」（《雲棲法彙·手著》）。佛教可以「陰助王化之所不及」，而儒教可以「顯助佛法之所不及」。他還認為儒、佛、道三教「想是同根生，血脈原無間」（同上書），「理無二致」。三教根本上是相同的。真可（一五四三—一六〇三），原是殺豬屠狗之夫，後為著名禪師，晚號紫柏。他認為儒、佛、道三家異同。除關於佛教著作之外，撰有《大學中庸直解指》一卷、《春秋左氏心法》一卷、《道德經解》二卷、《觀老莊影響說》一卷、《莊子內篇注》四卷等。他竭力調和儒、釋、道三教，說：「為學有三要：所謂不知《春秋》，不能涉世；不精《老》、《莊》，不能忘世；不參禪，不能出世。」（《憨山大師夢遊全集》卷三九《說·學要》）他也宣傳儒家的「五常」，甚至說孔子的「克己」、「歸仁」就是佛教的「禪定」、「頓悟」，更以為「孔、老即佛之化身」，把孔子、老子都說成是佛，這實際上是

以儒、道代替了佛。德清還以佛教解釋儒、道，如以禪學釋《大學》，以唯識理論比附《老子》。德清把佛與儒、道兩家在理論、思想、道德踐履方面完全打通了。智旭（一五九九—一六五五），別號「八不道人」，晚稱「藕益老人」。他作《周易禪解》，「以禪入儒，誘儒知禪」。著《四書藕益解》，以佛解儒家經典，藉以「助發聖賢心印」。又撰《孝聞說》、《廣孝序》等文章，大力宣揚孝道，謂「世出世法，皆以孝順為宗」（《題至孝回春傳》）。他甚至說：「余每謂非真釋不足以治世，是以一切三寶常能擁護世間；而真儒亦足以出世，是以一切有道國王、大臣、長者、居士，常能憶恃佛法。具正眼者，必能深達此意。」（《靈峰宗論》卷七之一《孝聞說》），「儒以孝為百行之本，佛以孝為至道之宗」（《靈峰宗論》卷四之二《孝聞說》）「惟學佛然後知儒，亦惟真儒乃能學佛。」（《靈峰宗論》卷七之三《玄素開士結茅修止觀助緣疏》）「敷先開士守龜助緣疏」，《靈峰宗論》卷七之四《玄素開士結茅修止觀助緣疏》）這是打破「治世」和「出世」的界限，取消儒、佛的差異，使兩者合而為一。智旭還說：「此方聖人（指孔子、老子）是菩薩化現，如來所使。」（《靈峰宗論》卷三之二《答問二·性學開蒙答問》）孔子、老子是代表佛在中國行化的。這是三教同源的思想。智旭提出三教同源在於「自心」的觀點，說：「自心者，三教之源，三教皆從此心施設。……心足以陶鑄三教。」（《靈峰宗論》卷七之四《金陵三教祠重勸施棺疏》）「三教聖人，不昧本心而已。」（《靈峰宗論》卷二之三《法語三·示潘拱震》儒、道、佛三教的根本是「自心」，「本心」，心不昧即合三教，心若昧即全不合三教。「自心」是根本。智旭就是這樣把三教安置在「自心」基礎之上，使之統一起來了。

二　融攝性

上面所講的調和性，是就佛教與中國傳統思想文化的關係而言，這裏所講的融攝性，則是就佛教內部的關

係而言，也就是指中國佛教統攝佛教各類經典和佛教各派學說，統一佛教各地學風的特性。這在隋唐佛教宗派，尤其是天台宗和華嚴宗表現得尤為突出，唐代以後的著名佛教學者也都繼續發揮融攝佛教各派信仰的特性。以下分三個問題來講。

【二】統一各地各派的學風

中國統一的佛教。隋唐兩代是封建統一王朝，國力強大，經濟繁榮，文化發達。這時形成的佛教宗派是中國佛教的最重要構成者，也是日益成熟者。隋唐佛教宗派的基本特點之一是統一性，統一了以往各地佛教學風的差異，表現了中國佛教的高度融攝力。

佛教自漢代傳入至隋以前，經歷了一段分裂割據時期，尤其是南北朝政權的對立，兩地不同的政治、經濟、文化背景，使佛教亦趨於分化。佛教的內容包括戒、定、慧三字，「戒」、「定」是指宗教修養實踐；「慧」，智慧，是指宗教思想體系，包括了理論和實踐兩個方面。南北朝時期大體上北方佛教偏重於宗教儀式和宗教活動，如坐禪、修行、布施、造像、立寺等，南方佛教則側重於玄理的清談。禪法在北方廣為流行，義學在南方比較發達。在隋統一全國後，南北來往交通非常便利，兩地僧人互相交流，各種學說互相溝通，各種師說漸趨一致。隋唐佛教，如天台宗、唯識宗、華嚴宗和禪宗都是理論和修行並重，強調定慧雙修的。天台宗，本是坐禪的一派，但也重視理論。此宗的「法華三昧」就體現了禪法和理論的統一。史載天台宗祖師慧文禪師，據《大智度論》和《中論》而悟入「一心三觀」（於心中同時觀悟空、假、中）的觀行方法，並傳給慧思。慧思從北方到南方，堅持既重禪法，又重佛教義理。慧思的弟子智顗是天台宗的實際創始人，他確立了定

（止）慧（觀）雙修原則。天台宗的理論和觀行並重的宗風的形成，標誌着北方偏重禪法、南方偏重義理的學風的一致轉變。唯識宗，繼承印度大乘有宗的「萬法唯識」的觀點，對物質現象和心理現象作了煩瑣細密的分疏，形成龐雜的唯心主義思想體系。同時又有瑜伽行觀，即通過禪定，不經語言文字的仲介，運用佛教「智慧」使所謂真理直接呈現於面前。唯識宗創始人之一窺基還在《大乘法苑義林章》的《唯識章》中，提出了從寬至狹，從淺至深，從粗至細的五重唯識觀，作為獨特觀法。窺基師父玄奘本人，一代大師，廣學博闊，自印度回國後，因始終忙於主持譯事，到晚年尚自認禪定功夫欠缺而引以為憾。再如華嚴宗。華嚴宗初祖杜順本是禪師，二祖智儼隨杜順禪師學過禪法，並應用《華嚴經》的教義重新解釋了止觀。華嚴宗真正創始人法藏，更提出了「法界觀」和「十重唯識觀」。所謂「十重唯識觀」是吸收唯識宗的五重唯識觀再加上四法界觀拼湊而成，主張把法界歸於一心，即把一切事物都看成心中的觀念，而在思辨中達到圓融無礙的境地。至於禪宗，雖然標榜「不立文字」，極重修行，其實也是有其明快細密的理論的。

【二】系統判釋不同派別佛典的一貫地位──「判教」

印度原先也有簡略的判教，如《法華經》分大、小二乘，《楞伽經》分頓、漸二教，《解深密經》分有、空、中三時，《涅槃經》分五味（五時）等。在中國，判教理論在各個宗派理論上佔有特別重要的地位，而且內容與印度判教有很大的不同，甚至是格格不入的。在一定意義上說，判教是印度佛教傳入中國後不可避免地要產生的現象，是中國佛教宗派的獨特的問題，它集中地表現了中國佛教學者對外來佛教的消化吸收，體現了中國佛教宗派的融攝性特徵。

前面講過，中國佛教學說的來源，基本上是依靠傳譯和講習為媒介的，傳譯並不是簡單地按照印度佛教學說發生、發展的次第來進行的，而是將大小乘不同派別的學說混雜在一起介紹的。這些實際上是印度不同時代、不同派別佛教理論家所發揮的各種不同學說，它們互相分歧、衝突，前後抵悟、矛盾，但都假託釋迦牟尼之名，傳為佛祖所說，而且都是不容懷疑的、神聖的。這就有一個如何消除內容衝突、調和思想矛盾的問題。中國佛教派為了自圓其說，並使本宗有一個似乎可以貫通的理論體系，就採用了判教的辦法。所謂判教，就是把各派思想作為佛在不同時期、地點，對不同聽眾的說法，從而有種種的差異，即作為一個完整統一思想體系的不同說法來加以區分高下等級的，按照本宗的理論體系對各派思想給予系統的安排，分別給予一定的地位，更主要的是為了將自己一派的理論學說置於各派之上。在這種分科組織的判教過程中，往往加入作者所理解的中國傳統思想，甚至像禪宗那樣更把中國獨創的佛教思想作為整個佛教的最高理論。

南北朝時期的判教學說，後人概括為十種，稱「南三北七」。「南三」，南朝的三種，指把佛說分為頓、漸、不定三教。其中「漸教」又有不同的看法，分「三時教」、「四時教」和「五時教」幾種，而以慧觀等人的「五時教」最為重要。慧觀在「四時教」的基礎上，參照《涅槃經·聖行品》的從牛出乳→出酪→出生酥→出熟酥→出醍醐為例，以牛乳五味比喻佛法的五重層次，把佛經分為五時：一是「三乘別教」，即最初的經教，主要指小乘的《阿含經》；二是「三乘通教」，指對三乘一齊講的經教，主要指《般若經》；三是「抑揚教」，即對大小乘分別高下的經教，指《維摩經》、《思益經》等；四是「同歸教」，指三乘歸一的《法華經》；五是「常住教」，指最後說如來法身是常為最圓滿的經教，即《涅槃經》。「五時教」的說法在南方影響很大，成為後來出現的一些判教說的基調。「北七」，也是按小乘與大乘、有宗與空宗的次第對佛經作出

七種不同的安排。如菩提流支立半字數、滿字數，謂在小孩啟蒙識字時，先教半字，後教滿字。半字即小乘

教，滿字是大乘教。又如地論師佛陀扇多、慧光，判佛教為四宗：一是「因緣

宗」；二是成實師講三假（因成假、相續假、相待假）是「假名宗」；三是《大品》、《三論》講一切事物為

虛誑，為「誑相宗」；四是《涅槃》、《華嚴》等經，是常宗。

天台宗創立時，智顗批評了「南三北七」的判教主張，提出了「五時八教」的判釋。所謂「五時」是說佛

的說法分先後五時，第一時講《華嚴》，第二時講小乘教，第三時講一般大乘，如《大集》、《寶積》等，第

四時講《般若》，第五時講《法華》、《涅槃》。天台宗奉《法華經》為最高經典，所以判為最後第五時。

所謂「八教」，是從形式和內容兩方面分佛教為八種。從教化的方式講，為頓、漸、秘密、不定的「化儀四

教」。頓與漸相對，秘密與不定相對。人們聽佛說法後理解不同，如各不相知為秘密，互相知道為不定。再

從教理的內容講，為藏（指小乘，因為《大智度論》批評小乘只懂三藏，故稱，具體指《阿含》）、通（通

三乘，指《般若》）、別（大乘別於即優於小乘，指《維摩》）、圓（圓滿，指《華嚴》、《涅槃》和《法

華》，其中《法華》是純圓），稱「化法四教」。五時八教判釋重點在「化法四教」，以《法華經》為中心，

是天台宗的獨特主張，所以又稱之為「天台四教」。天台宗的「五時八教」說，一方面認為五時和化法四教各

有區別，另一方面又主張五時四教並不能以時間乃至經教部類相限制，即各經又是互相融攝的，從而能夠自圓

其說地說明各家立說中的拘牽難通的地方。這樣既使各種教義有高下區別，又能並行不悖，表現了天台宗的匯

通圓融的性格。同時和印度大乘佛教所特別尊奉的經典不同，提出以《華嚴》、《涅槃》和《法華》等為最重

要的經典，體現了中國佛教學者的創造精神。天台宗的判教主張對後來中國佛學的發展影響很大，如華嚴宗就

曾部分吸取天台宗的判教說作為自己判教的基本觀點。

三論宗創始人吉藏的判教主張是，認為佛的所有言教一律平等，並無高下的區別，但可以把佛說分為兩類：從法講，有菩薩藏和聲聞藏；從人講，有大乘和小乘。大乘中又分三類，一是《華嚴》，二是《般若》，三是《法華》和《涅槃》。這都是對不同對象的說法，但各種說法又無不歸於究竟。吉藏的主張和一般只從抬高本宗地位出發的判教不完全相同，他把《涅槃》放在《法華》之上，也表示不完全同意天台宗的判教學說。

唯識宗的判教，主要是依據《解深密經》的三時說，認為佛的一代教化是：初說苦、集、滅、道「四諦」，次說無自性（空），最後說三自性（有）。此說和印度佛教歷史的演變基本吻合。

華嚴宗吸取前人的判教學說，加以重新組織，由法藏提出小、始、終、圓、頓的五教說。小、始、終、圓相當於天台宗的藏、通、別、圓，又取天台宗「化儀四教」中的頓，成五教說。法藏把天台宗原來從形式和內容兩方面的判教，合而為五教，造成了分類標準上的混亂。後來在《華嚴金師子章》中，法藏試圖從緣起方面來展開，統一說明五教的意義。指出講因緣是小乘教，講無自性空是始教，肯定幻有宛然是終教，空有二相雙亡是頓教，情盡體露是圓教。華嚴宗的理論，以融合宇宙間一切萬物的差別境界，宣揚普遍和諧性為特徵，它的判教也體現了全攝並收、圓融無礙的宗風。

【三】融攝佛教各宗派的理論和信仰

中國佛教的融攝性，還表現在唐以後各個宗派之間的互相融攝愈來愈顯著、愈來愈緊密。大體上先是禪教的互相融攝，次是其他各宗分別與淨土的合一，再是以禪淨合一為中心的各派大融合。不少名僧成為兼修各宗學說於一身的人物，從而逐步失去了過去特定宗派的本色。率先大力消除禪教對立，宣揚禪教一致的是唐代的宗密。宗密既是華嚴宗五祖，又是禪宗荷澤神會的四傳弟子。他認為佛內心的意向和佛言說的教義是完全一致

的，又說，一部大藏經論只有三種言教，禪門修行也只有三宗，而這三教三宗則是相應相合的。三種教是密意

依性說相教（相當於唯識宗）、密意破相顯性教（相當於三論宗）和顯示真心即性教（相當於華嚴宗）。三

種宗是息妄修心宗（指神秀等北宗禪師）、泯絕無寄宗（指牛頭宗）和直顯心性宗（指洪州、荷澤等宗）。

上述三教和三宗依次配對，互相融攝，從而論定「三教三宗是一味法」。宋代禪宗法眼宗人延壽（九〇四—

九七五），對於禪宗學人空疏不通教理、指鹿為馬的現象深感不安。他繼承和發展宗密的禪教統一的思想，強

調「經是佛語，禪是佛意，諸佛心口，必不相違」[註二]，明確宣揚禪教並重的觀點。他還召集當時唯識宗、華

嚴宗和天台宗三家學者「分居博覽，互相質疑」，最後以禪理為準，統一各家學說，編定《宗鏡錄》一百卷，

南宋以來影響頗大。

佛教天台、華嚴諸宗，本來都各有自家的觀行法門，到了宋代，很多宗師常聯繫淨土信仰而提倡唸佛的修

行，禪宗人也主張禪淨雙修，淨土法門實際上成為各宗的共同信仰。由於宋代以來禪淨兩宗最為流行，提倡禪

淨雙修兼及其他宗派成為佛教思想發展的主流。以「明代四高僧」為例，袾宏不僅是淨土宗的大師，也是華嚴

宗的名僧，同時對禪學的造詣也很深。他認為各宗不是對立的，「若人持律，律是佛制，正好唸佛，若人看

經，經是佛說，正好唸佛；若人參禪，禪是佛心，正好唸佛」（《雲棲遺稿》卷三《普勸唸佛往生淨土》）。

主張各宗同唱，歸趣淨土。真可，並無專一的師承，思想學說不拘一宗一派。他所定的《禮佛儀式》（見《紫

柏尊者別集》卷四），除發願禮拜十萬三世一切諸佛外，還教人禮拜西天東土歷代傳宗判教並翻傳秘密章句諸

祖，就是調和諸宗思想的實際表現。德清，曾專心淨土，又因曾恢復禪宗祖庭曹溪，被稱為曹溪中興祖師。他

還繼承華嚴宗的遺緒，竭力倡導禪淨一致，並致意於華嚴。他把禪淨和華嚴諸宗加以融通，對坐禪、唸佛提出

新見，認為「禪乃心之異名，若了心體寂滅，本自不動，又何行坐之可拘？」（《憨山大師夢遊全集》卷一五

《答許鑑湖錦衣》）又說：「今所唸之佛，即自性彌陀，所求淨土，即唯心極樂。諸人苟能念念不忘，心心彌陀出現，步步極樂家鄉，又何必遠企於十萬億國之外，別有淨土可歸耶？」（《憨山大師夢遊全集》卷二《示優婆塞結社唸佛》）這實際上是以本心來統攝各宗。智旭的思想，是結合禪、教、律而回歸淨土。他認為天台宗理論和修行應當遍攝禪、律、淨土、唯識諸宗，同時又用唯識解天台教義，即在理論上融匯性相兩宗；他認為唸佛即禪觀，即在實踐上主張禪淨合一。他主張禪、教、律三學統一，並以淨土攝一切佛教。智旭說：「禪者佛心，教者佛語，律者佛行……不於心外別覓禪教律，又豈於禪教律外別覓自心，為此則終日參禪，看教，學律，皆與大事大心正法眼藏相應於一念間矣。」（《靈峰宗論》卷二之三《法語三》）把禪、教、律三學攝歸於一念，這是智旭思想的特色，也是後期佛教趨於諸宗合一的歷史演變的典型表現。

三　簡易性

中國佛教的一些宗派，如天台宗、唯識宗、華嚴宗等都帶有煩瑣經院哲學的性質，體系龐大博雜，論證繁複瑣碎，論述艱澀枝蔓。其中唯識宗流傳數十年即趨衰落，天台、華嚴兩宗由於在理論上都以說心為主，在宗教實踐上都情況不同地講頓悟，剔除了印度佛教那種繁雜的宗教修行方法，因而比唯識宗流傳久遠。中國佛教中真正延綿不絕的是在印度也沒有成宗的禪宗和淨土宗，尤其是禪宗，更是唐代以後佛教的主流，禪宗實際上是唐以後中國佛教的代名詞。雖然禪宗的簡易性是建立在深刻的理論基礎之上的，即抓住佛教的理論核心予以明快直截的闡述，相應地提出一套簡易的修行方法，而淨土宗的簡易性則是建立在簡明的信仰基礎上的，但是教義和修行方法的簡易畢竟是這兩宗的共同點，由此簡易性也成為中國佛教區別於印度佛教的重要特點。以下作簡要的說明。

（一）「見性成佛」。禪宗主旨是強調精神的領悟，直指人心，見性成佛。這個宗旨以淨性和自悟為理論前提，慧能認為「佛性常清淨」，而且是人人共有的。佛性就是人的本性。同時，人人都具有先天的菩提智慧（即所謂成佛智慧），能夠覺悟本性而成為佛。眾生之所以未能成佛就是因為迷惑，即對自身的本性沒有覺悟，如果信仰佛教，堅持修證，一旦妄念俱滅，真智顯露，就會內外明徹，悟識本心，而成就佛道。慧能說：「自性迷，佛即眾生；自性悟，眾生即是佛。」（敦煌本《壇經》）「撥開雲霧見青天」，明心見性，自性就是佛。慧能主張人人都可以成佛，只是因為迷悟而有先後之分，從而和印度小乘佛教僅承認釋迦牟尼佛不同，也和後來印度大乘佛教有宗認為有一部分人不能成佛的主張，帶有一種濃厚的中國化色彩。慧能禪宗是把心外的佛變成心內的佛，從而否定有外在的佛；是把佛變為舉目常見的平常人，或者說是把平常人提高到與佛相等的地位，體現了人與佛僅是迷悟不同，實是平等的思想。這種理論雖具有鮮明的神秘直覺體驗的性質，但它明快簡易，與中國傳統思想吻合，無疑是既適應專制社會上層統治者追求來世繼續享福的心願，也適應下層民眾要求擺脫現實苦難的渴望，因而得到了廣泛的流傳。

（二）「頓悟成佛」。佛教認為成佛在於「悟」，而悟有兩種方式，一是漸，一是頓。漸悟是指須經長期修習才能達到佛教的覺悟。頓悟則是指無須長期修習，一旦把握佛教「真理」，就可突然覺悟。東晉南朝時竺道生首倡頓悟說。慧能禪宗在道生思想的基礎上，進一步向前發展了頓悟說。它宣揚只要一念覺悟，剎那間即可成佛；它還強調不立文字，即無須通過語言文字的理解，驟然頓悟，帶有更加神秘的直覺性。慧能說：「前念迷即凡，後念悟即佛。」「迷來經累劫，悟則剎那間。」（敦煌本《壇經》）完全否定印度佛教那一套聲聞、緣覺、菩薩等修行的階梯層次。否定曠劫不息的累世修行，是一種高度快速成佛法。再次，禪宗不僅迎合中國的傳統思想，也照應中國的風俗習慣，按理禪宗本來是必須坐禪的，但後來甚至連坐禪也省免了。它

認為頓悟並不要求離開現實生活，「舉足下足，長在道場；是心是情，同歸性海」（王維：《六祖能禪師碑銘》）。「擔水斫柴無非妙道」，一舉一動都不離道場，不管是用心用情，都會歸於性海，成就佛道。就是說在日常生活勞動中也可以頓悟成佛。禪宗的這種頓悟說，最充分地表現了中國佛教的簡易性特徵。

（三）「易行道」和「稱名唸佛」。北魏曇鸞（四七六—五四二）是淨土宗的先驅，他曾在《往生論註》中創立難行、易行二道說，認為在所謂無佛之世，世風混濁，只靠「自力」（佛的本願力）的扶持，修行成佛猶如陸路步行，十分痛苦，名為難行道。反之，乘着阿彌陀佛的本願力往生淨土，猶如水路乘船，非常快樂，名為易行道。後來唐代道綽（五六二—六四五）繼承曇鸞的淨土思想，把佛的教法分為聖道、淨土二門。宣揚離聖人久遠，理深解微，聖道門不是一般眾生所能悟證的，只有淨土門簡便易行，乘阿彌陀佛的本願力就能往生淨土。道綽弟子善導（六一三—六八一）是淨土宗的真正創始人，他提倡以唸佛為內因，以阿彌陀佛的本願力為外緣，內外相應，往生極樂淨土。前文提到，唸佛法門原有三種，一是稱名唸佛，即口稱佛的名號，如稱南無阿彌陀佛，誦唸不已；二是觀想唸佛，即專心觀佛的美好相貌和所居佛土的莊嚴景象；三是實相唸佛，即觀佛的法身「非有非空，中道實相」之理。曇鸞倡導的唸佛包括上述三種，經過道綽到善導，則轉為側重稱名一門，主張日唸佛號七萬、十萬聲。以為如此一心機械地反復唸誦佛的稱號，念念不捨，就可憑藉阿彌陀佛本願的他力，往生佛國。這種淨土法門以其簡易方便而流行於中國古代的窮鄉僻壤、大小城鎮，為缺乏文化而有信仰的平民大眾所普遍奉行。

此外，重視心性中的自性，重視現實問題，關切現實社會，也是中國佛教的重要特點。

總之，佛教來自印度，在中國經過漫長的歷史演變，形成了具有中國特色的宗教。從中國佛教的特點，我們大略可以看出外來佛教民族化的幾個規律性現象。

佛教傳入中國以後，從宗教思想文化史的角度來觀察，在外部，與中國傳統的思想之間存在着差異和對立；在內部，佛教各派各種學說之間也存在着分歧和矛盾，每一宗派自身，還需要從教理和修行兩方面盡量適應文化落後的廣大農民和城市平民的信仰需要。兩千多年來中國佛教的歷史表明，佛教一傳入中國，就與傳統的道教方術、儒家倫理相調和，隨後又依附於魏晉玄學，在隋唐時代，佛教宗派的創立者也是這樣那樣地吸取中國傳統思想來構築本宗的思想體系的。宋以後，佛教勢力日趨衰微，各宗更是着力於會通儒釋，鼓吹三教同源，借調和儒、道思想，以維護自身的生存。佛教和中國固有思想的調和一直是連續不斷的，而且是愈來愈全面，愈來愈強烈，以至愈來愈失去原來印度佛教的本色，而幾乎歸屬於儒家，成為儒化的佛教了。再者，印度佛教大小乘經典一起傳入中國，迄至南北朝為止，各派別之間基本上是和平共處、平行闡揚的。到隋唐時代，禪宗「唯我獨尊」，帶有鮮明的宗派性、排他性，但是又都通過判教的方式，融攝其他宗派的經典和學說，在理論上構成不同的高下層次體系。宋以後，為了協調內部，避免內耗，各宗更是強調彼此互相融攝，和諧一致。唐代中期成立的禪宗和淨土宗，教理和修行方法都非常簡易，可以適應廣大民眾的習慣和需要，因此獲得久遠的流傳。中國佛教大體上正是沿着先對外調和，繼之對內融攝，並由煩瑣趨於簡易等軌道演變的，從而也就構成了中國佛教思想發展的基本面貌，並由此表現出中國佛教的典型性格。

佛教的信仰和思想不是一成不變的，中國佛教在形態方法和理論系統上都存在着不同於印度佛教的特點，這種變化植根於中國社會的經濟、政治和文化的土壤，來源於民族的心理意識、思想方法和風俗習慣。這裏我們要着重指出的是，在儒家正統思想的長期宣傳、教育、薰陶下形成的中國傳統的思想文化和潛在的民族心理意識，具有對外來思想轉化的力量。因此，佛教各宗派的流傳興衰，往往與是否具有民族性質直接相關。一般說來，民族性質愈少的宗派，愈快趨於衰落，民族性質愈多的宗派，則能較持久地興盛不衰。

佛教日益中國化的過程，也是不斷為中國固有思想文化所吸取和改造的過程。同時還應當提到的是，如天台宗和華嚴宗都建立了具有龐大架構的系統哲學，這種構築規模龐大的哲學體系的工作，是中國思想史上前所未有的，這對後來如朱熹一派理學體系的構成，也是有啟迪作用的。而禪宗思想對於後來陸王心學一派的影響，更是非常明顯的。

由此也說明，中國固有文化面對外來佛教文化的輸入、挑戰，並沒有被取代，它有效地吸取了佛教思想的成果，並將其吸收和改造為中國文化的一部分，這顯示了中國固有文化的充分開放性、高度堅韌性和善於消化的能力，表現了中華民族的強大而鮮明的主體意識。

附言：關於中國佛教的基本特點，作者又經過近二十年的思考，認為可以概括為重自性、重現實、重簡易和重圓融，詳細論述有待來日。

二〇〇六年七月六日

註釋：

〔註一〕　澄觀說：「分數塵沙，理不可分。」參閱《大方廣佛華嚴經疏》卷一三，見《大正藏》，第三十五卷，五九三頁，日本．東京．大正新修大藏經刊行會，昭和五十四年（一九七九）。

〔註二〕　《宗鏡錄》，見《大正藏》，第一卷，四一八頁。

第十五章　中國佛教的對外影響

中國佛教在形成和發展中，漢地佛教和藏傳佛教兩大系統都不斷地向外傳播。隋唐宗派佛教傳到東亞的朝鮮、日本，以及東南亞的越南，在近代又傳到東南亞的馬來西亞、新加坡和菲律賓。藏傳佛教一是向北傳入蒙古、前蘇聯，一是向南傳入不丹等地。中國佛教傳入東亞各國及東南亞、南亞的部分國家，佛教信仰深入民間，佛教的思想和勢力程度不同地滲透到這些國家的政治、倫理、哲學、文學、藝術和習俗等廣泛的領域，對這些國家的歷史發展產生了巨大的影響和作用。

第一節　隋唐佛教宗派對朝鮮的影響

公元四世紀，佛教從中國傳入朝鮮。〔註一〕前秦苻堅於建元八年（三七二）派遣使者和僧人順道送佛像、佛經至高句麗。建元十年（三七四）秦僧阿道又至高句麗。不久高句麗興建佛寺供順道和阿道居住，此為高句麗佛教的濫觴。東晉孝武帝太元九年（三八四），胡僧摩羅難陀從東晉到百濟，創立佛寺，為百濟佛教之始。佛

教傳入新羅也比較早，梁武帝於太清三年（五四九）曾遣使偕同來華的新羅學僧覺德送佛舍利至新羅國。陳文帝天嘉六年（五六五）遣使赴新羅致送佛典一千七百餘卷。

隋唐時期朝鮮來華留學的僧人很多，尤其是公元七世紀後期，朝鮮在新羅統一時代與唐友好往來更加密切，隋唐佛教宗派大多數先後傳入朝鮮。

三論宗：唐貞觀二年（六二八），高麗僧人慧灌、道登相繼來華，從三論宗創始人吉藏受傳「三論」義理，後均赴日本傳播三論宗義。

法相唯識宗：新羅人神昉和圓測是玄奘的大弟子，圓測門下道證於武周長壽二年（六九三）由唐返國，闡發和宣傳唯識理論。又智鳳、智鸞、智雄三人自新羅入唐，從窺基弟子智周受學唯識義理，後赴日本，弘傳法相唯識宗。

華嚴宗：新羅著名僧人義湘來陝西終南山至相寺，從華嚴宗二祖智儼學習《華嚴經》，時與法藏同學，後回國暢演華嚴義理，被尊為東海華嚴初祖。法藏曾託人帶自己的著作送義湘，義湘讀後，要弟子們礪志講習，並宣稱「博我者藏公，起予者爾輩」，成為中朝兩國僧人弘傳「華嚴」的佳話。同時，新羅僧人元曉也精讀華嚴諸經，著述很多。

律宗新羅僧人慈藏來華學習律典，後得大藏經一部回國，是為朝鮮有大藏經之始。慈藏回國後被敕為大國統，大力弘揚佛法。他還使新羅服裝章改準唐儀，是新羅採用中國服儀之始。

禪宗：中國禪宗各派傳入朝鮮後，在新羅時代蔚成禪門九山，盛極一時。新羅僧人道義來唐學南宗禪，居住三十七年後回國，被尊為國師，經數傳而形成迦智山派，道義被奉為東海迦智山第一祖。洪陟（洪直）來華習禪，返國後敕修實相山，為實相山初祖。惠哲入唐留學二十五年，回國後創桐里山一派法系。無染來華，先

習《華嚴》，後參馬祖法嗣如滿和實徹，受傳心印，回國後奉為國師，受六代君王的優隆禮遇。門下弟子兩千人，成聖住山派。梵日入唐參馬祖門人濟安禪師，於武宗會昌年間回國，後形成闍崛山一系。與梵日同年自中國回國的道允，其弟子折中住獅子山弘揚禪法，形成獅子山一派。相傳新羅僧人法朗入唐從禪宗四祖道信習禪法，後歸國弘揚。四傳至道憲，開曦陽山派。新羅僧人行寂是入唐參於青原行思系下的第一人，回國後門下多至五百餘人。順支（順之）來唐參仰山慧寂，得法而歸，為新羅國為仰宗之初傳。玄昱來華求法後回國，弟子有審希。後傳承玄昱和審希禪法的為鳳林山一派。慶猷和迴微先後來華參雲居道膺，返國後傳入曹洞宗。當時參於雲居的還有利嚴和麗嚴，此四人並稱東海四無畏大士。利嚴於唐昭宗時來華，參雲居道膺得法後，於梁太祖乾化元年（九一一）回國，在開城西北建須彌山廣照寺，創須彌山一派。元大德八年（一三○四），禪僧紹瓊泛海去高麗弘傳禪法，受到高麗王的隆重歡迎，高麗僧從受禪法的甚多，紹瓊並施行百丈清規，教化隆盛。又高麗僧自超入元學習禪法，至正十六年（一三五六）返國弘揚。此時中國正是元亡明興之際，朝鮮也是李氏王朝代高麗王朝而起，自超以禪學受到朝鮮太祖的崇敬並被尊為王師。禪宗以其九山的眾多門派，匯成為朝鮮佛教的主流。九山中八山在高麗境內。九山中除曦陽一山屬道信法系外，其餘都屬慧能法系。而在慧能法系的八山中，除須彌一山之外，其餘七山都屬江西馬祖法系。九山之外，順支傳入為仰宗，也是馬祖法系。

密宗：新羅僧人明朗於唐貞觀六年（六三二）來華學習雜部密法，三年後回國，創金光寺，為海東神印宗的開祖。此後朝鮮僧人相繼來華學習密法，回國弘傳。唐僧人義林從善無畏學胎藏法，後赴新羅傳佈密教。

天台宗：相傳新羅僧人玄光來華從慧思學法華三昧，後回國弘傳。此後一百二十年，義天又來華習天台教法。義天是高麗文宗第四子，早年出家，習華嚴義理，後被封為祐世僧統。宋元豐八年（一○八五）來華求

法，從天竺寺慈辯受傳天台教觀，從杭州大中祥符寺淨源學華嚴義理，回國後弘揚天台、華嚴的教法。

隨着佛教的傳入，中國佛教文物也陸續輸入朝鮮。例如，宋初在成都新雕《大藏經》完成，宋太宗端拱二年（九八九）就贈予高麗成宗王一部。後又時有贈送。中國北方遼道宗於清寧九年（一○六三），以新印《契丹藏》一部贈送高麗文宗王。高麗王朝還以蜀版藏經為底本開始雕印《大藏經》，即著名的《高麗藏》。後又以蜀版、契丹版、《高麗藏》初刻本對校勘正，重新雕印，具有重要學術價值。

佛教傳入朝鮮以後，自高麗、百濟、新羅三國鼎立時期，中經新羅時期，迄至高麗國時代約千年間，佛教極為興盛。高麗王朝時代（九一八—一三九二），國王篤信佛教，王子和王族爭當僧侶。不少僧侶被尊為王師、國師，擔任國王顧問，佛教達到繁榮的頂峰，整個朝鮮文武庶物、各種制度、思想文化深受佛教的影響。及至李氏王朝（一三九二—一九一○）以儒教尤其是朱子學為國教，佛教趨於衰落。二十世紀五十年代，佛教在韓國又獲得迅速發展，成為目前韓國的最大宗教。

第二節　隋唐佛教宗派對日本佛教和文化的廣泛影響

中國佛教流傳到外國，受影響最深刻、最廣泛的首推日本。公元六世紀，佛教從中國經朝鮮南部的百濟傳入日本。當時日本信奉多神教，以為諸神既是人類的賜福者和保護者，又是人類的懲罰者和摧毀者。釋迦牟尼佛的形象，似乎給人帶來仁慈和得救的福音。日本人以敬畏和喜悅的心情十分歡迎這一外來的宗教。在佛教傳入時期，大和皇國正在從一個由若干部族構成的權力結構演化成為一個中央政府。攝政的聖德太子決定利用佛教作為政治工具，要求全體臣民皈依三寶，由此佛教得到巨大的發展，佛寺成為統治階級的

權力和財富的象徵，也是新文化的象徵。

隨着中國僧人赴日傳法和日本來隋唐留學的僧人回國弘化，奈良時代（七○八—七八一）日本佛教逐漸形成了不同宗派：

三論宗：中國三論宗創始人吉藏的弟子、高麗僧慧灌於公元六二五年去日本弘傳「三論」，建立三論宗。吉藏弟子、高麗僧道登也赴日本住元興寺暢演空宗。慧灌弟子福亮、福亮兒子智藏、智藏門下道慈又先後入唐學「三論」，回國盛傳一宗的教旨。

法相宗：公元六五三年日本僧人道昭等來長安，受教於玄奘門下，回國後弘揚法相唯識宗學說，為日本法相宗初傳。後來日本沙門繼續來華學習，回國後形成元興寺傳（南寺傳）和興福寺傳（北寺傳）兩支。

華嚴宗：公元七三六年唐僧人道璿應邀赴日本弘揚「華嚴」義理，為日本華嚴宗第一傳。繼之中國華嚴宗創始人法藏的弟子、新羅國審詳去日本宣講《華嚴經》，為日本華嚴宗初祖。此後華嚴宗逐漸興盛起來。

律宗：應日本沙門榮睿、普照之請，揚州大明寺律宗大師鑑真，經歷五次挫折，雙目失明，終於唐天寶十二年（七五三）第六次啟舟抵達日本。在奈良東大寺興建戒壇，日皇、皇后等四百三十人從受菩薩戒。後又興建唐昭提寺，並設戒壇，前後受度的達四萬人以上。鑑真被奉為日本律宗初祖。鑑真還將唐代的文學、醫術、工藝、文物制度介紹到日本，對日本的文化發展作出了巨大而深遠的貢獻。

此外，高麗僧慧灌也在日本講習《成實論》，由此又形成了三論宗內的成實宗。道昭等在玄奘門下學過《俱舍論》，回國講述，由此又形成了法相宗內的俱舍宗。以上為由隋唐傳入日本而在奈良時代逐漸形成的六個宗派，當時以三論宗和法相宗最為興盛。

公元七九四年，日本國都由奈良遷到平安新城。在平安時代（七八二—一一九一），中國佛教天台宗和真

言宗（密宗）相繼傳入日本。日本著名僧人最澄（傳法大師）和空海（弘法大師）於公元八〇四年一起泛海入唐求法。最澄在華從天台宗九祖湛然的門徒道邃、行滿學天台教義，後又另學牛頭禪法和密教，翌年回國大弘教化，在比叡山開創天台一宗。空海到長安受密宗青龍寺惠果嫡傳，得金胎兩部真言秘藏，公元八〇六年回國後盛弘密教，在高野山開創真言一宗。最澄的法裔圓仁、圓珍和空海的法裔常曉、圓行、慧遠、宗睿也都入唐求法，他們和宗師最澄、空海，都從中國求得大量經書文物回國，對日本的佛教發展起了巨大的推進作用，日本佛教史稱之為「入唐八家」，極負盛名。天台、真言兩宗都以祈禱「鎮護國家」、「積福滅災」為使命，在平安時代深受皇室、貴族的尊崇，最佔優勢，盛極一時，史稱「平安二宗」。迄今仍擁有大量的教徒和陣地。

日本鐮倉時代（一一九二─一三三三），由中國傳入日本的禪宗以及基於中國佛教的傳衍而形成的淨土和日蓮各宗特別興盛，並使佛教趨向於大眾化。日僧榮西於南宋乾道四年（一一六八）和淳熙十四年（一一八七）兩度來華，從虛庵懷敞禪師受傳臨濟心印，修「看話禪」，回國後正式創立臨濟宗。榮西再傳弟子道元來華參謁禪宿，師事天童山長翁如淨，修「默照禪」，後回國開曹洞一宗。南宋以來，日本禪僧來華參學和宋僧渡日弘傳禪學（尤其是楊岐派禪法）十分頻繁。一一九九年日僧俊芿到杭州徑山，從楊岐派六世元聰受法傳入日本。一二四六年蘭溪道隆東渡日本，弘傳禪宗楊岐派禪法，推動了禪宗在日本的大發展。鐮倉時代的日本禪宗有二十四個流派，其中二十個流派屬於以恬淡和刻苦為宗風的臨濟宗楊岐派系統。

由唐宋傳入的善導的淨土唸佛法門，後在日本開演為若干流派，如法然確立純粹稱名唸佛、他力往生的教義，開創淨土宗。法然弟子親鸞不注重勤修稱名唸佛，而強調內心對阿彌陀佛的堅定信仰，並帶妻弘教，允許食肉，創立淨土真宗。此宗後又分為大谷和本願寺等十五個流派。又有日蓮專奉漢譯《法華經》，認為唯有宣說《法華經》和高唱《法華經》的七字題目「南無妙法蓮華經」，才能拯救眾生，被奉為日蓮宗的宗祖。此宗

後又分出若干流派。禪宗、淨土宗和日蓮宗都沒有繁雜的教義和儀式，主張不經過累世修行就可成佛，因而在武士和中下層人民中流傳甚廣。其中淨土宗與日蓮宗都是日本民間信仰，習俗結合最為緊密，具有鮮明的日本民族特色，發展最為迅速，至今仍是日本佛教中擁有教徒最多的流派。

十七世紀中葉，福州黃檗山隱元隆琦應邀赴日本，在宇治開創黃檗山萬福寺，舉揚黃檗的宗風，提倡參禪兼唸佛，日常用漢語，生活中國化，一時日本曹洞、臨濟兩宗的禪僧紛紛投入他的門下。日本黃檗宗寺廟至今仍保持中國明代禪林的風範。

佛教傳入日本後，它的制度、教義、思想、文化滲透到日本社會政治文化的廣泛領域，滲入日本人民生活的各個角落，對社會生活、家庭生活、教育、慈善事業、劍道（武士道）、茶道、書道、文學、繪畫、雕刻、建築等都產生了深刻的影響。

佛教與日本國家政權密切結合，強烈地影響了國家政治生活。德聖太子定佛教為國教，奈良時代聖武天皇動員全國力量建立東大寺和國分寺，平安時代的官僚、貴族，鎌倉時代的將軍和江戶時代的幕僚，也都信奉佛教。國家的大部分事務都由僧侶辦理，古代日本政治帶有濃厚的佛教色彩。十九世紀中葉以來，日本佛教界對佛教進行了適應資本主義社會的改革。佛教界新興教團相繼形成。如日蓮宗系的創價學會、立正佼成會、靈友會就很著名。創價學會建立的公明黨在日本參眾兩院中佔有重要地位，對日本政治生活產生着重要的影響。

佛教深入社會各階層，一度日本幾乎家家戶戶都安置有佛像、佛壇，每日奉拜。親鸞提倡「在家佛教」，佛教成為日本人民精神生活的重要內容，並深刻影響着他們的生活方式。

長期以來佛教興辦了大量的學校、養老院、孤兒院，對社會的教育、慈善事業發揮着重要作用。日本現在由一些佛教宗派設立的佛教大學就有十二所，即大正大學、大谷大學、龍谷大學、立正大學、駒澤大學、佛教

大學、花園大學、高野山大學、京都女子大學、東海同朋大學、種智院、愛知學院。這些大學除講授佛教外，還廣設其他學科。這對人民的文化教育生活乃至社會生活都產生了深刻的影響。

禪宗對於武士道有着直接的重大影響。武士們驅馳矢石之間，出入生死之門，倔彊慓悍，需要一種適應這種心理狀態和生活方式的意識形態和磨煉方式。禪宗簡單明快的教義、簡樸寡慾的生活，刻苦磨煉身心的力行、重禮節義氣的風尚和「生死一如」、視死如夢幻的觀念都對武士在精神上產生極大的影響。禪宗的教義成為武士的精神武器。在武士們看來，不參禪的人，沒有資格談武士道。武士都要通過修禪以磨煉精神，達到所謂「兩頭俱截斷，一劍倚天寒」的「無我」境界。

十二世紀日僧榮西從中國帶回茶種，初種於禪寺的庭院之中，從此在禪院裏形成了飲茶和茶會的風習。後來又漸次普及到武士社會。日本還採用中國佛教的「茶宴」方法禮儀，把茶葉碾碎、細羅，然後沖水將茶末調成糊狀喝下。此種茶道，至今仍盛行不衰。

書法藝術是使用漢字的中日兩國特有的一種美術。鑑真東渡日本時，帶去《晉王右軍真行草》一卷、《小王真跡行書》三帖。一時日本學習王羲之書法蔚然成風。王羲之書法在日本書法藝術中曾一度起到了主導作用。空海和尚、桔逸勢和嵯峨天皇在日本書法史上號稱「三筆」，空海和尚和桔逸勢曾先後到唐朝留學。空海在中國期間學習了中國的書法，仿效顏真卿體，其書法擅長篆、隸、楷、行、草，開日本書道宗師。空海還取漢字草書創日本字母的五十音圖，即所謂平假名。宋以來禪僧們在傳播書法藝術方面也起了重要作用。

中國宋代以來，禪僧往往兼通儒學。元代禪僧一山一寧開始把朱子學帶到日本，日本出現了一批兼通儒學的禪僧。自鎌倉後期至室町後期，京都、鎌倉的禪宗五山成為禪宗和儒家等漢籍的刊印發行所。五山禪僧刻苦學習漢文，作漢詩，形成了輝煌的「五山文學」，在日本漢文學史上居於十分重要的地位，直接促進了江戶漢

學的興起。

空海於公元九世紀初撰《文鏡秘府論》，是中國的文學和文學理論大規模地流傳到日本的標誌。隨着佛教東傳，唐詩也陸續傳到日本，在日本人的心目中，唐詩被視為自己國家的古典。直至現在，日本中小學教科書裏還編入不少漢詩和中國寓言。

隨着佛教東傳，中國的建築藝術也傳入日本。鑑真和尚是一位熱心營造寺院的建築者，他也將建築藝術帶到日本。他在奈良仿唐建築造唐昭提寺，影響所及，日本先後營建的平城京和平安京，在城市規劃和宮殿建築方面都同唐長安城和宮殿完全一致。

人們常愛說中日兩國同文同種，在同文方面，可以說佛教起到了重要的橋樑作用。這從上面的舉例性的敍述中，已經得到了充分的證明。

第三節　禪宗和淨土宗與越南佛教的密切關係

中國和越南地壤相接，交通方便，越南又是中印海路交往的中途站，所以佛教也很早就傳入越南。相傳，公元二世紀末，中國東漢學者牟融，因避亂從廣西到交趾（今越南河內）居住，著《理惑論》，以顯揚佛教。

此後，中國僧人不斷到越南弘傳佛教。公元六世紀以來，中國佛教禪宗和淨土宗相繼傳入越南，並獲得廣泛的流傳，形成了若干流派。在越南，佛教先後被李朝（一○一○—一二二四）和陳朝（一二二五—一四○五）定為國教。到了十五世紀，越南統治者推崇儒學，佛教一度被削弱。十七世紀末佛教又開始復興，並形成了禪宗和淨土宗的進一步結合。

滅喜禪派：滅喜（毗尼多流支），南印度人，來中國後曾師事禪宗三祖僧璨，公元五八〇年從中國赴越南，在越南河東省法雲寺創建中國禪宗的滅喜派（毗尼多流支派）。據傳，滅喜的弟子法賢以《楞伽經》為心要，法賢的弟子清辯則以《金剛經》為眼目。此派約流傳至十三世紀，後趨於衰微。

無言通禪派：無言通禪師，廣東人，後在浙江婺州（金華一帶）雙林寺出家，曾依百丈懷海禪師的南宗禪。該派第四代匡越大師吳真流，丁朝封他為僧統，掌理政務，後又晉封為太師。在李朝全盛時代，此派更是人才輩出。無言通禪這一派在越南遞相傳持，綿延不斷，至今仍是越南禪宗的主流。唐元和十五年（八二〇）到越南，在北寧仙遊縣建初寺，開創無言通禪派，宣傳百丈禪師的南宗禪。

草堂禪派：草堂禪師係中國人，禪宗雲門宗雪竇重顯的弟子，後到越南行化，受越南李朝聖宗和大臣的崇敬，住開國寺，大張法筵，宣傳「雪竇百則」，自開一派。

竹林禪派：繼李朝的陳朝也崇奉佛教。陳太宗曾受教於由中國去越南的天封禪師，又曾從宋朝德誠禪師參學。三傳而至陳仁宗，更加篤志禪學，禪位出家為僧，號竹林大士，參禪著述，教化弟子多達千餘人，開竹林派。因道場建於安子山花煙寺，也稱「竹林安子禪派」。此派以宣傳中國禪宗大慧宗杲的臨濟禪法為主。

竹林蓮宗派：十七世紀末，竹林禪派又分化出新的一派，竹林禪派白梅麟角和尚在昇龍城（今河內）創蓮宗派。他吸取中國南宋慈照子元倡導的白蓮教教義，並將臨濟禪法和唸阿彌陀佛結合起來，宣揚禪教雙運，以教為佛眼，禪是佛心，實際上以專唸阿彌陀佛為其中心。此派在越南北部農民中廣泛流傳，乃至形成為以後越南佛教的主流。

越南佛教深受中國佛教的影響，寺院和佛塔的建築都保留着中國的色彩。越南佛教的經典也是中國的文字，僧侶和其他佛教徒一直使用中文《大藏經》，受戒儀式也和中國佛教相同。至於近代越南佛教則是中國大

乘佛教、儒教、道教和越南民間信仰的混合物，呈現為混雜信仰的獨特形態。

第四節　藏傳佛教的對外傳播

十三世紀末，元朝正式確定藏傳佛教為國教，藏傳佛教在蒙古族中逐漸在上層貴族和下層人民中廣泛流傳起來。上層貴族建立佛教寺廟，並從西藏請來喇嘛，將藏文經典譯成蒙文。一六四一年喀爾喀大封建主謝圖汗滾布多爾濟的兒子被宣佈為蒙古活佛，法號哲布尊丹巴。清王朝還規定蒙古每個旗都要建立喇嘛廟，每戶有男子二人以上者必須有一人出家為僧。一九一一年清王朝滅亡後，哲布尊丹巴活佛成為蒙古集政教大權於一身的專制皇帝。喇嘛農奴主擁有大量的牧奴和牲畜。直至一九二四年哲布尊丹巴活佛君主立憲制被廢除、成立蒙古人民共和國之前，蒙古有喇嘛十萬零五千人之多，佔全蒙男子總數的百分之四十四，佔全部人口的七分之一。

藏傳佛教也流傳於今西伯利亞等地。十七世紀以來，沙皇俄國一直採取扶植佛教的政策，在與蒙古接壤的地區建立了許多規模宏大的喇嘛廟。現在該地有佛教徒約五十萬人，分為三支：一支是布里亞特族人，分佈在西伯利亞的布里亞特共和國、伊爾庫茨克省和赤塔省；一支是卡爾穆克族人，分佈在伏爾加河三角洲西南；一支是圖瓦族人，分佈在中俄邊境上的圖瓦自治省。

約在十二世紀末，藏傳佛教噶舉派高僧安伽‧旺‧南摩伽羅喇嘛到不丹傳播噶舉派。後來又傳入了寧瑪派。在不丹，藏傳佛教被奉為國教，轉世喇嘛是國家的最高統治者，各地喇嘛教主寺是各級政權機構的本部。二十世紀初喇嘛佛爺們確立不丹為君主國，後終止活佛轉世制度。現在不丹的每個村莊都有喇嘛廟，全國有五千個喇嘛，生活費用都由政府提供。

十七世紀初，藏傳佛教高僧拉蘐·欽博喇嘛帶弟子入錫金傳寧瑪派。十八世紀錫金國又興建噶舉派主寺。寧瑪派和噶舉派成為錫金佛教中佔統治地位的教派。一六四二年佛爺贈錫金國王以佐伽亞羅的稱號，意為神授國王，錫金成為政教合一的王國。

第五節　近代中國佛教輸入東南亞地區

近代隨着大批華人移居東南亞地區，從事經商和開墾，中國佛教也傳入馬來西亞和新加坡等國。

古代馬來半島曾受印度文化的強烈影響，居民大都信奉佛教和印度教。十五世紀，馬六甲王國宣佈伊斯蘭教為國教，佛寺遭毀滅，佛教瀕於滅絕。十九世紀以來，大批華人僧侶和佛教徒來到馬來西亞，興建佛寺，信徒逐漸增多。全國形成了檳城和吉隆坡兩大佛教中心。檳城的華人約百分之七十信奉大乘佛教。

十九世紀初，福建和廣東等地人來到新加坡定居，佛教僧侶也來此建立寺廟，創辦佛教學校，傳播佛教教義。一九二六年，中國的太虛法師赴新加坡組織星洲講經會，後又組織新加坡中華佛教會等。新加坡四分之三的居民為華人，華人主要信奉佛教、道教。新加坡「兩巷一庵，一街三寺」，寺廟很多，有的規模也相當大。佛教僧侶分為閩、粵兩大派系，兩派大多奉持中國佛教的禪宗和淨土宗。

此外，近代中國佛教又傳入菲律賓，主要是一些華僑和華裔為了消災祈福的需要，而信奉從中國內地帶去的佛教，佛教徒近五萬人，主要集中在首都馬尼拉。

註釋：

〔註一〕　當時朝鮮為三國（也稱三韓）時代。三國是位於北部的高句麗（一稱高麗），位於西南部的百濟和位於東南部的新羅。三國時代為公元前一世紀至公元七世紀。